Francesco Di Pietro

Generali Imperatori

Prologo

Personaggi in scena:

Marte e Minerva

Da una nebbia spettrale traspare il contorno di due maestose figure: Marte, lancia al fianco e scudo al piede, racchiuso nella possente corazza finemente ornata ed avvolto in un lungo mantello purpureo, fissa lo sguardo truce tra le fessure dell'orrendo cimiero piumato.

Minerva, civetta sulla spalla e corona d'alloro in mano, avviluppata nella candida veste dalle morbide pieghe sul corpo, rifinita al collo da ritorte serpi dorate, contempla l'orizzonte con un'espressione di acuta intelligenza.

Minerva – La guerra assomiglia al gioco della dama. La politica a quello degli scacchi. Così ebbe occasione di affermare il più brillante biografo di Napoleone, Max Gallo, con ammirevole presagio.
In politica infatti la competizione è molto complessa per ricchezza e duttilità degli strumenti utilizzabili rispetto a quanto esigano invece le rigorose tattiche e la strategia militari.

Marte – Edgar Allan Poe, però, confuta la considerazione, Minerva, laddove sostiene che le semplici regole della dama, in confronto alla macchinosità di quelle vigenti negli scacchi, impongono al giocatore di dama un'analisi assai profonda per la vittoria mentre il giocatore di scacchi spesso prevale per la disattenzione dell'avversario più che per la propria maestria.

Minerva – Mio diletto fratello consanguineo, non sia protratta oltre la disputa appena accennata sulla presunta superiorità dell'acume politico al valore guerresco. Io la sostengo, tu la contesti, per l'ovvio contrasto di vocazione fra noi. Ascoltiamo piuttosto la voce di quei pochi personaggi, eccelsi nella storia, che emersero nell'una ed altra arte, sino alla fondazione di un impero, ed assistiamoli nel dibattito. Accoglieremo infine la parola dirimente di padre Giove.

Marte – Sia così, mia amata sorella. Raggiungiamo ora gli uomini che attendono. Le donne poi interverranno e Venere ci sostituirà sino all'arrivo del re dell'Olimpo.

Atto primo

Le imprese

Personaggi in scena:

Alessandro, Cesare, Napoleone, Washington

Marte e Minerva entrano con passo solenne nel padiglione centrale del quartiere invernale di Cesare a Samarobriva, in Gallia belgica.
Superano la soglia, addobbata dalle rutilanti insegne delle legioni, e proseguono verso la sala del consiglio di stato maggiore.
Due guardie armate sull'ingresso in fondo all'androne si inchinano e separano i pesanti tendaggi rossi cupo ricamati d'oro.
L'ambiente è ampio, spartano, eppure confortevole.
Due file di bracieri ardenti lungo le grigie pareti in blocchi di pietra illuminano quella stanza priva di finestre ed offrono appena un lieve tepore rispetto al freddo intenso della giornata.
Dai rudi sgabelli disposti intorno a un massiccio tavolo quadrato, ingombro di planimetrie e segnali di schieramento delle truppe, gli intervenuti scattano in piedi per deferente omaggio

agli ospiti divini.
Cesare, l'anfitrione, si fa incontro a loro e porge il benvenuto. Introduce quindi gli altri tre generali presenti illustrando in breve le prerogative di ciascuno e invita gli dei a salire sull'alto palco che sovrasta la scena, ove sono collocati gli scranni curuli dei consoli, come in Senato a Roma.
L'abbigliamento è tipico per ciascuno dell'epoca di provenienza: Napoleone e Washington, in giacca attillata blu con spalline dorate e risvolti colorati alle maniche e al collo.
Alessandro e Cesare, i più antichi, in tenuta da combattimento con lorìca musculata e tunica corta sottostante.
I volti giovani di Alessandro e di Napoleone, meno che trentenni a Gaugamela e in campagna d'Italia, contrastano con i più maturi di Washington e Cesare, in guerra di indipendenza per gli Stati Uniti e sul finire della campagna gallica. Gli dei sono eternamente giovani.

Scena 1 – il principio

Marte – Eminenti uomini d'armi e governo, Minerva ed io abbiamo convocato voi a testimoni per l'esperienza di strateghi e *leaders* allo scopo di analizzare gli argomenti in conflitto nella controversia sulle discipline di cui siamo custodi: perizia militare e saggezza politica.

Un dubbio tuttavia insorge al vostro cospetto poiché la gloria eterna accumulata sul campo di battaglia e sul soglio di comando mi rende incerto in ordine alla priorità di concedere la parola in esordio.

Imprese leggendarie vi hanno condotto agli onori della Storia, epiche icone accompagnano la memoria. Io pertanto non voglio fare torto a nessuno e quindi utilizzo un criterio casuale, direi neutro: comincia tu Napoleone, visto che Minerva già ti ha menzionato.

Il generale Bonaparte, comandante in capo dell'Armata d'Italia, ha ventisette anni e porta capelli lunghi, alle spalle. È magro, scattoso, un fascio di nervi. I tratti scavati del volto ne accentuano lo sguardo fulmineo, mobile sul gruppo e penetrante sugli dei.

Napoleone – Proprio qui, ad Amiens, divini arbitri, il 26 marzo 1802 venne firmato un infame e ipocrita trattato di pace con l'Inghilterra, quand'ero ancora primo console della prima repubblica francese ma già protagonista in guerra e in politica.

Avevo allora trentatré anni e mi ero egregiamente destreggiato entro un conflitto intrapreso nel 1792 dalla Francia rivoluzionaria contro i superbi conservatori monarchi e imperatori in Europa: d'Austria, di Russia, di Prussia, d'Inghilterra.

Fornii un apporto considerevole soprattutto alla sconfitta dell'impero asburgico imperversando in Piemonte e in Liguria, in Lombardia e in Toscana, durante la prima campagna d'Italia.

Inseguii per poco gli austriaci in Tirolo, nell'intento di congiungermi in Baviera con la nostra possente Armata del Reno, ma decisi infine di puntare a est, su Venezia e Friuli.

Mi inoltrai poi in Austria sino a raggiungere il passo del Semmering che domina la pianura di Vienna.

Intravidi all'orizzonte gli edifici della capitale ormai indifesa, pronto all'azione finale, ma il Direttorio di Parigi mi ordinò di desistere ed io dovetti cedere alla politica, giurando a me stesso che sarei tornato. Se non altro, comunque, vidi confermata la mia proposta di attribuire agli austriaci Venezia, piuttosto che Milano, in cambio dei territori sulla riva sinistra del Reno, molto più importanti per noi francesi.

Noi francesi? Sì, io potrei dichiararmi francese per deliberata scelta, ma invero mi domando se non furono piuttosto le circostanze della vita a farmi propendere per la neonata Repubblica rivoluzionaria.

La Corsica, isola natale, da cinquecento anni prima della mia nascita, quando Genova la strappò a Pisa dopo la battaglia della Meloria, era italiana per natura geografica, lingua, costumi, cultura.

L'orgoglioso spirito ribelle del popolo tuttavia non tollerava il giogo genovese ed aspirava alla propria indipendenza. Un sogno che quasi si realizzò sulla carta con la Costituzione progettata da Jean Jacques Rousseau, cinque anni prima della mia nascita.

Il favore dell'Inghilterra e l'ammirazione del mondo alimentarono la grande illusione ma, proprio nel fatidico 1769, i francesi sbarcarono in armi, determinati a fare rispettare dal popolo corso quel trattato di Versailles con cui Genova, incapace di fare fronte ai debiti verso il re Luigi XV, aveva ceduto a lui l'isola in garanzia.

Io quindi sono figlio dell'insurrezione. Papà Carlo e mamma Letizia si erano rifugiati in montagna a combattere l'invasore, ma in seguito papà, esponente della borghesia locale, si adattò alla collaborazione con il nuovo governo, pensando soprattutto al futuro della famiglia.

Ottenni grazie a lui l'iscrizione al collegio militare di Brienne e da lì, per mio merito, raggiunsi la Regia Scuola Militare di Parigi laddove, a sedici anni, conseguii il grado di sottotenente d'artiglieria.

In realtà io detestavo i francesi e perseguivo l'ideale di

indipendenza della Corsica, ma al tempo stesso la lunga permanenza a Parigi, città straordinaria di vita brillante e storia gloriosa, mi induceva a pensare che l'amata patria natìa, così modesta e decentrata, non avrebbe mai potuto concedermi un apprezzabile successo.

Restai a lungo dilaniato dal dubbio sull'alternativa di seguire la voce del cuore o dell'ambizione. Trascorsi alcuni lunghi tratti di congedo nell'isola, sia prima sia dopo la sua incorporazione alla repubblica francese, e poi, già capitano nell'esercito nazionale, conseguii anche il grado di tenente colonnello nella milizia corsa.

La famiglia Bonaparte però si ritrovò in conflitto con i maggiorenti dell'isola sinché, tutti insieme, ci trasferimmo prima a Tolone e poi a Marsiglia.

Avevo ventiquattro anni allora e la mia adesione alla Repubblica era ormai compiuta, consolidata peraltro dagli eventi di Tolone.

La città, conquistata dai lealisti monarchici, era protetta dalla flotta inglese. Partecipai all'assedio da terra affidato ai generali La Poype e Carteaux, di cui comandavo l'artiglieria, ed ebbi l'onore di guidare il posizionamento delle batterie pronte a bombardare le navi inglesi nel porto. Il mio piano ebbe buon esito talché il nemico tentò una sortita a terra, ma la battaglia che ne seguì, nel corso della quale fui ferito a una gamba, determinò infine la riconquista della città.

Divenni così generale di brigata con la nomina a comandante in capo dell'artiglieria dell'Armata d'Italia. Un incarico che neppure iniziai a gestire poiché, sei mesi dopo, la caduta di Maximilien Robespierre e di suo fratello Augustin, il mio mentore e tutore politico a Tolone, comportarono per me l'arresto a causa di un presunto tradimento.

Fui presto scarcerato, ma rifiutai il trasferimento d'ufficio in Vandea e quindi subii la radiazione dall'esercito.

Recuperai però nell'anno successivo quando Paul Barras, l'eminenza grigia del Direttorio, si ricordò di Tolone e mi assegnò il compito di reprimere una rivolta popolare in Parigi.

Eseguii l'ordine impartito applicando un progetto originale, sparai a mitraglia con i cannoni in strada e in piazza, e fu una vittoria che mi fruttò la promozione a generale di divisione con incarico di comando della piazza militare di Parigi.

Anche questo durò poco giacché, un anno dopo ancora, a ventisette anni, mi fu conferito il comando supremo dell'Armata d'Italia.

Ne ho già parlato in breve, ma ora vorrei sottolineare come all'epoca si realizzò un capovolgimento dei fronti di guerra in cui la Francia era impegnata sin dal 1792, anno di proclamazione della repubblica.

Fu la Francia, allora, che diede avvio alle ostilità dichiarando guerra all'Austria, affiancata immediatamente dalla Prussia, mentre Parigi esplose in ondate popolari rivoluzionarie culminate nell'assalto della folla inferocita al palazzo reale, le Tuileries, e io là percorsi, ma solo da spettatore, il primo cruento campo di battaglia. Il re fu destituito e nacque la repubblica.

Sul fronte italiano comunque, dopo la conquista della Savoia, non ci fu seguito alcuno, salvo la frustrante stasi sull'Appennino ligure.

Sul fronte nord, invece, l'Armata del Reno s'impadronì del Belgio e della Repubblica delle sette Province Unite (l'Olanda, che donai poi da imperatore come regno a mio fratello Luigi) e ancora la Renania, le città di Worms, Magonza, Francoforte.

Con la mia nomina al vertice dell'Armata d'Italia, la grande strategia bellica nazionale preordinò una vigorosa offensiva sul fronte tedesco mentre, al fronte italiano, venne assegnato un ruolo gregario, idoneo al disturbo del nemico impegnato in forze sulle linee del nord.

Ma io nutrivo tutt'altre idee al riguardo.

La nostra offensiva a nord fallì e i generali francesi neppure seppero trarre vantaggio dalla necessità per i prussiani di inviare truppe al soccorso di Mantova, da me insidiata.

La svolta decisiva della guerra avvenne in effetti solo grazie alle mie travolgenti *performances* in Italia ove liquidai subito i piemontesi e quindi costrinsi gli austriaci alla fuga sino alle porte di Vienna.

Preliminari di pace si svilupparono, anche per mia iniziativa invero, sino ai trattati di Leoben e di Campoformido ma, al ritorno in Parigi, incontrai presso le alte sfere più diffidenza e sospetto per le presunte ambizioni di potere assoluto, che non gratitudine al vincente, e per di più arrecante un'ingente ricchezza di bottino accumulato in Italia.

Il Direttorio infatti salutò con favore e sollievo la mia partenza per la campagna in Egitto, un piano da me concepito al fine di indebolire le rotte marittime e commerciali dell'Inghilterra nel Mediterraneo e gli interessi coloniali dell'impero britannico in Medio Oriente e India.

Nelle mie corde più riposte cominciavo allora a emulare voi, Cesare e Alessandro, come le vostre imprese in quelle esotiche contrade, ma la spedizione non fu propizia. Gli inglesi ci costrinsero dal mare e in me, bloccato sulla terra ferma, subentrò il tedio per quell'avventura e senza vergogna lasciai i miei soldati a sfangarsela da soli.

Durante la mia assenza dalla Francia, il trattato di Campoformido si era rivelato ben presto per quello che era: non l'apportatore di pace ma l'appello a nuove guerre.

Il fiero spirito antifrancese era risorto nell'intera Europa, minaccioso più che mai, malgrado gli egoismi nazionali degli alleati, mentre il governo di Parigi marciva impotente e irresoluto.

Di nuovo a casa pertanto, dopo il trionfale viaggio di ritorno, avevo trent'anni e pensai che era giunto il mio momento. Lanciai il dado e bene me ne incolse al castello di Saint Cloud, il fatidico 18 brumaio, laddove, di fronte ai rami del Parlamento, mi presentai e minacciai in aula deputati e senatori di destituzione immediata.

Rischiai il linciaggio e dovetti quindi fuggire all'esterno inseguito da un'orda di sicari armati di pugnale, ma trovai i miei fedeli granatieri pronti all'azione. Deputati e senatori furono allora presi dal panico e votarono la riforma istituzionale che desideravo.

Il potere esecutivo venne conferito a tre consoli, in luogo dei cinque direttori, a imitazione della Repubblica di Roma.

Non uno, tuttavia, perché sarebbe parso il ripristino della monarchia, non due, perché non ammettevo un antagonismo alla pari, bensì tre, perché così sarei stato il primo, un arbitro inappellabile.

E qui mi fermo, Marte e Minerva, per rimettere a voi il giudizio: fu quell'investitura il tratto in cui passai dalla guerra alla politica?

Voglio soltanto ricordare che, da allora, mi trasferii al palazzo reale, le Tuileries, dopo un breve passaggio al Luxembourg, e là disposi di collocare statue e busti di voi, Alessandro, Cesare, Washington.

Marte – Indubbiamente, generale, la carica di primo console ti portò al vertice della politica e inaugurò una nuova fase della vita che solo cinque anni dopo consacrò l'auto incoronazione a imperatore.

La guerra però non era finita.

Il generale Moreau aveva assunto il comando unito delle armate del Reno e del Danubio, a tutela di una prospettiva che vedeva i regni di Baviera e Wuttemberg ancora armati, mentre il Kaiser, Francesco II d'Asburgo, puntava alla rivincita.

Il generale Massena comandava l'Armata d'Italia, tu però impiegasti appena quattro mesi per costituire l'armata di riserva atta a colpire di nuovo nella penisola, e fu la tua seconda campagna d'Italia, che però non avresti dovuto perseguire prevaricando sul comando militare, se davvero intendevi dedicarti alla politica.

E invece, il celebre dipinto di Jack Louis David ti riproduce superbo in sella ad un rampante cavallo bianco lungo l'arduo sentiero alpino del Gran San Bernardo.

Ti apristi vittorioso la strada per Milano e proclamasti la Repubblica cisalpina, e ancora, per le alterne vicende, dopo la brillante e sofferta vittoria di Marengo, stipulasti un armistizio con gli austriaci mentre anche Moreau li incalzava sul Danubio, a Hohenlinden.

Il trattato di Luneville, *bis* di Campoformido, fu assai più pesante per gli austriaci: la riva sinistra del Reno, germanica per lingua e cultura, come pure Olanda, Belgio, Piemonte, Lombardia, rimasero francesi. Soltanto l'Inghilterra non cedeva le armi.

Fatale nemica sulla tua gloriosa strada: incontrasti gli inglesi faccia a faccia a Tolone, il battesimo del fuoco, e in nessun'altra occasione, né in terra né in mare, sino al duello finale con il duca di Wellington che sancì la tua fine sulla piana di Waterloo.

Russi, prussiani, austriaci, iberici: nessuno fra loro prevalse contro di te da solo, ma tutti insieme logorarono la tua tempra guerresca.

Anche l'Inghilterra tuttavia versava allora in difficoltà considerevoli, economiche e politiche interne, talché stimò opportuno battere la via della pace e sottoscrivere il trattato di Amiens, che hai menzionato.

Minerva – Perché mai, generale, hai definito infame e ipocrita quel trattato? Forse perché, al di là delle solenne proclamazione di pace e fratellanza, gli inglesi si guardarono bene dal rispettarne le clausole?

In buonafede o non, questo è il tuo punto di vista, ma la Storia palesa in maniera ricorrente e inequivocabile quanto sia arduo comprendere chi ha cominciato che cosa nelle occasioni in cui l'analisi dei fatti va alla ricerca delle responsabilità.

Vero è, per esempio, che gli inglesi non evacuarono mai dall'isola di Malta, come era nei patti, ma quanto influirono al riguardo le pesanti interferenze francesi sull'assegnazione delle colonie d'Olanda?

Vero non è, al contrario, che sei navi francesi furono affondate dagli inglesi in alto mare, ma tu ne facesti un millantato titolo per arrestare i cittadini inglesi che dimoravano allora in Francia.

Una cosa almeno è sicura: tu pensavi a neutralizzare definitivamente l'Inghilterra e meditavi addirittura lo sbarco armato sull'isola, come fecero prima romani e normanni, ma comprendevi l'assurdità tattica di tale azione e, di conseguenza, optasti per un blocco marittimo dal continente, tentando di coinvolgere come alleato lo Czar di Russia. Primo console Napoleone Bonaparte, la guerra trasmutava a un tratto in diplomazia. Ecco perché ora rispondo alla tua richiesta sul punto e affermo senza dubbio che non solo, in quegli albori del secolo XIX e sotto la tua guida, la politica prevalse sulla guerra, ma anzi oso dire che il tuo consolato fu l'unico periodo in cui accantonasti davvero la guerra, o almeno così sembrò al popolo francese che proprio per tale motivo accreditò a te un larghissimo consenso.

Non desidero anticipare alcun giudizio in merito però è doveroso ora accennare alle conquiste civili di cui la Francia beneficiò per la tua saggezza politica: la fondazione della Banca centrale, l'introduzione del nuovo ordinamento amministrativo giudiziario, la promulgazione del Codice Napoleone. Istituzioni tutte in cui intervenisti anche con specifica perizia tecnica e non soltanto come solerte promotore.

Marte – Orbene, generale e primo console Napoleone Bonaparte, in breve siamo pervenuti ai tuoi primi trentatrè anni. Trasferisco quindi il testimone a te, Cesare, affinché narri a noi l'uguale periodo di vita.

Il proconsole delle Gallie, Caio Giulio Cesare, ha cinquant'anni. È calvo, dal volto spigoloso, scolpito nella pietra. Lo sguardo, seppure mite e benevolo, trasmette sugli interlocutori un formidabile carisma interiore, un'energia irresistibile.

Cesare – A trentatrè anni, divini arbitri, fui costretto d'improvviso a trarre il primo bilancio della vita sino ad allora trascorsa in deludente prospettiva.

Mi trovavo a Gades, Iberia Ulteriore, in carica di questore al servizio del propretore Antistio Vetere e là, in visita al tempio di Ercole, vidi una tua statua, Alessandro.

Contemplando l'immagine scultorea, nemmeno di pregevole fattura, di un uomo che, alla mia stessa età, aveva creato un immenso impero attraverso Asia minore, Mesopotamia, Egitto, Battriana e Sodgiana, rimasi sconvolto e fui preso da una crisi di pianto irrefrenabile.

Questo perché io, al confronto, non rappresentavo altro che un umile magistrato di infimo grado nella Repubblica e potevo dirmi fortunato per il solo fatto di essere ancora vivo.

Nessuna esperienza di comando militare potevo vantare al mio attivo e, per quanto riguarda la politica, non oserei certo ritenere tale una certa attitudine a schivare gli infortuni letali a cui la mia illustre *gens* era esposta in quei tempi calamitosi.

Giulia Maggiore, sorella di mio papà, aveva sposato dieci anni prima che io nascessi il grande condottiero Caio Mario, quando ancora egli non sembrava avviato al fulgido destino che lo rese celebre.

Il mio zio acquisito e Lucio Cornelio Silla si contesero poi il potere a Roma, con l'orrendo strascico di guerra civile, sangue e proscrizioni, talché non desta meraviglia la tenace ostilità di Silla contro noi *Iulii*. Silla, ormai dittatore a vita, quando avevo diciotto anni impose a me il divorzio da Cornelia, figlia di Cinna, suo fiero avversario, tuttavia non cedetti e quindi fuggii da Roma vagando come un barbone nelle campagne del Lazio.

Fui catturato dagli scagnozzi di Silla e riuscii a corromperne il capo, perciò ebbi salva la vita. Probabilmente Silla aveva altri pensieri che perseguitare quell'insignificante giovane patrizio che ero per lui.

Comunque non mi sentivo affatto tranquillo e quindi lasciai di nuovo Roma, questa volta però con un incarico militare di second'ordine in Oriente, al servizio del propretore Marco Minucio Termo.

Quest'ultimo mi affidò allora una missione diplomatica alla corte del re Nicomede di Bitinia, che gestii con successo, seppure non riuscii mai in seguito a scuotermi d'addosso la beffarda canzonatura *regina di Bitinia* che persino i miei soldati in Gallia rammentarono nei loro canti licenziosi in testa al trionfo romano di tanti anni dopo.

Durante la spedizione partecipai inoltre all'assedio di Mitilene e poi ad alcune sortite contro i pirati della Cilicia sinché, alla notizia della morte di Silla, rientrai a Roma, quando avevo ventitrè anni.

Mi dedicai all'avvocatura, nel ruolo di accusatore, in alcuni processi penali contro esponenti dell'aristocrazia, prendendo chiara posizione nel partito popolare, mentre in Roma ferveva la reazione anti sillana. Ma anche questa fu un'esperienza di breve durata.

Ripartii per l'Asia e, dopo l'assurda avventura con i pirati, combattei nella terza e ultima guerra mitridatica, al comando di un governatore imbelle, del quale neppure rammento il nome, quindi tornai a Roma.

Marte – Tu citi di sfuggita, Cesare, quasi fosse un'insulsa parentesi, "l'assurda avventura" con i pirati. Io invece desidero svolgere un più diffuso racconto al riguardo perché, seppure non si tratti di un evento attinente alla guerra o alla politica, comunque rappresenta il ritratto più autentico del piglio indomito che già possedevi e inevitabilmente si sarebbe manifestato.

Plutarco e Svetonio ci narrano che, durante il tuo secondo viaggio in Oriente, la nave fu catturata dai pirati nei pressi dell'isola di Mileto. Ti ritenesti offeso perché i pirati pretesero per la tua liberazione un riscatto di appena venti talenti e quindi rilanciasti a cinquanta talenti. Quegli ignoranti non si rendevano conto dell'importanza dell'uomo che avevano nelle loro mani, pensasti, e come tali li trattasti per quei trentotto giorni in cui rimanesti alla loro mercè nell'attesa dei legati che avevi inviato sulla costa per racimolare il riscatto.

Li intrattenesti nella noia della prigionia declamando a loro poesie e discorsi che avevi scritto lì per lì, riprendendoli severamente quando non prestavano la debita attenzione, ed esigevi assoluto silenzio per le tue ore di riposo.

I ferocissimi pirati cilici parevano intimiditi dal tuo atteggiamento, o forse stavano allo scherzo, ma tu, Cesare, non scherzavi affatto e già meditavi vendetta.

I tuoi legati tornarono con i cinquanta talenti raccolti tra le città della costa, sborsati sotto la minaccia di dure ritorsioni romane per l'avere impunemente causato il rapimento della nave in carente vigilanza sui mari, e quindi tornasti in libertà.

Ma chi eri mai, Cesare, per poterti permettere una simile baldanza? Invero, null'altro che uno dei tanti nobili studenti romani diretto alla scuola di Rodi a perfezionarsi in eloquenza.

Eppure, una volta sbarcato a Mileto, e senza supporto di un incarico, armasti alcune navi, con l'aiuto di facoltosi cittadini locali, e cercasti la vendetta contro i pirati.

Ci fu lo scontro e tu ne catturasti vivi non pochi.

L'imbelle governatore romano di cui non rammenti il nome, Cesare, era Marco Iunco. Egli non intendeva dare seguito alle tue richieste di crocifiggere tutti i prigionieri, come avevi promesso da "ospite" loro, poiché immaginava di ottenere parecchio dalla vendita come schiavi.

Tu allora agisti di iniziativa e li appendesti alle croci, però prima, per pietà, li facesti strangolare uno per uno, onde evitare una morte lenta e dolorosa. Avevi ventisei anni allora, Cesare, ma parleremo ancora del concetto di pietà e di tolleranza che adottavi verso il nemico.

Minerva – Procedi nel racconto, Cesare, giacché con il tuo ritorno a Roma entrasti in politica, quella vera.

Partisti sì dal gradino infimo, ma non sapevi che invece eri destinato a grandiosi successi, ora in alleanza e ora in contrasto con eccellenti ed infami figure della Repubblica: generali audaci (Pompeo, Crasso) filibustieri demagoghi (Clodio, Lepido, Catilina), e, in particolare, la viscida anguilla Cicerone che tu avevi sì inquadrato da principio, ma ammiravi comunque per la sua immensa cultura.

Cesare – Si ripresenteranno nel mio racconto, Minerva, i personaggi che hai nominato, ed altri ancora, eccellenti o infami, però sappiate sin d'ora, divini arbitri, che io non provai odio o avversione viscerale per nessuno di loro, anzi fui preso in genere da una certa simpatia e a tratti anche da sintonia in politica e persino da affetto personale. Ma andiamo con ordine. Di nuovo a Roma, dunque, ottenni subito la nomina a *tribunus militum*, ufficiale di stato maggiore agli ordini del comandante di legione, ma non mi occupai di cose militari, benché a quei tempi fervesse cruenta la rivolta di Spartaco.
Godevo invece di un discreto ascendente sul popolo, gra-

zie ai miei trascorsi di accusatore contro esponenti dell'aristocrazia, e quindi mi diedi da fare, nel mio piccolo, per il ripristino dei poteri tradizionali dei tribuni della plebe, che Silla aveva risolutamente umiliato.

Per un altro verso offrii supporto ai sostenitori della *lex Plotia* tesa a consentire il rientro in patria per i seguaci di Marco Lepido fuggiti in Iberia alla corte di Quinto Sertorio.

Marco Lepido, ecco il primo dei soggetti da te menzionati, Minerva. Egli, un aristocratico convertito ai popolari come me, nonché fedele sostenitore alla memoria di Caio Mario, aveva guidato da console la rivolta contro Silla, nell'anno della sua morte, ma era stato sconfitto sul campo da Quinto Lutazio Catulo, suo collega al consolato.

Quinto Sertorio, altro soggetto importante dell'epoca, ma non citato da te, Minerva, anch'egli mariano di ferro, da governatore in Iberia si era emancipato e voleva fare della provincia il suo regno personale (non bastò la guerra ma ci volle l'inganno, ben sei anni dopo la fine di Silla, per neutralizzarlo definitivamente: Roma comprò tra i suoi amici i sicari che lo pugnalarono durante un banchetto).

Comprendi così, Miverva, perché mai io facessi il tifo spudorato per quei due mariani, rinnegati agli occhi del Senato.

Caio Mario, uno zio acquisito del quale conoscevo luci ed ombre, e ciononostante continuavo a venerare come una gloria della famiglia, era ormai bandito dalla storia di Roma con la dittatura di Silla e dopo le avventure di Lepido e Sertorio.

Toccava a me provvedere alla doverosa riabilitazione, senza peraltro perseguire la sovversione o, peggio, la guerra civile.

Dopo la nomina a *tribunus militum* mi presentai candidato a questore e fui eletto nello stesso anno in cui Crasso e Pompeo, da te ricordati o Minerva per le benemerenze militari, furono consoli. Loro stavano al vertice ed io alla base ma ci saremmo poi uniti in triumvirato.

Ero comunque in ottimi rapporti con Crasso, per averlo sostenuto in campagna elettorale, ma non altrettanto con Pompeo, o almeno non ancora, giacché non riuscivo a comprendere quale fosse davvero la sua linea politica. I due però agivano in armonia, sebbene poco amici a livello personale, e d'altronde a entrambi va ascritto il merito per il realizzato ripristino del ruolo dei tribuni della plebe.

Ma dicevo di zio Mario, Minerva. Sentivo il dovere di restituire a lui l'onore politico e militare che Silla dittatore aveva scaraventato nel fango e nell'oblio. Da questore pertanto colsi l'occasione e declamai l'elogio funebre della sua vedova, zia Giulia, e insieme quello di mia moglie, Cornelia Cinna, che Silla avrebbe voluto io ripudiassi.

Per il trasporto delle salme feci precedere il corteo dalle immagini di Mario, mai più esibite in Roma dopo il trionfo di Silla, e ne ebbi dal popolo tutto un delirante applauso. Missione compiuta!

Spirata la carica questorea (trentadue anni) scelsi la provincia Iberica per la debita permanenza all'estero laddove mi occupai a lungo della giurisdizione locale, sinché mi trovai al cospetto della tua immagine scultorea, Alessandro. Dovevo tornare al centro della politica!

Marte – Nessuna esperienza di guerra dunque, Cesare, e assai poca di politica potevi vantare a trentatrè anni. Non mancavano certo tutte le buone ragioni per sentirti intimamente frustrato.

Nell'orazione funebre che pronunciasti al Foro in onore di zia Giulia avevi esaltato la sua e tua ascendenza dal re Anco Marzio, per parte femminile, e le origini divine, da Venere, della *gens Iulia*. Eppure, il segno di una così straordinaria genealogia non produceva da tempo a Roma eminenti personaggi pubblici: due pretori e un console in tutto nel giro di cento anni, piuttosto poco rispetto a ventotto consoli nella storia repubblicana anteriore.

Quanto poi a denaro, basti ricordare che la tua dimora non stava sul Palatino, residenza eletta del patriziato esclusivo, bensì in Suburra, quartiere popolare e sovraffollato tra il Quirinale e il Viminale.

Ritenevi senza falsa modestia di possedere qualità eccezionali per la gloria sempiterna ma ti mancavano le risorse per emergere.

Minerva – Certo è vero diletto fratello, però in seguito noi vedremo, Cesare, come trovasti le risorse per eccellere nel *cursus honorum* e sfruttare l'abilità politica per poi scoprire il tuo talento militare.

Marte – E così sarà senza dubbio, amata sorella, però nel frattempo cedo la parola a te, George Washington. Raccontaci in breve i tuoi primi trentatré anni.

Il generale comandante supremo delle forze armate degli Stati Uniti d'America, George Washington, ha quarantasette anni e svetta sugli altri in imponente statura. Emana un sentore appena percettibile di altera e solenne dignità nel volto e nello sguardo, pacati e seriosi.

Washington – Vorrei tanto, divini arbitri, rivolgermi agli intervenuti con l'epiteto *cari colleghi* ma sarebbe, a dir poco, scortese nei vostri confronti, Alessandro, Cesare, Napoleone, un approccio a tale punto confidenziale, e segnatamente con voi, più antichi precursori con cui giammai oserei misurarmi per fama universale.
Ma almeno con te, Napoleone, è diverso, poiché io ravvedo maggiori affinità. Noi, infatti, condividemmo un arco di vita pari a trent'anni (1769/1799) ed io, alla scadenza del secondo mandato da Presidente degli Stati Uniti d'America, sentii parlare del giovane e ardimentoso comandante dell'Armata d'Italia. Non seppi alcunché peraltro della tua avventurosa scalata al potere politico giacché trascorsero

soltanto dieci giorni dal colpo di stato al castello di Saint Cloud e la mia fine. Allora le comunicazioni tra America ed Europa richiedevano almeno il tempo necessario al viaggio in veliero attraverso l'oceano.

Comunque sia, tu conoscevi i miei trascorsi e io ti ringrazio di cuore per l'avermi celebrato collocando anche la mia immagine scultorea nelle fastose sale e corridoi alle Tuileries.

Alessandro e Cesare, le vostre vite sono pervase dal mito classico, dalla leggenda, dal fascino della storia antica, dagli antenati di stirpe divina, mentre tu ed io, Napoleone, siamo figli dell'illuminismo, che non ha mai dato molto spazio all'immaginazione. Le nostre famiglie d'altronde appartenevano alla borghesia, benestante sì, ma di origini ignote al di là del tratto di poche generazioni.

Nel mio caso, per esempio, è appena consentito sapere che Lawrence Washington, il padre del mio bisnonno, lasciò l'Inghilterra in quanto ormai compromesso con il partito fedele al re, Carlo I, giustiziato nel 1649, e si stabilì in Virginia ove fondò la tenuta di Bridges Creek.

I Washington vi prosperarono come facoltosi proprietari terrieri sino a mio padre Augustine, il quale ebbe quattro figli dalla prima moglie ed altri cinque dalla seconda, tra i quali io fui il primogenito.

Papà morì quando avevo appena dodici anni e così venni "adottato" dal mio fratellastro Lawrence presso l'àvita tenuta rinominata Mount Vernon, in onore dell'ammiraglio Edward Vernon con cui Lawrence aveva combattuto anni prima nelle Antille al comando degli inglesi. Studiai agrimensura e ne esercitai le conoscenze negli ignoti territori al di là dei monti Alleghany in Virginia sino a che, ai miei vent'anni, Lawrence fu stroncato dalla tubercolosi, avendomi peraltro nominato esecutore testamentario dei beni ed erede nel caso di premorienza del suo unico figlio maschio, come in effetti avvenne.

Mi si prospettava un'esistenza di gentiluomo proprietario terriero ma al contempo Lawrence aveva ottenuto per me il brevetto di maggiore nella milizia virginiana e fu da lì che sorse la mia vocazione militare, nel quadro politico delle tredici colonie inglesi in Nord America.

Quell'embrione dei futuri Stati Uniti, dei quali allora non esisteva la benché minima aspirazione, era circondato a nord ed a ovest dagli enormi territori d'influenza francese. Il Quebec in Canada, la regione dei Laghi, la valle dell'Ohio, del Missouri e del Mississippi, giù fino all'estuario nel Golfo del Messico, vanificavano le linee di sviluppo delle colonie, ancorché la risorsa umana francese contasse meno di centomila anime mentre le colonie non solo superavano il milione di abitanti ma erano organizzate in stabili strutture amministrative.

Un conflitto armato era inevitabile, anche considerato che Inghilterra e Francia militavano nelle opposte alleanze europee che da lì a poco avrebbero fatto esplodere la guerra dei sette anni.

Invero le colonie inglesi non erano in grado di progettare un'azione anti francese all'unìsono, a causa degli atteggiamenti dilatori assunti dalle varie assemblee, e pertanto avvenne proprio in Virginia che il nuovo risoluto governatore, Robert Dinwiddie, scavalcò l'assemblea e mi affidò il compito di portare un messaggio al comandante di Fort Duquesne, la stazione militare francese vitale ai fini del controllo del commercio fluviale sita ai confini della Virginia.

Accettai con entusiasmo l'incarico, consapevole che ero stato scelto grazie all'esperienza di agrimensore già trascorsa in quelle selvagge contrade, e affrontai l'arduo viaggio nella stagione più inclemente.

Superate le impetuose tempeste invernali, il comandante mi accolse affabile ma se la rise del nostro invito a sloggiare e anzi mi annunciò il suo piano di estendere l'influenza francese sul fiume Ohio.

Rientrai a Williamsburg, la capitale, e resi rapporto al governatore.

Dinwiddie trasmise il testo della relazione ai governatori delle altre colonie minacciate dalle intenzioni espansionistiche francesi, ma le reazioni furono deludenti, scettiche, ignave, per non dire in contrasto con noi, come nel New York ove addirittura vennero poste in dubbio le buone ragioni di possesso inglese sul fiume Ohio.

Ciononostante gli eventi precipitarono nell'anno successivo quando l'assemblea della Virginia autorizzò lo stanziamento necessario per costituire un corpo di spedizione da impiegare alla conquista di Fort Duquesne. Comandante ne fu nominato il colonnello Joshua Fryn ed io fui il vice con il grado di tenente colonnello, salvo poi assumere di fatto il comando alla morte del colonnello per una caduta da cavallo. Non sussisteva uno stato di guerra dichiarato e meno che mai il nulla osta dalla madre patria, inglese o francese che dire si voglia. Ebbero luogo comunque scaramucce di confine in cui, dopo un'effimera mia vittoria con l'aiuto degli indiani Seneca, tributari della possente tribù degli Irochesi, alleati dei francesi, fui sconfitto brutalmente per mia ingenuità più che per valore avversario.

Avevo fatto erigere un forte rudimentale di legno in una bassa radura circondata dai boschi ritenendolo un adeguato settore di difesa. Non avevo previsto che la raccolta dell'acqua piovana avrebbe inondato le nostre trincee consentendo ai francesi di fare un crudele e comodo tiro al bersaglio nascosti dal fitto della boscaglia. Dovetti arrendermi per risparmiare i pochi miliziani sopravvissuti.

Francamente mi risulta difficile capire come mai al ritorno non mi si tacciò di incompetenza. Mantenni infatti un alone di credibilità, forse per la mia giovane età o perché invero avevo dato prova di coraggio, ma ne pagai comunque lo scotto quando un notevole stanziamento di risorse pervenne dall'Inghilterra e consentì la ripresa del conflitto. Furono allora costituite dieci compagnie di volontari, ma non unite sotto un unico comando e pertanto, per partecipare alla spedizione, avrei dovuto esercitare funzioni di capitano da tenente colonnello.

Una *capitis deminutio* inaccettabile che appunto io respinsi sdegnato e quindi mi ritirai a Mount Vernon, determinato a riprendere la vita di facoltoso possidente che già avevo assaporato. L'onore virginiano però mi impedì di dimettermi dalla milizia e così conservai il grado, ma senza retribuzione.

Il destino bussò di nuovo alla mia porta appena sei mesi dopo.

Venti di guerra imperversavano in Europa. La Francia e l'Inghilterra spedirono vascelli carichi di truppe in America ed io non me la sentii proprio di tirarmi indietro.

Offrii allora la mia sciabola agli inglesi sbarcati in Virginia.

Essi erano sì incaricati dal loro governo di reclutare aiuti *in loco* ma, boriosi e arroganti, disprezzavano l'irregolare marmaglia di cenciosi che si accalcò al loro cospetto per una misera paga.

Io però piacqui al comandante in capo, generale Edward Braddock, al punto che egli mi riservò un seggio nel suo stato maggiore, talché la vertenza di carattere gerarchico fu superata, e Braddock addirittura ottenne dal governatore la mia promozione a colonnello.

Che tipo quel Braddock! Un anziano ubriacone, giocatore d'azzardo, donnaiolo, nei più esclusivi circoli londinesi, violento e rissoso nella vita di guarnigione, ma valoroso sul campo di battaglia, inflessibile e generoso gestore della risorsa umana, forgiato alla dura scuola della più onorata tradizione imperiale britannica.

I francesi, a loro volta fortificati dai contingenti della madre patria, si stavano alacremente organizzando alla foce del San Lorenzo, mentre un nuovo spirito battagliero aleggiava non solo in Virginia ma anche in Massachussets, New York, Maryland, Pennsylvania.

Braddock scelse come obiettivo primario proprio Fort Duquesne, di cui preannunciò la presa in pochi giorni, e con indicibile prosopopea programmò poi una marcia trionfale sino alle cascate del Niagara.

Il generale infatti pensava di poter applicare nella boscosa e ondulata Virginia la stessa tattica di marcia compatta adatta a grandi pianure e sconsideratamente partì con oltre duemila uomini nonostante i miei consigli contrari, non dico di stratega ma almeno di esperto logistico in quei territori a lui estranei.

A otto miglia da Fort Duquesne, nel folto della foresta, i francesi ci sorpresero con scariche di fucileria provenienti dal nulla. Braddock ordinò di mantenere serrati i ranghi e rispondere al fuoco, laddove io avrei preferito disperdere la massa e ingaggiare il corpo a corpo.

Fu strage. Braddock ritenne disonorevole nascondersi tra gli alberi e parve impazzito di rabbia quando vide che sempre più numerosi i soldati abbandonavano i ranghi. Si buttò così nella mischia colpendo con la sciabola i fuggiaschi e fu colpito a morte, chissà da chi.

Anche nelle altre colonie le vicende belliche volsero costantemente in favore dei francesi ma due anni dopo, quando William Pitt ottenne la dignità di Primo Ministro in Inghilterra, all'inizio della guerra dei sette anni, le cose cambiarono radicalmente in America e, per quanto riguarda lo speculare conflitto franco indiano, Fort Duquesne venne preso e nominato *ex novo* Fort Pitt (oggi città di Pittsburgh).

Il trattato di Parigi stipulato alla fine della guerra dei sette anni tra la Francia e l'Inghilterra sancì l'estromissione totale della Francia dalle terre d'America.

Io avevo trentuno anni e già da tre ero ritornato a Mount Vernon per rimanervi a fare il signore sino alla fine dei miei giorni, pensavo.

Marte – Pensavi e speravi, colonnello Washington, tant'è che allora ottenesti il congedo definitivo dalla milizia virginiana, deluso anche per il mancato invito a rivestire come alto ufficiale la gloriosa giubba rossa dell'esercito di Sua Maestà britannica, un onore che per certo il generale Braddock non ti avrebbe negato.

E se così fosse avvenuto, il destino non sarebbe ricomparso quindici anni dopo per offrirti il grado di generale al comando supremo delle forze indipendentiste contro gli inglesi. Né quella fu l'ultima volta che lasciasti la pace di Mount Vernon.

Ma non attardiamoci sulle ipotesi non verificabili e rivediamo invece la guerra franco indiana in America al fine di rievocare qualcosa che la discrezione ti ha indotto a trascurare.

Il tuo racconto della carneficina nei pressi di Fort Duquesne sembra quasi la cronaca di un *reporter* inviato stampa non attivo sul fronte e disinteressato agli eventi se non per il coinvolgimento del lettore.

No! Di tutt'altra natura fu il tuo apporto in quei frangenti. Galoppasti come un demonio tra i ranghi dispersi dei virginiani con forsennato coraggio ed energia disperata per arginare il panico ormai diffuso nella sconfitta imminente. Due cavalli caddero morti sotto di te, quattro proiettili forarono la tua uniforme e ne uscisti illeso.

Guidasti poi la ritirata dei superstiti, inglesi e virginiani, in veste di comandante riconosciuto e confortasti il generale Braddock morente mentre proferiva le sue maledizioni contro i vigliacchi e i traditori.

Di fronte all'assemblea, a Williamsburg, ti vennero attribuiti accorati ringraziamenti ed elogi unanimi riassunti nelle parole del Presidente: "La vostra salvezza è oggetto di brindisi in tutte le tavole".

Minerva – Altre glorie militari vincenti avresti acquisito negli anni a venire, colonnello Washington, ma a Mount Vernon non ti occupasti soltanto di amministrazione, di cavalli e cani, di caccie alla volpe, al cervo, di serate brillanti nei salotti e nei teatri della capitale.

Fosti un saggio giudice di pace, ma soprattutto entrasti a pieno titolo nella politica locale, eletto alla Camera dei Borghesi, nella quale in breve tempo imparasti a muoverti con maestria e disinvoltura entro un ambiente che ti vide dapprima piuttosto timido e impacciato.

Marte – Certo sorella, ben altro spazio va dedicato alle sorti vincenti in guerra di indipendenza americana, ma ora tocca a te, Alessandro. Trentatrè anni esauriscono il ciclo dell'intera tua esistenza e quindi ti invito a individuare un più breve tratto di esordio nelle tue vicende.

Il sovrano di Macedonia, Alessandro, ha ventidue anni. Un'aureola di vaporosi capelli biondi circoscrive il volto ancora adolescente, dallo sguardo dolce, profondo, ma intenso e indagatore. Un elmo al braccio non cela l'indole dedita anche allo studio e alla riflessione.

Alessandro – Sì, la mia vita fu breve, divini arbitri, ma le premesse dell'azione retroagiscono a tempi immemorabili in cui il conflitto tra Oriente e Occidente si delineò sul bacino del Mediterraneo ed io, da predestinato condottiero di popoli, raccolsi il lascito delle altere città elleniche che in altri tempi avevano neutralizzato il mito dell'impero persiano per ricondurle all'unità e all'antico splendore.
Ecco perché, dio della guerra, propongo i miei ventidue anni a limite della narrazione. Entro allora conseguii l'u-

nione delle città elleniche, oltre allora partii alla conquista dell'Asia, per la mia grande impresa che purtroppo non posso dire compiuta.

A memoria di archeologo, Oriente e Occidente vennero alle armi per la prima volta sulla pianura di Troia ove gli achei prevalsero, ma con enormi perdite umane, grazie al formidabile vigore bellico di alcuni invincibili eroi e, primo fra tutti, di Achille, re dei Mirmidoni.

Io discendo da lui per via femminile e perciò era fatale che spettasse a me l'onore e l'onere di distruggere definitivamente quanto restava dell'impero d'Oriente, o persiano che dir si voglia, fondato da Ciro il Grande e decaduto con Dario I°, Serse, Dario II°, Artaserse, e risorto ancora al tempo di Dario III°, ultimo achemenide e mio avversario.

Per inciso poi ricordo che in linea maschile discendevo da Eracle ed ecco perché, Cesare, trovasti la mia statua nel tempio a lui dedicato.

Achille era figlio di Teti, una dea minore, mentre Eracle era soltanto semidio. Poco! tutto sommato. Lasciai così fiorire sulla mia nascita ben altre favole che Plutarco raccolse con dovizia di particolari.

Zeus addirittura avrebbe fecondato mia madre nelle sembianze di un serpente e mio padre avrebbe poi perduto quell'occhio indiscreto con cui spiò l'amplesso dal buco della serratura.

Assai suggestiva peraltro pare un'altra versione per cui, in una notte tempestosa, un fulmine colpì il ventre di mia madre e dalla ferita si levò un fuoco inestinguibile ma innocuo.

Un'altra storia ancora concede a mio padre un ruolo più onorevole, ma solo in apparenza: egli sognò che, dopo un lecito incontro, vide formarsi all'improvviso in luogo dell'ombelico di mamma un sigillo raffigurante la sagoma rampante di un leone. Gli indovini interpellati in merito, convinti che il re dovesse soltanto con più cura controllare la moglie, lo imbonirono in suadenti parole raccontando che mamma era incinta, poiché nessun sigillo si imprime sul vuoto, e lo era di un maschio dal carattere gagliardo di un leone.

Bando alle ciance numi e colleghi, io semplicemente ero Alessandro, figlio di Filippo II (re di Macedonia, a sua volta figlio di Aminta) e di Olimpiade, della stirpe epirota dei molossidi.

Papà Filippo, che ho bonariamente beffeggiato sin qui, era invero un personaggio degno di grande ammirazione per avere condotto il suo regno a uno stadio di dignità non inferiore a quello delle splendide πόλεις, ormai immiserite dalla guerra del Peloponneso e dai duelli di Tebe contro Sparta, nonché a una potenza militare persino maggiore di tutte le πόλεις messe insieme.

Egli aveva ampiamente dimostrato il suo genio, guerresco e politico, realizzando, quasi, l'intento di rinsaldare in alleanza le municipalità elleniche per una spedizione armata contro l'impero persiano, dopo averne vezzeggiate alcune, come Atene innanzitutto, e punito altre in battaglia, come Tebe, battuta a Cheronea.

In quell'asperrima battaglia, a diciott'anni, mi fu affidato il comando della cavalleria e fu quello il "battesimo del fuoco" in cui sterminai il battaglione sacro, invincibili truppe d'*èlite*.

Al successivo incontro panellenico di Corinto, nel quale papà fece il bello e il cattivo tempo, tutte le città pronunciarono un giuramento di fedeltà al re Filippo vincitore macedone e soltanto Sparta si permise di non essere presente.

Sorvolo sugli attriti che sorsero in seguito con papà poiché egli morì, quando avevo venti anni, pugnalato a tradimento da una guardia del corpo durante la cerimonia nuziale di mia sorella.

Fui quindi acclamato re da tutto l'esercito e dovetti subito procedere all'epurazione di alcuni avversari nell'aristocrazia macedone giacché lo Stato non possedeva una chiara norma di successione monarchica.

Marte – Perdonami Alessandro se ora interrompo anche te, come ho fatto poc'anzi con Cesare, però almeno un particolare episodio (che definire d'attrito è un eufemismo) deve essere narrato a conferma del tuo ardire verso un padre di intelligenza e perfidia proverbiali.
Filippo ripudiò tua madre Olimpiade e sposò la giovinetta Cleopatra, nipote di Attalo, uno tra i primi dignitari di cor-

te, ascoltato e riverito da Filippo per presunta incrollabile fedeltà.

Durante il banchetto Attalo propose un brindisi: "Preghiamo gli dei a che benedicano la regina e donino al paese un erede legittimo".

Fu una *gaffe* o una deliberata provocazione? Comunque sia, la furia ti sconvolse e gli gettasti una coppa di vino in faccia urlando: "Sarei dunque un bastardo secondo te?". Filippo, ubriaco e incollerito a sua volta, si alzò e fece per trafiggerti con la spada, perché avevi offeso un suo ospite, ma vacillò e cadde a terra. Tu allora ridesti sgangheratamente e ti rivolgesti al pubblico in sferzanti parole "Lo vedete il re, vuole passare dall'Europa all'Asia e neppure è in grado di saltare un tavolo".

Dovesti fuggire in Illiria, braccato dagli etèri della guardia a cavallo, accompagnato dai più fedeli amici, ma fu tuo padre che sollecitò una mediazione e ti perdonò.

Minerva – Allora consenti pure a me, Alessandro, di citare altri fatti a supporto della stima e dell'affetto che nutriva per te Filippo, un re sul quale non è dato capire se la gloria gli sia dovuta più per tenacia e sapienza che per malvagità e infamia.

Egli ebbe in dono uno stupendo cavallo che però nessuno era riuscito a domare. Avrebbe voluto liberarsene ma tu, ragazzo, vedesti subito che quell'animale era ombroso solo perché temeva la propria ombra. Ti offristi di cavalcarlo nell'incredulità di tutti presenti.

Lo guidasti quindi con il muso volto al sole e, parlandogli sottovoce, lo montasti in un balzo correndo via al galoppo.

Filippo pianse di gioia al tuo ritorno e ti accolse con queste parole: "Cerca il giusto regno figliolo perché la Macedonia è troppo piccola e non basterà a soddisfare la tua grandezza". Bucefalo chiamasti il cavallo che ti servì sino in India. E chi volle Filippo come istitutore per te fanciullo alla corte di Pella, la capitale? Aristotele di Stagira! Non aggiungo altro.

E non ti affidò forse, a sedici anni, la reggenza del regno in completa autonomia quando partì per una missione a Bisanzio?

Alessandro – Certo, Minerva, ma papà era un uomo contradditorio, imprevedibile. Comunque anch'io temevo che nulla sarebbe rimasto da conquistare per me se fosse vissuto più a lungo.

Sappiate tutti comunque che io amavo ancora di più mia madre. Ella non resse all'umiliazione del ripudio e fuggì con me da Pella dopo il fedifrago matrimonio, salvo rientrare alla morte di Filippo.

Ma torniamo agli eventi. La mia successione sul trono di Macedonia comportò la reviviscenza delle antiche ostilità sia con i popoli ribelli del nord, sia con le città dell'Ellade, e in più si concretizzò l'insidia di Attalo il quale, determinato a ottenere il trono per il suo pronipote, nascituro da Cleopatra e Filippo, aveva messo insieme un cospicuo esercito di macedoni e mercenari greci nell'Asia Minore ricercando al contempo l'alleanza con i persiani per assalire la Macedonia.

Tutti i consiglieri suggerivano prudenza e attesa, ma non era questo il mio stile. Dovevo agire in qualche modo. Decisi allora di rivolgermi a sud, alla Grecia, senza tuttavia intento di ingaggiare battaglia a tutti i costi.

Bene me ne incolse: la diplomazia, la paura, la discordia tra le città, mi favorirono e così a Corinto, in una nuova riunione panellenica, fu rinnovato il giuramento di unità sotto l'egida macedone.

Anche allora Sparta rispose male all'invito "noi non siamo abituati a obbedire bensì a comandare". Avrei potuto prevalere con le armi ma preferii non rischiare di rompere l'equilibrio faticosamente ricucito.

Di ritorno a Pella partii subito per il nord, in una campagna contro le bellicose tribù illiriche che mi impegnò allo spasimo ma che alla fine impose la sottomissione del nemico. Nel frattempo anche l'insidia di Attalo cadde per mano dei miei sicari, mentre su Cleopatra incinta fu spietata la vendetta di mia madre tornata nella capitale.

Tutto a posto, dunque, divini arbitri e amici? Ma neppure per sogno! Una falsa notizia della mia fine nella campagna a nord si era diffusa. Tebe, Atene, il Peloponneso, l'Ellade tutta, entrarono all'unisono in rivolta, mentre Dario III° spediva fiumi di denaro atto ad alimentare la guerra con-

tro un regno ormai privo di guida.
Comparvi allora all'improvviso dopo una marcia di soli sette giorni sotto le mura di Tebe, tuttavia non volevo ancora combattere.
Strinsi d'assedio la città e tentai una trattativa, inviai ambasciatori, ma i tebani si mostrarono irriducibili.
Ciononostante continuavo a esitare sinché Perdicca, il mio più fidato luogotenente, intravide il pertugio nelle difese e di iniziativa propria si lanciò all'attacco. La fessura divenne subito una voragine, falangi e cavalleria penetrarono in città e fu strage.
Tebe da allora cessò di esistere. Non lo avrei voluto ma cedetti infine alle pressioni dei miei alleati tessali che già da molti anni subivano il crudele giogo di un popolo dominatore e fremevano per desiderio di vendetta. I superstiti del fulmineo assedio vennero trucidati, donne e bambini si dispersero schiavi per il mondo, la città fu rasa al suolo.
La notizia della caduta di Tebe si diffuse a valanga in tutta la Grecia e immediatamente scoraggiò ogni altra aspirazione di rivolta.
Avevo appena ventidue anni.
Rassicurato dalla soggezione dei popoli del nord, dalla pacificazione dell'Ellade, dalla devozione del popolo, dall'aristocrazia selezionata, e soprattutto dalla fedeltà indiscussa di quegli amici che mi avevano accompagnato nell'esilio, al quale ero stato costretto per l'ira di mio pa-

dre, ritornai in Patria e mi dedicai anima e corpo a organizzare il suo piano incompiuto: la spedizione in Oriente.

Scena 2 – la fase intermedia

Minerva – Ora che abbiamo esaurito la narrazione di quella che fu, in varia misura, una fase propedeutica delle future glorie, prendo la parola per raccontare in sintesi le esperienze politiche e militari che in ciascuno di voi si accumularono, o fecero difetto.

In questa prospettiva pertanto accomuno voi, Giulio Cesare e George Washington, giacché in entrambi, nei primi trentatré anni, si vide sì il segno di una personalità straordinaria ma non ancora esiti concreti di autentica dimensione storica.

Aggiungo però che tu, Cesare, poco versato in arte militare e nulla in carriera politica, ne traevi allora una ragione di rammarico, se non di estrema afflizione mentre tu, Washington, comandante per caso più che per vocazione, altrettanto digiuno in politica, non eri per niente ostile a un futuro di confortevole *aurea mediocritas*.

Poco importa tuttavia che abbia prevalso per l'uno la determinazione e l'ambizione, o per l'altro la forza inesorabile del destino.

Entrambi diveniste infine imperatori, e in merito non c'è dubbio per te, Cesare, giacché il nome è sinonimo, mentre per te, Washington, il tema assume più sfumati contorni, tutti da approfondire.

Alessandro e Napoleone, imperatori per antonomasia, che

cosa può dirsi invece su voi? se non che guerra e politica erano già patrimonio acquisito nel tratto preparatorio dell'esistenza. Comunque sia, anche per voi il meglio doveva ancora venire.

Marte – Diletta sorella, sembra quasi che ci siamo scambiati il ruolo in questo preludio. Mi permetto allora di precisare che *impero* è una parola dal significato e valenza intrinseca molto complessi e che su tale argomento svilupperemo in seguito un'attenta speculazione. Ora peraltro è il tuo turno, Napoleone, prosegui pure il racconto.

Il primo console Napoleone indossa una giacca nera e corta, aperta sull'impeccabile gilè bianco cosparso di bottoni dorati. S'è tagliato i capelli, è stempiato, e appare imbolsito nella figura, ma lo sguardo rifulge ugualmente saettante.

Napoleone – In breve, Minerva, rispondo a te sul motivo per cui ho definito ipocrita e infame il trattato di Amiens: Francia e Inghilterra, per indegna riserva mentale, puntavano in realtà a spartirsi il potere mondiale, a noi sul continente, a loro su mari e oceani.
Tutto il resto è fumo, inganno, parole al vento. E quale meraviglia in effetti dovrebbe insorgere se consideriamo lo stile tipico dei ministri che gestirono il negoziato: Henry Addington e Maurice Talleyrand? William Pitt e io non avremmo certo saputo fare di meglio in termini di diplo-

mazia, anzi, ce la saremmo data sui denti, ma al mondo e alla Storia sarebbe almeno stata risparmiata quell'ignobile sceneggiata.

Pitt infatti successe ad Addington in carica di Primo Ministro l'anno dopo e annullò il trattato, con il quale si era posto fine alla seconda coalizione antifrancese.

Costui, figlio di quell'altro Pitt, già citato da te George Washington come l'autore della riscossa britannica contro i francesi in America, ruppe dunque gli indugi, spezzò l'abietta catena, e si rese promotore di una terza coalizione antifrancese, sciolte le altre due con i trattati di Campoformido e di Luneville.

Prima coalizione antinapoleonica, invero, che mi distolse dalla linea politica virtuosa che avevo intrapreso in Patria ove erano ormai nelle mie mani tutti i poteri amministrativi dello Stato.

Epilogo ne fu il "sole" di Austerlitz, la più brillante affermazione in guerra da me ottenuta, a trentasei anni. Cruciali furono, tuttavia, quei tre anni antecedenti durante i quali, tra l'altro, divenni primo console a vita per plebiscito, quindi imperatore dei francesi a Parigi e, subito dopo, re d'Italia a Milano.

Dapprima le ostilità si espansero su un piano commerciale attraverso politiche di inasprimento dei dazi doganali contro le merci inglesi, a cui l'Inghilterra replicò con il blocco navale dei porti francesi.

Quindi l'Inghilterra perseguì, in ambigui risultati, un'alleanza con la Russia dello Czar Alessandro, figlio successore di Paolo, accoltellato in una congiura di palazzo, al quale precedentemente avevo offerto amicizia in funzione anti inglese.

Attriti insorsero anche in America, in Oriente, in Africa, in Italia, sul Mediterraneo, nel cuore stesso dell'Europa. A Santo Domingo scoppiò la rivolta e le mie truppe furono falcidiate dalla febbre gialla. Sul golfo del Messico preferii cedere e vendetti ai neonati Stati Uniti la Luisiana. Ottenni però dall'impero ottomano la riapertura degli stretti, con occhio rivolto all'India, mentre in Africa istituii consolati francesi a Tripoli, Tunisi, Algeri. Ripristinai inoltre, ma per poco, le mie mire sull'Egitto e sulla Siria.

In Italia mi ritirai dal regno di Napoli e dallo Stato Pontificio ma non dal Piemonte, da Parma, dall'isola d'Elba. Gli inglesi d'altronde non mollarono Malta, mentre io intervenni in Svizzera, a mano armata, e sugli staterelli tedeschi, per influenza politica.

Altri motivi di tensione latente provenivano dallo Czar, Alessandro, il quale aspirava ad espandersi a Est, e perciò ammiccava a me e agli inglesi contemporaneamente, salvo incontrarsi in segreto con il re di Prussia, Federico Guglielmo III, per ignote trattative.

Erano ancora dalla mia parte Olanda e Spagna, su cui potevo contare a che fosse mantenuto il blocco continentale contro l'Inghilterra, ma si trattava di un embargo del tutto inefficace in realtà, considerata la posizione ambigua e va-

nificante di Russia e Prussia.
Come vedete, divini arbitri, ho tentato di distribuire in leale equità le cause del conflitto, che inevitabilmente sarebbe seguito, ditemi però se invero non possedevo una larga quota di buone ragioni.

Marte – Non essere ansioso, Napoleone, Minerva infatti ha già detto che le vostre responsabilità non sono oggetto di giudizio.
Padre Giove semmai esprimerà qualche considerazione al riguardo.

Minerva – E qui lo confermo, diletto fratello, poiché Padre Giove non trascurerà i misfatti, che neppure la Storia ha dimenticato, ma soltanto edulcorato nelle fulgide icone createvi intorno.

Napoleone – Alludi chiaramente all'esecuzione del duca di Enghien, Minerva, per quanto mi riguarda in quel tratto specifico: la macchia incancellabile che ogni nazione d'Europa stigmatizzò tacciandomi di bieco dittatore spietato assassino, e quindi rafforzò il comune intento di estromettermi dal consesso della civile Europa.
Ma sì certo, fu un orrore, anche se Maurice Talleyrand, mio ministro degli esteri, detto anche a furor di popolo "demonio zoppo", lo definì piuttosto un errore.
Ora però io desidero parlarne in breve con lo stesso spirito

che tanti anni dopo mi ispirò a Sant'Elena quando rievocai l'episodio.

Luigi Borbone Condè, duca di Enghien, era una mitica figura intorno alla quale si univano i partigiani realisti, miei nemici giurati. Nemico anch'egli, in effetti non tramava affatto contro di me e meno che mai meditava un attentato nei miei confronti. Fu soltanto la paranoia che mi indusse a rapirlo nel Baden Wuttemberg e deportarlo a Parigi per un processo la cui sentenza capitale era già scritta. Nell'ora estrema rifiutai il colloquio a quattr'occhi che il Duca aveva richiesto e il plotone d'esecuzione fece il suo dovere.

Minerva – Apprezzo la sincerità non sollecitata, Napoleone, ma ora continua il racconto, come mio fratello e noi tutti ci attendiamo.

Napoleone – Ebbene, divini arbitri, la guerra non ancora dichiarata con l'Inghilterra consisteva in null'altro che in inseguimenti per mari e oceani in una situazione di sfavore numerico a nostro carico.

Non ero esperto di strategia militare marittima però tentai comunque di ingannare la flotta inglese mentre accumulavo i corpi d'armata a Boulogne in vista di un'invasione sull'isola britannica.

Ordinai all'ammiraglio Villeneuve di condurre la flotta nelle Antille, per un'operazione diversiva volta ad indurre

51

le squadre navali inglesi ad allontanarsi dal teatro europeo, agevolandosi così il mio obiettivo prioritario: la spedizione oltre Manica.

Parve allora che l'ammiraglio Nelson avesse abboccato, giacché non perse tempo e ci tallonò sino alla meta, ma Villeneuve, sconsiderato, invertì la rotta e fu intercettato sul viaggio di ritorno, talché si trovò costretto a chiudersi nell'amico porto spagnolo di Cadice.

La tua Gades, Cesare.

Nelson si parcheggiò paziente all'uscita sinché ci stanò dal rifugio e, sul promontorio di Trafalgar, diede battaglia distruggendo i vascelli del mio imbelle ammiraglio.

Dovetti così abbandonare definitivamente il progetto di attraversare la Manica, ma invero avevo desistito già prima di Trafalgar, di fronte alle mutate prospettive.

Nel frattempo infatti Czar Alessandro si era schierato infine contro di me nella coalizione il cui trattato fu firmato proprio a Pietroburgo. Aveva poi persuaso alla guerra anche il riluttante collega imperatore Francesco d'Asburgo, e ottenuto altresì dal re Federico Guglielmo di Prussia l'impegno a una neutralità non equidistante.

Intuii subito la formidabile pressione di quelle forze in campo e capii che le sorti dell'Europa si sarebbero decise nel cuore del continente.

Marte – Perdona l'interruzione, generale, già imperatore, ma sembra importante in questo tratto descrivere le geniali scelte organizzative, dettate come furono da eccezionale talento militare, che stettero alla base della tua gloriosa epopea ancora per alcuni anni a venire.

Sino ad allora l'esercito era suddiviso in armate operanti sui diversi fronti: d'Italia, del Reno, del Danubio, d'Olanda. Ma tu le unisti tutte nella *Grande Armèe* e ne assumesti il comando supremo.

Trasformasti quindi le armate in sette corpi d'armata e ne affidasti la guida ai marescialli: i migliori generali delle tue campagne pregresse da te insigniti al massimo grado dell'esercito.

Ogni corpo rappresentava un'unità autonoma dotata di tutti i reparti combattenti e ausiliari: fanteria, cavalleria leggera, artiglieria, genio, approvvigionamenti, sanità, con ramificazione seguente in divisioni, brigate, reggimenti, battaglioni.

In particolare ponesti i marescialli, Joachim Murat e Jean Baptiste Besieres, a capo della cavalleria pesante e della guardia imperiale: le forze speciali da impiegare a supporto dei corpi d'armata secondo le necessità e per tuo esclusivo comando.

Ecco l' "organigramma"

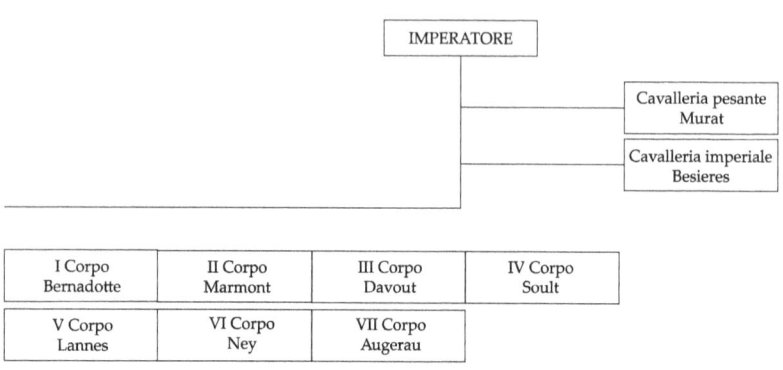

Ne conseguì la straordinaria elasticità e rapidità di intervento che ad Austerlitz determinò la vittoria contro un nemico molto superiore per numero. Funzionò benissimo in seguito, non a Waterloo tuttavia.

Minerva – Sì certo, fratello, ma non trascuriamo gli altri marescialli che più tardi affiancarono te, imperatore: Bertier, Brunn, Gouvion S. Cyr, Grouchi, Kellermann, Jourdan, Lefebvre, McDonald, Massena, Mortier, Moncey, Oudinot, Perignon, Poniatowski, Serurier, Suchet, Victor. E, soprattutto, ricordiamo l'intuizione sulle mosse avversarie come ulteriore carta vincente. Procedi pure, Napoleone.

Napoleone – La sconfitta di Trafalgar comportò un sollievo enorme agli inglesi, ma non mi preoccupò più di tanto poiché il giorno prima la città di Ulma capitolò e mi si spalancò la via per Vienna. L'avevo giurato a me stesso che sarei tornato, però andiamo con ordine.

Il piano nemico si era svelato sulle tre direttrici nord, sud, centro. Io stavo ancora a Boulogne, sulla Manica, prima di Trafalgar, quando l'istinto mi spinse ad oppormi al centro, laddove i russi e gli austriaci progettavano di congiungersi a Ulma, città sita al confine tra Baviera e Wuttemberg, per lanciarsi insieme alla conquista della Francia.

Quella era per certo l'offensiva più inquietante, nonostante l'ostilità dei regni meridionali tedeschi all'Austria, mentre a nord gli obiettivi parevano assai più modesti: Olanda e Hannover, terra d'origine dei sovrani inglesi. A sud, in Italia, c'era il mio fido Massena.

Karl von Lieberick barone di Mack si impadronì facilmente di Ulma con la parte più cospicua dell'esercito austriaco restando in paziente attesa del Kaiser Francesco, smanioso di entrare vittorioso a Parigi, e dei russi, ancora acquartierati in Polonia.

Un'evidente strategia imponeva che la neo costituita *Grande Armèe* rimuovesse subito le tende da Boulogne e raggiungesse Ulma prima dei russi, ancora lontani e molto più lenti nella marcia. Partii dunque in fretta e venti giorni dopo ero già nell'alta valle del Danubio.

Calcolavo che, se i russi si fossero uniti agli austriaci, saremmo stati nell'insieme in trecentomila contro cinquecentomila.

Forzai quindi le tappe, divisi i corpi d'armata affinché circondassero Ulma e tagliassero a Mack tutte le vie di fuga. I marescialli Murat e Lannes si schierarono a sud e ad est, Ney a nord, sinché sotto il mio comando si mosse l'intera *Grande Armèe* e attanagliò Ulma.

Mack allora progettò la resistenza a oltranza ma si trovò in conflitto con il subordinato arciduca Ferdinando, il fratello del Kaiser, il quale disobbedì e si diede alla fuga a est con quasi metà delle forze, che in seguito furono da noi catturate lungo la strada.

Ulma capitolò senza combattere ed io feci trentamila prigionieri.

Raggiunsi Monaco e guardai a Vienna, mentre Massena impegnava gli austriaci in Italia affinché non rientrassero per dare supporto. Ma i russi, al comando del vecchio valoroso Kutuzov, sopraggiunsero a disturbare la marcia, evitando peraltro la battaglia in campo aperto.

A Linz, mentre la famiglia imperiale era precipitosamente fuggita da Vienna, il conte Gyulay mi propose l'armistizio a nome del Kaiser.

Rifiutai e proseguii, sempre tallonato da Kutuzov. Raggiunsi senza difficoltà il castello di Schönbrunn, residenza estiva degli Asburgo, e pochi giorni dopo penetrai nel cuore di Vienna.

Erano trascorsi appena sessanta giorni dalla partenza a Boulogne ma i russi e gli austriaci disponevano di quattrocentomila soldati contro i miei trecentomila. L'attendista Kutuzov ripiegava verso le pianure in Moravia e gli austriaci convergevano nella stessa direzione.

Entrambi contavano sull'entrata in scena anche del re di Prussia, che lo Czar stava assiduamente corteggiando, il che non avvenne, io però nel contempo ero costretto ad allungare pericolosamente le linee di collegamento della *Grande Armèe*.

Marte – Concedimi ora l'onore, Napoleone, di raccontare Austerlitz, la maestra fra le altre numerose grandi battaglie.

Il talento militare vi si espresse in superlativa condotta e, seppure la modestia non entri proprio fra le tue qualità personali, sono persuaso che un *quid* andrebbe perduto nella narrazione dal protagonista.

2 dicembre 1805, anniversario dell'incoronazione imperiale a Parigi: altri due imperatori, Francesco e Alessandro, ti attendevano al varco nei dintorni di quel piccolo e sconosciuto villaggio.

In campo c'erano 75.000 francesi e 83.000 austro russi, tutti schierati entro un angusto rettangolo di dodici per dieci chilometri con sparuti villaggi, fiumiciattoli, e al centro l'altura di Pratzen, punto strategico della massima rilevanza.

Alcuni giorni prima avevi mollato quest'ultimo al nemico, al fine di indurre l'idea che ti sentivi battuto in partenza, rafforzando peraltro la convinzione con l'invio di parla-

mentari a trattare un armistizio.
Il nemico, imbaldanzito nell'abile trappola congegnata, attaccò alle 7 del mattino, indebolendo la posizione centrale. Due ore dopo si diradò la nebbia e cominciò il contrattacco francese. Lasciasti sguarnita però l'ala destra invitando il nemico all'assalto da quel lato, rendendo così ancor più precario il proprio centro, come in effetti si verificò, sinché ordinasti l'arrembaggio all'altura.
I coalizzati austro russi rimasero letteralmente annichiliti dall'audace manovra. Venne subito impartito un contrordine di rientro per tutte le unità inviate contro la tua ala destra, il che determinò scompiglio generale e quindi una ritirata strategica che si trasformò in una fuga disperata verso la zona degli stagni ghiacciati a sud.
Ordinasti allora all'artiglieria di colpire con la massima intensità. Il ghiaccio degli stagni si spezzò e migliaia di austro russi annegarono.
Il morale del nemico crollò e fu l'inizio della fine.

Minerva – Bravo Napoleone! La terza coalizione andò a monte con il trattato di Presburgo, del 26 dicembre 1805, come già la prima e la seconda erano cadute a Campoformido e a Luneville.
Concedi pure a me dunque di riassumere le conseguenze politiche.
L'Austria pagò anche in questa occasione il prezzo più alto. In Italia dovette ridare Venezia, che fu acquisita al

regno di cui eri il re.

I Borboni di Napoli, aderenti alla terza coalizione ma non impegnati in battaglia, furono assaliti dal fido Massena, comunque detronizzati, e tuo fratello Giuseppe li rimpiazzò per decreto da Parigi.

In Germania nacque una federazione di regni tedeschi, cosiddetta del Reno, tributaria della Francia mentre Francesco, già imperatore del Sacro Romano Impero Germanico, fu costretto a rinunciare al titolo, mantenendo in tutta umiltà il più modesto di imperatore d'Austria.

Altri granducati minori intorno al Reno vennero donati ai marescialli più meritevoli e l'ex repubblica batava mutò in regno d'Olanda con il trono assegnato a tuo fratello Luigi.

La Russia si ridusse a miti consigli, ripiegò verso est e non subì altri danni, mentre l'Inghilterra ci rimise la montagna di denaro che aveva investito nella guerra e Pitt morì sconvolto dalla notizia di Austerlitz.

Continua pure, Napoleone.

Napoleone – Grazie a voi, divini arbitri. Ordunque, appena sei mesi dopo insorse la quarta coalizione e questa volta la Prussia, assente ad Austerlitz, si rese protagonista sia nel patto infame sia nella guerra. Sarebbe stato illogico, infatti, immaginare che un erede designato del grande Federico, maestro della guerra, restasse estraneo alle sorti del continente.

Io me ne rendevo conto e perciò ritenni opportuno stac-

care la Prussia dall'abbraccio con l'Inghilterra. Promisi allora a Federico Guglielmo l'Hannover, tanto caro al re di Londra, con il generoso sovrapprezzo delle città anseatiche: Amburgo, Lubecca, Brema.
Il re di Prussia rimase lusingato dall'offerta ma accettò a malincuore, temendo non solo l'ira inglese ma pure la reazione popolare interna, anche perché sapeva che avrebbe dovuto aderire in fedeltà al blocco continentale che avevo instaurato da tempo contro l'isola britannica.
Comunque i prussiani, con il mio benestare, invasero l'Hannover.

Minerva – È, a dire poco, evanescente un confine tra patto infame e fine diplomazia. Che cosa ne pensi, Napoleone?

Napoleone – Il tuo sarcasmo non mi ferisce, Minerva. Sono sempre stato piuttosto volubile nelle trattative diplomatiche, lo ammetto.
Licet mercatoribus sese invicem circumvenire (è lecito per i mercanti il mutuo inganno) e quindi offrii l'Hannover all'Inghilterra, al fine di una pace veramente durevole ma, purtroppo, le cose non andarono come volevo: la Prussia infatti si disse vittima di tradimento e tornò con il nemico, talché nacque la quarta coalizione, con la Prussia al posto dell'Austria.
Punto e daccapo, dunque? Sì, divini arbitri, anche se tutta la vertenza sull'Hannover altro non fu che un mero pretesto.

Comprendo che la Prussia nutrisse l'ambizione di unificare i popoli di lingua tedesca a scapito dell'Austria, e perciò guardasse con astio alla federazione del Reno che avevo creato per l'influenza francese.

Questa avversione fu l'autentico motivo del voltagabbana e del resto posso capire che l'Inghilterra non avrebbe mai accettato di barattare l'onore dell'impero per un vacuo compenso di carattere affettivo.

Lo Czar, d'altra parte, aveva respinto ogni mio approccio e attestava le truppe in Polonia per eventuale aiuto alla Prussia. Ivi scalpitava il partito antifrancese ad un punto che persino venne categoricamente rifiutata la mia proposta di costituire una federazione di stati tedeschi del nord sotto la casa di Brandeburgo.

In teoria la Prussia era ai ferri corti con l'Inghilterra, per l'Hannover, però, ho detto, era una quisquilia: L'Europa perseguiva la guerra a tutti i costi e, pertanto, occorsero due battaglie con i prussiani (Jena e Auerstadt) e altre due con i russi (Eylau e Friedland), per distruggere infine la quarta coalizione e sottoscrivere la pace a Tilsit.

Un *ultimatum* prussiano nei miei confronti, ridicolo e assolutamente inaccettabile, fu ovviamente ignorato, ed io concentrai sul Meno, nei pressi di Bamberga, tutta la *Grande Armèe*, non ancora rientrata in Francia a sei mesi da Austerlitz.

Mi trovai costretto a sfidare l'umore delle truppe, alle quali avevo promesso un trionfo in stile romano antico, e marciai oltre confine.

Non era definito, neppure a grandi linee, il luogo in cui gli eserciti si sarebbero incontrati sino a che, per marce e ripiegamenti estenuanti, esso parve delinearsi in Turingia, sulla piana di Jena, circa duecento chilometri a sud di Berlino.

14 ottobre 1806, come ad Austerlitz, alle sette del mattino, una fitta nebbia ostacolò le manovre iniziali, salvo che questa volta pervenne da noi l'iniziativa e l'assalto seguì al levarsi della nebbia.

Marte – Va bene, Napoleone, ora però risparmia i complessi dettagli della battaglia. Basti dire al riguardo che se mai qualche dubbio sulla vittoria finale spirò nella giornata, esso fu da attribuirsi alle stupide iniziative personali dei marescialli Augerau e Ney, rimediate dal tuo intervento e conseguenti aspri rimproveri.

Alcuni di loro, infatti, non avevano ancora compreso che erano solo gli esecutori della tua volontà.

La disfatta prussiana si concretò prima del calare del sole mentre la battaglia di Auerstadt, nella stessa giornata, in effetti altro non fu che un'appendice di Jena, condotta in autonomia dal maresciallo Davout.

Apparente contraddizione a quanto ho poc'anzi affermato.

Minerva – Entrasti vittorioso a Berlino, Napoleone, mentre Federico Gugliemo era fuggito presso lo Czar Alessandro, e da là disponesti il novello assetto della Germania, estendendo la federazione del Reno all'Elba, compreso l'Hannover ovviamente. La Russia tuttavia stava ancora imbattuta. Racconta ora il seguito.

Napoleone – Sì Minerva. Rimasi dunque a Berlino ad organizzare la spedizione a est ed ivi impiegai tre mesi, ma non furono sufficienti.

Partii comunque e mi soffermai per un breve periodo a Varsavia, tra balli e brillanti relazioni pubbliche, mentre l'*Armèe* procedeva lenta, costretta entro enorme difficoltà logistica e di approvvigionamento.

8 febbraio 1807: a Eylau, a nord est rispetto a Varsavia, mi ritrovai a fronteggiare i russi sotto una violenta tempeste di neve.

Fu pareggio, ma sarebbe stata catastrofe se non avessi lanciato sul campo la cavalleria pesante e la guardia imperiale, le forze speciali, la riserva atta a risolvere le situazioni più critiche.

Dovetti pertanto rinviare ogni altra operazione a primavera.

Cercai ostinatamente la rivalsa e la ottenni infine il 18 giugno 1807, il giorno di Marengo, a Friedland, poco più a nord rispetto a Eylau.

E così venne la fine della quarta coalizione: a Tilsit, sopra una gran zattera in mezzo al Niemen, Alessandro ed io ci abbracciammo, in presenza di un imbarazzato Federico Guglielmo. Partecipammo poi, in caccia al cervo, galoppando sfrenati e lasciammo indietro il terzo incomodo. Fra balli e ricevimenti scintillanti, in cordialità, lo Czar ripudiò l'amicizia con l'Inghilterra e, senza più esitazione, accettò di aderire al mio blocco continentale.

Il re di Prussia, per parte sua, riconobbe la confederazione degli stati tedeschi con il limite non sul Reno bensì sull'Elba, troppo vicino alla capitale secondo lui, ma dovette abbozzare.

Di nuovo dunque l'Inghilterra restò la sola nazione europea in guerra con la Francia. Dopo Tolone, io non l'incontrai mai sul campo sino a Waterloo, come già mi è stato rammentato.

Marte – Tu no, in persona, Napoleone. Toccò infatti ai marescialli il primo approccio con l'esercito inglese in terra di Spagna: successivo obiettivo dopo le vittorie nel cuore dell'Europa.

Minerva – Quindi L'Europa era soggiogata, Napoleone, perché non ti bastò, invece di scaraventarti nell'insidioso ginepraio spagnolo?

Napoleone – Un poco perché mi stavo annoiando, a dire il vero, e un poco perché la spina inglese cominciava davvero a irritarmi.

Come vedi, Minerva, lo dico sorridendo, però le ragioni di intervento nella penisola iberica non erano affatto uno scherzo. La Spagna, invero, era per me un'alleata. Alcuni contingenti iberici avevano combattuto a Jena dalla mia parte e d'altronde, ancorché i re fossero per principio generale miei nemici, la casa regnante a Madrid era francese d'origine, poiché sedeva sul trono un certo Carlo IV, già discendente di Filippo V, un Borbone e nipote di Luigi XIV il quale, cento anni prima, era riuscito ad imporre il suo candidato durante la guerra di successione, insorta per estinzione del ramo asburgico.

Re Sole fondava il titolo sul fatto di essere marito dell'Infanta, erede legittima di Madrid. Lei aveva rinunciato alle soglie del matrimonio, ma il marito, volpone qual'era, le fece rimangiare quel rifiuto e poi piazzò sul trono uno della sua famiglia, non per valore peraltro bensì per una serie di fortunose circostanze.

Ora scusate la divagazione, il problema in effetti non era la Spagna. Era il Portogallo. Solo che per presentarmi a Lisbona dovevo passare necessariamente per la Spagna. Quando mai gli inglesi mi avrebbero lasciato approdare via mare? Trafalgar bruciava ancora sulla pelle.

Il Portogallo era da tempi immemorabili alleato dell'Inghilterra. Non solo, era un cointeressato *partner* commerciale, ma soprattutto se ne faceva un baffo del blocco continentale e le banchine dei suoi porti, aperti sull'Atlantico, pullulavano di merci inglesi.

Sì certo, dovevo tollerare qualche deroga. E persino mio fratello, re d'Olanda, chiudeva un occhio per il bene del paese (da dove pensate provenisse la lana pregiata e il cuoio sopraffino per cappotti e stivali dei miei soldati? Non certo dalla produzione autarchica).

Però quel che è troppo è troppo! Iniziai con l'insolentire brutalmente in pubblico l'ambasciatore portoghese a Parigi, affinché il messaggio giungesse inequivocabile al principe Giovanni di Braganza.

Continuai cercando un'intesa con la Spagna, ma non con il povero re Carlo, bensì con il ministro Manuel Godoy, canaglia della mia risma del quale, proprio per questo, non mi fidavo (era un uomo singolare, venuto dal nulla, la cui folgorante carriera dipendeva esclusivamente dal favore erotico della regina, l'italiana Maria Luisa di Parma, figlia di Filippo Borbone ed Elisabetta di Francia).

Godoy acconsentì al transito delle truppe in Spagna dirette a Lisbona ma pretese in cambio che, se mai il principe di Braganza non avesse ceduto, Francia e Spagna insieme gli avrebbero dichiarato guerra.

Riunii così un corpo di spedizione a Bayonne, ai piedi dei Pirenei, al comando del generale Junot, neppure maresciallo, cosa che attesta la mia scarsa considerazione del fronte ispano portoghese. Sequestrai quindi tutte le navi portoghesi nei porti francesi e scrissi a Giovanni di Braganza minacciandolo impietosamente di invasione.

Egli si spaventò al punto che sigillò subito tutti i porti agli inglesi ma non intese pignorare navi e merci presenti. Tanto mi bastò per dare il via a Junot il quale, affiancato da tre corpi spagnoli, entrò a Lisbona. Godoy ed io ci spartimmo il Portogallo, con delega a Junot, mentre il principe Giovanni era fuggito in Brasile con tutta la corte, e la flotta inglese incrociava alla foce del Tago, guardinga e impotente.

L'avventura parve conclusa, ma le difficoltà logistiche in cui Junot si era imbattuto durante il viaggio in quelle aspre contrade avrebbero dovuto mettermi in guardia.

Non mi resi conto che l'ostica ingrata operazione era appena iniziata e che ne avrei presto pagato il capitale con gli interessi, non soltanto in Spagna.

Minerva – Non c'è nulla di eclatante da rilevare sino a questo punto, Napoleone, tutto rientrava nel tuo stile. Ma, visto che già sull'affare Enghien ci hai aperto l'animo, parlaci ora dell'intrigo che mettesti in piedi allo scopo di inscenare il pretesto per mangiarti la Spagna in un boccone.

Napoleone – La Spagna non era più la potenza marittima, terrestre, coloniale, di Carlo I, o V imperatore, che dire si voglia.
Un destino contrario l'avrebbe comunque travolta.
Puntai dunque sullo squallore della famiglia reale, sull'imbecillità di Carlo, sull'isteria di Maria Luisa, sulla vacuità del figlio primogenito Ferdinando, principe delle Asturie.

Proposi a quest'ultimo il matrimonio con Luisa, figlia di mio fratello Luciano, principessa imperiale. Ero sicuro che avrebbe accettato con entusiasmo, e così avvenne, ma non solo. Ferdinando, subdolamente, mi fece intendere che aspirava subito al trono, però voleva disfarsi di Godoy e, in tali evenienze, si disse disposto a lasciarmi passare sul suo territorio per aggredire gli inglesi a Gibilterra.

Un'occasione irripetibile, pensai. Assecondai quindi Ferdinando, per un poco, ed accusai suo padre di volere boicottare il matrimonio. Poi cambiai tattica e rivelai al re che l'adorato figliolo voleva fargli le scarpe. Ferdinando perciò fu incarcerato per alto tradimento.

Sfasciata la famiglia, sentori di sommossa si manifestarono a Madrid e così trovai il pretesto di garantire l'ordine. Nominai Murat capo in seconda dell'*Armèe*, con tre corpi d'armata, quindi lo inviai nella capitale e feci occupare le altre città principali.

La Spagna era mia, ma la rivolta scoppiò davvero a Madrid e Carlo, terrorizzato, abdicò in favore del liberato Ferdinando.

Non mi parve vero, convocai la famiglia reale a Bayonne, compreso Godoy, laddove finsi di tentare la conciliazione. Persuasi Ferdinando a restituire il trono a papà, poi indussi lui a mollare di nuovo perché avevo in animo di nominare re di Spagna mio fratello Giuseppe, già re di Napoli, ove lo avrei ben presto sostituito con il fido Murat.

Marte – Così cominciò la guerra di Spagna. E vai, Sire.

Napoleone – Invero Marte non fu una guerra tradizionale del tipo a cui mi ero abituato sui campi di battaglia d'Europa. Fu guerriglia di un popolo orgoglioso e inferocito contro l'invasore, in Spagna come in Portogallo, con strascichi di inaudita barbarie omicida e di atroci repressioni, che peraltro non piegarono lo spirito ribelle iberico. Gli inglesi dapprima inviarono cospicui aiuti di armi e viveri, sinché comparve, sulla baia atlantica di Mondego, il corpo di spedizione del generale Arthur Wellesley, futuro duca di Wellington.

All'epoca io avevo impegnato marescialli e generali (Moncey, Ney, Bessieres, Dupont) a fronteggiare l'esercito regolare spagnolo, però la lotta indomita dei guerriglieri invalidava ogni nostra conquista e ci costringeva a repentini ripiegamenti. Le cose volgevano male, tant'è che mi presentai in persona a Saragozza, illudendomi di infondere il coraggio e la gagliardia necessari alle truppe.

Un'effimera vittoria con i regolari ne conseguì a Medina di Rio Seco a nord, ma in Andalusia, a Bailen, fu disastro. Dovemmo arrenderci. Mio fratello Giuseppe, re di Spagna, fuggì da Madrid e, quello che è peggio, il mio carisma di invincibilità si appannò in Europa, e ancora non erano sbarcati gli inglesi.

La sconfitta di Bailen contro l'esercito spagnolo, e quelle successive Obidos e Vimeiro, in Portogallo contro gli inglesi, mi convinsero che era giunto il momento dell'ingresso personale in quella guerra.

Prima però volli incontrare a Erfurt, Germania, lo Czar Alessandro, per coprirmi le spalle in Europa.

Là dovetti constatare che, rispetto a Tilsit, il clima era radicalmente cambiato: non solo lo Czar rifiutò di assumere l'onere di mediazione con gli inglesi, ma pretese addirittura la totale acquiescenza da parte mia sulla sua espansione in Finlandia e nei Balcani. Assentì però a una vaga solidarietà contro le velleità di riarmo dell'Austria nei miei confronti.

Avevo ben altre preoccupazioni e quindi accettai. Ci lasciammo però con una certa freddezza e partii per la Spagna.

Quell'intervento diretto fu determinante. Ripresi Burgos e Madrid, riportai Giuseppe sul trono, ma combattei solo contro gli spagnoli, ignorando ostentatamente gli inglesi che avanzavano dal Portogallo al comando del generale Moore, succeduto a Wellesley.

Le nostre forze erano assai più numerose di quelle inglesi e quindi lo scontro diretto non avvenne. Moore anzi si ritirò a nord ovest ed io, per notizie ricevute da Parigi, lasciai la Spagna definitivamente.

Marte – Altre faccende ti attendevano a Parigi, Napoleone, e però il tuo scettico disinteresse per la Spagna mi suggerisce un'altra ipotesi fantastorica: il generale Moore continuò la ritirata nel rigido inverno attraverso le contrade ostili lasciando per strada migliaia di soldati, battuti dal gelo e dagli stenti. Quando tuttavia raggiunse La Coruna, lato nord ovest della penisola, per imbarcarsi verso la patria, la flotta non c'era e si fece attendere per qualche giorno.

Il generale allora diede battaglia al maresciallo Soult che lo tallonava e si impegnò severamente, egli stesso morendo infine sul campo.

Se avessi visto con i tuoi occhi, Napoleone, forse ti saresti ricreduto nella scarsa stima che nutrivi per il combattente inglese sulla terra e magari avresti disinnescato la trappola micidiale di Waterloo.

Comunque sia, la campagna restò affare dei marescialli e si trascinò per altri tre anni, logorando risorse che ti sarebbero state utili altrove. Che cosa ne pensi?

Minerva – In politica le cose non andavano affatto per il meglio: il tuo ministro degli esteri Talleyrand, traditore per indole, trescava già con lo Czar e l'ambasciatore asburgico in Parigi, Clemente Lotario principe Metternich, mentre il sinistro Fouchè, ministro degli interni, gli teneva ignobilmente bordone.

Te ne eri accorto, certo, ma non prendesti provvedimenti, salvo una velenosa ingiuria: "Talleyrand, siete una merda in una calza di seta!" e lui impassibile riferì a Fouchè: "che peccato! Un così grand'uomo, così maleducato".

Ribadisco il quesito di mio fratello. Che cosa ne pensi?

Napoleone – Non saprei proprio che dirvi, divini arbitri, se non che la Spagna mi aveva scocciato, come l'Egitto dieci anni prima.

Livide nubi si accumulavano in Europa: nasceva la quinta coalizione e questa volta imperniata sull'Austria, umiliata e offesa dai trascorsi vent'anni di sconfitte e cedimenti, ma pronta a rialzare la cresta.

L'arciduca Carlo, altro fratello dell'imperatore, aveva messo insieme una considerevole forza d'urto, laddove io mi dibattevo in difficoltà enormi per le nuove coscrizioni, mentre la Prussia macinava odio e lo Czar non mi dava alcun affidamento, mai dato prima peraltro.

Bando alle chiacchiere, comunque, divini arbitri. La *Landswehr* di Carlo era solo la fotocopia della *Grande Armèe* ma con quella varcò l'Inn e invase la Baviera: guerra dichiarata e attuata.

La prima fase di scaramucce venne gestita dai marescialli sinché io scesi in campo e ripresi il comando supremo.

Scorticai il nemico in alcune battaglie minori e infine Ratisbona, sul Danubio, fu *replay* di Ulma. Russia e Prussia si resero conto che non avevo affatto perduto lo smalto e stettero a guardare mentre di nuovo conquistavo Vienna.

Non altrettanto avvenne tuttavia da parte dei soliti inglesi: l'ancora futuro Wellington tornò in Portogallo e riprese Oporto disperdendo il corpo d'armata del maresciallo

Soult.

Nel frattempo gli austriaci si erano riorganizzati a Wagram, quindici chilometri a nord est di Vienna, e accettarono battaglia.

Marte – Fosti pure ferito ad un piede, Napoleone, ciononostante non intendesti lasciare il campo. Per tua fortuna il generale Walther urlò di farti portare a braccia nelle retrovie dai granatieri.

Stavolta comunque il merito maggiore si ascrisse ai più umili genieri che edificarono i ponti sul Danubio e organizzarono il traghetto delle forze sulla riva opposta.

La battaglia si articolò invero per tratti distinti nel ciclo di quasi due mesi. Nella prima fase si registrò una tua cocente sconfitta a Essling e Aspern, in maggio, poi seguì il tuo epilogo vittorioso a Wagram, in luglio.

Minerva – Il trattato di Schönbrunn sancì la fine della coalizione, la quinta, e le condizioni furono ancora più penose per l'Austria.

L'imperatore sconfitto dovette riconoscere Giuseppe Bonaparte a re legittimo di Spagna, cedere Salisburgo alla Baviera, una parte della Polonia al granducato di Varsavia, Trieste, Istria, Dalmazia al regno d'Italia, e più tardi sua figlia, Maria Luisa, in sposa a te, Napoleone.

Marte –Verranno ancora la campagna di Russia, la sesta

coalizione, l'Elba, la settima coalizione, Waterloo, Sant'Elena. Ma ora è venuto il momento tuo, Cesare, di riprendere il racconto.

Minerva – Sentiamo Cesare, eravamo rimasti a Gades, o Cadice che dire si voglia. Narra Svetonio che chiedesti con insistenza di lasciare l'Iberia prima della scadenza d'ufficio, suggestionato dall'immagine di Alessandro, e di tornare a Roma ad affrontare nuove avventure.

Il proquestore Giulio Cesare è avviluppato in un mantello militare rosso ardente e appare ringiovanito. Radi capelli bruni, raccolti in buffi riporti sulla sommità del capo, non sminuiscono affatto il fuoco dello sguardo aquilino.

Cesare – Sì, divini arbitri, ero pronto ed ansioso di cimentarmi nella grande politica, finalmente.
Come voi sapete la competizione si fondava allora sulle tappe del *cursus honorum* che ciascun candidato al potere doveva percorrere allo scadere di determinate età minime e con opportuni intervalli di tempo fra l'una e l'altra carica.
Già avevo esercitato gli incarichi preliminari di *tribunus militum* e di questore, dovevo quindi procedere con le successive cariche di edile, pretore, console: cariche elettive che esigevano non solo il sostegno di *sponsor* influenti ma, soprattutto, di tanto denaro per finanziare le campagne

elettorali.

Quanto a *sponsor*, non mi sarei potuto lamentare, quello che invece mancava era il denaro talché, nel decennio successivo, contrassi una quantità colossale di debiti nei crescenti tratti di progressione.

Da edile, ad esempio, preposto ai lavori pubblici e agli spettacoli, mi diedi alle pazze spese, integrative rispetto all'erario, per arricchire di nuove strutture il Foro, i Comizi, il Campidoglio, le Basiliche, e per organizzare i giochi gladiatori più sontuosi.

Fu un autentico salasso, però ne ottenni in cambio una notorietà e un favore di popolo non indifferenti.

Minerva – Il *cursus honorum*, Cesare, era la strada esclusiva per la politica in Roma. Tutte le più significative figure della romanità vi si cimentarono in indispensabile preludio alla gloria.

Tu però, anche nel tratto propedeutico, rappresentasti un'eccezione poiché in barba ai principi osasti concorrere alla dignità di Pontefice Massimo, supremo onore di carattere religioso.

Il soglio non rientrava nel *cursus honorum*, era riservato piuttosto a uomini anziani e illustri a coronamento della carriera, e comunque il prestigio dell'ufficio era imponente per il primato sacrale connesso e connaturato nella società repubblicana.

Incredibilmente tu lo conseguisti invece in "tenera" età,

alla faccia di tanti candidati eccellenti e non solo, contemporaneamente fosti eletto pretore. E dire, quanto a devozione personale, che eri un agnostico e non credevi negli dei.

Cesare – Se è solo per questo Minerva, neppure Napoleone credeva in Dio, però sai bene quanto egli ritenesse determinante in politica il favore del Vaticano e della Chiesa cattolica.
Comunque sia, quelle nuove cariche accumulate mi imposero allora un'altra serie di debiti, anche per traslocare dalla Suburra al Palatino. E voglio ricordare poi che il denaro pervenne soprattutto dalle casse inesauribili di Marco Licinio Crasso, e fu impiegato anche allo scopo di avvicinarmi a Gneo Pompeo, l'uno e l'altro personaggi importanti nel panorama politico romano.
Per inciso rammento che il pontificato era diventato elettivo da pochi anni grazie all'iniziativa di Tito Labieno, tribuno della plebe e amico fraterno, di cui parlerò in seguito in postuma riabilitazione.

Minerva – Pretura e pontificato invero furono un periodo a dir poco nebuloso, Cesare. Per carità di patria consiglio di sorvolare su anni in cui la tua tendenza vagamente sovversiva ti indusse a frequentare gente dello stampo di Clodio e Catilina.
Sull'uno, scapestrato agitatore di popolo, sia sufficiente

accennare al fatto per cui persino ti rifiutasti di testimoniare nel processo contro di lui quando violò la tua dimora e insidiò la tua seconda moglie.
Sull'altro, demagogo impenitente, non vorrai certo negare che in un primo tempo aderisti a entrambe le sue congiure e soltanto all'ultimo momento ti tirasti indietro. Rammentiamo invece le tue prime esperienze di comando militare in terra d'Iberia, da governatore assegnato dopo la pretura.

Cesare – Grazie Minerva per il tuo opportuno intervento che mi leva da un sottile imbarazzo.
Sì, in Iberia guidai la spedizione contro i ribelli Lusitani che avrebbe assicurato a me il trionfo a Roma. Purtroppo, però, il Senato bocciò una mia richiesta di presentare per procura l'istanza al consolato e pertanto, non potendo entrare armato in città per diventarlo, dovetti rinunciare all'onore.
Ma invero quella fu un'impresa di poco conto e ben altri trionfi avrei celebrato in seguito.

Minerva – Oh no, Cesare! tu dovresti piuttosto ringraziare Cicerone, console e gran delatore di Catilina, se non fosti pugnalato in Senato vent'anni prima per l'avere difeso gli accoliti del grande congiurato e nemico della Repubblica.
Ma parlaci ora del tuo consolato e di tutto quanto seguì in termini di tattica e diplomazia, prodrome dell'esordio

nella carriera militare.

Cesare – Sì è vero, Minerva, però Cicerone non potrebbe lamentarsi del generoso trattamento che gli riservai in altre occasioni. Comunque sia, in realtà, la tattica e la diplomazia anticiparono e non seguirono il mio consolato, quanto meno se con esse alludi alla cura che sin da principio dedicai a creare la sinergia tra Crasso e Pompeo in vista di un'alleanza nella quale intendevo entrare a pieno titolo.

Crasso, il castigo di Spartaco, era molto ricco. Pompeo, il castigo di Mitridate, era molto potente. Cesare (consentitemi il vezzo che avrei adottato nel *De bello gallico*) era un astro nascente.

Con Crasso, dicevo, fu abbastanza facile trovare l'intesa, eravamo da tempo in sintonia, ma neppure con Pompeo ebbi soverchie difficoltà. Capii infatti che la sua propensione per il partito degli ottimati si era intiepidita a seguito delle delusioni subite dal Senato.

Tuttavia, Il capolavoro di Cesare (e poi dismetto il vezzo) consistette nel fare intendere ai due personaggi, a scapito della reciproca gelosia e avversione, che l'unione avrebbe di certo giovato a entrambi e che il mio consolato, da entrambi sostenuto, sarebbe stato propizio alle avide aspirazioni di ciascuno.

Ecco quindi il primo triumvirato, mostro a tre teste: li persuasi e fui console, senza neppure troppi debiti.

Prima però tentai di mettere a segno un altro intento, che purtroppo non andò a buon fine: il coinvolgimento di Cicerone nella cricca. La viscida anguilla si defilò abilmente poiché forse temeva di inimicarsi la classe degli aristocratici.

In compenso (non fu certo un atto premeditato) Pompeo si innamorò della mia piccola Giulia, ricambiato dalla sua devozione per l'uomo maturo e leggendario. Ne fui lusingato ed entusiasta naturalmente, al punto che mi prodigai per la rottura del precedente fidanzamento.

Avere Pompeo come genero si rivelò un ulteriore punto di successo, però mancava ancora nel *curriculum* quello che in effetti ritenevo il maggiore titolo di eccellenza: la gloria delle armi.

Comunque sia, da console eletto mi accinsi innanzitutto a mantenere le promesse dichiarate a Pompeo sulla distribuzione di terra ai suoi veterani, che da solo non era riuscito a ottenere. Portai in Senato una proposta di riforma agraria che ritenevo saggia ed equilibrata e che mi illudevo di vedere approvata senza attriti.

Apriti cielo! L'astio velenoso di Catone, detto poi l'uticense, quindi *minore* rispetto al *maggiore* bisnonno Catone il Censore, esplose in assemblea, con supporto dell'altro console, Marco Calpurnio Bibulo.

Scavalcai allora il Senato e mi presentai in assemblea della plebe con la stessa proposta. I fratelli Gracchi avevano per primi utilizzato un metodo uguale settant'anni prima, che poi era formalmente corretto dal punto di vista istituzionale.

Crasso e Pompeo intervennero concordi di fronte al popolo in favore mio mentre Catone e Bibulo, con tanto coraggio, mi contrastarono in pubblico e furono brutalmente malmenati.

La legge passò ed io tornai in Senato per esigere un giuramento sul rispetto dell'atto e lo ottenni, addirittura da Catone, forse consigliato in tale senso da Cicerone (che razza d'uomo! Se da principio si fosse schierato dalla mia parte per certo sarebbe stato evitato il ricorso alla assemblea popolare, con tutti i rischi di rivolta annessi e connessi).

Conseguii facilmente anche il secondo impegno che avevo contratto con il mio futuro genero: un'approvazione ufficiale dell'ordinamento da lui sancito in Oriente dopo le gloriose conquiste.

Seguirono il matrimonio suo ed il mio terzo, con Calpurnia (dopo il risibile episodio in cui Clodio insidiò Cornelia, mia seconda moglie, io dovetti ripudiarla, ancorché innocente).

Naturalmente anche quest'ultimo faceva parte di un preciso progetto politico: il padre di Calpurnia, Lucio Calpurnio Pisone Cesonino, un uomo degno di rispetto, sarebbe stato console nella prossima tornata insieme con Aulio Gabinio, ex luogotenente di Pompeo.

Allo spirare della carica di console, ormai pensavo già alla provincia da governare come proconsole e quindi avevo

bisogno di una coppia consolare fedele al governo della Repubblica.
Ero allora orientato a esigere l'assegnazione di un comando militare eccellente. Mi avvalsi perciò dell'aiuto di un certo Vatinio, tribuno della plebe, ed ottenni la Gallia cisalpina e l'Illirico. Avrei preferito la Gallia narbonense, ma essa era destinata a Metello Celere, illustre generale già proconsole uscente in cisalpina.
La sorte comunque mi favorì: Metello morì dopo una breve malattia ed ebbi anche il suo lascito. Nessun blocco insorse in Senato giacché Il triumvirato era ormai, di fatto, costituito e gli avversari pensavano che nelle Gallie io avrei perso l'onore e probabilmente anche la vita.
Sull'onda di quella speranza il mandato temporale si attestò in durata eccezionale di cinque anni e mi furono concesse tre legioni, di stanza ad Aquileia, più altre due, di cui l'una al seguito e l'altra di stanza nella Gallia narbonense.
Il Senato quindi mi assegnò la X *legio* che fu sempre la mia preferita.

Marte – Ci siamo dunque, Cesare! Avevi quarantadue anni. Tu non sapevi ancora se lanciarti verso l'Oriente, partendo da Aquileia, o in Gallia transalpina. Probabilmente optasti per quest'ultima direzione a causa del turbolento contesto indigeno.
Ma, invero, la stima e la fedeltà della truppa era tutta da costruire nei tuoi confronti, consentimi pertanto una pre-

messa sulla struttura della risorsa bellica che imponesti, innovando sugli archetipi monarchici e repubblicani pregressi. Napoleone ne prese l'esempio.

La legione, ovvero l'unità autonoma primaria paragonabile in senso lato al corpo d'armata napoleonico, è descritta da Polibio, per i tempi anteriori alla guerra gallica, come un raggruppamento di 5000 fanti e 300 cavalieri, frombolieri, sagittari, genieri, esploratori, schierato su quattro linee - *Velites, Hastati, Principes, Triarii* - in ragione di età ed esperienza bellica crescente.

La legione era divisa in coorti, di fanteria, e squadroni, di cavalleria. Le coorti poi erano suddivise in centurie e gli squadroni in *turmae*.

In tale contesto, Cesare, tu apportasti un cambiamento fondamentale nella gerarchia interna: ponesti al comando di ogni legione il *legatus*, nominato da te in persona, in luogo del *tribunus militum*, una carica elettiva, e degradasti quest'ultimo a comandante di coorte.

Rivalutasti quindi il ruolo della cavalleria, e reclutasti la base tra gli alleati galli e germani, ponesti però sempre un romano a capo dello squadrone, con grado pari a quello del centurione in fanteria.

Molti furono i *legati* che si avvicendarono al comando delle legioni, ma Tito Labieno, amico fraterno che hai menzionato, spesso esercitò la funzione di comandante supremo in tua vece. Il tuo Murat.

Cesare – Sì Marte, in primavera del primo anno puntai sulla Gallia transalpina perché giungevano bagliori di rivolta dal popolo dei fieri Elvezi, una possente tribù, stanziata sul lago Lemano, che pochi anni prima ci aveva severamente impegnato in battaglia.

Ma più in generale, Marte, i miei commentari narrano una campagna intrisa di fedeltà agli alleati, di battaglie combattute per provocazioni nemiche, di crudeltà inflitte soltanto per imprescindibile esempio, di misericordia e perdono agli sconfitti, laddove possibile.

Ci fu tutto questo, certo, tuttavia l'ambizione che mi orientò sino dal principio assunse un carattere decisamente imperiale di conquista e non di tutela dei territori già acquisiti.

I° anno. E veniamo dunque agli Elvezi, probabilmente il popolo più vigoroso di tutte le Gallie.

Da alcuni anni, costretti in un angusto territorio delimitato su tre lati dal Reno, dal Giura, dal Rodano, progettavano di allargarsi a scapito di altri popoli vicini. Disponevano a tal fine di due strade: l'una assai ardua da percorrere a nord, attraverso il territorio dei Sequani, l'altra, molto più comoda a sud, attraverso la nostra provincia narbonense. Scelsero quest'ultima e si concentrarono sulla città di Ginevra.

Tutto ciò lo appresi quand'ero ancora a Roma e pertanto affrettai la partenza e raggiunsi Ginevra a tappe forzate.

Ricevetti il loro ambasciatore che chiese il permesso di passare sulla provincia romana. Presi tempo e rinviai la risposta ma non intendevo assolutamente concedere alcunché. Feci quindi edificare in fretta un muro preceduto da un fossato e infine negai il permesso richiesto.

Gli Elvezi ripiegarono allora sull'altra strada e coinvolsero i nostri alleati Edui ad intercedere sui Sequani per il benestare.

Non appena ne fui informato, temendo che gli Elvezi potessero alla fine insediarsi su terre contigue alla provincia, cedetti il comando a Labieno e tornai in Italia. Prelevai le tre legioni di Aquileia, arruolai altre due in cisalpina, e tornai a Ginevra.

Nel frattempo era accaduto esattamente ciò che avevo previsto. Gli Elvezi, stanziatisi ormai nelle terre degli Edui e di altri popoli, tutti amici di Roma, violarono i patti intercorsi e si diedero al sistematico saccheggio con indicibile crudeltà. Gli amici mi chiesero aiuto ed io ritenni che l'onore romano imponeva di intervenire.

Il primo scontro avvenne nel mentre gli Elvezi tentavano di guadare la Saona, affluente del Rodano, e fu vittoria. Il grosso comunque era sfuggito e così, per andare all'inseguimento, feci costruire un ponte sul fiume, lo attraversai e subito giunse un'ambasceria degli Elvezi. Mi portarono una proposta di pace tutt'altro che umile e comunque accettai, se avessero dato ostaggi e risarcito gli amici.

Risposero che gli Elvezi prendono ostaggi e non ne concedono, men che mai ammettono risarcimenti di sorta, e però ripartirono indenni. L'inseguimento continuò per almeno quindici giorni e io cominciavo ad avere seri problemi di approvvigionamento alimentare. Gli amici Edui dicevano che i carichi di grano erano in arrivo sinché, quando compresi che mi si stava prendendo in giro, minacciai Diviziaco, un autorevole magistrato, il quale rimproverò la sua gente e provvide.

In realtà l'ostruzionismo eduo era sobillato da una fronda antiromana guidata da Dumnorige, fratello di Diviziaco, e la cosa mi procurò un certo imbarazzo quando incontrai i due in colloquio chiarificatore.

Perdonai Dumnorige per riguardo a Diviziaco, ma lo tenni d'occhio, e tutto proseguì per il meglio.

Lo scontro ultimo avvenne infine nei pressi di Bibracte, prima città degli Edui. Nella battaglia che si protrasse a notte fonda la forza dei nostri *pilum* si rivelò decisiva: lance lunghe e sottili, perforavano gli scudi e spesso ferivano o uccidevano l'avversario, o quanto meno lo costringevano ad abbandonare lo scudo con il *pilum* conficcato.

A questo punto gli Elvezi implorarono la pace senza condizioni ed io li costrinsi a tornare alla loro terra, anche al fine di prevenire l'arrivo in quelle lande abbandonate dei Germani d'oltre Reno.

Questi ultimi erano guerrieri formidabili e irriducibili che negli anni passati, mi raccontò Diviziaco, si erano alleati con Sequani e Arverni contro gli Edui. Una volta sconfitti questi ultimi, i Germani pretesero dai Sequani la cessione di una parte cospicua del loro territorio e vi si stanziarono sotto la guida del re Ariovisto.

La narrazione di Diviziaco non era affatto casuale. Egli mi confidò a un certo punto che Ariovisto esigeva allora dagli Edui la cessione di terre per installarvi altri emigranti d'oltre Reno. Disse allora che, se i romani non se ne fossero curati, per gli Edui non sarebbe rimasto che emigrare a loro volta in ricerca di più pacifiche contrade.

Avrei forse potuto rendermi sordo alle sue parole? No, di certo!

E d'altronde ricordai la terribile minaccia dei Cimbri e dei Teutoni alle porte della cisalpina, neutralizzata da mio zio Caio Mario.

Ariovisto era davvero un ostico personaggio. Egli non solo rifiutò un incontro a mezza via, ma inviò una risposta di estrema baldanza e al contempo sollecitò altre tribù germane ad attraversare il Reno.

Seppi poi dagli esploratori che Ariovisto era partito per Vesonzione, capitale dei Sequani, e quindi decisi di anticiparlo poiché quella città era un immenso magazzino di risorse e stava su posizione naturale fortificata che l'avrebbe resa inespugnabile. Vi giunsi per primo e mi acquartierai. Insorse però un'inattesa difficoltà.

Le chiacchiere della gente di Vesonzione sulla spaventevole ferocia del guerriero germanico in battaglia, sui corpi altissimi e massicci, sui volti dipinti dall'aspetto agghiacciante, sulla voce tonante e sul vigore delle braccia e l'agilità delle gambe, diffusero superstizioso terrore tra tutta la mia gente, dai tribuni agli umili legionari, e mi giunsero numerosissime le richieste di congedo.

Dovetti riunire l'intero esercito, blandire e rimproverare, ma penso che toccai le corde giuste allorchè dissi che avrei licenziato tutti per trattenere soltanto la X *legio* come avversaria dei Germani e coorte pretoriana. A quel punto le altre legioni fecero a gara per inviarmi le scuse attraverso i centurioni.

Partii subito, sull'onda del rinnovato entusiasmo, e dopo una marcia di sei giorni raggiunsi il nemico.

Ci fu allora un mio incontro faccia a faccia con Ariovisto.

A cavallo, protetti da un presidio di cavalleria a distanza di duecento passi, noi ci parlammo senza però raggiungere alcun accordo.

Per giorni e giorni feci uscire le legioni dall'accampamento sfidando i Germani alla battaglia in campo aperto ma il nemico restava chiuso nel suo campo. Sembrava che le donne germane addette agli auspici avessero sconsigliato lo scontro prima del novilunio.

Inevitabilmente comunque lo scontro avvenne e, per capovolgimenti repentini, si risolse infine in nostro completo favore. Ariovisto riuscì a fuggire di là del Reno ed io non ne sentii mai più parlare.

Ma sopraggiungeva l'autunno, affidai quindi il comando supremo a Labieno e rientrai in cisalpina per tenervi le sessioni giudiziarie.

II° anno. Mentre ero ancora in cisalpina mi giunsero da Labieno gli allarmanti messaggi di una gigantesca concentrazione di forze nella Gallia belgica, a nord est, nei pressi del basso Reno.

Popoli di origine germanica, i belgi erano temibili almeno quanto gli Elvezi. Sconosciuti al mondo latino, giacché neppure ai mercanti era consentito l'ingresso nel loro territorio, è immaginabile l'ostilità con cui avevano preso le notizie sulle guerre contro gli Elvezi e Germani dell'anno precedente. Reclutai perciò alla svelta altre due legioni e le inviai al comando del legato Quinto Pedio.

Non ci misi molto a presentarmi in persona e la situazione in realtà mi apparve anche peggiore di quella che già mi era stata descritta.

Accampai comunque le legioni nei pressi del fiume Aisne e lì seppi che i Belgi avevano cinto d'assedio la capitale dei Remi (Bibratte, da non confondersi con Bibracte), i nostri unici alleati nel marasma di barbari sul piede di guerra.

Inviai quindi aiuti a Bibratte e i Belgi tolsero l'assedio ma si volsero contro di noi accampandosi a due miglia distanza.

Io schierai allora tutte le legioni e altrettanto fece il nemico. Non ci fu scontro però, se non per mischie occasionali, peraltro a noi favorevoli.

Improvvisamente il nemico decise di ritirarsi a est nel chiaro intento di attirarci su terreni più familiari a loro. Io non ne ebbi timore e li inseguii, ricevendo lungo il percorso la resa delle città di Novioduno dei Suessoni e Bratuspanzio dei Bellovaci, sino a che gli esploratori mi informarono che il nemico si era fermato ad attenderci.

Erano i Nervii, unici che interruppero la fuga.

Ci accampammo quindi su un colle dai fianchi scoscesi e iniziammo le fortificazioni mentre sopraggiungevano le salmerie quando, ad un tratto, schiere di fanteria imponenti ci assalirono ed io neppure ebbi il tempo di impartire gli ordini necessari.

Non mi rimase altro che galoppare da una legione all'altra per dare coraggio con la mia presenza. L'unità di comando era saltata, eppure l'eccellente addestramento supplì alla mancanza di organizzazione.

Tribuni e centurioni reagirono senza cedere al panico, ciononostante intere coorti vennero annientate.

Il merito del capovolgimento finale, tuttavia, fu tutto di Labieno. Già separatosi con la sua legione per disturbo al campo nemico, vide da lontano la disfatta imminente e rientrò rapidissimo compattando altre due legioni all'assalto. Fu la fine della battaglia.

Concessi ai Nervii di rientrare nelle loro terre e poi mi diressi verso la città degli Aduatuci, l'ultimo popolo belgico che ancora resisteva. Non ci fu una battaglia poiché gli Aduatuci si spaventarono quando scorsero le macchine e le torri mobili d'assedio mai viste prima.

Inviarono messi a trattare la resa ed io promisi lo stesso

trattamento generoso già riservato ai Nervii. Furono allora gettate dai bastioni armi in tale massa da raggiungere l'altezza delle mura.

Ignobili fedifraghi! Ne tenevano altrettante nascoste e ci assalirono di notte. Io non avevo neppure lasciato un presidio in città temendo che si sarebbe lasciato andare al saccheggio. Ma non ci sorpresero: fuochi e segnali svegliarono tutti all'improvviso.

I fuoriusciti combatterono con l'accanimento di chi non ha più nulla da perdere e furono sterminati.

Ripartii per svernare in Aquileia e congedai tutti gli ambasciatori che erano venuti, con l'impegno di riceverli nell'anno successivo.

Il Senato romano, informato delle vittorie acquisite, decretò feste di ringraziamento per quindici giorni, cosa che prima di allora mai era stata disposta in onore di nessun condottiero.

III° anno. Essendo io convinto di avere ormai sedato i più pericolosi focolai di guerra nella Gallia, pensai, per la primavera, di inoltrarmi nell'Illirico partendo da Aquileia.

Ma durante l'inverno mi pervenne notizia dal legato Publio Crasso, figlio dell'amico Marco Licinio Crasso e acquartierato con la legione sulla costa dell'Oceano, che il popolo dei Veneti teneva prigionieri i nostri messi inviati a esigere forniture di grano.

Saltò subito il progetto illirico perché tanto bastava per farmi tornare in Gallia e, come passo immediato, ordinai di allestire al più presto una flotta sul fiume Loira. I Veneti infatti erano audaci navigatori e sarebbe stato inutile attaccarli per terra quando controllavano il tratto di mare fra Gallia e Britannia e tutti i porti.

Appena possibile arrivai *in loco*, con grande allarme del nemico che bene sapeva d'averla fatta grossa ma ancora non restituiva i messi.

Non potevo tollerare una simile offesa, non fosse stato altro che per dare l'esempio nei confronti degli altri popoli gallici.

Inviai quindi Labieno nelle terre dei Belgi e Crasso in Aquitania, per fermare eventuali insurrezioni, e mi occupai in persona dei Veneti.

La lotta si preannunciava irta di ostacoli: le loro città erano collocate su luoghi che le maree sommergevano due volte al giorno (difesa di non poco conto) e le loro navi erano robustissime rispetto alle nostre, talché era inutile usare i rostri per danneggiarle, o assalirle con lance e frecce, perché prore, poppe e fiancate erano troppo alte.

Unico pregio in nostro vantaggio stava nell'uso dei remi mentre loro navigavano a vela, il che risolse tutti i problemi.

La flotta della Loira uscì in mare aperto e là si svelò l'arma segreta in una sola battaglia: falci affilate collocate in cima a lunghe pertiche tagliarono il cordame delle vele nemiche che subito si afflosciarono lasciando le navi immobili ed alla mercè delle nostre, agilissime in quanto condotte a remi. Fu strage.

Espugnai in breve le città e dovetti impormi di mettere a morte tutti i notabili, nonché vendere gli altri uomini validi come schiavi, perché il messaggio fosse chiaro per tutti: gli ambasciatori sono inviolabili.

Altre operazioni eccellenti furono condotte dai legati Quinto Titurio Sabino, un pò più a ovest sul mare rispetto a me, e Publio Crasso in Aquitania, talché la Gallia parve ormai sottomessa.

IV° anno. Così credevo durante l'inverno trascorso come al solito in cisalpina. E invece giunsero nuovi messaggi inquietanti.

Questa volta però la minaccia veniva non dai Galli ma dai Germani: nei pressi della foce del Reno alcuni popoli avevano passato il fiume in numero enorme con i carriaggi delle famiglie al seguito.

Al mio arrivo in primavera mi resi conto che non si trattava affatto di invasori bensì di fuggiaschi dalle angherie degli Svevi, il popolo più terribile della Germania del quale peraltro mi era nota nei dettagli la struttura sociale per averla appresa dai mercanti.

Essi vivevano soggiogando gli altri popoli vicini e per questo motivo gli Usipeti e i Tenteri si erano riversati in massa verso la Gallia.

Io allora convocai l'assemblea dei popoli gallici dei dintorni e feci in modo di tranquillizzare i delegati sulla presenza di quei Germani.

Chiesi però un supplemento di risorse alimentari per neutralizzare il paventato pericolo e partii alla volta dei luoghi in cui era concentrato l'ipotetico nemico.

Non merita spendere troppe parole per narrare i fatti che risolsero in breve la situazione. Usipeti e Tenteri erano mezze calzette.

Mi supplicarono di concedere a loro la permanenza, con garanzia di buona fede e, alla risposta negativa, mi richiesero almeno di fermare la marcia. Neppure questo ammisi, poiché non concepivo l'amicizia con popoli germanici stanziati in Gallia.

Insisterono quindi per una tregua atta ad organizzare il ritorno oltre il Reno ed io accettai ordinando ai miei ufficiali di non attaccarli per nessun motivo.

Attaccarono loro invece, con esiguo danno per la mia cavalleria, poi si ripresentarono gli ambasciatori scusandosi per l'infamia.

Non ci vidi più, per la prima volta trattenni gli ambasciatori e quindi comandai un assalto in grande stile.

Distrussi di sorpresa i loro accampamenti, inseguii i fuggitivi sin alla sponda del Reno, dove annegarono a migliaia, ma infine restituii gli ambasciatori che già avevo trattenuto prigionieri e quindi concessi ai sopravvissuti di tornare in Germania.

Nessun problema, dunque. Mi decisi però ad un'azione dimostrativa, affinché cessassero le scorribande germane in Gallia.

In dieci giorni costruii un ponte sul Reno: opera molto ardita vista la larghezza, la profondità e l'impeto del fiume, che il nemico peraltro passava con piccole imbarcazioni, non certo come stavo facendo io.

Portando con me un adeguato presidio mi attestai sul suolo germano, ma vi rimasi per soli diciotto giorni, appena il tempo di depredare e incendiare alcuni villaggi rivieraschi, distruggere i raccolti, e lasciare che il terrore di un'invasione si diffondesse a macchia d'olio.

Dopodichè rientrai, feci abbattere il ponte, e mi dedicai al progetto di un'escursione in Britannia, con tutte le sue incognite.

Radunai così la flotta della Loira sulla costa dei Morini, punto in cui è più breve il tratto marino che separa la Gallia dalla Britannia. Circa cento fra navi da guerra e da carico furono allestite, sinché salpai una notte di fine estate, come non eri riuscito a fare tu, Napoleone.

Quella nostra spedizione non era un mistero. Alle dieci del mattino, giunti a poche miglia dalle spiagge, sovrastate da imponenti candide scogliere, vedemmo schierate in cima orde di uomini armati.

Feci gettare le ancore, convocai sull'ammiraglia i legati e diedi gli ultimi ordini indicando il punto di sbarco. Nel frattempo il nemico, comprese le nostre manovre, scese subito dalle scogliere e concentrò le proprie forze sulla spiaggia.

L'impatto avvenne sulle acque basse, all'altezza del petto, e sarebbe stato micidiale per noi se le navi da guerra non avessero aggirato un fianco nemico e falcidiato con le baliste, arma sconosciuta per loro. Fu il *signifer* della X che infuse nuovo coraggio: "Forza compagni, se non volete perdere l'aquila". Finalmente guadagnammo la spiaggia e mettemmo in fuga il nemico ma non fummo in grado di inseguirlo poiché le navi della cavalleria non erano giunte all'appuntamento.

Vennero comunque gli ambasciatori britanni a chiedere la pace, che non ebbi difficoltà a concedere, anche perché le navi della cavalleria si erano disperse in una tempesta e ben poche pervennero sino a noi. Altre contrarietà poi si frapposero al nostro successo. Non sapevamo che il plenilunio in quelle contrade accentuava a dismisura le maree e così le navi arenate furono sommerse più volte, con ingenti danni e distruzione di armi e viveri. Il nemico si avvide di tutto ciò e iniziò a radunarsi per la rivincita senza farsene *sgamare*.

Un giorno in cui un'intera legione era stata inviata a mietere il grano, le sentinelle del campo videro alzarsi dense nubi di polvere da quella direzione. Partii subito con rinforzi e trovai la legione già circondata dalla loro cavalleria e dai carri.

Il modo di guerra tipico dei britanni prevedeva infatti uso massiccio dei carri talché il combattente, in sintonia con l'auriga, conciliava la mobilità della cavalleria con la stabilità della fanteria.

In quell'occasione fummo salvi solo grazie a un'improvvisa burrasca di pioggia e vento ma i britanni si rinforzarono ulteriormente. Stimai perciò opportuno, vista anche la stagione avanzata, tornare in Gallia e rinviare ogni velleità di conquista.

Non fu certo esaltante quella spedizione, ciononostante il Senato in Roma decretò un rito di ringraziamento agli dei per venti giorni.

V° anno. *Me stava sur gargarozzo er* mancato successo in Britannia e così, prima di partire per la cisalpina, ordinai a tutti i legati che facessero costruire durante l'inverno quante più navi possibili e ne disegnai io stesso la conformazione in base alle passate esperienze.

Trattai in pianura padana le consuete beghe giudiziarie, e feci anche una puntata in Illirico per dirimere alcune controversie locali, quindi al più presto mi ripresentai in Gallia.

Ispezionai ben seicento navi nei vari cantieri e mi complimentai con i legati per l'eccellente lavoro svolto, quindi ordinai che tutte le navi si dirigessero a *Portum Itium*, la tua Boulogne, Napoleone.

Tenni un'assemblea generale con i popoli gallici, lasciai Labieno sul continente con tre legioni mentre io con altre cinque raggiunsi subito *Portum Itium* e salpai per la Britannia.

Approdai e mi inoltrai all'interno. Eravamo sì attesi però non ci fu alcuna battaglia in campo aperto. I Britanni si nascosero nel folto di una foresta dalla quale riuscimmo infine a scacciarli.

Giunsero allora messaggi dalla costa tali per cui non poche navi già arenate erano state danneggiate da una violenta tempesta e perciò mi decisi a rientrare, essendo costretto poi ad attardarmi per organizzare il campo e la manutenzione delle navi. Tornando sulla via da cui ero venuto, appresi che le forze dei Britanni si erano unite sotto un'unica guida: Cassivellauno, capo delle tribù sulle anse del *Tamesis*.

Lungo la marcia verso nord incontrammo più volte piccoli drappelli di nemici ma non fummo mai impegnati da contingenti cospicui.

Giunto alla sponda sud del *Tamesis* vidi le fortificazioni predisposte sulla sponda opposta e diedi battaglia disperdendo il nemico. Ripresi l'inseguimento, oltre al *Tamesis*, devastando i raccolti al passaggio, disturbato solo da assalti occasionali con i carri.

Molti popoli mandarono ambasciatori pronti alla sottomissione, tra i quali i Trinovanti di Mandubracio, antico nemico di Cassivellauno.

Quest'ultimo, nel frattempo, aveva consolidato un'alleanza con i tre re del *Cantium* e, per manovra aggirante, si era presentato di fronte al mio campo sulla spiaggia, ma fu battuto e decise di arrendersi.

Si avvicinava l'equinozio tuttavia, stagione non propizia a navigare, mi vidi costretto quindi a una frettolosa trattativa per rientrare al più presto sul continente senza lasciare alcun presidio *in loco*.

Proprio qui, a Samarobriva, tenni un'assemblea dei popoli gallici e, contemporaneamente, disposi la distribuzione delle legioni su diversi territori, in vista del mio ritorno in Italia.

Fu un grave errore! Nell'erronea convinzione che io fossi già partito, alcuni condottieri galli presero l'iniziativa di organizzare una rivolta in grande stile invitando anche i Germani ad unirsi.

I legati dovettero sostenerne l'urto separati tra loro, in alterna fortuna e senza neppure riuscire a comunicare con me, comandante supremo.

Quando infine percepii la gravità della situazione mi risolsi a restare in Gallia per l'intero inverno, ma fu il solito Labieno, con indomito coraggio, che vinse l'ultima battaglia e distrusse ogni residua velleità nemica. Lode anche agli altri legati, tuttavia.

E soprattutto desidero menzionare i centurioni Tito Pullone e Lucio Voreno i quali, ancorché rivali per la promozione a *primipilum*, in tali ardui frangenti si diedero manforte a vicenda e reciprocamente si salvarono la vita in distinte occasioni.

L'eccelso valore invero fu a tale punto mirabile che io non mi decisi a promuovere l'uno o l'altro.

VI° anno. Ero preoccupato per la stagione ventura anche perché il mancato ritorno in Italia mi aveva precluso la possibilità di nuovi arruolamenti. Per fortuna Pompeo venne in aiuto e mi concesse una legione delle sue di stanza in Iberia.

Non pensavo che in seguito avrei pagato cara questa sua generosità. Labieno, da parte sua, compì un'altra straordinaria impresa, notevole per astuzia questa volta. Incalzò i Germani Treveri sino al Reno e si finse pentito di essersi spinto troppo lontano.

Ne parlò in pubblico sperando che tra le file degli alleati germani ci fossero traditori pronti a riferire la sua incertezza.

Nella notte svelò quindi il piano ai tribuni e il giorno dopo ordinò la smobilitazione del campo e la ritirata. Tutto andò come il fido legato aveva immaginato. I Treveri caddero nel tranello, lo inseguirono ma non ressero alla sorpresa quando la legione diede segnale d'assalto.

Fu un disastro per loro ed io volli rincarare la dose.

Costruii un altro ponte sul Reno e mi inoltrai all'interno ad inseguire gli Svevi i quali, informati della mia invasione, si erano ritirati a est sino alla *Silva Bacenis* per organizzare le proprie forze.

Preferii comunque non cercare la battaglia e, forse, fu un sano istinto che mi guidò allora, considerando la catastrofe romana nella selva di Teutoburgo cent'anni dopo. Tornai in Gallia, e però distrussi il ponte solo in parte, in minaccia di ritorno, lasciandovi un saldo presidio.

Proseguii poi verso nord per intercettare Ambiorige, re degli Eburoni che nella passata stagione ci aveva dato tanto filo da torcere.

Stabilii il campo ad Aduataca, ove già alcune legioni erano svernate, incaricai al comando il legato Quinto Cicerone, fratello della viscida anguilla, e distribuii altre legioni su un largo raggio tra le Ardenne, il basso Reno e l'Oceano, tutti possibili rifugi per Ambiorige.

Avevo promesso a Cicerone il mio ritorno entro sette giorni ma, nel frattempo, orde di Germani attraversarono il Reno a sud del ponte e, distolti rispetto all'iniziale intento di impadronirsi delle terre di Ambiorige in difficoltà, assalirono Aduataca in forze.

Rischiammo davvero di perdere il campo e subimmo ingenti perdite, ma infine il mio ritorno risolse la situazione. I Germani fuggirono di là dal Reno e io ripresi la caccia ad Ambiorige che peraltro, favorito dal tempo perduto, si rese inafferrabile.

L'avanzata stagione purtroppo mi indusse e fermarmi e quindi partii per svernare in Italia.

Marte – Ci hai ammaliati, Cesare, con il tuo stupendo racconto della campagna gallica. E chi altri potrebbe narrarne in uguale cognizione per presa diretta? Non Sallustio, non Svetonio, non Plutarco, ed altri ancora. Lasciami pertanto procedere all'ultima fase per brevi tratti.

Dal settimo anno la guerra divenne un duello all'ultimo sangue tra te e Vercingetorige, il fiero capo tribù degli arverni che per conseguire la libertà fu eletto re di tutta la Gallia.

Percorreste in lungo e in largo la nazione allo scopo di portare dalla parte di ciascuno gli innumerevoli popoli. Vi dannaste nel tagliarvi a vicenda le risorse. Riportaste almeno una vittoria per parte (Cenabo, gallica, e Avarico, romana) prima di scontrarvi faccia a faccia.

L'assedio di Gergovia ne fu solo l'assaggio, un pareggio direi, come pure l'impresa di Labieno su *Lutetia* e le isole della Senna.

Il tradimento degli Edui rappresentò il contraltare.

Ma fu ad Alesia che si concretizzò la resa dei conti. Concedi perciò a me di raccontarla come già ho fatto per Austerlitz.

Alesia, città fortificata su un alto colle circondato da due fiumi e con una vastissima pianura di fronte, era la roccaforte di Vercingetorige.

Dopo una scaramuccia di cavalleria sulla pianura che volse in favore dei tuoi alleati Germani, Cesare, Vercingetorige vi si asserragliò e poi inviò messaggeri che, di nascosto dai presidi romani, raggiunsero gli altri popoli gallici per portare il messaggio a che si riunissero e ti assalissero alle spalle.

Tu ne venisti comunque a conoscenza, dai disertori, e quindi attuasti il tuo capolavoro di ingegneria militare:

costruisti due enormi fossati di cui l'uno per rinchiudere la città e l'altro per cautelarti alle spalle da assalti esterni. Disseminasti quindi il terreno di fronte ai fossati di buche nascoste con pali acuminati disposti sul fondo.

I popoli gallici comunque accolsero in massa l'appello alle armi di Vercingetorige e si raccolsero infine in numero enorme sulla pianura davanti ad Alesia. La vista rincuorò gli assediati privi di risorse e tu rimanesti preso tra due fuochi.

Un primo impatto sulla pianura ti vide vincente, Cesare, ma non fu decisivo, anche perché gli assediati usciti dalla città non osarono più di tanto. Il secondo tentativo notturno ebbe uguale epilogo.

Fu nella giornata successiva, da mezzogiorno a mezzanotte, che si compì la tua apoteosi, Cesare. Più volte parve imminente la disfatta, impegnato come fosti su due fronti, e più volte scendesti dall'altura di comando per incoraggiare e confortare i combattenti, ma cogliesti infine la vittoria totale.

Il giorno dopo Vercingetorige convocò il consiglio cittadino e lodò la propria iniziativa di rendere la Gallia libera e indipendente da ogni dominio straniero. Al tempo stesso, tuttavia, rimise la decisione sulla sua sorte all'assemblea ed il responso finale gli fu contrario.

Dione Cassio – *Ora Vercingetorige sarebbe potuto scappare, poiché non era stato catturato o ferito. Invece si presentò al cam-*

po romano, senza essere annunciato. Comparse all'improvviso davanti a Cesare mentre era al tavolo di lavoro gettando allarme tra i presenti.

Egli avanzò imponente e armato sino ai denti verso il duce nemico, quindi si inginocchiò e prese le mani di Cesare in atto di supplica. Questo ispirò pietà al ricordo della sua iniziale fortuna e nello stato attuale di angoscia in cui versava.

Minerva – Così dunque ebbe fine la guerra gallica. Aulo Irzio, tuo luogotenente, Cesare, scrisse l'ottavo libro *De bello gallico*, mentre ferveva la guerra civile, ma si trattò di un'appendice.

Marte – La guerra civile, appunto. La premessa dell'impero, la fine annunciata della Repubblica, coacervo di eventi, nell'insieme, molto più complesso rispetto alla guerra gallica.

Dovremo riprenderli in diffusa trattazione e quindi ora torniamo a te, George Washington: ti avevamo lasciato nella pace a Mount Vernon, colonnello in congedo della milizia virginiana.

Allora, ai timidi albori dell'indipendenza americana già contrastata in armi dagli inglesi, quella pace fu turbata poiché non esisteva altra persona capace di ottenere dalle disparate truppe volontarie, ferventi in ardore patriottico ma assai poco disciplinate e male addestrate, le *performances* necessarie a opporsi alla potenza britannica.

Questo è invero l'aspetto essenziale del tuo valore, generale, poiché tu non possedevi corpi d'armata, né legioni, come i due comandanti che abbiamo ascoltato.

George Washington, imborghesito gentiluomo di campagna, sfoggia un'elegante tenuta azzurra da cavallerizzo. Reca in capo un tricorno nero decorato ai bordi da fili d'oro e mantiene inalterato il contegno di aristocratica distinzione nel flemmatico sguardo.

Washington – Mi dichiaro onorato dal vostro apprezzamento, divini arbitri, ma preferisco attribuire a voi il giudizio sul se ne sia davvero all'altezza.

Ebbene, Marte, quel periodo di *pace* a Mount Vernon che hai citato, durò quindici anni, dai miei 27 ai 42, ovvero dal 1759 al 1774.

Sposai allora Martha Dandridge Custis, una vedova con due figli in tenera età che peraltro adottai con entusiasmo: ricca sfondata, grazie all'eredità del marito di cui per legge virginiana fui amministratore, oltre alle mie già cospicue fortune in terreni e schiavi.

Anni cruciali per i futuri Stati Uniti d'America!!! Perciò è necessaria una premessa storica sugli eventi e sulla mia posizione.

Può darsi che al riguardo sia apparso solo marginalmente coinvolto come membro dell'Assemblea, ove ero impegnato un mese all'anno e raramente prendevo la parola.

Qualcuno addirittura potrebbe pure avere congetturato che nell'animo non fossi propenso ad assumere un atteggiamento radicalmente anti inglese. No! Divini arbitri, per quanto potessi dirmi legato a una tradizione di fedeltà, mi sentivo saldamente orientato sul nuovo fronte patriottico. Ordunque, sotto un profilo di medio/lungo periodo, è notorio che le tredici colonie della costa orientale atlantica da cui nacquero gli Stati Uniti sorsero all'inizio dagli insediamenti distinti della Virginia e del New England. Evolvettero poi, per diversa vocazione economica, in tre gruppi affini del nord, del centro, del sud:

- Massachusetts
- New Hampshire
- Rhode Island
- Connecticut
- New York
- New Jersey
- Pennsylvania
- Delaware
- Virginia
- Maryland
- North Carolina
- South Carolina
- Georgia

Nella prospettiva imperialista britannica di genere mercantilistico, il vincolo con la madrepatria imponeva, già dalla fine del XVII secolo, la sudditanza, nel senso che le colonie erano tenute a fornire in patria le materie prime e quindi a riceverne i manufatti.

A esse poi non era consentito gestire importazioni ed esportazioni se non con l'Inghilterra, o attraverso l'Inghilterra verso gli altri mercati, tuttavia esclusivamente con navi inglesi.

Tale regime comportava notevoli costi aggiuntivi di intermediazione a danno del commercio coloniale nonchè pesanti dazi protezionistici, in Inghilterra, a scapito costante dei domini.

Simile apparato oppressivo tuttavia, se per certo alimentava generico malumore in America, non era però sufficiente a causare conflitti tali da lasciare presagire la guerra armata.

Stava infatti nell'ordine naturale all'epoca che la colonia soggiacesse alla metropoli e d'altronde la considerevole distanza fisica, il diffuso e fiorente contrabbando, il tollerante controllo degli ispettori inglesi, facevano sì che, alla fine dei conti, le norme restassero ampiamente disattese senza troppe remore da entrambe le parti.

Dal punto di vista istituzionale poi l'Inghilterra ammetteva, ed anzi incoraggiava, l'elezione di assemblee legislative locali ma al tempo stesso esigeva la presenza di un governatore esecutivo inglese, con il quale le assemblee si trovavano in perenne contrasto di competenze, in genere risolto a favore dell'autonomia.

L'unico vantaggio per la madrepatria era dato dal fatto per cui allora non esisteva armonia di intenti fra le colonie. La collaborazione alla guerra franco indiana assicurata agli inglesi dalla Virginia e dal New England, ad esempio, fu un'eccezione alla regola.

Addirittura all'interno delle singole colonie giocavano a favore della sovranità britannica le lotte fra l'oligarchia privilegiata di proprietari terrieri e le più autentiche istanze popolari democratiche.

Avvenne comunque nella visuale di più breve periodo che il contesto consolidato assunse tutt'altra connotazione: dal 1763, trattato di pace tra Francia e Inghilterra che pose il termine alla guerra dei sette anni, la Francia, già impegnata nell'America contro l'Inghilterra, perdette ogni aspirazione egemonica *in loco* mentre l'Inghilterra raggiunse il proprio apogeo di potenza imperiale, sia americana che mondiale.

Era svanito così il timore di supremazia francese e quindi l'amicizia inglese non offriva più alle colonie alcun pregevole vantaggio.

La guerra in terra d'America, peraltro, aveva richiesto all'Inghilterra l'impiego di imponenti risorse e a Londra si cominciò a pensare che le colonie dovessero contribuire al risanamento economico.

Le colonie invece, mai soggette ai balzelli dalla metropoli, ritennero che l'imposizione fiscale decretata da un parlamento in cui esse non godevano di rappresentanza costituisse un inaccettabile sopruso.

Queste furono le radici della guerra che iniziò nel 1775 (già un anno prima della nostra dichiarazione di indipendenza del 4 luglio 1776), preceduta da significativi episodi in diversa graduazione di contrasto pacifico e violento, in Virginia e nel New England.

Orbene, le tasse sullo zucchero e quelle sul bollo per gli atti legali, unite a severi inasprimenti delle modalità di controllo, generarono la reazione sul piano costituzionale, ma il braccio di ferro si chiuse in favore delle colonie con la revoca dei provvedimenti.

Fu breve tregua invero poiché la madrepatria tornò alla carica con un organico piano di esazione fiscale e l'invio di un contingente armato per la difesa dei commissari delle dogane. E così a Boston, 1770, nel corso di una manifestazione popolare, tre cittadini rimasero uccisi.

La stampa gridò allora al "massacro" e il governo di Londra cedette di nuovo mantenendo per principio la sola tassa sul tè.

Nella notte del 16 dicembre 1773 scoccò la scintilla del Boston *Tea Party*: un gruppo di ribelli vestiti da indiani Mohawk assalì tre navi delle Indie Orientali ancorate in porto e scaraventò in acqua tutte le casse di tè immagazzinate nelle capienti stive (45 tonnellate).

Una furiosa reazione del governo britannico non si fece

attendere: a primavera il porto di Boston venne sprangato a ogni traffico mentre i poteri del governatore del Massachusetts furono aumentati sino a un livello dittatoriale e assicurati dall'invio di un più massiccio presidio militare. Tutti i tentativi di mediazione andarono a monte.

Altri provvedimenti rivolti a comprimere l'aspirazione allo sviluppo territoriale delle colonie, a nord, verso il Canada, e ad ovest, oltre i monti Alleghany, esacerbarono gli animi.

In tutte le colonie le proteste per l'intransigenza inglese assunsero un tono di fremente energia e nella mia Virginia, in particolare, avvenne addirittura che il governatore prescrisse la serrata dell'Assemblea e i delegati iniziarono a riunirsi in segreto nella taverna Raleigh, come una sorta di italica carboneria.

A questo punto il mio intervento personale divenne effettivo.

Il muro contro muro generatosi fra metropoli e domini neutralizzò le antiche e consolidate diffidenze reciproche fra colonie e così si tenne in settembre 1774 il primo Congresso Continentale a Filadelfia, a cui solo la Georgia mancò. Io fui tra gli inviati della Virginia ma dovetti con amarezza assistere a tante chiacchiere e niente fatti.

Al secondo Congresso Continentale del maggio 1775 mi presentai in uniforme di colonnello della milizia, quella stessa che conservavo da tempi eroici, e che riuscivo ancora ad indossare grazie alla dinamica vita che non avevo dismesso nella mia placida Mount Vernon. Migliaia di volontari coloniali convergevano su Boston ove i tumulti erano quotidiani: gentaglia di ogni risma, chi in divise raffazzonate, chi in maniche di camicia, contadini e uomini di frontiera armati di asce e coltelli, qualche moschetto antidiluviano.

Di tale accozzaglia fui all'unanimità nominato generale comandante. Era di fatto iniziata la guerra di indipendenza, però nella prospettiva di diritto non esisteva un esercito bensì un coacervo di ribelli che, se presi in battaglia, gli inglesi avrebbero potuto impiccare a uno a uno senza violazione di norme internazionali, me compreso.

Anche per questa necessità di assumere lo *status* formale di nazione in guerra si accelerarono i tempi della dichiarazione di indipendenza promulgata a Filadelfia, il 4 luglio 1776, nella quale peraltro io non ebbi alcun ruolo attivo.

Fece seguito immediato a ciò la formazione del Congresso Federale permanente con sede nella città medesima.

In generale, comunque, può affermarsi che la guerra di indipendenza americana non manifestò il carattere tipico delle guerra settecentesca fatto di grandi e compatte formazioni opposte nello scontro campale diretto, come l'Inghilterra avrebbe preferito imporre, bensì di rapidi movimenti di truppe e guerriglia diffusa, secondo la mia strategia.

E d'altronde, almeno nella prima fase, i politici di Londra ritennero opportuno non impegnarsi allo spasimo nella speranza che le colonie si riducessero a più miti consigli e ritornassero spontaneamente entro l'orbita imperiale, considerata anche la presenza di un consistente partito lealista tra il popolo e le Assemblee.

Giugno 1775 – Qualche scaramuccia di poco conto era avvenuta già in aprile, a Lexington e poi a Concord, in favore dell'una e dell'altra parte, e peraltro non ero neppure giunto a Boston quando gli inglesi subirono una cocente sconfitta morale per l'avere sottovalutato il furore battagliero dei volontari americani.

Il generale Howe infatti occupava la città e la flotta cingeva il porto, mentre i coloni erano attestati sulla collina fortificata di Bunker Hill. Occorsero tre distinti assalti di fanteria, organizzati come una parata dimostrativa, per scacciare gli eroici coloni dall'altura, ormai privi di munizioni, ma le perdite inglesi furono ingenti al punto che Howe non tentò più alcuna sortita contro gli insorti, che in seguito si erano acquartierati tutt'intorno alla città.

Trascorsi l'inverno in tranquillità, alle porte di Boston, occupato a riorganizzare le truppe di quell'entità scomposta e disordinata che in pretesa eccessiva era già definita "Esercito Continentale".

Il comando unitario era stato formalmente decretato ma invero devo imputare a me stesso il fatto di avere dato un superficiale nulla osta a sconsiderate iniziative in Canada, peraltro approvate dal Congresso.

Inverno 1775 – Valutazioni strategiche non completamente prive di fondamento lasciavano immaginare che rinforzi britannici sarebbero potuti affluire dalla colonia canadese appena strappata ai francesi.

Nell'erronea persuasione di potersi guadagnare facilmente l'aiuto dei sudditi contro l'Inghilterra, il Congresso, previo mio assenso, aveva autorizzato i generali Arnold e Montgomery a condurre una marcia di conquista che al primo momento parve baciata dal successo.

I due rami del contingente riuscirono infine a riunirsi nei pressi della città di Quebec, dopo la conquista di Montreal, ma il freddo intenso, il vaiolo, le diserzioni, avevano decimato i nostri militi.

Il popolo canadese, d'altronde, non li considerava affatto liberatori e non offrì alcun genere di collaborazione.

Quebec venne assediata, ma la pur scarsa guarnigione inglese teneva una possente artiglieria sulla roccaforte cittadina e con quella venne respinto l'assalto di Montgomery, sferrato senza supporto di Arnold, che non l'aveva approvato, laddove quest'ultimo si vide costretto alla fuga, perdendo pure la città di Montreal precedentemente presa. Un rovescio di devastanti proporzioni.

Marzo 1776 – Non tutto peraltro era andato perduto nel nord poiché quanto meno rimase in mano nostra Fort Ticonderoga, una struttura fortificata dell'epoca della guerra franco indiana posta sull'alto corso del fiume Hudson ed espugnata già nell'anno precedente con audace colpo di mano.

L'infingardaggine nemica durante l'inverno a Boston mi consentì di trasportare da Fort Ticonderoga ed accumulare intorno alla città un contingente notevole di artiglieria con cui iniziai il bombardamento e, incredibilmente, l'esercito e la flotta fuggirono a nord lasciandomi occupare Boston senza difficoltà. Ivi stabilii i miei insediamenti e fu una vittoria di carattere psicologico non indifferente.

Non mi illudevo tuttavia di avere conseguito un successo definitivo, anzi progettavo di consolidare la posizione a New York, laddove la conformazione del luogo era simile a quella di Boston però con tante ardue incognite in più.

Il centro di Manhattan, infatti, era circondato dalle acque del fiume Hudson a ovest, dell'East River a est, dell'amplissima baia a sud, e sovrastato dall'altura di Brooklin al di là dell'East River.

L'accesso dall'oceano, però, si apriva indifendibile ed io non tenevo certo una risorsa navale adeguata.

Poiché ritenevo che sul possesso di New York e sul fiume Hudson si sarebbe giocato l'intero corso della guerra, concentrai a Long Island, le spiagge a est di Brooklin, il più ampio contingente delle mie forze, e lasciai a Manhattan un gruppo più ridotto.

Come volevasi dimostrare, gli inglesi entrarono del tutto indisturbati nella baia e si attestarono con navi cariche di soldati e masserizie su Staten Island nei pressi dell'attuale *statue of liberty*. Esercito e flotta erano al comando dei fratelli Howe, generale e ammiraglio.

Lo scontato assalto in forze preponderanti con sbarco inglese a Long Island avvenne alla fine di agosto, quando già era stata promulgata a Filadelfia la dichiarazione di indipendenza, tuttavia non fu l'evento disastroso che temevo giacché una provvidenziale tempesta bloccò l'impeto del nemico ed io riuscii in una sola notte e senza danni a ritirarmi su Manhattan.

Gli inglesi ci inseguirono e sbarcarono sulla punta sud della penisola avanzando poi in assetto di vera e propria guerriglia urbana sino alle alture di Harlem ove tentammo di consolidare la difesa, ma fummo infine cacciati e la città intera cadde in mano inglese.

La situazione dunque volgeva al peggio, anche perché nel frattempo gli inglesi erano riusciti a riprendersi lo strategico Fort Ticonderoga. Riparammo in ordine nel New Jersey, di là dall'Hudson, ma con le forze drammaticamente divise, tra Boston e le mie truppe residue, da un possente cuneo inglese attestato al centro.

Frattanto il Congresso Federale, preso dal panico irrefrenabile di una paventata invasione della Pennsylvania, si trasferiva in fretta e furia da Filadelfia a Baltimora, parecchie miglia più a sud.

Come parziale compensazione di uno status tutt'altro che lusinghiero giunsero in quel tratto rinforzi volontari dalla Polonia, dalla Francia, dalla Prussia, al comando di Tadeustz Kościuszko, del marchese La Fayette, del barone Friedrich Wilhelm von Steuben.

Anche gli inglesi, peraltro, ricevettero un cospicuo aiuto mercenario dalla Germania, soprattutto dall'Assia e dall'Hannover.

Purtroppo, in seguito alle recenti sconfitte, la reputazione di generale comandante andava cadendo nei miei confronti presso il Congresso, ma non ero rimasto inattivo: nuovi arruolamenti *in loco* e i rinforzi dall'Europa mi avevano indotto a progettare un audace piano contro i contingenti inglesi in New Jersey, di stanza a Princeton e Trenton, dai quali mi separava il fiume Delaware.

Dicembre 1776 – Nella notte di Natale attraversai il Delaware, fra i blocchi di ghiaccio e la burrasca in corso, con 1500 armati e marciai su Trenton. La sorpresa ebbe la meglio e la città, tenuta da mercenari tedeschi, fu espugnata senza alcuna perdita da parte nostra.

Dopo avere attraversato a ritroso il Delaware mi attestai su posizioni non proprio favorevoli nei pressi di un piccolo affluente, in attesa del probabile contrattacco inglese. Venne incontro infatti il generale Cornwallis da New York. In realtà avevo scelto deliberatamente quella linea di difesa debole al fine di illudere il nemico su una facile vittoria e nella notte ordinai a un ridotto contingente di accendervi i fuochi ovunque, su un esteso comprensorio, e fare rumore quanto più forte possibile.

Cornwallis abboccò e assalì all'alba i quattro gatti mentre io, con il grosso delle truppe, mi lanciai sulla strada di Princeton per aggredire la retroguardia e gli approvvigionamenti indifesi. La rotta inglese si realizzò immediata al punto che, se solo avessi avuto a disposizione un insieme di risorse umane pronte, ben calzate e vestite, un ardito inseguimento si sarebbe potuto organizzare anche oltre Princeton, sino a New Brunswick. Il New Jersey però era ormai definitivamente ripulito dagli inglesi e io ritenni opportuno fermarmi sulle alture di Morristown e ritemprare le forze ormai sfinite.

Marte – Fermarti? Noi avevamo previsto in esordio al tuo racconto, generale, che avremmo dovuto interrompere per dare il giusto rilievo alle imprese e non lasciarti minimizzare.
Il generale Cornwallis, sorridendo, dovette avere pensato nella notte di avere stanato finalmente la vecchia volpe, mentre tu, alla fine del giorno dopo, brindavi con i tuoi generali e ti lasciavi andare al buon umore: "ecco una caccia alla volpe secondo l'usanza virginiana!".
In merito mi sento ora in dovere di ricordare non tanto quel celebre dipinto di Emanuel Leutze che ti rappresenta impettito su una barca sovraccarica circondata dal ghiaccio, con lo sguardo rivolto all'altra sponda del fiume, ma soprattutto quel che proclamò Federico II il Grande, re di Prussia e maestro indiscusso di arte militare: "è stata la

più brillante campagna del secolo".

Minerva – Fai bene fratello a menzionare solo di sfuggita il dipinto, infarcito com'è di agghiacciante retorica, la citazione di Federico mi sembra appropriata invece, come uomo d'armi sì ma anche di matura sapienza politica.

Washington – Lasciamo perdere, divini arbitri, giacché l'anno 1777 appena iniziato preannunciava foschi presagi per noi insorti contro la potenza britannica.

Considerato il capovolgimento di fronte, l'atteggiamento politico da Londra, sino ad allora vagamente disponibile al compromesso, si era cristallizzato in irriducibile spirito di rivalsa ed in tale senso erano stati impartiti gli ordini ai comandanti in America.

Il generale Howe quindi si accingeva a discendere in forze cospicue da New York lungo l'Hudson, il generale Burgoyne giungeva a sua volta dal Canada, in marcia parallela alla guida di forti contingenti, il colonnello Saint Leger poi procedeva nella valle del Mohawk.

L'isolamento dei miei presidi nel New England era ormai definitivo. Per fortuna che il Congresso di Baltimora aveva riacquistato fiducia nei miei confronti autorizzandomi a una nuova leva di coscrizione di durata assai più lunga rispetto a quella consentitami sino ad allora.

Con l'estensione di siffatto potere mi trovai in grado di ricostituire le forze in maggiore efficacia.

Marte – Sì generale, è vero, ma le cose non andarono poi così male. Consenti quindi che mi soffermi sulla battaglia di Saratoga, come già ho fatto per Austerlitz e Alesia in riferimento a Napoleone e Cesare. Tu invero non fosti presente là, però la guida brillante della guerra ti legittima comunque a fartene un merito.

Il generale Burgoyne dunque, indubbiamente valoroso, nella marcia verso sud si era avventurato attraverso territori impervi rinunciando alle scorte degli esperti nativi che avevano disertato.

Un simile procedere agevolava non poco le tue tattiche di guerriglia, attuate nell'occasione dal generale Arnold, reduce della campagna in Canada, e da Tadeusz Kościuszko, sul forte di West Point.

Le linee di comunicazione del generale Burgoyne dalla base, come le risorse alimentari, di giorno in giorno si facevano più evanescenti talché la prudenza avrebbe consigliato una saggia ritirata.

Ma questo non era il suo stile e perciò decise di andare avanti al fine di riunirsi al generale Howe, essendosi convinto a causa di nebulosi messaggi che quest'ultimo gli sarebbe venuto incontro.

Così non era in realtà poiché Howe aveva invece deciso di buttarsi a sud, su Filadelfia, mentre il colonnello Saint Leger era già impegnato in altre scaramucce nella valle del Mohawk.

Burgoyne, benché avesse superato il villaggio di Saratoga,

disturbato dalla guerriglia su più lati fu costretto a indietreggiare e rimase preso da tre attacchi concentrici sinché dovette arrendersi.

Minerva – Ebbene generale, il tuo antagonista Howe, nel frattempo, abbandonato Burgoyne al suo destino, imbarcò il grosso dell'esercito a New York e approdò in baia di Cheasepeake puntando a Filadelfia, la vostra capitale di fatto.

Tu tentasti di fermarlo a German Town, poche miglia dalla città, ma fu del tutto inutile poiché, per fortuite circostanze, le tue colonne si dispersero nella fitta nebbia e gli inglesi entrarono mentre i delegati del Congresso, già prima sfollati, fuggirono anche da Baltimora per disperdersi negli stati di provenienza.

Una disfatta sì, per l'aspetto esteriore, e soprattutto perché il motore politico dell'indipendenza si era sciolto, ma le tue forze erano ancora integre e solo su te, generale comandante dell'Esercito Continentale, potevano ormai contare i neonati Stati Uniti d'America di fronte alle forze prevaricatrici della madrepatria.

Washington – Sì, può darsi, come dite voi divini arbitri, che il peso della guerra gravasse ormai tutto sulle mie spalle. Il morale però era al minimo, alle soglie dell'inverno 1777. Non restò altro che allestire un maxi accampamento a Valley Forge, circa quaranta miglia da Filadelfia, laddove condivisi stenti, freddo e malattie con la mia gente mentre gli inglesi, per nulla ostacolati dalla cittadinanza, se non addirittura accolti con favore, se la passarono in Filadelfia per tutto l'inverno tra taverne, postriboli o case eleganti.

Di nuovo la mia reputazione di comandante cadde ai minimi termini, e francamente non ritenevo di meritarlo, ma, se non altro, il barone Von Steuben, ex generale dello stato maggiore di Federico il Grande di Prussia, con vigoroso lavoro di addestramento intensivo realizzò il miracolo di trasformare truppe sciatte e caotiche in aquile da guerra abili e risolute nelle più disparate tecniche di battaglia.

Un'altra gradita notizia poi giunse a risollevare il morale: la Francia riconobbe gli Stati Uniti indipendenti e armò una flotta da inviare al più presto oltreoceano in nostro soccorso.

1778 – L'impegno su nuovi fronti che insorgeva dall'Europa indusse Londra a ordinare l'evacuazione di Filadelfia, città importante sì, ma priva di qualsivoglia vantaggio strategico per l'essere troppo lontana dal mare e non abbastanza dalla mia zona operativa.

Il generale Clinton, subentrato a Howe in comando supremo inglese, ricevette ordine di rientro a New York. Obbedì quindi, incalzato dal nostro rapido intervento, anzi fuggì come una lepre lasciando i feriti sul campo e raggiungendo New York con gli avanzi dell'esercito.

Nel frattempo poi erano giunti dalla Francia sedici vascelli di grandi dimensioni, volti ad entrare in baia a New York dalla bocca di Sandy Hook: via che si rivelò angusta e gli inglesi, pressati per terra da noi e dalla paura di uno sbarco francese, passarono dal rotto della cuffia.

Clinton comunque era un duro e, ripresosi dai rovesci imprevisti, si risolse a condurre una spedizione a sud ove alla fine dell'anno prese la città di Savannah in Georgia.

Questo fu invero il passaggio che generò la fine della guerra, ma non anticipiamo.

1779 – Seguì un anno privo di sviluppi, salvo insignificanti azioni di saccheggio e *raids* mordi e fuggi da parte nostra. Almeno un evento eclatante si verificò tuttavia: l'ingresso in guerra della Spagna contro l'Inghilterra la quale pertanto si trovò ad opporsi contro un insieme di insidiosi nemici nel cuore dell'Europa.

Ciononostante, il generale Clinton, tenendo un saldo presidio in New York, riuscì a incrementare le conquiste inglesi nel sud estendendole dalla Georgia alla Carolina con la presa della città di Charleston, né il mio generale Gates ebbe modo di impedirglielo.

1780 – La situazione in nostro sfavore evolvette in quest'anno per la crisi economica dovuta all'assenza di un'efficace gestione politica.

I penosi resti di un Congresso Federale non trovarono di meglio che disporre i pagamenti del salario alle truppe con gli assegnati, ovvero titoli rappresentativi assolutamente inaffidabili, carta straccia, talché le diserzioni dilagarono in modo drammatico.

Il mio chiodo fisso, comunque, restava New York, trattenuta in salda mano inglese, che non avrei potuto espugnare, privo com'ero di una forza navale adeguata. Né del resto la pur consistente flotta francese, che si era ancorata a Newport dopo il mancato ingresso a New York, poteva opporsi all'ammiraglio Howe.

1781 – Disobbedendo agli ordini del comandante supremo, Clinton, nel frattempo rientrato in New York, il generale Cornwallis non solo non si ritirò dalla Georgia per raggiungerlo, ma decise di continuare la conquista del sud lungo la costa della Carolina. Si avvide però di essersi spinto troppo in là e così si fermò sul fiume York fortificando le posizioni di Yorktown e Gloucester.

Il marchese de La Fayette si trovava allora in Virginia e quindi scese a Yorktown per osservare le manovre degli inglesi.

Quando da lui mi venne riferito che una situazione a noi propizia si stava profilando, abbandonai New York e marciai a sud verso la baia di Cheasepeake ove mi unii con i francesi del generale Rochembeau, sbarcati a Newport dalle loro navi.

Nel frattempo Clinton, a sua volta informato di ciò, sguarnì in fretta New York e imbarcò le truppe alla volta di Cheasepeake.

Sulla baia però convergeva anche la flotta francese al comando di Le Grasse, l'ammiraglio impegnato nelle Antille contro gli inglesi. Egli infatti aveva finalmente accolto il mio invito ad intervenire in nostro aiuto e la battaglia che ne seguì volse nella vittoria francese.

Visto lo stato di grazia sempre più favorevole, ripresi la marcia a sud sinché ebbe inizio a ottobre l'assedio di Yorktown con intenso fuoco congiunto di artiglieria franco/americana.

Cornwallis poteva soltanto subire quel terribile assedio con speranze nulle poiché rinforzi dal mare o da terra gli furono negati.

Marte – Lasciami concludere, generale, sulla sagagia con cui in tale ultima fase della guerra fingesti di puntare ancora sull'assedio a New York, organizzando fasulli punti di osservazione, mentre trasferivi in tutta segretezza le truppe sul fronte del sud.

Cornwallis pagò a caro prezzo la sua insubordinazione. Fu costretto a restringere sino all'ultimo quadrato le difese di Yorktown, colpita dai cannoni, senza speranza di rinforzo dal mare o da terra, e infine capitolò cedendo a te la sciabola di fronte a tutta la truppa schierata.

Minerva – Invero, generale, furono circostanze di più ampio respiro quelle che determinarono la fine della guerra di indipendenza.

Spagna e Francia avevano volto l'attenzione degli inglesi verso altri fronti: sul Mediterraneo, nelle Antille e in India, mentre a Londra la pubblica opinione induceva il re e il parlamento a miti consigli e così giunse il riconoscimento inglese dell'indipendenza americana.

Washington – Ebbene sì, divini arbitri, avvenne proprio in questo modo che l'Inghilterra gettò la spugna.
Io avevo cinquant'anni e tornai finalmente a Mount Vernon, laddove in un'unica occasione mi ero intrattenuto di sfuggita negli anni della guerra.

Marte – OK generale, ma ora tocca a te, Alessandro. Procedi con la spedizione in Oriente.

Alessandro è drappeggiato al collo dalla cappa celeste in uso nelle grandi battaglie. La vaporosa chioma bionda si è fatta irsuta ed uno spietato guerriero, dallo sguardo truce, fatto di ferrea decisione e categorico comando, ha soppiantato l'adolescente.

Alessandro – Con piacere, divini arbitri: eccomi dunque al varco dell'Ellesponto in primavera 334 avanti Cristo, avendo delegato ad Antipatro, anziano amministratore di papà Filippo, la reggenza della Macedonia, in previsione di una prolungata assenza.
Sulla riva opposta era già concentrato un possente esercito

composto dalle genti più disparate dell'impero persiano, privo peraltro di guida unitaria poiché Dario indugiava nella capitale, Susa, avendo affidato il comando supremo a Memnone, valoroso comandante mercenario greco, inviso tuttavia allo stato maggiore e contrastato subdolamente dai grandi satrapi dell'Asia minore.

Seicento triremi macedoni approdarono sul margine della pianura di Troia dove ci intrattenemmo a onorare i cumuli funerari dedicati agli eroi. Là Efestione, il più caro fra gli amici, custode di tutti i segreti, pianse sulla tomba di Patroclo ed io su quella di Achille.

Fu comunque solo una breve premessa augurale poiché i due eserciti distavano fra loro appena quindici miglia ed io fremevo di un ardore battagliero irrefrenabile.

Non così avveniva nel campo nemico: Mnemone consigliava l'attesa e l'aggiramento delle nostre forze, dotate invero di risorse alimentari inadeguate, ma prevalse infine l'opposizione ottusa dei satrapi e così ci trovammo faccia a faccia sulle sponde del fiume Granìco.

I formidabili schieramenti di fanteria e cavalleria si contemplarono per qualche istante silenzioso sinché io, per primo, diedi il segnale di assalto che eruppe in squilli di tromba e urla corali assordanti.

Il nemico in attesa dell'impatto colpì duro sull'ala destra di Aminta e Tolomeo, annaspanti nel fango della riva e falciati da frecce e lance, mentre a sinistra lo sfondamento da parte mia compensava le perdite e rientrava a dare manforte nell'incerta situazione.

La mischia corpo a corpo che ne seguì di lì a poco sembrò non avere fine, alimentata dall'arrivo continuo di nuove truppe macedoni sulla riva e delle falangi, sinché l'impeto nemico parve cadere man mano trasformandosi dalla fuga ordinata al più completo disordine.

Subentrarono allora i mercenari greci al comando di Mnemone già in attesa sulle colline circostanti, si batterono con accanimento feroce e vennero sterminati in massa.

Fu una grande e ben augurante vittoria ma non decisiva. In ogni caso la testa di ponte macedone in Asia era ormai consolidata.

Marte – Sì, Alessandro, il Granìco non fu determinante ma avrebbe potuto esserlo, visto che mai come allora ti esponesti al pericolo nel modo più temerario e che soltanto grazie all'aiuto degli etèri guidati da Clito non soccombesti appena all'inizio dell'avventura.

Comunque, a preambolo sulle future battaglie, permetti che descriva, come ho provveduto per Napoleone e Cesare, la tua tecnica militare caratterizzante: quella straordinaria forza d'urto della macchina da guerra fondata sulla cavalleria in impiego coordinato con la celebre falange macedone.

Quest'ultima, ideata da papà Filippo come sviluppo alla tradizionale falange oplitica ed alla falange obliqua tebana, era una formazione di fanteria compatta e schierata a rettangolo tale per cui si presentava di fronte come un'enorme istrice con le sarisse di sette metri puntate in avanti dalle prime file ed in alto dalle file successive.

Più falangi in marcia, ciascuna di sedici file, protette al fianco dalla cavalleria, procedevano incalzanti, inesorabili, travolgendo al primo impatto la massa nemica già concentrata dalle manovre aggiranti dei cavalieri e quindi, per passaggi di andata e ritorno, neutralizzava *in toto* ogni resistenza lasciando sul campo i cadaveri a migliaia.
La battaglia del Granìco ne vide un esempio terrificante.

Minerva – E d'altronde l'esito del Granìco fu a tale punto esemplare per i persiani che ci volle parecchio tempo prima che essi osassero di nuovo affrontarti in battaglia a campo aperto sotto la guida del vero supremo comandante, il re dei re Dario III achemenide.
In tale frattempo, nonostante la giovane età, tu desti prova di saggia politica nel corso della tua marcia di conquista.

Alessandro – Invero, divini arbitri, l'Asia minore non era l'obiettivo per me, se non in quanto transito verso il mare estremo d'Oriente sul quale geografi, poeti e scrittori favoleggiavano alla mia epoca.
Però corrisponde senza dubbio al vero, Minerva, che, ove possibile, preferii sempre cercare l'integrazione tra i popoli piuttosto che a tutti i costi imporre la sottomissione violenta, ancorché allora non avessi maturato una piena

consapevolezza della missione.

Comunque sia, l'imponente flotta persiana era ancora intatta, come pure il fior fiore dell'esercito, e pertanto la cauta strategia imponeva di muovermi all'interno della penisola anatolica senza allontanarmi troppo dalle coste onde prevenire sbarchi di grandi unità.

Sardi, capitale della Frigia, poco più a sud del Granìco, si consegnò senza colpo ferire e quindi lasciai al potere il governatore esigendo solo il pagamento dello stesso tributo già dovuto al re dei re.

Raggiunsi poi Efeso, prima di dirigermi lungo la via costiera verso est, raccogliendo ovunque profferte di amicizia dai vari popoli greci sottomessi all'odiato giogo persiano e avversari in genere delle classi oligarchiche dominanti. Analoghe rivolte antipersiane ebbero luogo a Lesbo, Magnesia, Smirne, Chio.

L'isola di Mileto invece, un'appetibile base navale, non fu propizia e mi chiuse le porte, costringendomi ad ancorarmi sulla vicina isola di Lade. La flotta persiana nel frattempo si avvicinò minacciosa e gettò l'ancora sul promontorio di Micale sfidandomi a battaglia.

Rifiutai, malgrado i lusinghieri auspici e l'insistenza di Parmenione, un anziano generale di papà Filippo, e intrapresi l'assedio di Mileto in vista dei persiani, che stettero a guardare la caduta della città e quindi si ritirarono sull'isola di Samo.

Siffatti eventi mi fecero intendere che il nemico non era in grado di ostacolare per mare la mia spedizione terrestre e così, trovandomi in difficoltà economiche e di approvvigionamento, decisi di congedare la flotta e proseguii nella marcia, che però sarebbe potuta procedere in sicurezza solo avendo espugnato l'ultima fortezza: Alicarnasso, la città apparentemente imprendibile dove si erano rifugiati Otontopate, satrapo della Caria, e Mnemone, in fuga dal Granìco.

Avrei desiderato risparmiare Alicarnasso dalla disfatta e riceverne la resa senza doverla distruggere, ma la resistenza fu indomita al punto che gli assediati stessi incendiarono la città e si chiusero nella cinta ristretta del palazzo reale, un obiettivo finale privo di importanza che affidai a Tolomeo giacché potevo considerare compiuta la conquista della costa occidentale.

Con la stagione invernale ormai alle porte dovetti però interrompere la marcia sulla costa meridionale e addentrarmi all'interno, a nord.

Congedai alcuni fra i generali e parte delle truppe inviandoli in patria affinché ritornassero con reparti di nuovo arruolamento. Fissai a loro appuntamento a Gordio, nel cuore dell'Anatolia, da dove intendevo riprendere in primavera la marcia verso Susa.

Io giunsi a Gordio dopo rocambolesche avventure lungo la costa e all'interno che non ritengo di narrare in dettaglio, così come non mi trattengo sul leggendario nodo.

Minerva – Quanto meno però, Alessandro, ricordiamo che la pausa invernale ti indusse a trarre il primo bilancio politico delle imprese e ad applicare la tua idea imperiale su città che rendesti libere, sia pure tributarie a te. Si trattava sì di entità a cultura ellenica però in seguito avresti dimostrato la tua ampia visuale di integrazione universale nei confronti di regni che con l'ellenismo avevano ben poco da spartire.

Marte – Continua ora il racconto, Alessandro, poiché le vicissitudini guerresche erano tutt'altro che esaurite.

Alessandro – Ebbene, durante la permanenza a Gordio, Mnemone ricevette dal re dei re anche il comando marittimo e con dinamismo eccezionale riprese alcune delle città che riverenti si erano inchinate al mio passaggio. Egli puntava a logorare le linee di comunicazione con la Grecia, laddove l'alleanza stipulata a Corinto non sarebbe mai stata abbastanza sicura, e forse ci sarebbe riuscito se la morte non lo avesse colto all'improvviso.
A questo punto Dario si risolse a intervenire in persona per fermare l'ulteriore avanzata ed io cominciai a pensare che forse ero caduto in errore quando avevo stabilito di congedare la flotta.
Smisi però di preoccuparmene e all'inizio della primavera, con forze rinnovate superiori in numero rispetto al Granìco, mi posi in marcia ancora a sud, verso il mare e, al

passaggio, ricevetti la sottomissione delle satrapie di Paflagonia e Cappadocia, mentre Dario già veniva incontro lungo il corso dell'Eufrate.

Minerva – Se hai voluto tacere, Alessandro, la leggenda del nodo di Gordio poiché non presenta alcun fondamento reale, io non desidero trascurare invece un altro episodio attestante il tuo eroico e calcolato disprezzo del pericolo.
Giunto finalmente ad alcune miglia dal mare, ti bagnasti in un gelido torrente nella rovente calura della prima estate. Un malore ti colse in indicibili sofferenze, talché i generali e l'intero esercito temettero per la tua vita negli interminabili giorni di crampi e febbre violenta.
Il medico Filippo propose allora un'orrida mistura dopo il fallimento degli altri medicinali e tu accettasti nonostante il fatto per cui poco tempo prima avevi ricevuto una lettera da Parmenione che ti metteva in guardia su Filippo in quanto pagato da Dario per sopprimerti.
Bevesti l'intruglio, debole e sudato, scrutando attento Filippo mentre leggeva la lettera. Egli rimase impassibile e tu in breve guaristi.

Marte – La fortuna giova agli audaci, questo è l'insegnamento, mia diletta sorella.

Alessandro – Indubbiamente, divini arbitri, però andarsele a cercare non è proprio una saggia attitudine.

Comunque sia, ripreso il comando senza limiti, procedetti in Cilicia, la regione che divide l'Asia Minore dall'Asia Media, con l'intento di conquistare gli aspri passi montani del Tauro che immettono in Siria.

Entrai a Tarso, quindi ad Anchialo, a Soli ed a Mallo, laddove giunse la notizia per cui, finalmente, Tolomeo aveva espugnato la rocca di Alicarnasso e si accingeva a raggiungermi.

Dario nel frattempo si era fermato a Soches, in Siria, circa due giorni di marcia dalla mia posizione al di là dei passi: una pianura estesa e congeniale al tipo di battaglia di un immenso esercito.

La situazione era decisamente critica per me costretto com'ero ad un moto continuo, nell'illusoria speranza di stanare Dario dalla postura ideale in cui si era attestato, oppure a una disonorevole fuga.

Non se ne parlava neppure, naturalmente, sinché la baldanza del re fece la mia fortuna poiché Dario lasciò Soches e nell'inseguimento pervenne sul golfo di Isso, sito al confine tra la Cilicia e la Siria, una pianura vicina alla costa marina, non vasta come Soches e percorsa dal fiume Pinaro. Insomma, un campo di battaglia molto più angusto e adatto al mio tipo di lotta.

Marte – Austerlitz, Alesia, Saratoga. Ne ho già altrove celebrato gli eventi come i mitici tratti delle vostre campagne, Napoleone, Cesare, Washington. Concludo quindi la rassegna sulla battaglia di Isso.

Essa iniziò in un'alba di novembre con le manovre di schieramento da entrambe le parti e questa volta al comando dei persiani c'era il re dei re su una sontuosa quadriga circondata dai più nobili principi.

Ti avvedesti subito, Alessandro, che il fronte nemico era più lungo del tuo e minacciava un micidiale accerchiamento talché dovesti in poco tempo mutare la disposizione delle ali di cavalleria, allo scopo di affrontare subito il centro con un'ardita azione a sorpresa.

Percorresti così al galoppo sfrenato tutta la linea dei tuoi contingenti chiamando per nome a uno a uno i comandanti, che risposero pronti invocando l'ordine di assalto.

Quest'ultimo non tardò a venire con impeto forsennato di cavalleria attraverso il fiume Pinaro e tu giungesti in vista del carro del re che in persona prendesti di mira. La carica però fu talmente rapida che la fanteria ritardò ad accostarsi al primo impatto e di conseguenza si creò un vuoto molto pericoloso nel tuo schieramento, subito riempito dai mercenari greci al servizio di Dario.

Il capovolgimento di fronte a quel punto giocava in deciso favore dei persiani, per quanto la tua gente combattesse spinta ormai dalla forza della disperazione, ma a un tratto pervenne il provvidenziale aiuto di altre truppe macedoni che erano riuscite a sfondare sull'ala sinistra e si realizzò così il fatto determinante: la fuga di Dario che provocò in meno che non si dica lo sbandamento psicologico dell'esercito.

Caduto il comando unitario, le truppe persiane persero ogni coesione e si diedero a loro volta alla fuga affannosa. Tu Alessandro ordinasti che i passi sulle montagne venissero immediatamente sbarrati e fu la strage, ma di Dario nessuna traccia. Vennero ritrovati entro un fosso soltanto la quadriga e il suo mantello.

Minerva – Non tanto celebra la tua immagine, Alessandro, la grande battaglia, che non fu affatto decisiva rispetto all'aspettativa iniziale, poiché molte unità sfuggirono alla cattura insieme con Dario.
Quello che soprattutto ti fa onore fu il trattamento che riservasti alla madre e alla sposa di Dario, Sisigambi e Statira, prese prigioniere nel campo persiano: disponesti a tutti che si usassero nei loro confronti i riguardi dovuti alle regine secondo il rituale a cui erano abituate alla corte del re dei re.
Andasti poi in persona a riverirle, accompagnato soltanto dall'amico Efestione, e con benevolenza ti rivolgesti a loro quando per errore si gettarono ai suoi piedi perché lo avevano scambiato per il re.
Ordinasti ancora che le spoglie dei combattenti venissero sepolte con onori militari senza distinzione fra amici e nemici e infine fondasti la prima città di Alessandria, a cui altre seguirono nella spedizione.

Alessandro – Invero Minerva non ho mai provato odio e avversione verso i nemici, neppure per Dario che, rifugiatosi di là dell'Eufrate, mi fece pervenire un arrogante messaggio con il quale, dopo avermi accusato di slealtà e di vile aggressione, pretendeva trattative di pace come se si ritenesse ancora alla pari, ancorché sconfitto nella strenua battaglia e fuggito come una lepre.

Gli risposi, comunque, che avrei accettato di incontrare i suoi legati con tutta la disponibilità a una futura amicizia, purchè fosse disposto a riconoscermi il titolo di re dell'Asia, altrimenti lo avrei ben presto scovato e costretto a un'altra battaglia in campo aperto.

Questo era il proclama dei miei progetti ma, in realtà, la conquista dell'Asia non era neppure cominciata, né avrei potuto immaginare di chiudere il conto con Dario e procedere verso est senza avere prima neutralizzato la minaccia della flotta imperiale.

Gli ammiragli persiani dominavano incontrastati il mare Egeo e, in mia assenza, avrebbero potuto facilmente organizzare lo sbarco sulla Grecia, fomentare la rivolta dei popoli aderenti alla lega di Corinto e presentarsi armati ai confini della Macedonia. Sparta attendeva per certo una simile occasione e le altre πόλεις l'avrebbero seguita.

Il fulcro della flotta imperiale dunque convergeva sulle città fenice e su Tiro in particolare, ove avrei dovuto agire con la massima celerità e impadronirmi dell'arsenale marittimo prima di altre iniziative.

Inviai pertanto Parmenione a Damasco, con l'incarico di acquisire le immense ricchezze accumulate dal re dei re, e mi fermai quindi in Cilicia per tutto l'inverno a domare le indisciplinate tribù montanare, dopodichè mi posi in marcia verso sud.

Ordunque, le città fenice della costa mediterranea erano formalmente soggette all'impero persiano ma, in cambio della collaborazione alla flotta e al potenziale navale, godevano di una notevole autonomia municipale e nel contempo si atteggiavano nei confronti dell'impero in modo non certo univoco.

Sidone, Armados e Biblos infatti, scommettendo sull'esito del futuro duello con Dario, mi vennero incontro con offerte di incondizionata sottomissione mentre Tiro, fingendo l'atto servile, acconsentì al mio ingresso entro la città terrestre ma non in quella insulare. Il divieto tuttavia non era compatibile con un intento di eliminare il pericolo della flotta, anche perché Sparta si era già apertamente ribellata ed aveva occupato l'isola di Creta.

Tiro doveva essere presa a tutti i costi, pensai, e chiusi il negoziato per dare inizio all'assedio: un'ardua impresa, densa di incognite, ma che mi avrebbe spalancato le porte dell'Asia.

Marte – Il successo ti arrise infine, Alessandro, ma a quale prezzo! Consentimi un'eccezione pertanto e lasciami narrare i fatti inerenti all'assedio, anche in onore degli eroici difensori.

La vecchia Tiro, come hai accennato, sorgeva sulla costa, circondata da altissime mura. La nuova Tiro invece occupava un'isola di fronte, separata da un braccio di mare largo un miglio.

Privo com'eri di navi, concepisti il piano di costruire una diga dalla spiaggia sottostante alla città costiera sino all'isola, onde espugnare quest'ultima, e completare poi l'assedio della vecchia Tiro.

I lavori procedettero pressochè indisturbati sino a primavera inoltrata ma infine il nemico, con un ardito stratagemma, vanificò l'opera in un'unica giornata: due triremi rimorchiarono sul canale una capiente nave commerciale carica di resina sino alla diga. All'ultimo istante i marinai appiccarono il fuoco e fuggirono a nuoto mentre un nugolo di barche, con arcieri e frombolieri a bordo, contrastarono i tuoi nel tentativo di spegnere le fiamme, che infine divorarono la diga.

Comprendesti a quel punto che, senza un presidio navale, la presa di Tiro ti era preclusa, ma al tempo stesso maturasti l'ostinato intento a concludere quell'impresa. Respingesti persino le nuove umili offerte di Dario pronto a concederti ampi territori e la mano della figlia per una pace onorevole. Tiro era diventata una questione di principio! Costringesti allora le altre città fenice già sottomesse a cederti le loro navi ed ottenesti materiale anche da Rodi e Cipro, sino a disporre di duecento triremi.

Riprendesti così di nuovo la costruzione della diga ma questa volta con protezione imponente e realizzasti l'opera alla fine dell'estate, avendo nel frattempo cinto la città dal lato dell'interno.

Perduta l'egemonia navale, i Tiri si limitarono a difendere l'ingresso del porto della città vecchia e resistettero all'urto dal mare mentre tu, sulla diga, ammassavi le torri e le catapulte.

La resistenza fu tenace. Canotti armati e persino singoli nuotatori si impegnarono allo spasimo nel disturbo delle opere di assedio, poiché i Tiri contavano sull'aiuto dalla colonia di Cartagine, ma questo non venne mai e infine avesti ragione dell'intrepida città.

Non senza avere tentato un ultimo assalto suicida via mare, i Tiri si asserragliarono entro le mura e si difesero a lungo con furore, anche respingendo più volte gli assalitori, sinché, in una propizia giornata di fine agosto, sferrasti l'attacco micidiale simultaneo contro le mura e la città nuova attraverso la diga. I bastioni crollarono a uno a uno, le falangi penetrarono ovunque e fu la fine.

Minerva – Non fosti crudele come a Tebe, Alessandro. Riconoscesti il valore del nemico nonostante la collera che ti prese quando vedesti i tuoi soldati, prigionieri in altri assalti, scaraventati giù dalle mura.

Alessandro – Una collera fredda che a stento trattenni,

divini arbitri, e che scaricai in ritardo sulla città di Gaza, capoluogo della satrapia samarese e capolinea di un'importante via commerciale.

Vi giunsi a settembre, subito dopo la caduta di Tiro. La flotta però non mi fu di alcun supporto poiché le mura erano troppo distanti dal mare. Disposi comunque in breve tempo le opere d'assedio e in una sola giornata, sia pure fossero occorsi ben quattro assalti consecutivi, le imponenti difese della guarnigione persiana cedettero, non senza avere tentato una sortita in cui rimasi ferito a una spalla. Aperta la breccia, i combattimenti proseguirono sino a notte fonda e nessuno fu risparmiato.

Dopo siffatte imprese, dunque, mancava ancora alla conquista fra le province persiane affacciate sul Mediterraneo la satrapia d'Egitto. Vi giunsi a dicembre e fu una passeggiata.

L'Egitto d'altronde non era più neppure un'ombra dell'antico regno dei faraoni e Mazakes, il satrapo succeduto a Sebakes, caduto a Isso, mi donò il suo territorio senza tentare di combattere. Entrai a Menfi, e sottomisi l'intera valle del basso Nilo.

Potevo finalmente riposare un po' e, per dare al popolo un'immagine di liberatore, porsi omaggio alle divinità del luogo e organizzai feste e giochi con l'intento di trattenermi per l'inverno ormai alle porte.

Il mio progetto più importante tuttavia consisteva nella riapertura dei traffici commerciali con la Grecia e così

meditai sulla fondazione di una grande città dotata di un porto adeguato. Scartai però la regione del delta e scelsi un terreno più a ovest, ai confini con la Libia.
Alessandria: ne disegnai io stesso la conformazione urbanistica e ne feci riprodurre l'immagine con farina sulla terra nera.

Minerva – Plutarco narra che una frotta enorme di uccelli oscurò la giornata e mangiò tutta la farina senza lasciarne un briciolo.
I tuoi sacerdoti, Alessandro, interpretarono quell'evento come fausto augurio di prosperità ed infatti Alessandria divenne per i secoli futuri il faro della cultura ellenica sotto la dinastia di Tolomeo.

Marte – Sì Alessandro, dall'Ellesponto a Alessandria i persiani non godevano più di alcuna influenza, ma l'impero di Dario si estendeva a est su una superfice almeno tre volte più vasta e ricca.
Sua moglie, Statira, la più bella donna d'Asia, ancora tua prigioniera in gabbia dorata, morì di parto nel campo macedone, nonostante le cure dei migliori medici, e il re dei re fu informato grazie all'eunuco Tireo, servitore della regina che era riuscito a fuggire.
L'aspirazione alla rivincita ne fu decuplicata e così un altro immenso esercito si riunì sulla piana di Babilonia, intorno all'Eufrate: arriani, battriani, sodgiani, medi, turkmeni,

daerani, ircani, tapuri, sakeiani, susani, usciani, ed altri ancora valorosi guerrieri delle steppe, delle montagne, delle pianure, dal Tauro all'Indo, dal Tigri allo Jassarte. A primavera la concentrazione di truppe e risorse da guerra si attestò in una cifra che parve davvero invincibile.

Alessandro – Parve, divini arbitri, ma non fu, come del resto avevo appreso dal gran sacerdote del tempio di Zeus nel deserto libico.

Durante l'inverno, infatti, ero partito in ridotta colonna a consultare l'oracolo, guidato - narra Plutarco - da due corvi che mi indicarono la strada attraverso l'uniforme e desolata pianura, sinché, nell'oasi di Ammone, ebbi le risposte che mi premevano sull'assassinio di papà Filippo e sul mio destino imperiale.

Tornai poi a Menfi e mi trattenni, per organizzare l'amministrazione della ricca satrapia d'Egitto. Ivi incontrai le ambascerie dalla Grecia che arrecarono messaggi sulla precaria, ma perdurante, fedeltà delle πόλεις. Ripresi quindi la via del nord, in Fenicia, base di partenza per il cuore dell'Asia, senza peraltro averne stabilito la direzione precisa.

L'obiettivo naturalmente era Babilonia, ove ancora stanziava il resto dell'esercito nemico ma, attraversato l'Eufrate, decisi di raggiungere la città percorrendo una più articolata digressione a nord, mentre da disertori persiani seppi che Dario aveva lasciato Babilonia diretto a est poiché era deciso ad impedirmi a tutti i costi il transito sul Tigri. Cambiai allora la via di marcia, trascurai Babilonia e mi accostai al fiume intraprendendo dilatorie manovre, talché riuscii a attraversarlo di nascosto nella notte grazie a un'eclissi di luna.

Tali furono le premesse tattiche della battaglia di Gaugamela, invero non proprio favorevoli poiché si trattava di un campo sconfinato, e le forze nemiche erano di molto superiori alle mie, ma io contavo sulla permanenza dei più propizi auspici ed inoltre temevo che l'ulteriore attesa mi avrebbe condotto a terreni ancora più ostili.

Quando gli eserciti giunsero alla vista reciproca iniziò il conflitto dei nervi tra le parti poiché Dario ed io ci tenemmo a debita distanza per due giorni di seguito sinché lo schieramento si configurò e sembrò la copia della battaglia di Isso.

Marte – E invece, Alessandro, questa volta la battaglia si svolse per rapidi aggiramenti di cavalleria, prima che il grosso di truppe posto al centro venisse impegnato. Gli scontri fecero registrare repentini capovolgimenti sino alla mezzanotte, l'epilogo tuttavia fu lo stesso: Dario fuggì di nuovo causando lo scompiglio dell'esercito.

Minerva – L'impero persiano, dunque, fu ulteriormente ridotto dopo la battaglia di Gaugamela ma non ancora neutralizzato. Dario infatti aveva imboccato la strada del nord verso gli altipiani iraniani mentre tu, Alessandro, rinunciasti all'inseguimento e ti rivolgesti dalla parte opposta: finalmente a Babilonia che, contrariamente alle tue attese, ti aprì le porte accogliendoti come re d'Asia, titolo che ti sarebbe stato riconosciuto in seguito nelle antiche capitali.

Alessandro – Non vi indugiai a lungo, divini arbitri, soltanto trenta giorni, tra i sontuosi festeggiamenti che meritavano i miei generali e tutti i valorosi soldati sopravvissuti.

Fu sufficiente tuttavia per ammirarne la magnificenza architettonica e comprendere gli immensi tesori della civiltà d'Oriente talché per la prima volta intuii il piano di unire in un unico popolo Grecia e Asia.

Tutt'altro che barbara e corrotta come Aristotele mi aveva insegnato: un nuovo mondo che papà Filippo non aveva visto si era prospettato all'improvviso e perciò fui indotto a interrompere l'ozio di Babilonia e recarmi a Susa, la capitale dell'impero persiano che nel frattempo era stata acquisita dal piccolo presidio del generale Filosseno.

Vi giunsi in dicembre, presi possesso delle inestimabili ricchezze ivi accumulate e trascorsi parte dell'inverno in attesa delle nuove leve di cui avevo esatto l'arruolamento. Avrei potuto in tal modo affrontare la campagna a est che la sopravvivenza di Dario imponeva.

Provvidi pertanto all'amministrazione di Susa e disposi che la madre di Dario si insediasse nel palazzo reale con tutti gli onori, dopodichè partii alla volta di Persepoli e Pasargadai, antiche capitali di Ciro il Grande, fondatore della dinastia achemenide.

Salire sul trono dell'antenato persiano mi parve un passo simbolico e propedeutico necessario per annientare l'impero, giacché ignoravo il luogo in cui Dario si era rifugiato, e del resto sapevo ben poco sulle province estreme site al di là di Persepoli e Pasargadai ove il nemico avrebbe potuto ancora asserragliarsi, se non al fine di una chimerica rivincita, quanto meno per costituire un più modesto impero.

La stagione invero era inclemente per affrontare la spedizione in una pianura ignota e sovrastata da aspre montagne le cui tribù non erano mai state sottomesse, neppure dai persiani. Partii, comunque, e colpii il nemico con sortite sui suoi impervi dirupi, per non essere colpito a mia volta, ma la sorpresa più difficile ci colse al varco delle Porte Persiche, il passo ultimo prima delle città, unica via per accedervi.

Ariobarzano, un fedelissimo generale di Dario che lo aveva seguito nella fuga, teneva saldamente gli altipiani boscosi intorno al passo con migliaia di soldati, catapulte ed altre macchine da guerra, talché il mio primo tentativo di forzatura si risolse in una carneficina.

Pareva una muraglia assolutamente invalicabile ma trovammo infine la via di salire sulle alte creste sovrastanti il campo persiano, grazie a esperte guide del luogo, e così, lasciando in pianura una buona parte dell'esercito, affinché il nemico non si avvedesse del pericolo, portai di notte un consistente presidio sulle cime intorno al campo persiano sinché all'alba neutralizzai le sentinelle e sferrai l'assalto scendendo da diverse posizioni.

Restituii le perdite con gli interessi ma Ariobarzano riuscì a fuggire e raggiunse infine Dario che, apprendemmo poi dai prigionieri, stava a Ectabana, circa trecento miglia a nord ovest. Rinviai così l'iniziativa mentre Persepoli e Pasargadai caddero ed io, assiso sul trono che era stato di Ciro il Grande, ricevetti dai tremebondi maggiorenti persiani l'acclamazione indiscussa a re d'Asia. Ordinai quindi di incendiare il palazzo reale, come fiera vendetta per la distruzione dell'acropoli di Atene cent'anni prima.

Quanto a Dario, due volte sconfitto e fuggito, mi sarei aspettato che inviasse nuove proposte, dopo la disfatta dell'impero, ma nulla vidi e così, dopo quattro mesi passati a Persepoli per il riposo delle truppe, partii di nuovo a primavera verso nord e il duello si rinnovò.

Il nucleo dei nobili persiani era ancora con Dario a Ectabana, come anche i satrapi orientali e l'eroico generale Ariobarzano. Egli poteva contare sugli Sciti, i Cadusi, gli Ircani e i Medi, si illudeva inoltre su notizie di rivolta anti macedone che gli giungevano dalla Grecia.

Per parte mia fui informato dai disertori che Dario era fuggito ancora sulle Porte Caspie ove infiniti anfratti di roccia avrebbero permesso la resistenza all'ultimo sangue e forse la fuga in Battriana. Accelerai così la marcia e presi Rhagae, all'imbocco dei passi montani.

Lo scoramento cominciò allora a serpeggiare fra i satrapi e i prìncipi ancora fedeli a Dario sinché prevalsero i biechi traditori (Nabarzano, Besso, Barsaente): essi incatenarono Dario allo scopo, come appresi, di negoziare con me la sua consegna, a fronte del riconoscimento per Besso, cugino del re, a sovrano di Persia e dei Battriani.

Non avrei per certo accettato, e infine raggiunsi la carovana persiana in fuga. Ne feci un'impietosa strage però trovai il cadavere di Dario pugnalato e sfigurato.

Povero Re dei re! Lo ricoprii pietoso con il mio mantello e ordinai di portarlo a Persepoli, nel sepolcro degli antenati.

Minerva – Sono persuasa, Alessandro, che alla sua indomita tempra guerresca tu avresti riservato una sorte migliore.

Scena 3 – la fine

Marte – Avvisaglie di decadenza nella scintillante epopea politica e guerresca non ne abbiamo colte ancora per nessuno di voi, eminenti generali, seppure il racconto intermedio sia stato interrotto in diverse età ed in relazione a specifici episodi: la battaglia di Wagram, la fine della campagna gallica, l'indipendenza degli Stati Uniti riconosciuta dall'Inghilterra, la morte dell'acerrimo nemico imperatore persiano.
Una china discendente, però, interviene fatale in quest'ultima fase, più o meno accentuata, invero, e riconoscibile, per dissimili modalità in cui si annunciò nelle varie circostanze di tempo e luogo.

Minerva – Il mito trasfigura nell'ordine di tempo tra le inclite figure vostre e si trasforma progressivamente in obiettiva tradizione storica.
Suggerisco perciò di mutare, in coerenza, la sequenza dei personaggi e proseguire secondo l'autentico avvicendamento cronologico.
Riprendi quindi la narrazione, Alessandro, che hai sospeso poc'anzi con la morte di Dario III.

Paludato in sontuosa veste dalla magnificenza orientale, Alessandro è devastato precocemente per abuso del vino puro.

Alessandro – Proprio perché il mito alimenta in via preponderante il seguito delle mie vicissitudini attraverso sterminate contrade ignote, cercherò di attenermi a precise indicazioni geografiche sulle vie che percorsi ancora avanzando e rientrando in Patria, sino al malinconico ritorno a Babilonia ove esalai l'ultimo respiro.

Venendo io da Susa e Persepoli, città delle quali mi erano noti usi e costumi per averne da ragazzo ascoltato i racconti degli ambasciatori persiani alla corte di papà Filippo, mi ero da lì addentrato in regioni impegnative sì, ma non del tutto sconosciute ai miei scienziati.

L'inseguimento degli assassini di Dario, però, mi costrinse davvero a lasciare ogni certezza e procedere laddove l'istinto ci portava.

Raggiunsi quindi Hecatompylos, nel territorio degli Ircani, e ancora Zadracarta, città adagiata sulle rive di un mare che non immaginavo di trovare in quei luoghi.

Callistene, uno storico al seguito, azzardò che forse si trattava di un lago e non di un golfo del grande mare settentrionale.

Ecco, divini arbitri, fu allora che si manifestò il primo sintomo degli eventi che alcuni anni più tardi avrebbero determinato l'interruzione dell'impresa e quindi l'inizio della decadenza.

Di ritorno dal grande lago avvertii, nei pressi del campo, levarsi uno strepito di canti e festeggiamenti da parte dei miei soldati di cui non sapevo comprendere la ragione e subito inviai in avanscoperta il fido Leonnato affinché mi riferisse ciò che stava accadendo.

Ben presto egli tornò e mi disse, con fare incerto e timoroso, che nel campo si era ormai diffusa la notizia della morte di Dario, il che per certo avrebbe significato la fine della campagna e il ritorno in Patria.

Dopo quattro anni di assedi e battaglie vittoriosi, di marce infinite, di città conquistate e sottomesse, dopo il congedo accordato a Greci e Tessali per l'avere compiuto il dovere di vendetta sulle devastazioni perpetrate dai persiani cent'anni prima in Attica e Tessaglia, ognuno riteneva in spontaneo pensiero di essere ormai libero da ogni vincolo e già preparava i bagagli per la via del ritorno.

Dovetti immediatamente convocare le truppe alla presenza di tutti i comandanti, blandire gli intervenuti in massa, minacciare, stimolare, lodare, spaventare, ammonire, far intendere che il nemico era ancora pronto all'inseguimento, alla rivalsa, che le immani fatiche sostenute sarebbero state inutili se non ci fossimo inoltrati con coraggio al di là delle frontiere già raggiunte.

Nessuno era costretto a seguirmi, dissi. Io mi sarei diretto a est anche da solo e subito calò un silenzio impressionante. La delusione si rese palpabile sinché a un tratto, dai ranghi della cavalleria al mio diretto comando, il battito ripetuto di una lancia sullo scudo eruppe solitario ma presto fu tallonato da altri sino all'apoteosi generale.

Devo confessare a questo punto però che neppur io conoscevo le mie motivazioni profonde.

Forse, se Dario non fosse morto, avrei anche ammesso di concludere la spedizione purchè egli mi avesse riconosciuto titolo di re dell'Asia e si fosse accontentato di regnare su un piccolo territorio alleato.

Ma, stante la presenza dei satrapi traditori, io non potevo accettare altre soluzioni che snidarli ed annientarli.

Per inciso, tra l'altro, rammento che Besso, nella fuga, aveva lasciato a Zadracarta la parte di corte reale che non aveva seguito Dario nelle battaglie. Conobbi così Statira, l'altra figlia adolescente e omonima, della quale mi innamorai all'istante e decisi di sposarla, ma non lo feci subito e ben presto mi scordai di lei.

Gli avversari dunque, nell'intento di confondere le mie operazioni, si diressero lungo vie opposte con il proposito di unirsi in una migliore occasione contro la marcia di noi macedoni.

Di conseguenza pure io dovetti dividere le forze, dicevo, in diverse regioni a me ignote. Ma in seguito la solidarietà che dapprima aveva alimentato la resistenza, nel campo avversario, venne meno di fronte all'interesse personale, talché Nabarzano e Barsaente spedirono loro legati e fecero atto di sottomissione, imprudentemente accolto.

Quanto a Besso, ebbi notizie per cui si era ritirato in Battriana, sino quasi al confine dell'India, e aveva assunto la corona di re dell'Asia, con il nome di Artaserse, mantenendo al comando le residue truppe persiane e restando in attesa di rinforzi dalle tribù circostanti.

Avendo peraltro anch'io ricevuto nuovi contingenti, mi sentivo forte abbastanza per intraprendere una spedizione punitiva e pertanto mi diressi in Battriana, ma fui costretto presto a tornare sui miei passi giacché Nabarzano nel frattempo aveva violato ogni patto intercorso massacrando i presidi di retroguardia macedoni.

La vendetta attuata nei pressi della città di Artacona fu spietata, ma Nabarzano riuscì a sottrarsi, attraverso le aspre montagne dei luoghi, nell'intento di unirsi a Besso. Barsaente peraltro non pensò di meglio che fuggire a sua volta alla corte di Besso, però venne catturato dagli indigeni che me lo rimandarono indietro ed io lo feci giustiziare.

Orbene, in imminenza della nuova campagna che intesi organizzare, alla caccia dell'impostore Besso, fondai la quarta città di Alessandria nei pressi di Artacona (la terza nacque sulle rive dell'Eufrate), ove lasciai di stanza i soldati non più adatti al combattimento, e accolsi rinforzi dalla Patria rendendomi pronto a una nuova avventura.

La via più breve verso la Battriana avrebbe chiesto di procedere a est ma io preferii piuttosto intraprendere una manovra aggirante a sud e sud est, e quindi a nord, in modo da precludere a Besso la possibilità di arruolare nuove truppe e integrare le sue non trascurabili risorse.

In tale monotono percorso incontrai alcuni pacifici popoli con i quali ebbi modo di instaurare amichevoli rapporti. Mi fermai poi per due mesi nella settima Alessandria (sì,

perché la frenesia mi aveva ormai pervaso e ne avevo fondate altre tre, prima di quest'ultima, sinché la somma si assestò a sedici, per quanto la tradizione me ne attribuisca quarantadue, di cui solo sette riconosciute autentiche).
L'inverno, comunque, mi colse nella selvaggia regione Aracosia, ai piedi del maestoso Caucaso indiano.

Marte – Quei due mesi autunnali trascorsi nella settima Alessandria, detta anche Proftasia, non furono dedicati all'ozio né del resto vanno trascurati nel racconto, Alessandro, poiché può affermarsi che invero essi costituirono un secondo sintomo della tua decadenza. E fu molto più grave del precedente poiché per la prima volta emerse il pericolo del complotto da parte di alcuni fra i tuoi generali.

Minerva – Altrove, Alessandro, ho citato uno ad uno i marescialli di Napoleone, le colonne della *Grande Armèe*. Sarà opportuno pertanto che mi soffermi ora in breve sullo staff dei tuoi generali poiché nella carriera del grande condottiero, come di un saggio politico, la qualità del valutare e scegliere i migliori collaboratori è essenziale.
A parte Antipatro, Parmenione, Clito, dunque, anziani comandanti di Filippo che, se ti riconobbero sovrano successore, mai dismisero un certo paternalismo, menziono il gruppo di amici che condivisero con te il disagio dell'esilio quando papà Filippo, incollerito, minacciò di ucciderti e ti cacciò dalla capitale avendoti diseredato.

Essi, e altri, ti seguirono nella spedizione in Asia: Efestione, Aminta, Seleuco, Tolomeo, Perdicca, Koinos, Cratero, Filota, Nearco, Clito il Nero, Leonnato, Erigio.
Solo alcuni però sopravvissero a te e fondarono come epigoni i regni ellenistici.
A Proftasia, comunque, venne chiuso il conto delle prime incrinature che minarono la fedeltà e al riguardo noi desideriamo ascoltare dalla tua voce il racconto poiché gli storici non sono concordi.

Alessandro – Avevo da tempo percepito, divini arbitri, che la critica e il malcontento inquinavano l'ambiente tra i comandanti a causa di certi atteggiamenti ritenuti poco ortodossi per un sovrano macedone. Nelle capitali persiane sottomesse, infatti, maturandosi in me il senso dell'impero universale, imposi a tutti di adottare il rituale orientale di omaggio al re e ne manifestai anche esteriormente l'aspirazione con un abbigliamento non aderente ai canoni di semplicità greca.
Nessuno osava contestare in chiare parole questo mio cambiamento, che peraltro in seguito avrei accentuato, ma nelle riunioni dello stato maggiore la fronda sovversiva cresceva nei miei confronti e portava a discussioni sempre più aspre sul modo di gestire la campagna.
Non credo, tuttavia, che solo per questa ragione la mia gente potesse architettare congiure letali. Altri moventi invero dovevano sussistere, come il fatto per cui, in cer-

te occasioni, lasciai governare le province conquistate dai satrapi persiani che mi avevano giurato fedeltà, o la stanchezza per una spedizione che pareva non avere fine.

Comunque sia, sospendo ogni congettura al riguardo e mi attengo ai fatti nudi e crudi così come mi si prospettarono a Proftasia, dove tutti i nodi vennero al pettine e io capii di chi potevo realmente fidarmi.

Tutto ebbe principio nella sera in cui Metron, efebo addetto alla cura della mia persona, mi riferì che Nicomaco, ufficiale subalterno non in contatto con me personalmente, aveva appreso di una congiura per assassinarmi ordita da un gruppo di comandanti sotto la guida di un certo Dimnos. Nicomaco, secondo Metron, non avrebbe mai osato chiedere a me in persona un'udienza e pertanto si sarebbe rivolto al fratello, Kebelino, affidandogli l'incarico di informarmi.

Quest'ultimo, attendendo la fine di una riunione a palazzo dello stato maggiore, si sarebbe accostato al primo in uscita, Filota, mettendolo al corrente di tutto. Incerto però sull'esito della missione avrebbe poi cercato in alternativa il contatto con Metron per maggiore sicurezza. Rimasi sconcertato da queste strane manovre e innanzitutto convocai Kebelino, che confermò il racconto di Metron.

Inviai poi le guardie a Dimnos ed egli, forse ritenendosi perduto, si suicidò. Io comunque considerai quell'atto un'ammissione di colpa.

Mi risolsi allora a chiamare Filota e lo affrontai con prudenza poiché era figlio di Parmenione, al quale dovevo particolare riguardo.

Avrei preferito in effetti conferire con lui, ma purtroppo si trovava a Ectabana, con un possente presidio e cospicue ricchezze accumulate, a guardia delle mie linee di comunicazione con la Macedonia.

Filota d'altronde non mi persuase quando disse di non avere ritenuto opportuno perdere del tempo a parlare delle confidenze di Kebelino, assolutamente prive di fondamento secondo lui. Convocai quindi la riunione straordinaria dello stato maggiore per mezzanotte durante la quale diedi le disposizioni del caso e feci arrestare Filota. Nella notte insonne meditai a fondo e decisi di seguire scrupolosamente tutte le procedure in vigore di diritto macedone che, per tali casi, sancivano l'attribuzione del potere giudicante a un'assemblea di seimila soldati e del potere inquirente al re.

Nel mattino seguente, convocato in fretta l'intero esercito e costituita la corte marziale, vennero ascoltati pubblicamente Metron, Kebelino e Nicomaco, esibito il cadavere di Dimnos e Filota in catene, che per mia disposizione fu invitato a difendersi dalle accuse. Lasciai quindi l'assemblea poiché non volevo esercitare alcuna influenza.

Filota negò ogni addebito ma la corte marziale lo dichiarò comunque colpevole ed io decretai che l'esecuzione fosse rinviata.

Permaneva infatti ancora il dubbio sul se fosse necessario

ottenere la confessione di Filota sotto tortura. La decisione in merito fu affidata a Koinos, Efestione, Cratere, i quali all'unanimità disposero che si tenesse il supplizio e Filota, infine, ammise le colpe ma fu categorico nel sostenere che il tutto era avvenuto all'insaputa di suo padre.

L'esecuzione, dunque, ebbe luogo il giorno dopo secondo il costume macedone: Filota, legato al palo, fu trafitto a morte con le sarisse.

Siffatto evento avrebbe dovuto rappresentare l'epilogo della vicenda ma gli strascichi imposero una più lunga permanenza nella città.

La corte, nonostante un'ammirevole fedeltà di Filota nei confronti di suo padre, condannò a morte anche lui e io, pur possedendo il diritto di concedere la grazia, non solo non me ne avvalsi, ma inviai i miei sicari a Ectabana affinché giustiziassero Parmenione prima che gli fossero giunte notizie sul processo. E così avvenne.

Divini arbitri, già altrove è stata accordata indulgenza per le presunte nostre infamie, vogliate perciò donarne un pò anche a me per quanto in tutta sincerità ho narrato.

Minerva – Ma certo, Alessandro, accolgo l'istanza anche a nome di mio fratello, che ha rinviato alla parola di nostro padre Giove.

Osservo però che, se la confessione di Filota sotto tortura non è, per ovvi argomenti, attendibile, la condanna in contumacia di suo padre appare ancora meno plausibile,

fondata come fu su un principio tale per cui le colpe dei figli ricadono sempre sui padri.
Siamo d'accordo per l'aspetto formale, Alessandro, tu non imponesti alcunché ai giudici, ma accettasti di buon grado la sentenza perché temevi l'autorità di quell'uomo, unico che per esperienza e valore ti stava quasi alla pari, sia nell'esercito e sia nel regno di Macedonia.

Non scordiamo, peraltro, che quella sosta di due mesi in Proftasia ti vide impegnato non solo contro Filota e Parmenione bensì in una più articolata serie di indagini inquisitorie: vera e propria epurazione nei ranghi alti e intermedi.
Se non altro anche il secondo sintomo di decadenza fu neutralizzato.
E quindi procedi Alessandro, ti prego.

Alessandro – Hai detto bene, Minerva, poiché i miei progetti a quel momento contemplavano una marcia ardita che non si sarebbe potuta attuare senza la completa intesa tra il re e l'alta struttura di comando.
L'inverno era ormai alle porte e la consuetudine avrebbe suggerito la stasi delle operazioni. Invece, in un contesto incerto e probabilmente ostile, decisi comunque di muovermi, essendomi prima assicurato un cospicuo arruolamento di gente locale.
Sempre alla caccia di Besso, ripresi la manovra aggirante piegando a nord, entro l'Aracosia. Attraversai dapprima

un territorio desertico e quindi più rigoglioso e ospitale, sinché raggiunsi i primi contrafforti della possente catena del Caucaso indiano.

Intendevo affrontare i suoi ardui passi in pieno inverno per scendere poi in Bactriana e cogliere di sorpresa Besso il quale, per certo, mai si sarebbe aspettato una simile audacia da parte mia. Rimasi sorpreso invece dalla iniziativa di Nabarzano, ancora latitante, che fomentò la rivolta delle tribù alle mie spalle talché da cacciatore divenni preda e dovetti pertanto rinunciare alla marcia sulle montagne rischiando di vedermi tagliare la via del ritorno.

Mi attestai quindi in valli più basse, ove fondai un'altra Alessandria, e là restai in attesa della stagione propizia.

A maggio la traversata del Caucaso fu rapida ma tremenda al tempo stesso, soprattutto per il freddo e la fame che costrinse la mia gente a macellare molte bestie da soma, né d'altronde trovai conferma di ciò che mi aveva detto Aristotele, secondo il quale, dalla cima dei passi, avrei potuto contemplare la Grecia a ovest e l'oceano a est.

Besso, tuttavia, agì da vigliacco poiché non solo non contrastò la mia avanzata ma abbandonò la città di Balkh, quartiere generale, e fuggì a nord, attraverso il fiume Oxus, devastando al passaggio la pianura. A Balkh mi fermai per riprendere fiato e ivi trovai più che sufficienti risorse per le mie truppe allo stremo delle forze.

Presto mi raggiunse il persiano Ariobarzano, valoroso avversario alle Porte Persiche divenuto alleato, recandomi la notizia per cui, al di là del Caucaso, aveva sconfitto e ucciso in battaglia Nabarzano.

Besso perciò, isolato, restava l'ultimo obiettivo mentre mi sentivo al sicuro da ogni minaccia a sud e fiducioso sulla fedeltà delle truppe e dei capi, dopo le purghe in Proftasia. Ripresi la marcia in piena estate e le sofferenze patite nella traversata del Caucaso si riprodussero al contrario per la calura opprimente in un deserto di pietra. Confidavo, peraltro, sulla stoica resistenza della mia gente ed in breve mi ritrovai sul fiume Oxus.

Marte – A tuo lode, Alessandro, deve essere rammentato che in quel clima rovente ti fu consegnato un elmo pieno d'acqua fresca e tu lo versasti a terra in presenza dei soldati a titolo di esempio.

Alessandro – Nulla di eccezionale invero, o dio della guerra, un atto dovuto piuttosto al valore della mia gente.
Ma torniamo ai fatti. L'Oxus era un fiume molto largo dalla corrente lenta e sinuosa. Tutte le barche utilizzate da Besso per la traversata erano state bruciate, né c'erano alberi in zona necessari a costruirne altre. Ricordai allora il grande fiume che avevo superato durante la spedizione a nord della Macedonia molti anni prima, e feci costruire otri di cuoio riempiti di fieno entro i quali i soldati a piccoli gruppi passarono sulla sponda opposta in Sodgiana, ultima provincia a nord est dell'impero persiano.

Di fronte alla minaccia dell'ulteriore avanzata, la paura si diffuse nel campo nemico e Besso dovette subire ciò che aveva inflitto a Dario: il tradimento dei cortigiani. Essi lo detronizzarono e inviarono messi ad offrirmi la sua consegna. Incaricai quindi Tolomeo di andare a prelevarlo e quando fu al mio cospetto lo feci frustare e poi spedire a Balkh riservandomi la giusta punizione (fui magnanimo al ritorno: lo consegnai ai persiani, fedeli in memoria di Dario i quali si limitarono a tagliargli naso e orecchie, né corrisponde al vero, come dice Plutarco, che lo feci legare ai polsi e caviglie al tronco di due alberi piegati al suolo per poi tranciare in un solo colpo le corde che trattenevano gli alberi talché sarebbe stato dilaniato all'istante).

Minerva – Quindi, Alessandro, tolto di mezzo l'ultimo traditore, la spedizione avrebbe potuto finalmente ritenersi compiuta, e invece il tuo spirito indomabile ti spinse a perseverare talché un terzo sintomo inquietante di decadenza si manifestò in quell'estate.

Alessandro – Che cosa potrei ora rispondere, dea della sapienza? Se tu piangesti, Cesare, pensando a me padrone del mondo conosciuto a trentatré anni, vivesti però assai più a lungo e l'impero fondato da te superò il mio nella durata. Mi domando peraltro: sarebbe mai esistito un impero romano se fossi vissuto sino ai tuoi 56 anni? Ovvero, se in luogo di Pirro, mio parente, fossi io sbarcato in Italia contro Roma?

I tempi paiono adeguati e d'altronde anche tu potresti chiederti sino a quale punto saresti arrivato, al di là dell'Eufrate, se i traditori non ti avessero fermato. Magari sarebbe toccato a te coronare i miei intenti che, dicevo in esordio, non considero realizzati come avrei voluto.

Quale demone premeva a noi nel cuore e nella mente, divini arbitri? Comunque hai ragione, Minerva, le cose presero una brutta piega nel seguito di quell'estate, ma fu un passo trascurabile.

Scorrerie casuali contro gli indigeni della regione Sodgiana, l'ultimo avamposto dell'impero persiano, provocarono migliaia di morti fra i nemici ed io fui gravemente ferito a una gamba. Proseguii comunque trainato in lettiga da reparti scelti di cavalleria e fanteria che, a giorni alterni, si contesero l'onore di curarsi del re.

A luglio raggiungemmo il confine, segnato dal fiume Jassarte, e per breve tratto passammo oltre, ma fummo respinti dai cavalieri sciti, il popolo più valoroso che abbia mai incontrato. Presi comunque senza combattere la stupenda capitale della Sodgiana: Samarcanda.

Più a sud, nel frattempo, alcuni cortigiani di Besso, guidati da un tale Spitamene, avevano organizzato una rivolta popolare nella Battriana e perciò fui costretto a rientrare, non senza avere conquistato alcune cittadelle sui contrafforti delle montagne, e subìto un'altra ferita per una pietra al collo, dopo essere guarito dalla precedente.

Spitamene peraltro riuscì a estendere la rivolta anche a nord. Riprese Samarcanda e strinse alleanza con gli sciti talché mi trovai preso tra due fuochi in difficile scelta sul come dividere le mie forze tra nord e sud. Io scelsi di guidare la spedizione a nord, poiché bruciava ancora sulla pelle l'umiliazione patita dagli sciti. Li colpii duramente con le catapulte, da una sponda all'altra dello Jassarte, e li inseguii al di là del fiume, ma dovetti desistere infine a causa della violenta diarrea provocatami dall'acqua gelida delle loro montagne.

Bloccato dagli spasmi inarrestabili, inviai alcuni miei generali contro Spitamene, a Samarcanda, il quale non solo non si chiuse in città ma li affrontò e sconfisse in campo aperto. Tutto ciò, ne sono certo, non sarebbe successo sotto il mio unico comando però, essendo autunno inoltrato, dovetti fermarmi a Bactra, l'estremo nord est, per meditare sulla serie di infortuni che avevano funestato la passata stagione.

La fortuna comunque non mi aveva abbandonato: ad alleviare le mie paranoie giunse inaspettato Nearco alla guida di notevoli rinforzi di mercenari greci che mi consentirono di ristrutturare le posizioni in Sodgiana e tenere in osservazione la minaccia di Spitamene e sciti.

A primavera ripartii verso l'ovest a ranghi massicci e conquistai altre città minori. Ripresi Samarcanda, mentre Spitamene in fuga seguiva la via dei deserti. Sottomisi quasi totalmente la Sodgiana con enorme strage tra i popoli locali e poi concedetti alla mia gente un periodo di riposo che fu impiegato in una colossale battuta di caccia nella vasta e lussureggiante riserva di Bazira.

Tutti i problemi di approvvigionamento furono risolti e un clima più rilassato addolcì gli animi fra gli ufficiali e la truppa, sino a che, alla fine di agosto commisi l'infamia più vergognosa.

Durante un grandioso banchetto serale a Samarcanda, presenti tutti i comandanti, il vino puro scorreva a fiumi e provocò infine un futile litigio che si risolse purtroppo in una tragedia irreparabile a causa di una mia avventata reazione.

Clito, uno tra i generali anziani che anni prima sul Granico mi aveva salvato la vita, si lasciò andare a commenti ironici nei miei confronti ed io, preso da improvvisa collera debordante, cercai la mia spada che qualcuno, saggio fra gli intervenuti, aveva già fatto sparire.

Eravamo entrambi ubriachi fradici, invero, e Clito venne spinto fuori dalla sala a forza dai compagni, ma ritornò poco dopo e mi sputò in faccia invettive inaccettabili. Stavo parlando di lui, delle scuse che di certo avrei accolto all'indomani, ma, lì per lì, prevalse il vino e così strappai una sarissa alla guardia più vicina e lo trafissi a morte.

Ecco divini arbitri, questo io credo fu il punto decisivo di decadenza. Se avevo nutrito ragionevoli dubbi su Filota e Parmenione, Clito mi era fedele e l'insolenza di quella sera non gli fu dettata da malanimo traditore bensì, forse, dall'atroce delusione per essere stato designato governatore in Bactriana, ufficio che egli interpretò come un insulto: l'indegno pensionamento di un vecchio guerriero.

Subito dopo quel misfatto ne intravvidi lucidamente tutto l'orrore e davvero mi sarei buttato a corpo morto sulla punta della sarissa che avevo utilizzato. Mi buttai a letto, invece, e là rimasi per tre giorni, rifiutando il cibo e la cura della mia persona.

Nel frattempo Spitamene, ripiegando indomito da ovest a sud, guidò un *raid* su Balkh e distrusse l'esiguo presidio macedone uscito dalla città. Si pose di nuovo in fuga, ma venne intercettato da Cratere che lo sconfisse in campo aperto. E così ancora una volta avvenne che i seguaci tradirono il capo riconosciuto e inviarono a me la testa come testimonianza della buona volontà a ricercare un'intesa.

Fu questa la fine dell'impero persiano, ma non dei popoli sodgiani: due città resistevano e davano rifugio ai fuggiaschi di pianura.

Autentici nidi d'aquila incastonati tra le rocce, inespugnabili, invero, con i quali cercai un patto di sottomissione, però esse se la risero di cuore e addirittura risposero invitandomi a cercare soldati volanti.

Io meditavo già un seguito della spedizione in India, oltre ai confini di un impero ormai disfatto, ma non potevo di certo tollerare quella sarcastica sfida delle "rupi sodgiane". Decisi quindi di passare un altro inverno a Nautaca ove, fra le file, reclutai soldati arrampicatori, se non proprio alati, con la promessa di un compenso eccezionale. Ne trovai non pochi e ripartii con il primo disgelo. Giunto alla prima delle due cittadelle, trecento scalatori intrapresero la via. Trenta precipitarono nell'abisso ma gli altri salirono sino alle rocce più in alto rispetto al castello e da lì sventolarono i loro drappi di lino candido. Gli assediati, ritenendoli davvero alati, mandarono un messo a me che attendevo in pianura per trattare la resa.

La seconda cittadella pareva ancor più ardua da conquistare, essendo collocata in cima ad un alto sperone di roccia circondato da profondi burroni. Anche in questa occasione, tuttavia, la paura ebbe la meglio sulla sicurezza dei luoghi e, quando gli assediati videro le opere che stavo costruendo sul fondo dei baratri, preferirono fidarsi della mia parola conciliante piuttosto che provocarmi.

Naturalmente mantenni tutte le promesse di pace e, di ritorno nella prima delle due città, incontrai Rossane, la figlia del re, una ragazza di indicibile bellezza che mi prese subito nel sangue e nell'anima.

Quei due anni trascorsi fra i fiumi Oxus e Jassarte furono per certo i più impegnativi dell'intera spedizione, ma con la Sodgiana pacificata potevo dirmi appagato. Sposai quindi Rossane secondo rito orientale però volli inserire l'elemento macedone e spezzai il pane con la mia spada. Così, in simbolo, ritenni di unire i popoli dell'Occidente e dell'Asia il che però fomentò una nuova congiura dall'opposizione: il complotto dei paggi, aristocratici adolescenti assegnati alla cura del re, fallito *in nuce,* ma non voglio parlarne.

Minerva – I ragazzi furono condannati e lapidati. Non avesti alcuna pietà, Alessandro, ma soprattutto ti addolorò Callimaco, lo storico al seguito che in tale frangente assunse il ruolo di padre ispiratore. Non lo punisti però, solo lasciasti che morisse di stenti.

Marte – Rispettiamo comunque, sorella, la ritrosia a parlarne, che già rappresenta un'ammissione di colpa, e disponiamoci ad ascoltare ciò che avvenne nelle terre misteriose dell'India ove, primo europeo, tu Alessandro ponesti piede, tutt'altro che pago di conquiste in quell' ultimo inverno trascorso tra le gioie muliebri.

Alessandro – Non sono vera India, divini arbitri, le contrade in cui mi lanciai una volta lasciata la regione Sodgiana. Innumerevoli e impetuosi fiumi scendono dalle imponenti montagne che segnano il suo confine orientale e confluiscono nell'Indo, oltre al quale si ramifica il bacino di un altro immenso corso d'acqua che va da ovest a est ed è la culla dell'autentica cultura indiana.
Appresi queste nozioni dai due re indiani che, in lotta con altri della stessa stirpe, mi raggiunsero in Sodgiana alla ricerca di un'alleanza, e me ne servii ampiamente per programmare una nuova campagna in terre assai più vaste di

quanto m'avesse insegnato Aristotele.

Partii in primavera alla testa di un esercito quattro volte più grande di quello con cui avevo passato l'Ellesponto: un esercito macedone per nome e tipo di disciplina, non per le componenti eterogenee che avevo integrato, anticipando la fusione di popoli che avevo in mente. Attraversai a ritroso il Caucaso indiano, senza eccessive difficoltà, e intrapresi la marcia a est dividendo l'esercito in due rami. Ne inviai uno a sud, al comando di Efestione, affinché attestasse le basi d'appoggio per la costruzione di un ponte sull'Indo, mentre io, con l'altro, mi diressi a nord, incontro a popoli che sapevo essere più bellicosi. Conquistai in aspre battaglie le città e inseguii i fuggiaschi sulle cime delle montagne circostanti facendone infine una strage di enorme proporzione. Proseguii poi la marcia a nord ed incorsi in più ardue difficoltà nel territorio degli Assacani e nell'assedio della loro capitale, Massaga. Ne ebbi ragione sì, ma a duro prezzo, come delle altre città: Ora, Bazila e Peucela. La missione comunque poteva dirsi compiuta, il territorio soggiogato, e così mi risolsi a dirigermi a sud, sull'Indo, che raggiunsi sulla confluenza con il fiume Cofeno.

Alcune miglia vicino, però, sorgeva una città in posizione strategica: Aorno, che sembrava proprio la fotocopia della "rupe sodgiana" *bis*, salvo che, per venirne in possesso, non bastò affatto la minaccia di invasione dal basso, bensì ci vollero sei giorni consecutivi di assalti sanguinosi per entrambe le parti.

Da lì comunque, un ottimo punto di osservazione su liberi orizzonti, ripiegai ancora a sud per congiungermi a Efestione che nel frattempo aveva ultimato l'opera del ponte sull'Indo.

Lo attraversai subito e marciai sino alla più vicina città, Taxila.

Qui ricevetti ambascerie e ricchi regali da tutti i principi indiani della vallata, ansiosi di stabilire rapporti amichevoli. Unico escluso il re Poro con il quale pertanto si prospettava un'aspra battaglia.

All'inizio dell'estate intravvidi le sue formazioni schierate sulla riva opposta del fiume Idaspe, la cui traversata peraltro mi apparve molto pericolosa, sia per la natura dei luoghi sia per la notevole consistenza del nemico, che si avvaleva soprattutto degli elefanti, vere e proprie armi corazzate micidiali.

Non mi persi d'animo comunque e giocai d'astuzia: incaricai Cratere di fingere i preparativi di un guado lungo un tratto bene in vista e io, nel contempo, organizzai il traghetto notturno su una zona un po' più a monte, nascosta da un rigoglioso isolotto.

La manovra ebbe successo: sbarcai indisturbato sull'altra sponda e di primo mattino incontrai un contingente nemico che, sopraffatto dalla sorpresa, venne annientato. Non fu uno scontro decisivo, invero, ma in quella scaramuccia rimase ucciso il figlio di Poro.

Marte – Perdona l'entrata, Alessandro, ma non posso resistere alla tentazione di narrare l'andamento dell'ultima tua battaglia campale, dopo Granìco, Isso e Gaugamela, cosiddetta dell'Idapse o Bucefala. Sulla limacciosa pianura in cui essa si svolse, infatti, tu poi fondasti la città in onore di Bucefalo, il tuo splendido cavallo da guerra che lì venne abbattuto dall'impari potenza degli elefanti imbizzarriti.

Ordunque, Alessandro, come a Isso e Gaugamela il tuo avversario ti era superiore nel numero dei soldati e si attendeva che tu adottassi la medesima strategia, vale a dire un assalto al centro con le falangi e la cavalleria coordinata sulle ali opposte. Dispose quindi gli elefanti in prima fila e, subito alle spalle, una fanteria compatta e profonda con le ali di carri e cavalleria pronte alla chiusura a tenaglia.

Tu invece cambiasti stile e lanciasti la cavalleria dai lati lasciando le falangi marciare più lentamente. L'avversario ne restò scompaginato e questo rappresentò un primo cedimento, accentuato dalla carica di cavalleria che aveva aggirato l'ala opposta e rimediato peraltro dalla fuga del nemico tra le file degli elefanti.

Venne allora il momento delle falangi, che puntarono a rallentare la avanzata dei pachidermi, ma non vi riuscirono poiché questi ultimi, ubriachi di terrore, partirono in una galoppata spontanea e devastante che mise in serie difficoltà tutte le tue schiere di cavalleria e fanteria. Nella mischia, Alessandro, temesti davvero il peggio, per un pò, ma in seguito gli elefanti, incalzati con urla, sarisse e frecce, arretrarono e provocarono danni notevoli tra le file indiane.

In questo modo ti fu consentito di riorganizzare i ranghi delle falangi mentre la cavalleria riusciva a chiudere il nemico su tre lati. La fuga dal quarto lato avrebbe comportato per certo una via di salvezza ma proprio lì si presentò in quel frangente il provvidenziale Cratero, con le residue forze stanziate a valle del fiume, e fu la fine di Poro.

Minerva – Consenti pure a me, Alessandro, di celebrare la generosa condotta che elargisti allora al valoroso avversario.
Lo incontrasti dopo la battaglia nel tuo accampamento e gli chiedesti quali fossero i suoi desideri per una pace definitiva. "Che tu mi tratti come un re" – rispose – e così lo lasciasti al governo del suo regno.
Comprendesti d'altronde che l'amicizia di quell'unico re in grado di contrastarti in India era la premessa del tuo futuro progetto: vedere le sponde dell'Oceano orientale.

Alessandro – La fine di Bucefalo in battaglia è pura leggenda. Morì di vecchiaia in realtà, quando lo tenevo ormai solo per le parate.
Comunque sì, divini arbitri, sull'onda della vittoria mi spinsi ancora a est per disporre i piani dell'avanzata verso l'Oceano ma, a parte la conquista delle regioni del Kash-

mir, nonostante le piogge torrenziali, raccolsi sconfortanti informazioni e tali per cui non solo le contrade del grande fiume erano davvero sconfinate nonchè difese da eserciti enormi di uomini e elefanti, ma l'Oceano non si trovava alla fine del fiume bensì a un'incommensurabile distanza ulteriore.

La mia gente non volle saperne di perseguire ancora un'impresa a tal punto disperata e così, per la seconda volta, dovetti riunire in massa l'esercito e parlare a tutti, minacciando che sarei proceduto oltre con le sole truppe indiane giacché ero il re dell'Asia. Facevo affidamento sull'orgoglio macedone ma non ebbi il riscontro auspicato, nessuno battè la lancia sullo scudo e il silenzio cadde inesorabile.

Offeso e umiliato mi ritirai da solo nella tenda reale. Lì rimasi per tre giorni, meditai, e infine riconvocai l'esercito e annunciai il ritorno in Patria. Francamente posso affermare che non avevo mai udito prima urla e acclamazioni a tale punto assordanti.

Minerva – Il che concretizzò la decadenza, Alessandro, ma invero tutt'altro che vergognosa per te poiché solo tua fu la decisione finale di fronte all'esercito consenziente.
Nessun ammutinamento infatti potrebbe dirsi essere avvenuto contro la tua indiscussa autorità.

Marte – Infatti, Alessandro, facesti elevare sui confini

orientali della spedizione dodici altari simboleggianti le fatiche di Eracle e sancisti che l'itinerario a sud non sarebbe stato una fuga bensì il seguito della conquista dell'India meridionale.

Alessandro – Una magra consolazione, divini arbitri, se non un vero e proprio cavillo, direi. Ma avevo trent'anni, guardavo al futuro, non immaginavo che pochi altri ancora ne avrei vissuti.

Comunque sia procediamo in breve alla conclusione.

Per il ritorno scelsi la via d'acqua, lungo il corso dell'Indo che, nella erronea convinzione maturata dai geografi al seguito, era l'alto Nilo, talché pensavo che sarei approdato in Alessandria d'Egitto alla fine di una navigazione stimata sull'ordine di tremila miglia.

L'estate mi impegnò quindi nella costruzione del naviglio, sinché a novembre la flotta salpò. Due colonne in marcia sulle sponde est e ovest ci affiancarono alla riserva, in comando di Efestione e Cratere, mentre Nearco prese il ruolo di ammiraglio ed io viaggiai alternando la via di terra a quella di fiume.

La marcia non fu una passeggiata, per nessuno. Sorvolo comunque sulla guerriglia con numerosi popoli locali, sulle città conquistate o consegnate, sui perdoni concessi o sulle stragi perpetrate, sulla grave ferita che subii, e parve letale, sinché a luglio vidi il mare e pertanto dovetti abbandonare le ingannevoli conoscenze geografiche che mi avevano guidato sino ad allora.

I geografi non capivano se quel mare che avevamo di fronte fosse un altro grande lago sconosciuto o una profonda insenatura dell'Oceano orientale che circoscrive il confine del mondo, ma per certo l'Indo non era il Nilo.

Allo scopo di sciogliere il dubbio non restava che navigare a ponente con i pericoli che una simile impresa avrebbe comportato.

Affidai pertanto a Nearco la flotta, affinché procedesse aderente alla costa e rimanesse in contatto con me che lo avrei tallonato via terra attraverso il percorso su una via altrettanto ignota. In ogni caso avrei preparato per lui, lungo il tragitto, pozzi d'acqua e depositi di cibo contando di riunirmi al più tardi sulla foce del Tigri e dell'Eufrate.

Partimmo in ottobre e subito ci perdemmo di vista.

Il primo incontro intermedio avvenne appena in gennaio, tra enormi sofferenze di entrambi per il clima ostile e la carenza di viveri, e poi ci ritrovammo un anno dopo a Susa, ove io giunsi da est e Nearco da sud, avendo risalito in parte il Tigri e proseguito per via di terra.

Festeggiamenti, sacrifici agli dei e riti propiziatori, banchetti, bevute, piogge di fiori, danze ed abbracci, ebbero luogo per giorni e notti di seguito dopo le sventure che ci avevano così a lungo perseguitato.

Disposi inoltre le nozze in massa di miei ufficiali con donne orientali ed io, per dare il buon esempio, sposai Statira, la figlia di Dario della quale avevo recuperato il ricordo, pur avendo al seguito Roxane.

Sulla trascorsa spedizione, del resto, fui lieto di vedere confermata la teoria per cui il mare attraversato era parte dell'Oceano orientale.

Almeno ero riuscito a vederlo.

L'anno dopo comunque fu caratterizzato soprattutto da esplorazione delle terre mesopotamiche, in visione di un progetto di unificazione con le terre dell'Asia media e India che avevo in mente.

Dovetti però procedere anche ad indagini e punizioni esemplari per i satrapi ed i governatori che, in mia assenza, si erano lasciati andare a turpi malversazioni giacché non potevo tollerare che i sudditi d'Asia, al pari dei sudditi macedoni, venissero coartati e maltrattati.

Avevo un'infinità di programmi da realizzare ma la morte mi colse a Babilonia per un morbo sconosciuto che, in pochi giorni, condusse a un'agonia incosciente, subentrata dopo l'ultimo pensiero dedicato ai soldati con cui avevo condiviso ogni genere di privazioni, sofferenze e trionfi per dodici anni.

Marte – Quei soldati che ti amarono e rispettarono profondamente, soprattutto per averti visto sempre combattere e rischiare la vita con loro in prima linea. E fosti ampiamente ricambiato, Alessandro, dalla spontanea processione che si riunì interminabile a tributare l'estremo saluto all'imperatore d'Occidente e Oriente, mai più eguagliato.

Minerva – Neppure da te, Cesare, poiché tu fondasti un impero nella forma istituzionale, ma non esteso in Asia e comunque fondato su un *quid* che già esisteva come aggregazione di Senato e popolo.
Ordunque, dopo la battaglia di Alesia e la cattura di Vercingetorige, alle quali eravamo rimasti, la guerra gallica annoverò ancora alcuni scontri minori che culminarono nell'espugnazione di Uxellodoro ove ordinasti di tranciare le mani a tutti coloro che non avevano deposto le armi. Un'azione esecrabile, ma il pensiero era rivolto a Roma.

Coronato d'alloro, Cesare manifesta evidente il sintomo di un grave decadimento nervoso.

Cesare – Non rientra nel mio sistema, divini arbitri, dilungarmi sulla valutazione nel merito di eventi già trascorsi, o sul preambolo di altri in arrivo, tuttavia devo ora menzionare alcuni fatti trascurati.
Quando svernai in Italia, dopo la battaglia contro i Nervii, incontrai a Lucca Crasso e Pompeo al fine di conciliare le posizioni che per vari motivi andavano sempre più divergendo. Ottenni per me la proroga di comando in Gallia transalpina, altri cinque anni, e proposi per loro la nuova abbinata in carica di consoli.
Il triumvirato pertanto uscì rafforzato alla massima potenza: Crasso e Pompeo furono consoli e, esaurita la carica, ebbero rispettivamente in amministrazione le province

dell'est e dell'ovest.

Pompeo delegò l'ufficio per l'Iberia e rimase a Roma, mentre Crasso partì per una spedizione militare al di là dell'Eufrate.

Pompeo, in assenza mia e di Crasso, acquisì potere enorme in città e si pose in contrasto ancora più acre con l'oligarchia senatoria. Crasso affrontò in battaglia i Parti, ma rimase ucciso a Carre, una delle più disastrose sconfitte di Roma nella storia repubblicana.

Due anni dopo, mia figlia Giulia, moglie di Pompeo, morì di parto. Il dolore che me ne derivò fu incolmabile e per di più Pompeo, non più genero, mutò radicalmente atteggiamento nei miei confronti e si unì di nuovo agli aristocratici, conquistando dalla sua anche Cicerone.

Sullo scorcio finale della campagna gallica, quindi, Pompeo faceva il bello e il cattivo tempo a Roma ma soprattutto contro di me tendeva a bloccare qualunque iniziativa dei miei alleati idonea a conservare le *chances* che avevo perduto a causa della lunga assenza.

Allo scopo di annullare tali infide manovre avrei dovuto essere eletto di nuovo console o, in alternativa, ottenere la proroga, sia pur breve, del comando militare, altrimenti il ritorno a Roma come un semplice privato cittadino mi avrebbe esposto a pericolose ritorsioni.

In siffatto quadro di rivalità dissimulata tra me e Pompeo intervenne il Senato e pretese da ciascuno la consegna di una legione, ponendo in pretesto un presunto pericolo di aggressione dall'Oriente.

Non avremmo per certo potuto opporci e Pompeo assentì subito, ma esigette indietro la legione che mi aveva già prestato, talché sarebbe piovuto sulle mie spalle l'intero onere.

Dovetti comunque accettare e cedere due legioni. Al danno però fece seguito la beffa. Pompeo disse decaduto il pericolo orientale e tenne per sé le legioni, trasferendole a Capua, talché rimanemmo in parità di nove a nove: sette in Iberia più due a Capua, per Pompeo, cinque in Gallia più quattro al seguito nel viaggio in Italia, per me.

Marte – Orbene, Cesare, premessi siffatti eventi, ti troviamo infine a Ravenna di ritorno per l'ultima volta dalla Gallia mentre si dibatteva in Senato su una tua lettera che proponeva (o imponeva?) il congedo simultaneo degli eserciti da parte tua e di Pompeo talché nessuno dei due potesse intraprendere una contesa bellica fratricida.

Cesare – Lasciate, divini arbitri, che sciolga innanzitutto una riserva già preannunciata su Tito Labieno, braccio destro in guerra gallica.
Proprio in quei giorni a Ravenna si svolse l'ultimo incontro tra me e lui da soli nei recessi del padiglione di comando. Le guardie rimaste vicino riferirono di avere udito indistinti strepiti alterati dall'ira e poi visto Labieno uscire con passo risoluto ed espressione accigliata.

Non lo incontrai mai più, poiché da allora egli passò dalla parte di Pompeo, sino all'ultima battaglia di Munda, in Iberia, dove morì con addosso il marchio del traditore.

Ebbene, divini arbitri, nessuna versione degli storici sulla defezione di Labieno risponde al vero, ascoltate pertanto la verità vera.

Il colloquio a Ravenna fu solo una recita concordata: fingemmo una rottura insanabile affinché Labieno acquisisse fiducia presso Pompeo entro il cui stato maggiore egli avrebbe fatto l'agente segreto in mio favore. Nè sarebbero stati necessari ulteriori contatti poiché la tipica strategia bellica da lui applicata in battaglia mi era nota *a priori* ed io avrei sempre potuto contare sull'intuizione delle sue scelte.

Un tanto è dovuto all'eroica fedeltà di un uomo che sacrificò persino la reputazione. Odio e invidia, vale a dire le motivazioni accreditate dagli storici antichi, non erano parte del suo codice genetico.

Ora, divini arbitri, parliamo pure della lettera a cui è stato accennato e che venne discussa nella tempestosa seduta senatoria del primo di dicembre, 50 a, C.. Io semplicemente chiedevo, in tono conciliante, che si applicasse tra me e Pompeo un minimo di equità.

Perché mai era concesso a lui di mantenere al comando nove legioni rimanendo a Roma, mentre io avrei potuto entrarvi solo disarmato e neppure, essendo assente, mi si lasciava proporre la candidatura alla carica di console? Si perseguiva la mia rovina! E che altro? Credetemi, vi prego, se affermo che io non volevo la guerra civile e d'altronde sono persuaso che se avessi incontrato Pompeo in persona saremmo per certo convenuti su un punto d'intesa.

Minerva – Sarà pure così, Cesare. Però quello che ci hai narrato su Labieno appare contraddire le tue dichiarazioni così moderate.
E quale base poi avrebbe retto quel punto d'intesa? Il bene autentico dello Stato o l'ambizione personale, che vi guidava in parti uguali?

Cesare – *Touchè*, o dea della sapienza! D'altra parte immagino che abbiate già ascritto il tema alle parole dirimenti di padre Giove.
Ma procediamo sui fatti.
Orbene, durante quella seduta del 1 dicembre, che si protrasse sino a notte, prevalse l'atteggiamento ostile nei miei confronti, fomentato dai consoli e da Metello Scipione, suocero di Pompeo (dopo la morte di Giulia egli aveva sposato una Cornelia Scipione).
Dalla mia parte invece si erano schierati solo due tribuni della plebe, Marco Antonio e Cassio Longino, ma Pompeo aveva proibito a loro persino il diritto di intercessione, un'antica prerogativa che neppure Silla aveva osato abolire nella sua furia anti popolare.

Dopo ulteriori consultazione, colloqui e incontri, il Senato addivenne alla delibera ultima nei primi giorni di gennaio: Cesare sia dichiarato nemico della Repubblica!

I due tribuni fuggirono da Roma e vennero a riferirmi la notizia e fu così che il 10 di gennaio trassi il dado e passai il Rubicone con sei legioni, giacché in fretta ne avevo arruolate due in Gallia cisalpina, mentre altre dalla transalpina mi avrebbero presto raggiunto.

La guerra civile era pertanto dichiarata ma si prospettava incerta: sei legioni per me, e cinque in Gallia, contro due più sette in Iberia, per Pompeo, il quale, peraltro, poteva contare sul dominio dei mari e sul supporto del Senato a Roma, ormai attanagliata dal panico.

Mi fermai a Rimini e là ricevetti messi di Pompeo che in nome della Repubblica mi propose il perdono purchè tornassi a Ravenna, pronto a congedare le legioni. In cambio si disse disposto a partire da Roma per l'Iberia a governare in prima persona la sua provincia.

La proposta, assolutamente inaccettabile giacché in implicito esigeva un atto di contrizione da parte mia, venne respinta e quindi proseguii per vie alterne, tra il Piceno ed il Sannio, conquistando diverse città senza colpo ferire e incrementando le forze a mia disposizione.

Pompeo nel frattempo trasferì le legioni di Capua in Puglia e arruolò a sua volta nel percorso molti altri contingenti, attestandosi infine a Brindisi ove ci ritrovammo ai primi di marzo.

Gli inviai allora un messo, invitandolo al colloquio a quattr'occhi, ma ne ebbi la sconcertante risposta per cui, in assenza dei consoli salpati con metà esercito per Durazzo, non era autorizzato a trattare.

Pompeo teneva saldamente Brindisi, città e porto, e quindi a me non restò altro che ostacolare la partenza costruendo barriere di massi nei pressi delle bocche d'uscita ma fu tutto inutile.

Pompeo imbarcò il resto dell'esercito sulle navi rientrate da Durazzo e riuscì infine a salpare aggirando le barriere.

Privo di navi, stetti a guardarlo da lontano mangiandomi il fegato. Era sfuggito il tratto di chiudere subito la partita, giacché io prevalevo per numero di armati, ma il nemico, una volta sbarcato nella Grecia, si sarebbe fortificato ricevendo le legioni dall'Iberia.

Non mi persi d'animo, tuttavia, e organizzai i piani. Disposi subito la costruzione nei cantieri vicini di navi, in numero adeguato, affinché al più presto convergessero su Brindisi per attraversare l'Adriatico.

Inviai miei luogotenenti a prendere possesso delle province d'Africa, Sicilia, Sardegna, mentre io puntai a Roma, prima di avventurarmi in Iberia a fermare le legioni di Pompeo.

Mancavo da diec'anni dall'Urbe, in allora priva di governo. I consoli erano fuggiti in Grecia, con Pompeo, insieme a molti senatori miei avversari. Si doveva perciò ristabilire una parvenza di legalità.

A Formia, nel viaggio dalla Puglia, incontrai Marco Tullio Cicerone, il quale già era schierato con Pompeo e, ciononostante, non lo aveva seguito. Anche per questo devo dismettere il beffardo epiteto con cui lo abbiamo sinora gratificato e peraltro, al rinnovato invito ad unirsi alla mia bandiera, egli di nuovo si sottrasse ma, questa volta, osando criticarmi apertamente, né cedette a lusinghe o minacce.

A Roma, ove giunsi ai primi di aprile, convocai quel che rimaneva di un Senato tremebondo e parlai alternando toni concilianti e perentori senza tuttavia ottenere una presa di posizione in mio favore.

Andò meglio con l'assemblea popolare, in cui mi furono tributati gli applausi che attendevo, ma anche lì nessun risultato concreto.

Contavo di conseguire la nomina a dittatore che, da bandito qual'ero, mi avrebbe trasformato in tutore della Repubblica, ribaltando così le posizioni fra me e Pompeo, sinché vidi che in effetti stavo perdendo tempo prezioso in un'accozzaglia di imbelli temporeggiatori e perciò mi risolsi a impadronirmi del tesoro pubblico e, dopo una settimana, ripresi la via dell'Iberia rimandando le questioni politiche e cedendo incarichi unilaterali per il governo della città e della penisola.

Valicai le Alpi e mi diressi a Massilia, antica colonia greca e alleata romana, immaginando di esservi accolto in amicizia. Intendevo farne la base della spedizione in Iberia e invece, con mia sorpresa, la città mi chiuse le porte affermando che non intendeva prendere posizione fra me e Pompeo. Ma invero faceva il tifo per lui, come parve chiaro pochi giorni dopo quando alcune navi pompeiane attraccarono senza difficoltà. Massilia d'altronde mi detestava per l'avere aperto a tutto suo scapito i traffici di Roma con la Gallia conquistata.

Dovetti quindi intraprendere l'assedio della città, il che mi impegnò sino a giugno, ma, poiché non potevo permettermi di perdere altro tempo, lasciai il comando e proseguii a ovest.

La traversata dei Pirenei fu assai ardua per condizioni climatiche e lo scontro con le prime truppe pompeiane, alla guida di Lucio Afranio e Marco Petreio, mi impegnò severamente a Lerida, una rocca la cui presenza non avrei potuto trascurare e passare oltre.

Con alterne vicende ne ebbi ragione alla fine ma temetti davvero una sconfitta totale in alcuni particolari frangenti. Tra l'altro, trattandosi del primo impatto fra soldati connazionali, mi ritrovai all'improvviso di fronte all'imbarazzo di comandare assalti letali contro un nemico che in realtà nemico non era e, addirittura, non mancarono episodi di fraternizzazione spontanea che Afranio ed io tollerammo. Fu l'intervento di Petreio invero, assente in una specifica occasione, che al rientro ripristinò il "normale" andamento di una guerra civile. Proseguii quindi a sud, ove al comando era Marco Terenzio Varrone, studioso più che

guerriero, e pertanto la resistenza a Gades si sciolse non appena arrivai. Non mancai allora dal rinnovare l'incontro con te nell'immagine scultorea, Alessandro, presso il tempio di Eracle, in tutt'altro atteggiamento, tuttavia.
A Cordova, infine, radunai tutte le truppe e imposi le mie condizioni al popolo provinciale. Nominai quindi nuovi legati alla guida delle legioni pompeiane che mi seguirono nel viaggio di ritorno in Italia.

Marte – La guerra infatti non era finita, Cesare, e ben sapevi che il tempo lavorava contro te. Consideriamo pertanto alcune vicende che seguirono, ma di cui poco o nulla trattasti nei commentari, prima di ritrovarti in Grecia di fronte a Pompeo.
Giungesti a Massilia appena in tempo per assistere alla capitolazione della città e fosti generoso nel proibire il saccheggio, sia per il valore dimostrato dagli abitanti sia per l'antica amicizia con Roma.
A Piacenza, invece, l'ammutinamento di alcune legioni ti costrinse a colpire i sobillatori con estrema severità: ne individuasti centoventi e di questi ne giustiziasti dodici, ma tale provvedimento non provocò la rivolta bensì l'adesione generale, dopo un tuo accorato discorso.
Da Roma peraltro giunse la notizia per cui Marco Emilio Lepido, già incaricato al governo, aveva indetto un plebiscito con il quale venne decretata la tua nomina a dittatore.

Minerva – Carica che esercitasti solo per alcuni giorni invero poiché a Roma indicesti elezioni consolari e ne uscisti vincente insieme con un insignificante collega da te designato. Tenevi quindi pieni poteri e desti una prova delle riforme sociali che avevi in mente, soprattutto in tema di rimessione dei debiti, ma la guerra incombeva e così, a fine anno, riprendesti la via di Brindisi.

Cesare – Sì, divini arbitri, era trascorso quasi un anno dal momento in cui Pompeo mi era sfuggito e nel frattempo, come avevo previsto, la sua potenza bellica si era incrementata su volumi considerevoli.

La flotta, preponderante rispetto alla mia raccolta in fretta, non solo incrociava incontrastata su tutto il Mediterraneo orientale, ma teneva sotto controllo i porti dell'Epiro utilizzabili per il mio sbarco.

Tutte le squadre navali, al comando di soggetti minori, rispondevano all'imperio unificato di Marco Calpurnio Bibulo, quel mio collega console di diec'anni prima che compensava la dubbia esperienza in marina con l'odio viscerale nei miei confronti.

L'esercito pompeiano, cresciuto dalle nove legioni con altre in arrivo dalla Siria, reduci sopravvissuti della disastrosa campagna di Crasso, era supportato da migliaia di mercenari arcieri e frombolieri mentre le risorse alimentari e finanziarie parevano illimitate grazie a raccolti di frumento eccezionali e abbondanti tributi locali.

Io disponevo sì di dodici legioni, ma a ranghi ridotti e debilitate dal viaggio invernale verso Brindisi. Le navi poi non erano sufficienti al traghetto in unica traversata delle truppe, comunque equipaggiate al bagaglio minimo per armamenti e macchine da guerra.

Ciononostante salpai, ai primi di gennaio, con sette legioni ed altre cinque, al comando di Marco Antonio, legato in Gallia, mi avrebbero raggiunto entro qualche giorno, quanto meno nel piano concepito.

Sì, magari! Se la fortuna mi assistè nel primo viaggio concedendomi di sbarcare a Paleste senza che Bibulo, ormeggiato a Corcira, si fosse attivato in alcun modo, le navi che mandai indietro a prendere Marco Antonio furono intercettate e in buona parte incendiate. Né, a causa dei venti contrari, si ripresentò l'occasione di completare l'impresa. Dovetti quindi arrangiarmi con quanto mi rimaneva e puntai a nord, sulla costa, alla volta di Durazzo, la città più importante. Conquistai quindi Orico e Apollonia ma Pompeo, che si trovava in Tessalonica con lo stato maggiore, informato dello sbarco, che non immaginava nella stagione invernale, si mise in marcia per precedermi a Durazzo. Gli eserciti convergevano, da sud e da est, sinché si incontrarono e si accamparono sulle sponde opposte del fiume Apso.

Insorse allora una tregua, non dichiarata, mentre la flotta di Pompeo continuava a presidiare le coste ma versava in gravi difficoltà poiché i miei soldati tenevano l'entroterra e ostacolavano ogni rifornimento. Bibulo stesso morì all'improvviso, stroncato dagli stenti della forzata permanenza in mare durante l'inverno.

Lo stallo, comunque, si ruppe a primavera quando finalmente Marco Antonio riuscì a salpare e, favorito dalla casualità dei venti, approdò a Ninfeo, nord di Durazzo, ove la guardia navale era più debole.

Avrei inteso ricongiungermi al più presto con Marco Antonio e partii in cerca del guado sull'Apso ma Pompeo, non dovendo attraversarlo, fu più rapido e si avvicinò a Marco Antonio accampandosi nei pressi di Durazzo, Asparagum, anche in attesa delle due legioni dalla Siria guidate da Scipione attraverso l'Anatolia.

Lì lo raggiunsi ma egli puntò su Durazzo, da cui peraltro fu tagliato fuori grazie alle mie manovre che, non solo, lo isolarono su un'altura denominata Petra, ma anche mi permisero di realizzare il sospirato incontro con Marco Antonio.

Cominciò allora l'assedio a parti invertite, nel senso che gli affamati eravamo noi assedianti, pressati dalla flotta, e non loro sinché, con il maturare del grano, i viveri affluirono mentre noi, deviando il corso dei fiumi, prendemmo il nemico per sete. Pompeo si vide costretto a tentare la rottura del mio blocco e pertanto lanciò numerosi assalti, anche in un unico giorno.

Ne ebbe ragione, infine, costringendomi a ripiegare su Apollonia. Rinunciò tuttavia all'inseguimento immediato e perciò non colse il frutto della vittoria.

Per parte mia, dovetti parlare alle legioni riunite ed incoraggiarle nel mentre avevo deciso di arretrare ancora a est verso la Tessaglia.

Conquistai lungo la marcia le città di Gonfi e di Metropoli, l'una in battaglia e l'altra per resa, e mi attestai su una pianura che mi parve adatta alla battaglia. Pompeo mi correva dietro, seppure a rispettosa distanza, sinché a Larissa si unì con le legioni dalla Siria al comando di Metello Scipione.

Marte – E siamo giunti alla vigilia della battaglia di Farsalo, ultima contro Pompeo in persona. Ora perdona questo intervento invasivo, Cesare, e consenti che sia io a raccontarla.

Cesare – Non oserei mai negare un privilegio a te, dio della guerra, soltanto mi preme puntualizzare che neppure allora Pompeo avrebbe inteso dare battaglia, ancorché superiore per numero, soprattutto per cavalleria. Lo costrinsero però i luogotenenti e i senatori al seguito, a tale punto sicuri di vincere che già si disputavano la pelle dell'orso, vale a dire le cariche future in Roma e addirittura il mio patrimonio.

Marte – La disparità di forze in campo non fu mai un problema per voi, insigni generali, come ad Austerlitz, Isso,

Gaugamela, e Farsalo conferma la regola.

Pompeo disponeva di quarantamila soldati schierati ai piedi del colle ove sorge l'acropoli. Due legioni sull'ala destra, protette al fianco da un piccolo torrente, quattro al centro e due sull'ala sinistra, protette dalla cavalleria con la quale contava di aggirare la tua ala destra.

Tu, Cesare, ne avevi appena ventiquattromila schierati in formazione contrapposta uguale, che però fosti subito pronto a modificare al fine di prevenire la carica della cavalleria.

Quando lo spazio tra gli schieramenti in marcia si ridusse quasi alla portata di lancia, Cesare, ordinasti di dare il segnale d'assalto mentre Pompeo preferì attendere a piede fermo l'impatto. Una tattica molto rischiosa, questa tua, poiché conferisce sì il vantaggio di sfruttare al massimo il rabbioso impeto iniziale, più temibile se accompagnato dall'urlo corale ma, al tempo stesso, impegna i soldati allo scontro già sfiancati dalla corsa.

Dal lancio reciproco dei *pilum* si passò subito al corpo a corpo, che il nemico resse senza indietreggiare né scompaginare le file.

Pompeo allora impartì l'ordine della carica a cavallo dall'ala sinistra ma tu lo avevi già previsto, Cesare, disponendo il rincalzo di alcune coorti dal centro, e così la tua cavalleria, unita alla fanteria stanziata più il rapido rinforzo, ebbe ragione dei cavalieri nemici che, a briglia sciolta, si diedero alla fuga sulle prime pendici della collina.

Giudicasti opportuno a quel punto mobilitare ulteriori rinforzi tenuti inattivi in vista di proficuo impiego e così, con poche truppe fresche, facesti fuori la massa esausta proprio nell'ala sinistra di Pompeo, ove egli riteneva di colpirti a morte.

Si profilava a quel punto la cocente sconfitta e Pompeo, diffidando anche degli altri reparti ormai in difficoltà, diede segnale di ritirata dalla linea di battaglia per trincerarsi nell'accampamento sulle falde più alte della collina.

Tu, Cesare, confidasti invece nella Fortuna: vedendo come il nemico in massa superasse l'accampamento e seguisse la fuga verso la cima, assalisti il vallo male presidiato ed entrasti vittorioso.

Fermasti con fatica il saccheggio da parte dei tuoi ma di Pompeo non si rinvenne traccia: era fuggito per primo con trenta cavalieri.

Cesare – Come dicevi, Marte, quella battaglia fu l'ultima di Pompeo ma non decisiva della guerra civile.
Seppi di lui che aveva raggiunto Anfipoli, nei pressi di Tessalonica, l'ex sede dello stato maggiore, dove contava di riunificare l'esercito, e perciò mi posi all'inseguimento tralasciando ogni altra questione di governo locale.
Egli manteneva ancora una discreta flotta e un seguito di fedelissimi, così salpò per Mitilene, nell'Asia minore, poi a Cipro, ma non trovò accoglienza in nessun luogo poiché era sconfitto e braccato.

A Pelusio, sulla frontiera mediterranea dell'Egitto, Pompeo richiese al re Tolomeo XIII ospitalità in nome dell'antica amicizia con Roma.

L'ultimo dei tolomei era in realtà solo un fanciullo e per lui reggeva il regno una brigata di eunuchi capitanata dal bieco prefetto Achilla.

Quest'ultimo finse di accogliere l'istanza di Pompeo con la massima cortesia e convocò un incontro fra pochi intimi su un'imbarcazione al porto di Alessandria, ove l'ospite romano venne assassinato.

Minerva – Achilla e la detestabile cricca probabilmente intendevano compiacere un altro ospite romano, più importante perché vincitore, e così, all'approdo della tua nave in Alessandria, vennero incontro e sul ponte ti consegnarono un fagotto e un anello.

Non compare nei commentari tale evento, ma l'involto conteneva la testa imbalsamata di Pompeo davanti alla quale inorridisti, incapace persino di parlare, come già era avvenuto per Alessandro al cospetto del cadavere di Dario. Riconoscesti anche l'anello e piangesti.

Cesare – Sì Minerva, Pompeo era pur sempre un ex genero e amico, e comunque cittadino romano di rango senatorio. Mi sentii in dovere pertanto di trattenermi in Egitto per assicurargli le esequie degne del suo passato. Con l'occasione peraltro parve opportuno dirimere una controversia successoria in corso perché il re padre, Tolomeo Aulete, deceduto pochi anni prima, aveva concluso un'alleanza con Roma proprio durante il mio precedente consolato.

Minerva – In realtà, Cesare, ti accingesti a intervenire nella politica dinastica locale perseguendo l'antica idea di istituire un protettorato romano in Egitto, e così si chiude il *De bello civili* (il commentario, non la guerra) per dare inizio al conflitto alessandrino.

Consenti dunque anche a me di riassumerne le intricate premesse.

Tolomeo XII Aulete aveva eletto per testamento i due figli Tolomeo XIII e Cleopatra co-reggenti ma, alla sua morte, era seguita la guerra civile che aveva peraltro coinvolto altri due fratelli, Tolomeo XIV e Arsinoe, come alleati rispettivi di Cleopatra e Tolomeo XIII.

A quel punto ti intromettesti, Cesare, e, per placare la furia di popolo insorta dall'improvvisa invasione in Egitto, confermasti il volere del re defunto Tolomeo Aulete, cioè la co-reggenza dei fratelli, che tra l'altro erano sposati per rito egizio.

Concedesti inoltre ad Arsinoe e Tolomeo XIV la sovranità sull'isola di Cipro, in sostanza un cospicuo dono agli egiziani.

Non fosti tuttavia equanime nei confronti dei fratelli sposi che avevi convocato e trattenuto al palazzo reale: Cleopatra, allora ventenne, ti ammaliò, mentre la masnada dei briganti al governo, in nome del re Tolomeo, temette che presto sarebbe avvenuta la deposizione del re stesso, per tuo comando, lasciando Cleopatra sola regina d'Egitto.

La guerra perciò, sedata dal tuo intervento, insorse di nuovo, con il prefetto Achilla al comando del possente esercito egiziano, e tu non tenevi forze sufficienti per sostenerla.

Non ti rimase altro che fortificare il palazzo reale di Alessandria, ove eri acquartierato con l'amante e lo sposo fratello, nonché allestire nel porto la rocca del faro in attesa delle legioni da te richiamate.

Cesare – Avevo preordinato tutto ciò, Minerva, infatti Achilla prese possesso della città e assediò la zona fortificata del palazzo e porto, ma non riuscì ad averne ragione nella conflagrazione della guerriglia urbana che annullava il suo vantaggio per numero di armati.

Un approvvigionamento dal mare non mi mancava e, addirittura, con un'ardita manovra feci bruciare le navi egiziane attraccate in porto.

Peccato davvero che quell'incendio si propagò in parte adiacente di città e distrusse la favolosa biblioteca creata dal primo Tolomeo.

I rinforzi però tardavano ad arrivare e così giocai d'astuzia al fine di guadagnare tempo: lasciai fuggire Arsinoe, sorella di Cleopatra, nel campo di Achilla e accusai Potino, il capo dei briganti reggenti, della fuga stessa precostituendo il pretesto per farlo giustiziare.

Immaginavo, in questo modo, di realizzare un contraltare di legalità tra il nemico, tale da indurlo ad una trattativa, ma, come purtroppo a volte capita, avevo fatto i conti senza l'oste.

Ganimede, un eunuco non privo di attributi, accompagnò Arsinoe in fuga e si pose subito in contrasto con Achilla. Lo uccise ed assunse il comando, riprese la guerra e, avendo ricostituito la flotta, mi impose uno scacco terribile sul porto di Alessandria, dove a stento riuscii a salvarmi a nuoto con i miei legionari verso la cittadella.

Ci rimisi anche il prezioso mantello da *imperator*, che Ganimede poi usò come vessillo sull'ammiraglia, ma nel frattempo si avvicinavano i rinforzi: romani via mare, con Domizio Calvino, ed arabo-ebrei via terra dalla Palestina, con Mitridate di Pergamo.

A quel punto rinnovai lo stratagemma già tentato con Arsinoe: inviai Tolomeo presso Ganimede, affinché prendesse il comando in quanto re, e ponesse fine alla guerra, ma nell'intimo ero sicuro del contrario, come in effetti avvenne: egli cacciò Ganimede e continuò la guerra.

Morì infine in battaglia sul Nilo schiacciato dagli ebrei di Mitridate e dalle mie legioni con le quali ero partito all'inseguimento. Lo sfacelo dell'esercito egiziano mi consentì di tornare subito ad Alessandria e di neutralizzare le truppe residue lasciate a presidio in città.

L'Egitto dunque era sottomesso, ma non intesi farne una provincia di Roma. Lasciai quindi Cleopatra regina e la indussi a sposare l'altro fratello, più piccolo, Tolomeo XIV, dopodichè partii in crociera con lei sul Nilo sino ai confini dell'Etiopia e ritornai due mesi dopo.

Alla faccia dei tanti detrattori, compresi ufficiali e soldati, pensai che meritavo una vacanza dopo tante angustie e pericoli trascorsi.

Marte – *Veni, vidi, vici.* Rammento, Cesare, con tue lapidarie parole la guerra lampo contro Farnace, il figlio di Mitridate re del Ponto che tanti dispiaceri e danni aveva arrecato anni prima a Roma.

Nel vuoto di potere in Asia minore, determinato dalla contesa tra te e Pompeo, Farnace tentò di ripetere le imprese di papà e a te non parve neppur vero di farlo fuori in una sola battaglia. Poca cosa, osservasti, rispetto agli anni impiegati da Pompeo in Oriente.

Avevi dunque lasciato l'Egitto alla sovranità limitata di Cleopatra e, dopo la fugace parentesi bellica contro Farnace, decidesti di tornare a Roma, non senza avere prima bighellonato a lungo tra le contrade del bacino Mediterraneo, distribuendo premi o punizioni a seconda dell'aiuto o dell'ostilità prestati nella lotta contro Pompeo.

Minerva – E chi fra i primi venne incontro a Taranto, Cesare, se non la viscida anguilla Marco Tullio Cicerone? Ripristiniamo pure il suo beffardo epiteto visto che, raggiunto infine Pompeo in Grecia, dopo l'incontro con te a

Formia, egli si dissociò senza vergogna da lui dopo la disfatta di Farsalo.

Tu lo trattasti con il massimo rispetto e cordialità, sempre illudendoti di averlo guadagnato finalmente a te, come ti indusse a credere.

Comunque sia, nei tuoi due anni di assenza, Roma si era dibattuta in stato di completa anarchia, mentre demagoghi rampanti come Marco Celio Rufo e Publio Cornelio Dolabella, capi popolari opposti a una vacua oligarchia, scorrazzavano indisturbati tra un tumulto e l'altro, come ai tempi funesti di Clodio e Catilina.

Marco Antonio peraltro, che dopo Farsalo avevi delegato al governo in Italia, non si curò di mantenere l'ordine, preso com'era da festini, banchetti, dissolutezze varie, talché lo destituisti subito dall'incarico.

Non ti trattenesti comunque a lungo in città, poiché la guerra non era affatto conclusa. Assumesti la carica di console unico e ricompattasti le forze armate che, stanche delle infinite marce e battaglie, si erano ammutinate e chiedevano soltanto di fermarsi e godere delle meritate ricompense che tardavano ad arrivare.

Con avvedute parole, allora, ti rivolgesti ai soldati in Campo Marzio e accordasti a tutti il congedo appellandoli *quirites* (cittadini), al che le truppe, offese e umiliate, rivendicarono all'unisono il titolo dovuto di *milites* e rinnovarono il giuramento di fedeltà.

Pompeo era morto ma i seguaci si stavano riorganizzando in Africa e l'imminente ripresa della guerra assumeva un'accentuata colorazione politica tra fautori della Repubblica romana e sostenitori dell'impero che la tua carica di console unico lasciava presagire.

Cesare – Francamente, divini arbitri, non avevo ancora consolidato, se non per chimerico abbozzo, un simile progetto, ma indubbiamente ne percepivo i primi segnali.
Eri presente, Alessandro, nei miei pensieri.
Rappresentava per me tuttavia un problema contingente la ciurma di pompeiani sopravvissuti. Tra loro c'era un amico, Tito Labieno, il quale aveva svolto in modo eccellente il suo ruolo di agente segreto, propinando credibili balle a Pompeo sulla disaffezione delle truppe al mio seguito. Purtroppo, soltanto allo scopo di mantenere intatta la propria immagine, dovette sgozzare in massa, dopo le scaramucce a Durazzo, i miei militi presi prigionieri.
Ma oltre a lui erano convenuti in Africa pure Catone, repubblicano *doc*, Metello Scipione, Petreio e Afranio, i due figli di Pompeo.
Quella provincia infatti era propizia alla rivalsa pompeiana grazie all'alleanza stipulata con Giuba di Numidia, un losco figuro pronto a vendersi al primo offerente pur di estendere il suo dominio.
Per diversi aspetti dunque la campagna d'Africa ricalcò quella greca: salpai in pieno inverno dal capo Lilibeo in Sicilia con forze inferiori, per di più falcidiate da una vio-

lenta burrasca durante il tragitto.

Sbarcai a Susa privo di rifornimenti e Scipione, comandante in capo dal nome altisonante e sempre vincente di là del Mediterraneo, stette a guardare per un poco, contando sulla mia progressiva consunzione che lo avrebbe portato al successo senza combattere.

Ci affrontammo infine a Tapso ove l'iniziale *debacle* provocata dagli elefanti di Giuba si capovolse in vittoria quando con enormi trombe spaventammo i pachidermi che, nella fuga, travolsero i pompeiani.

Tra i comandanti sconfitti chiuse l'opera una triste catena di suicidi e di esecuzioni: Scipione si uccise, per non cadere prigioniero, Afranio fu catturato e trucidato, Giuba e Petreio si affrontarono in un duello ed entrambi persero la vita.

Infine Catone, ritornato a Utica, la capitale della provincia di cui era governatore, alla notizia del mio imminente arrivo si trafisse con la spada e perse conoscenza, poi fu curato e, quando rinvenne, riaprì la ferita con le proprie mani e morì in atroce sofferenza.

Il conto con Pompeo era saldato in via definitiva, credevo, quindi me ne andai, fondando la provincia *Africa nova* sull'ex regno di Giuba e dopo una breve permanenza in Sardegna tornai a Roma.

Minerva – La fine gloriosa di Catone fu celebrata da storici, scrittori e poeti, come insanguinato tramonto della Repubblica al cospetto del nuovo fulgido dominatore. Ne scrisse anche Cicerone: *preferì darsi la morte piuttosto che vedere il volto del tiranno*. Il che ti dispiacque non poco, Cesare, poiché avresti di gran lunga preferito sminuire la figura del tuo più acre nemico concedendogli clemenza.

A Roma, comunque, fu l'apoteosi. Già prima del tuo arrivo il Senato ti conferì la nomina a dittatore e sul Campidoglio una statua equestre venne elevata al "semidio" Caio Giulio Cesare.

Quattro trionfi ebbero luogo allora, l'uno di seguito all'altro: per la campagna gallica, la guerra in Egitto, le campagne contro Farnace e contro Giuba, ma non per la sconfitta di Pompeo, in quanto cittadino romano, e furono i più solenni, i più magnificenti e dispendiosi che Roma avesse mai visto.

Cleopatra era là con te ma preferiva non farsi vedere in pubblico.

Portasti in città beni e ricchezze enormi come bottino di guerra e ne ricevesti omaggi deliranti dal Senato e dal popolo. Premiasti i soldati in straordinaria distribuzione di terra e denaro, donasti a piene mani derrate alimentari ai poveri, vuotasti le carceri graziando prigionieri, concedesti remissione di debiti, istituisti giochi, banchetti, spettacoli, naumachie, finte battaglie...e chi più ne ha più ne metta.

Da dittatore incontrastato cominciasti ad attuare numerose riforme in campo sociale economico, in vista di un nuovo ordine costituzionale, ma la più significativa del periodo riguardò il calendario (un nuovo mese fu aggiunto ed assunse il tuo nome) che da allora acquisì una struttura rimasta intatta per parecchi secoli.

Marte – In tale foga di rinnovamento, tuttavia, non ti curasti più di tanto dei nuovi bagliori di guerra che i figli di Pompeo, con Labieno, stavano creando, allestendo un'armata in Iberia da opporti.
All'improvviso però cogliesti il pericolo e ti avventasti fulmineo con due legioni in Iberia meridionale ove altre sei ti attendevano.
Il nemico disponeva di tredici legioni ma esitava a dare battaglia.
Estenuanti manovre strategiche seguirono per un pò, accompagnate da azioni di estrema crudeltà fra le avanguardie di entrambe le parti e sui popoli locali, sinché a Munda i fratelli e Labieno si attestarono su una collina in posizione vantaggiosa.
Mai come allora, Cesare, rischiasti una disfatta globale e combattesti in prima linea per la sopravvivenza, ma la presenza fece il miracolo, le sorti si ribaltarono e tu vincesti ponendo davvero fine alla guerra.

Cesare – No, divini arbitri, il merito compete a Labieno, che finse di non avere previsto l'ultima carica e, con l'estremo sacrificio, sancì la mia vittoria. Gneo e Sesto Pompeo fuggirono. Dell'uno mi portarono la testa in seguito, dell'altro non sentii più parlare, ma egli comparve ancora contro i miei successori Marco Antonio e Ottaviano.

Minerva – Ebbene, Cesare, impiegasti quasi un anno per rientrare in Roma, con lunghe soste in Gallia narbonense e nella villa di Labico. Ti furono poi attribuiti ulteriori onori, cariche, poteri, sino al culmine della nomina a dittatore perpetuo e alla qualifica di *imperator*.

I residui fautori del partito pompeiano divennero i sostenitori occulti della Repubblica, che nessuno si illudeva più avresti ripristinato. Del resto il tuo testamento segreto conteneva già la designazione di erede per Ottaviano, pronipote destinatario della potestà assoluta sul quale contavi per completare l'opera di deificazione in corso.

Grandi opere avevi in mente per Roma e l'impero: il prosciugamento della paludi pontine e del Fucino, una maxi via transappenninica sino all'Adriatico, l'urbanizzazione di campo marzio e del colle vaticano, una colossale biblioteca superiore a quella di Alessandria perduta per tua colpa, la creazione del canale di Corinto, cittadinanza estesa nella Gallia cisalpina ed in Sicilia, erezione di nuove colonie oltremarine.

Marte – E infine, Cesare, progettasti una campagna militare contro i Parti per vendicare la sconfitta di Carre e la morte di Crasso.

Era questo infatti, e da molto tempo, il tuo chiodo fisso: l'estensione oltre all'Eufrate del dominio romano, come Pompeo non era riuscito a fare, ma solo tu, Alessandro.

Cesare – Sì, divini arbitri, anch'io come Alessadro coltivavo grandi progetti, ed i miei cinquantasei anni non mi sembravano affatto una veneranda età.
Non potrei d'altronde disconoscere la prosopopea che mi colse negli ultimi mesi a Roma, né oso affermare di essere stato sincero quando restituii al popolo la corona regale che mi venne offerta in pubblico.
Persino gli storici più indulgenti nei miei confronti non lesinarono le critiche ed i rimproveri, magari ammantandoli di attenuanti connesse ad un mio presunto *status* di malattia psico fisica.
La congiura comunque, non del tutto inattesa, colpì alle idi di marzo, già alimentata da malcontento diffuso che non distingueva più fra gli aristocratici e i popolari, i nemici storici viscerali e gli amici traviati, i politicanti corrotti e i repubblicani in buona fede.

Minerva – Comunque sia, Cesare, se l'opera fu compiuta dopo di te da Ottaviano e consolidata dai suoi successori, *Caesar* rimane nella Storia non solo il nome proprio di un grande personaggio, ma ancora di più il generico titolo imperatore, *Kaiser* o *Czar*, che dir si voglia: impronta indelebile nella Storia.

Marte – E dunque sorella, proprio allo scopo di procedere in ordine all'impero ti propongo di introdurre una deroga al criterio temporale che abbiamo altrove adottato, diletta sorella.

Minerva – D'accordo, Marte, la scelta è opportuna poiché si collega al problema della successione imperiale. Riprendi quindi il racconto, Napoleone, concluso con il cenno al secondo matrimonio austriaco, ancorché il passaggio sia posteriore a te, Washington.

Arcigno, nei suoi tipici pastrano militare e bicorno nero, Napoleone rivela un uomo ormai disfatto nel fisico.

Napoleone – Vediamo, illustri colleghi. A trentatrè anni il problema della successione non ti turbava, Alessandro, se non nella prospettiva di medio periodo, talché più volte prendesti moglie.
A cinquantacinque anni, invece, era assai urgente per te, Cesare, con tre matrimoni alle spalle ma nessun figlio maschio legittimo.
A quarant'anni, dopo la battaglia di Wagram, io ne ero ossessionato: Giuseppina de Beauharnais Bonaparte, mia legittima consorte già da cinque anni, aveva sei anni più di me e due figli, Eugenio e Ortensia, da un precedente matrimonio, ma non poteva procreare oltre a causa dell'età avanzata.

Per avere l'erede legittimo quindi io avrei dovuto divorziare, poiché non volevo affidare il prolungamento della stirpe ai miei fratelli, né a soggetti introdotti per adozione, e ovviamente la scelta della seconda consorte sarebbe dovuta avvenire entro una rosa di candidate ristretta di sangue imperiale, secondo principi di opportunità politica.

Russia o Austria, dunque, Romanov o Asburgo: la principessa Anna Pavlovna, sorella minore di Czar Alessandro, o l'arciduchessa Maria Luisa, figlia di Kaiser Francesco, i miei nemici di Austerlitz.

I primi sondaggi al riguardo intercorsero per via diplomatica con la Russia e, in prima istanza, parvero incontrare il favore dello Czar, il quale contava di concludere in cambio un vantaggioso trattato, tale per cui la Polonia sarebbe stata ceduta al suo impero.

Insorsero però ben presto difficoltà da parte dell'imperatrice madre, sia per la giovane età della ragazza, sedici anni, sia per la differenza religiosa. Alessandro allora si tirò indietro ma senza opporre un netto rifiuto, bensì con una sequela di rinvii che cominciarono a irritarmi.

Fu forse per l'acume del principe di Metternich, il nuovo cancelliere asburgico, che la sorte si ribaltò e la scelta cadde su Maria Luisa.

Ripudiai così Giuseppina, sposai Maria Luisa, rinnovando l'alleanza tra Francia e Austria costituita attraverso il matrimonio di Luigi XVI con Maria Antonietta, prozia di Maria Luisa, e creando altre fonti di grave attrito con la

Russia, di cui già poco mi fidavo, anche perché la nobiltà antica di Mosca e di Pietroburgo fomentava lo Czar contro di me a causa dell'origine rivoluzionaria borghese della mia ascesa.

Trascuro per pietà di patria le complicazioni che insorsero in merito con la chiesa cattolica. Comunque sia, l'erede nasceva un anno dopo. Naturalmente tutto questo comportò a me indicibili gioia e afflizione al tempo stesso, poiché, a fronte dell'entusiasmo per Maria Luisa e nostro figlio, ero dispiaciuto per lo sfregio inflitto a Giuseppina.

Non voglio parlarne e preferisco lasciare alle donne un commento in altra sede. Mi intrattengo piuttosto su quell'articolato quadro politico europeo che preluse allora alla campagna di Russia.

Minerva – inizio della fine in corale tragedia, Napoleone, non flebili segnali di decadenza già evidenziati per voi, Alessandro e Cesare.

Napoleone – Sì, divini arbitri, ma andiamo con ordine poiché tra il matrimonio e la campagna in Russia intercorsero ben due anni.

L'Austria dunque era ridotta ormai ad alleato vassallo dell'impero di Francia e nessun patema poteva giungermi da quella direzione, meno che mai da mio suocero Francesco.

Altrettanto può dirsi della Prussia la quale, mai più ripresasi dopo la battaglia di Jena, era stata da me costretta alla pace *obtorto collo* con tanto di presidio armato francese sul suo territorio e sotto la continua minaccia di ulteriori ridimensionamenti.

Russia e Inghilterra, non più alleate in funzione antifrancese dopo il trattato firmato a Tilsit, con cui mi ero riunito allo Czar Alessandro, nutrivano invero una sorda reciproca diffidenza per l'intento comune di espansione in Oriente, seppure non mirato alle medesime contrade bensì diviso da una linea di demarcazione nord/sud, vale a dire Asia centrale per la Russia e subcontinente indiano per l'Inghilterra.

Essendo comunque queste ultime le uniche potenze rimaste in gioco con risorse sufficienti a contrastare le mie non decadute aspirazioni di dominio sull'Europa, provvidi a potenziare il blocco navale contro l'Inghilterra emettendo all'uopo i decreti Trianon.

Nei confronti della Russia quindi, ingelosita della mia preferenza per l'Austria, stracciai la bozza di trattato che avrebbe dato la Polonia ad Alessandro e promisi a Francesco d'Asburgo che sarei intervenuto qualora la Russia avesse accennato ad atti ostili a sud del Danubio.

Contribuirono peraltro al malanimo tra Francia e Russia gli eventi di Svezia: a Tilsit fra l'altro avevo riconosciuto allo Czar l'egemonia su quel regno, contro il quale egli già si era impegnato per il possesso della Finlandia, poiché speravo di distogliere la Svezia dall'alleanza con l'Inghilterra, inducendola quindi a unirsi al blocco continentale. Alessandro si avvalse senza indugio di tale mia acquiescenza, però la perdita della Finlandia, dopo alterne vicissitudini, provocò in Svezia la detronizzazione del re Gustavo IV sostituito da Carlo XIII.

Ulteriori complicazioni dinastiche comportarono una prevalenza del partito filo francese a Stoccolma e così venne eletto reggente al trono il mio maresciallo Bernadotte (che in seguito avrebbe regnato come Carlo XIV) con enorme disappunto dello Czar.

La pace di Tilsit pertanto, già indebolita durante i colloqui di Erfurt, era di fatto decaduta ed Alessandro, irritato dal blocco continentale, assai deleterio per l'economia agricola russa, cominciò a sancire dazi pesanti sul traffico commerciale terrestre, a scapito della Francia, e favorì il traffico marittimo, a vantaggio dell'Inghilterra che, sino dai tempi di Trafalgar, non aveva mai perduto il dominio sui mari.

D'altra parte non era per nulla risolta la situazione in Spagna ove gli inglesi continuavano a disturbare le mie imprese.

Nell'insieme uno *status* di tensione estrema che mi indusse persino a una furibonda strapazzata contro l'ambasciatore dello Czar.

Nessuno, però, si azzardava a fare la prima mossa: io avevo bisogno di tempo, per mettere insieme un'armata di almeno mezzo milione di uomini, mentre lo Czar cercava alleanze in Prussia, Austria, Svezia, impero ottomano.

Male gliene incolse invero con Austria e Prussia, che anzi contribuirono alla mia campagna nella speranza di acquisire qualche piccola regalìa dopo tante umiliazioni, un po' meglio invece con Svezia e impero ottomano, peraltro solo in impegno di neutralità e non di aiuti concreti.

Marte – Paura e infingardaggine attanagliavano i sovrani d'Europa e tu volevi aggiungere anche lo Czar alla collezione.
L'Inghilterra, pure non mollando la Spagna, era impegnata in guerra con gli Stati Uniti e quindi fuori gioco, almeno per quel momento.
Eccoti così a Dresda, nel maggio 1812, circondato dalla servile corte dei vassalli di Germania a capo chino (sassoni, westfaliani, bavaresi, anseatici, renani, oltre al Kaiser d'Austria e il re di Prussia), pronti a fornire truppe per l'imminente campagna. Altre sarebbero affluite da Polonia, Lituania, Italia, Spagna, Portogallo, Olanda.

Minerva – Bulimìa di gloria militare, Napoleone?

Napoleone – Sì, divini arbitri, quello che avevo già non mi bastava. Comandavo una possente armata, pari al doppio rispetto al nemico, seppure eterogenea e non affidabile nel complesso.
Nutrivo però nel frangente un'illimitata fiducia in me stesso talché progettavo già il seguito della spedizione, dalla

Russia all'India, per sbaragliare finalmente l'Inghilterra. Dopo Dresda, dunque, mi intrattenni a Varsavia e a Danzica, per gli ultimi dettagli organizzativi, sinché sul fiume Niemen, al confine tra Polonia e Russia, declamai alle truppe il proclama di guerra e diedi il segnale di partenza il 24 giugno 1812.

Marte – Obiettivo Mosca, Napoleone, con una marcia di circa mille chilometri, e la città fu tua il 15 settembre, a quale prezzo però!

Napoleone – E il peggio doveva ancora venire! ma non anticipiamo. L'intera spedizione in andata si risolse in un affannoso inseguimento del nemico che non intendeva ingaggiare battaglia in campo aperto e fuggiva lasciando solo terra bruciata al suo passaggio.

Due colonne distinte dei russi, comandate da Bagration e Conday, il ministro della guerra, puntavano rispettivamente su Minsk e Vitebsk, incalzate da Davout a da me in persona, ma, a parte sporadici scontri tra avanguardie e retroguardie, in nessun caso si addivenne al vero e proprio combattimento.

Entrambi gli schieramenti nemici, ritirandosi in ordine e per diverse direzioni, distrussero lungo il cammino tutto quanto avrebbe potuto essere impiegato a mio vantaggio e, per l'incapacità di alcuni tra i miei collaboratori, riuscirono infine a divincolarsi dall'inseguimento, nell'intento di ricongiungersi a Smolensk.

Per parte mia comunque, godevo ancora di una notevole superiorità numerica, ma le forze già si stavano assottigliando a causa del caldo intollerabile e la morìa di cavalli in carenza di foraggio.

Neppure a Smolensk poi il nemico decise di schierarsi in battaglia ed io, pervenuto ormai nei pressi della città, ordinai un intenso fuoco di artiglieria che durò per tutta la giornata.

Mi illusi in tal passaggio che il tanto atteso momento della battaglia decisiva fosse ormai scoccato, poiché non riuscivo a immaginare che si potesse abbandonare al suo destino un centro amministrativo così importante. Neanche per sogno, invece! I due generali russi fecero esplodere le polveriere nella notte, appiccarono un incendio globale, e fuggirono ancora lasciandomi espugnare Smolensk, rasa al suolo e rigurgitante di morti e feriti, senza combattere.

Il giorno dopo, di buon mattino, percorsi le strade cittadine in preda a un cupo sconforto e nella serata, riunito lo stato maggiore, lanciai la sciabola sul tavolo e, incollerito quant'altri mai, dichiarai che la campagna poteva ritenersi conclusa per quell'anno.

Fu soltanto una crisi transitoria, naturalmente, e persevererai subito nei miei intenti guerreschi poiché sapevo che quella tattica rinunciataria dei generali russi era aspramente criticata dalla corte e dal popolo.

Mandai quindi all'avanscoperta i marescialli Murat, Ney,

Davout, e poi io stesso lasciai Smolensk, ma il copione non mutò affatto.

Ad ogni sosta del nemico confidavo in una battaglia imminente, ma regolarmente restavo frustrato, a mani vuote, mentre il caldo feroce, il tifo e la carenza di risorse, mietevano vittime e rendevano ardua l'avanzata per collegamenti con le retrovie sempre più precari.

A fine di agosto finalmente lo Czar, pressato dalle istanze di popolo e dell'aristocrazia di corte, assunse la grave decisione di sostituire il comandante in capo Conday con il vecchio Kutuzov.

Io stimavo l'avversario di Austerlitz: un abile generale che per certo condivideva la tattica di Conday, però nell'occasione non gli sarebbe stato consentito adeguarvisi poiché, alla vigilia del nostro ingresso a Mosca, lo Czar, fuggito a Pietroburgo, non avrebbe ammesso che la capitale venisse abbandonata al nemico senza neppure combattere, come già era avvenuto per Smolensk.

Compresi allora che il momento era giunto ed infatti a Borodino, nei pressi della Moskowa, quindici chilometri da Mosca, l'esercito russo si fermò ad attenderci su un'estesa pianura.

Marte – Visti i precedenti, Napoleone, temevi un'altra fuga dopo la conquista del forte Scevardino, nella prima giornata di battaglia, ma non spingesti oltre l'offensiva e concedesti riposo alle truppe.

Trascorresti quindi la notte sorvegliando i fuochi dell'accampamento russo, per essere sicuro della loro presenza e, il giorno dopo, sferrasti all'alba un assalto in forze coordinate.

Seguirono vicende alterne e repentini capovolgimenti di fronte tali da determinare perdite enormi in entrambe le parti.

A mezzogiorno la situazione appariva ancora incerta ed i marescialli ti scongiuravano di impiegare la guardia imperiale che non intendevi cedere. Ritenevi infatti prematuro l'utilizzo di quell'estrema risorsa e i fatti ti diedero ragione poiché, all'imbrunire, giunse la notizia della morte del generale Bagration, il più risoluto tra i comandanti russi.

Si stemperò allora improvvisamente il feroce accanimento nemico e subentrò l'accenno alla ritirata, lenta e ordinata tuttavia.

Durante la notte, peraltro, si concretizzò il primo sommario bilancio delle vittime e Kutuzov, per parte sua, ritenne che il sacrificio attuato per proteggere Mosca fosse sufficiente a tutelare la reputazione dello Czar e lasciò il campo, rivendicando la vittoria.

Tu pure la invocasti ma in realtà nessun'altra delle più gloriose ti era costata così tanto in termini di uomini e materiali.

Minerva – La verità, Napoleone, è che entrambi foste sconfitti, visto che Mosca venne presa ma le tue forze erano ridimensionate ormai a un quarto rispetto alla partenza sul Niemen.

Napoleone – Proprio così, divini arbitri, quando infatti in serata del 15 settembre entrai al Kremlino non ero affatto di buon umore.
La città sembrava deserta e nessuno si presentò a rendermi omaggio. Nella notte stessa poi divamparono ovunque immensi incendi dolosi che si propagarono in tutti i quartieri a causa del vento incessante.
Ammiravo la determinazione del nemico per tale strategia distruttiva che opponeva come estrema forma di resistenza ma nel contempo mi dibattevo tra profonda depressione apatica ed ira impotente.
In quelle orribili giornate i collaboratori per certo dubitarono del mio equilibrio psicofisico giacché mi occupavo con attenzione maniacale delle questioni più banali da Parigi, come se mi trovassi nello studio alle Tuileries, ma per fortuna non comprendevano che ero presente in tutta lucidità eppure, per la prima volta nella vita, non sapevo che decisioni assumere da padrone di una città incenerita.
Svernare a Mosca per poi riprendere l'inseguimento dell'esercito che non dava più segni di vita? Magari in Siberia o in Oriente?
Fomentare la rivolta dei servi della gleba contro lo Czar e quindi presentarmi a trattare da liberatore di tutte le Russie?

Tentare l'approccio diplomatico per una pace concordata senza pieni poteri ad imporre le mie condizioni?
Scartai categoricamente le prime due ipotesi. L'una perché l'assenza prolungata dalla Francia mi avrebbe esposto ai complotti dei ministri infedeli, l'altra perché, seppure figlio della rivoluzione, ero in effetti un sovrano autocrate e diffidavo delle sommosse di popolo.
La terza poi mi faceva schifo perché non avrei certo reso vassallo lo Czar come già l'imperatore d'Austria e il re di Prussia.
Nondimeno, mi orientai su quest'ultima possibilità e feci recapitare ad Alessandro alcuni messaggi formulati in tono conciliante, ai quali peraltro egli neppure si degnò di rispondere.
Addivenni quindi a una quarta ipotesi, avendo rinunciato a marciare su Pietroburgo, come la scortesia di Alessandro avrebbe suggerito di fare. L'infimo morale della truppa, infatti, e la disciplina nei ranghi ridotta ai minimi termini non davano più garanzia di esito positivo in battaglia e perciò non rimase altro se non abbandonare Mosca, senza però avere concepito un piano preciso di condotta successiva atto ad evitare il discredito in Patria e in tutta Europa per quella che in realtà era una vergognosa ritirata.
Ma la scelta mi parve indilazionabile ed anzi il mio più grave errore fu proprio quello di non averla attuata prima. Quindi la partenza di un'enorme colonna di soldati e salmerie avvenne il 19 ottobre, lungo una direttrice a sud

rispetto alla via di andata. Lasciai solo un esiguo presidio a Mosca che in seguito richiamai con l'ordine al maresciallo Mortier di distruggere il Kremlino, attuato solo in parte. Ero ancora incerto sul da farsi, ma in linea di massima progettavo di giungere senza difficoltà a Smolensk ed ivi svernare e attendere gli sviluppi della situazione.

Kutuzov però, comparso all'improvviso, intercettò la marcia e diede battaglia a Malo Yaroslavetz, che vinsi, benché non l'avessi cercata. Ne uscii tuttavia con perdite notevoli e, come se ciò non bastasse, la cavalleria cosacca tormentava ogni giorno i miei con *raids* "mordi e fuggi" fulminei che dissanguarono le colonne in fuga e addirittura, in una specifica occasione, minacciarono la mia persona.

A tutto ciò si unì prematuramente, a fine ottobre, il gelo dell'inverno russo e la marcia cominciò ad assumere quei risvolti della disfatta di cui sono tristemente note le immagini storiche.

Raggiunsi Smolensk il 6 novembre ma gli sviluppi della situazione si manifestarono subito e fui indotto a cambiare programma di sosta per l'inverno: notizie da Parigi, tali per cui infondate voci sulla mia morte avevano alimentato un tentativo di golpe repubblicano, resero indifferibile il ritorno, laddove una forte armata nemica, svincolata dal confine con l'impero ottomano, veniva da sud al fine di tagliarmi la fuga attraverso il fiume Bjaresina.

Dovevo affrettarmi per non subire un assedio a Smolensk e partii il 9 novembre con soli trentamila uomini di centomila in fuga da Mosca. Convergevano altresì sulla mia colonna l'armata del sud di Ciciagov e la rimanente del nord, di Kutuzov, mentre il clima imperversava sempre più gelido ed ostile. La Bjaresina rappresentava l'obiettivo immediato ma non sapevo ancora che cosa avrei fatto dopo.

Comunque sia, già la ricerca di un guado idoneo alla costruzione di un ponte mi costrinse in ondivaghi percorsi e il freddo micidiale non dava tregua disseminando di cadaveri assiderati la strada.

Riuscii infine a ingannare il nemico, che si aspettava il mio traghetto a Borisov. Là inviai Oudinot, con un ridotto contingente ed io, con il grosso delle truppe, iniziai la costruzione di due ponti a Studenki, un poco più a nord, ove ordinai a Oudinot di raggiungermi.

In due giorni riuscii ad organizzare in buon ordine il transito di quasi tutta la colonna sull'altra sponda ma, a un certo punto, un assalto dei cosacchi colpì gli ultimi in attesa che, presi dal panico, corsero verso la salvezza, e invece causarono il crollo della struttura e la fine loro e di tanti altri. Fu strage e solo la fortuna volle che Kutuzov non venne a dare il colpo di grazia. Ad ogni buon conto dovetti ordinare di dare fuoco all'altro ponte quando ancora il transito non era concluso onde evitare che i russi potessero servirsene all'inseguimento.

Marte – La Bjaresina non era ghiacciata in quei giorni per

un breve rialzo della temperatura ed è curioso constatare come gli elementi ti avessero predisposto uno scherzo crudele. Il gelo infatti, che sarebbe stato provvidenziale sul fiume, ritornò subito dopo, ancora più letale.

Minerva – La campagna di Russia era dunque terminata in disastro. Portasti in salvo sul Niemen diecimila di quel mezzo milione partito sei mesi prima e il 5 dicembre lasciasti il comando supremo a Murat per raggiungere al più presto Parigi, avendo in animo la rivincita.

Napoleone – Accetto il tuo rimprovero, Minerva, sull'indifferenza con cui a Parigi trascurai persino il ricordo di centinaia di migliaia di soldati che lasciarono la vita in Russia, e le rispettive famiglie.
Ma cercate di comprendermi, divini arbitri: in quel dicembre 1812 tutto quanto riguardasse la tragica avventura trascorsa doveva essere immediatamente rimosso e dimenticato.
Contava assai di più garantire la mia immutata tempra fisico morale per affrontare al più presto il nemico imbaldanzito dalla rovina della *Grande Armèe* e per certo pronto a colpire chissà da quale parte. E in particolare: che cosa avrei dovuto attendermi dalle claudicanti alleate Austria e Prussia, se la Russia avesse inteso riprendere le ostilità nei miei confronti a scopo preventivo?
È presto detto: Czar Alessandro si disse irremovibile dal

proposito di guerra se non avessi voluto accettare determinate condizioni dopo la sconfitta che, secondo lui, avevo subito dall'esercito russo.

La Prussia concluse un'alleanza formale con la Russia al riguardo e L'Austria si offrì di fungere da intermediaria per la pace purchè mi adattassi alle mire intimidatorie dello Czar.

Rifiutai qualsivoglia cedimento, naturalmente, e ordinai di anticipare la leva annuale talché a primavera del 1813 potevo dirmi soddisfatto dei risultati e della attuata riorganizzazione logistica militare.

Marte – Di nuovo in guerra quindi, Napoleone, ed in quel momento contro Russia e Prussia. Non ancora una coalizione, invero, a livello delle altre precedenti che peraltro, la sesta, sarebbe poi sopraggiunta.

Napoleone – Vinsi subito a Lutzen, vicino a Dresda, contro i nemici non coordinati in comando unico a causa della morte improvvisa del generale Kutuzov. L'Austria allora rinnovò una proposta di trattative e ancora rifiutai qualunque approccio. Vinsi di nuovo, a Bautzen, ma le risorse di entrambe le parti si erano ridotte in modo considerevole nelle due sanguinose battaglie talché vennero infine accolte le offerte austriache e fu firmato un armistizio a Pleiswitz il 4 giugno.

Trattative di pace sarebbero dovute seguire a Praga, ma i

negoziati si risolsero in una patetica commedia in cui nessuna delle parti cercava davvero una soluzione bensì desiderava soltanto riprendere fiato. L'armistizio quindi decadde in agosto e in tale quadro l'Austria, irata per l'insuccesso, aderì all'alleanza russo prussiana in forma ufficiale. Mio suocero mi si era rivoltato contro al punto che al feldmaresciallo asburgico Schwanzerberg fu dato il comando supremo dell'armata alleata mentre lo Czar Alessandro, per parte sua, assunse il generale Moureu: mio collega concorrente all'epoca della seconda coalizione, fuggito anni prima negli Stati Uniti, dopo che l'avevo fatto destituire per presunto tradimento.

Marte – A Dresda, il 27 agosto, affrontasti le tre nazioni alleate e ne ricavasti una brillante vittoria, l'ultima purtroppo, il canto del cigno. Insorse infatti allora la sesta coalizione con il trattato di Tepliz del 9 ottobre che suggellò l'apporto della Svezia e il contributo finanziario inglese mentre, negli stessi giorni, il duca di Wellington riportava un importante successo in Spagna, a Victoria, con la cacciata definitiva dei francesi dalla penisola iberica.

Minerva – Non fu altresì per certo decisiva la battaglia di Dresda ed anzi lo strascico imponente di perdite nell'inseguimento del nemico, tutt'altro che disfatto, impedirono il tuo ingresso vittorioso a Berlino mentre la defezione degli alleati germanici minori (sassoni, bavaresi, vestfaliani) resero sempre meno compatto l'organico dell'*Armèe* e tu fosti costretto ancora una volta ad anticipare l'arruolamento di leva con soldati pressochè adolescenti in vista di uno scontro che davvero si preannunciava in forze nemiche schiaccianti.

Napoleone – Esatto, Minerva, sulla pianura di Lipsia ebbe luogo, fra il 16 e il 18 ottobre, la cosiddetta battaglia delle nazioni in cui i miei 160.000 francesi si opposero ai 320.000 alleati prussiani, austriaci, russi, svedesi, e senza contare le riserve. Fu invero la prima sconfitta che subii poiché per certo non considero tale la campagna di Russia. Allora, infatti, ebbe ragione del mio impeto la mala sorte e la furia della natura, non certo l'esercito dello Czar.
Non disperavo comunque di prevalere, se è vero quanto affermato da te Marte sull'irrilevanza del numero nelle battaglie, amici colleghi, ma questa volta si realizzò l'eccezione che conferma la regola.
Lipsia fu un'ecatombe di inaudite proporzioni, tale per cui mi trovai costretto alla ritirata sino alle sponde del Reno, il vecchio confine tra Francia rivoluzionaria e Germania, ampliato successivamente sulle rive dell'Elba grazie alle mie campagne.

Minerva – La catastrofe era dunque compiuta, Napoleone, gli alleati ormai minacciavano un'invasione del sacro suolo francese se tu non avessi accettato di addivenire alle trattative di pace in condizione di inferiorità, talché le conquiste del passato sarebbero state annullate.

Non volesti però sentire ragione al riguardo e nello scorcio finale del 1813 sciogliesti d'autorità il Corpo Legislativo che ti aveva richiesto di adottare misure di emergenza atte a salvare il salvabile. Non avevi compreso che ogni velleità di rivincita era davvero finita?

Napoleone – Lo avevo compreso, Minerva, e infatti nel nuovo anno riconobbi la legittima monarchia spagnola da me spodestata e liberai il Papa, che avevo confinato nella dorata gabbia di Fontainebleau per la sua ostinata opposizione al mio divorzio da Giuseppina.

Non potevo, tuttavia, cedere la capitale senza combattere e nominai luogotenente generale dell'Impero mio fratello Giuseppe, non più re di Spagna, quindi bruciai il mio archivio riservato, abbracciai Maria Luisa con l'adorato erede e lasciai Parigi.

Sentivo l'epilogo approssimarsi ma diedi battaglia ancora agli alleati penetrati in Francia, incontenibili da tutte le direzioni.

Vinsi persino qualche scontro minore e mi dannai per distogliere il nemico dall'assalto di Parigi, ma fui tradito: il maresciallo Marmont firmò la resa della capitale, alla fine di marzo, ed il nemico marciò in armi sugli Champs Elysées.

Nel mese successivo, sotto la regia del traditore Talleyrand,

si compì la disfatta: il Senato promulgò la mia decadenza dal trono imperiale sancendo la nomina a reggente dell'erede, in guida di Maria Luisa, la quale però non accettò la nomina e tornò con nostro figlio a Vienna. Non li vidi mai più.
Gli alleati, allora, disposero il ripristino della monarchia borbonica e il fratello di Luigi XVI salì al trono come Luigi XVIII (XVII, morto fanciullo, sarebbe stato il figlio di XVI). I marescialli, nessuno escluso, si schierarono contro di me insistendo a che firmassi l'atto di abdicazione, e così avvenne a Fontainebleau, con il saluto commosso della Guardia Imperiale il 14 aprile 2014.

Marte – Un anno durò l'esilio all'isola d'Elba. Saltiamolo a piè pari, Napoleone, e ritroviamoti a Grenoble in marzo 2015.
Eri sbarcato di nuovo sul sacro suolo francese e in quella giornata, deciso anche a perdere la vita, sfidasti un intero battaglione reale presentandoti da solo alle baionette puntate: "Soldati del V° di linea linea, riconoscetemi! Se uno solo tra voi vuole uccidere l'imperatore lo può fare adesso. Eccomi!". Allora l'entusiasmo salì alle stelle e tu procedesti nel giorno successivo per Lione, al comando di ottomila uomini che ti avevano tributato tutta la loro fedeltà.

Napoleone – E fu marcia trionfale sino a Parigi laddove giunsi a fine marzo, quando il re Luigi XVIII era fuggito in Belgio. Ammainato il vessillo gigliato dei Borboni, il tricolore sventolava incontaminato di nuovo sulle Tuileries.

Scrissi subito a tutti i sovrani d'Europa dichiarando a chiare lettere la mia volontà di pace e riforme nel senso liberale per la nuova Francia ma, in tutta risposta, le nazioni, riunite a Vienna per il congresso dal quale scaturiva il più sordido intento restauratore, si fusero in settima coalizione e in questa occasione c'erano dentro proprio tutti: Austria, Prussia, Russia, Inghilterra, Svezia, Spagna, Portogallo, Hannover.

Un milione di uomini contro i miei duecentosettantamila!!
Che fare? Attendere il nemico a Parigi, in disperata resistenza, o anticiparne le mosse e assalirlo prima che potesse organizzarsi al meglio?

Inghilterra e Prussia, reduci dall'invasione di Parigi, erano schierate tra Bruxelles e Namur al comando rispettivo del Duca di Wellington (*The Iron Duke*) e del Feldmaresciallo Gebhard von Blücher, mentre Austria e Russia non potevano certo raggiungerle in breve periodo e partecipare allo scontro.

In tale configurazione stimai la mia forza in 125.000, contro 225.000 per il nemico, e ottenni il nulla osta del Senato all'avventura.

Waterloo – giugno 1815 (Marte) – Mi compete per l'inconfutabile diritto di dio della guerra il racconto di quest'ultima epica battaglia, in termini più estesi di quanto ho fatto sinora sulle altre.

Ordunque, Napoleone, tu non ritenevi affatto che la disparità di forze sarebbe stata determinante giacché invero la divisione in due blocchi del nemico, inglese e prussiano, costituiva piuttosto un vantaggio per la tua strategia fondata sulla rapidità di movimento e la sorpresa.

Puntualizziamo in premessa tuttavia che la battaglia vera e propria di Waterloo avvenne il 18 giugno, ma tutte le manovre, nel complesso, si articolarono su più giorni, a partire dal 15 giugno.

15 giugno - Muovesti in quella data, Napoleone, con tre colonne da Beaumont, nella Francia, alla Sambre, in Belgio, il cui guado doveva essere affrontato per raggiungere Namur ove era acquartierato il Feld maresciallo von Blücher mentre gli inglesi presidiavano Bruxelles.

Il bilancio parziale fu lusinghiero poiché riuscisti a bloccare i ponti sul fiume e passare indisturbato in serata senza essere impegnato dal nemico prussiano, se non in scaramucce insignificanti.

Determinante fu per questo primo *atout* il difetto di coordinamento fra i vertici alleati, che peraltro non si aspettavano certo un'avanzata così rapida ed efficace. Gli inglesi, infatti, non intervennero in aiuto ai prussiani, anche perché temevano una tua azione aggirante a nord atta a intercettare l'eventuale loro fuga verso il mare: un sentore che avevi acuito con finte manovre.

La notte trascorse per te in meditazione sui blocchi della marcia che avevano determinato pericolosi ingorghi nel transito delle truppe ma ti ritenevi comunque soddisfatto per avere completato il passo della Sambre e già vedevi le mosse del giorno dopo.

Tra gli alleati invece l'allarme ribolliva sulle misure da adottare. *The Iron Duke* ricevette un inquietante dispaccio da von Blücher con cui lo invitava a congiungersi con lui entro la giornata ventura a Quatre Bras: un piccolo villaggio in cui, per l'incrocio di strade importanti, sarebbe dovuta avvenire, secondo i piani convenuti, la convergenza degli alleati in caso di incombenti difficoltà.

Il maresciallo Ney aveva assalito la posizione nel tardo pomeriggio ma ne era stato respinto da alcuni reparti olandesi che avevano ignorato l'ordine inglese di dirigersi a nord ovest.

Wellington però, distolto in urgenza da un ricevimento a Bruxelles, disperava di raggiungere Quatre Bras in tempo utile e così cominciò a considerare le alternative possibili. Abbandonare definitivamente von Blücher, e rintanarsi nella capitale a sostenervi l'assedio, in attesa dei rinforzi austriaci e russi, oppure dare subito battaglia in campo aperto insieme con i soli prussiani?

L'onore dell'Inghilterra lo portò a scegliere quest'ultima soluzione. Sì, ma su quale terreno? Consultò le mappe e ipotizzò la piana con al centro un ignoto paesino: Waterloo.

16 giugno – Allo stato degli atti si profilava lo scontro diretto contro i soli prussiani, Napoleone, secondo il tuo stile sempre vincente, e in tal senso concepisti il programma della giornata affidando a Grouchi l'affondo contro Blücher ed a Ney la conquista di Quartre Bras per il contenimento degli inglesi: intendevi spezzare il fronte alleato in due tronconi come già ad Austerlitz contro gli austro russi.

Blucher, per parte sua, schierò una considerevole armata a difesa del torrente Ligny, contro la tua ulteriore avanzata, ma commise l'errore stupefacente di tenerla alla piena vista all'artiglieria, talché l'intenso bombardamento ne assottigliò le fila in modo impressionante.

Sarebbe potuto conseguire a quel punto lo sfaldamento dei prussiani e poi l'impatto separato con gli inglesi, se Ney avesse portato a buon fine il compito e fosse rientrato in aiuto a te. Però così non fu.

A Ligny infatti la battaglia si protrasse asperrima per parecchie ore facendo registrare sempre più accentuato lo squilibrio prussiano ma non il collasso che auspicavi.

Eri comunque certo, nonostante il mancato aiuto di Ney, di dare il colpo di grazia impiegando la Guardia Imperiale e invece un dubbio ti colse all'errata notizia su formazioni nemiche in arrivo.

Distogliesti così la Guardia contro il nuovo fronte, che poi si svelò in realtà soltanto una piccola colonna francese, e perdesti un'occasione di liquidare Von Blücher. Ci fu sì l'assalto vincente ma con due ore di ritardo talché, all'imbrunire, la battaglia finì senza eccessivi danni per Blücher, che peraltro rinunciasti ad inseguire.

Sul settore di Quatre Bras le cose non andarono meglio. L'ignavia e l'esitazione di Ney consentirono a Wellington di rafforzare nel corso della giornata le posizioni che ormai disperava di raggiungere talché il villaggio venne sì conquistato ma non potè essere conservato dalle successive sortite inglesi. Quanto meno, comunque, gli alleati non si erano ricongiunti e la partita rimaneva aperta a tutte le soluzioni.

17 giugno – Dopo la sconfitta di Ligny, del resto, lo stato maggiore prussiano non pareva ansioso di unirsi agli inglesi che per parte loro poco si erano preoccupati di offrire aiuto all'alleato.

Si adombrò anzi nella notte la scelta di ritirarsi a est verso il Reno.

Prevalse tuttavia la lungimiranza di Blucher il quale, senza ascoltare nessuno, dispose quella strada soltanto per i soldati non più idonei al combattimento e ordinò la marcia delle unità ancora efficienti verso nord ovest per incontrare gli inglesi.

Wellington, per parte sua, scelse infine Waterloo come sede del suo stato maggiore e comandò lo svincolo da Quatre Bras, invitando nel contempo Blücher a raggiungerlo poiché si rendeva conto di trovarsi in minoranza numerica nei tuoi confronti con sicura sconfitta finale. Tu, Napoleone, trascorresti la mattina in futili sopralluoghi laddove si era svolta la battaglia nel giorno precedente e solo nel pomeriggio ti avvedesti dell'arretramento inglese da Quartre Bras.

Proseguisti allora l'avanzata, ma sotto un diluvio torrenziale che non consentì una lunga percorrenza, e ti fermasti in serata alla locanda di Belle Alliance nei pressi di Mont Saint Jean.

Solo un'insulsa scaramuccia fra l'avanguardia e la retroguardia fece comprendere che l'indomani sarebbe stata la giornata decisiva e tu non sapevi ancora se il congiungimento degli alleati fosse avvenuto.

Un messaggio di Grouchy giunto alle quattro del mattino ti rese noto che cospicue forze prussiane si erano acquartierate a Wavre, quindici chilometri ad est di Waterloo, e quindi lo scontro separato era ancora possibile, ma tu sottovalutasti l'avversario che erroneamente credevi di avere già neutralizzato, rinunciasti all'inserimento tra i blocchi e concentrasti l'attenzione soltanto sugli inglesi che, dicevo, non avevi mai affrontato prima da comandante supremo.

18 giugno – La pioggia battente imperversò per tutta la notte e solo verso le otto del mattino cessò lasciando comunque il terreno intriso di fango, talché le manovre di schieramento ne furono rallentate da entrambe le parti almeno sino a mezzogiorno.

67.000 inglesi presero posizione su un crinale tra Mont Saint Jean e Waterloo, avendo alle spalle la foresta di Soignies, e 72.000 francesi si stesero di fronte per una lunghezza uguale, a distanza di ottocento metri: dal castello Hougoumont alla locanda Belle Alliance, mentre 30.000 prussiani erano in marcia da Wavre.

La prima azione da parte tua, Napoleone, ebbe in realtà uno scopo di carattere diversivo sul castello Hougoumont, in estrema sinistra delle linee, mentre avevi in mente lo sfondamento sul settore centrale, ma da principio le cose volsero al peggio giacché i tuoi occuparono sì il cortile dell'edificio però vennero poi rinchiusi e massacrati.

L'assalto centrale, guidato da Ney, iniziò un'ora dopo, preceduto dal pressante fuoco di artiglieria, e in concomitanza con l'avvicinamento al campo di battaglia dell'avanguardia prussiana.

Una mischia furibonda ebbe luogo ai piedi del pendio in cui si erano attestati gli inglesi, con perdite notevoli da entrambe le parti, sinché cariche sovrapposte della cavalleria scozzese e irlandese annullarono l'ardore dei tuoi.

Rimediasti, Napoleone, con il rapido contrattacco di cavalleria che scompaginò i nemici spintisi troppo avanti, ma una prima fase della battaglia era ormai conclusa ed i prussiani stavano alle porte.

Non ti eri accorto peraltro che il maresciallo Grouchy, al comando di reparti dell'ala destra, molto lontani dal combattimento, non sarebbe riuscito a intercettarli perché fuorviato da false convinzioni. Credeva infatti che i prussiani si fossero definitivamente stabiliti a Wavre.

La seconda fase della battaglia contò ben dodici cariche di cavalleria al comando di Ney che spinsero gli inglesi a ritirarsi oltre al crinale di primo schieramento e formare sulla pianura i quadrati difensivi.

Fu davvero un'azione assai coraggiosa nel modo, eppur sconsiderata nella tattica poiché si attuò per impeto gagliardo ma senza appoggio dell'artiglieria. Gli artiglieri inglesi invece bombardarono il nemico in arrivo sino all'ultimo, prima di rifugiarsi entro i quadrati contro i quali si spensero le ardimentose cariche di Ney. Questi, nella fase di ripiegamento, neppure si curò di catturare i loro cannoni.

Nel frattempo la testa dell'armata prussiana in marcia era giunta alla portata d'artiglieria nei pressi di Belle Alliance e tu inviasti là truppe per contrastarla sottraendole però alle risorse dedicate a Ney e dando fondo in modo preoccupante alle riserve.

Ricompattasti comunque il fronte contro gli inglesi con forze meglio coordinate e Ney riuscì ad attestarsi su una posizione favorevole per colpire al centro il nemico con i cannoni. Uno sfondamento vincente, tuttavia, sarebbe potuto avvenire soltanto con altri assalti concentrici di fanteria e cavalleria, vale a dire impiegando la Guardia Imperiale, ma anche il fronte prussiano esigeva il suo intervento.

Preso da febbrile eccitazione, optasti per quest'ultima via e spedisti la Guardia che riuscì da quel lato a stemperare la foga delle truppe prussiane ma, allo stesso tempo, non ti fu consentito approfittare dei varchi che si stavano creando nello schieramento di Wellington. Dovevi impedire a tutti i costi il ricongiungimento.

Richiamasti allora la Guardia, sette ore dopo l'inizio della battaglia a mezzogiorno, e la buttasti contro gli inglesi per l'ultimo tentativo.

Un disastro. La Guardia avanzò per un poco ma infine fu costretta ad arretrare e attestarsi in quadrati difensivi che gli inglesi scardinarono uno ad uno, e l'ultimo fu quello del generale Cambronne.

Arrendetevi prodi francesi - urlò il generale Maitland - e Cambronne rispose... Fuggisti, Napoleone, per evitare la cattura, mentre anche i prussiani dilagavano incontenibili ed il ricongiungimento avvenne al vertice, tra Wellington e Blücher, alle nove della sera, nella locanda Belle Alliance, ove avevi pernottato.

Napoleone – Non fu affatto un destino inesorabile la mia sconfitta a Waterloo, divini arbitri. Avrei potuto e dovuto vincere, ma al ritorno a Parigi tutto crollò intorno a me e dovetti abdicare di nuovo.

E di chi mai fidarmi, d'altronde, per trovare un rifugio, se gli inglesi mi braccavano e von Blücher smaniava per impiccarmi? Avrei forse implorato ospitalità dal Kaiser mio

suocero o dallo Czar ex amico?
Assurdo! Meditai di fuggire negli Stati Uniti su un vascello francese ed infine, già in viaggio sulla Manica, cambiai idea e richiesi asilo proprio all'irriducibile nemico, Inghilterra, purchè mi fosse garantita una dignitosa esistenza, ancorché prigioniero a Londra o in Scozia.
Ne scrissi al principe ereditario e mi consegnai inerme agli ufficiali di marina che circondavano la mia nave. Fui sì accolto con il rispetto dovuto a un generale, non più sovrano imperatore, ma siffatta lealtà venne tradita e finii i miei giorni sullo scoglio perduto di Sant'Elena.

Marte – Mi sono intrattenuto sulla battaglia di Waterloo molto più a lungo rispetto alle altre poiché, da qui in poi, non ce ne saranno altre. Con te George Washington infatti, dopo la guerra di indipendenza, tratteremo soltanto di politica in riferimento a una realtà che allora non aveva nulla a che spartire con l'impero, ovvero il prodotto finale delle vite trascorse in guerra da voi, Alessandro, Cesare, Napoleone.

Minerva – Sei proprio sicuro, diletto fratello, che in mente al nostro George Washington non aleggiasse in tempi non sospetti un barlume di idea imperiale? Voglio citare al riguardo uno scritto tuo del 1770, Washington, a Jefferson, futuro Presidente degli Stati Uniti (il terzo). Sei anni prima della dichiarazione di indipendenza, definisti con queste parole l'apertura alla navigazione dell'alto corso del Potomac "canale destinato all'intenso commercio di un impero nascente".

Regale nell'abito da cerimonia solenne, Washington pare sfiduciato e deluso dalle insidie della politica.

Washington – Probabilmente, Minerva, tu alludi a un impero che in qualche modo si manifestò almeno due secoli dopo il mio passaggio e di cui non è dato sapere per quanto tempo possa protrarsi ancora.
Comunque sia, mi sembra prematuro parlarne e perciò mi accingo a concludere la narrazione ripartendo dal momento in cui, nonostante l'abbandono delle armi, non era ancora conclusa una pace formale per la nostra guerra contro la dominante Inghilterra.
La resa del generale Cornwallis nell'assedio di Yorktown non sancì affatto la disfatta dell'Inghilterra contro gli insorti americani ma solo il riconoscimento di una situazione critica assai complessa.
Francia e Spagna rappresentavano per l'impero britannico avversari ben più temibili rispetto a noi, disprezzati ex sudditi e coloni ai quali la madre patria avrebbe concesso la libertà senza farne un dramma, purchè fossimo comunque rimasti interlocutori vincolati dai lacci di natura commerciale pregressi rispetto alla guerra.
Invero Cornwallis non era neppur presente alla cerimonia

in cui gli inglesi sfilarono sconfitti di fronte agli assedianti e la sciabola non fu consegnata dal suo rappresentante al comandante americano, bensì al francese, generale Rochembeau, il quale, con cenno impercettibile, ingiunse di porla invece nelle mie mani. Insomma, divini arbitri, noi vincemmo grazie alla Francia, non certo per la nostra esclusiva virtù militare, ancorché i politici non fossero disposti ad ammetterlo.

Ma di quali politici sto parlando? Forse quelli presenti nel Congresso Federale che si riuniva saltuariamente a Filadelfia, dotato di effimeri poteri e sempre pronto alla fuga altrove all'imperversare del nemico?

O quelli appartenenti alle assemblee di singoli Stati asserviti a umori e interessi locali, privi di qualsivoglia sentore di Unione?

Quest'ultimo anelito aveva sì alimentato lo spirito ribelle durante la guerra, ma rischiava di dissolversi miseramente al venire meno della paura, così come era avvenuto con l'eroica resistenza delle πόλεις di fronte alla minaccia persiana, compatte in difesa e poi ancora prese dalla gelosia reciproca una volta svanito il letale pericolo.

In siffatti termini pertanto si andava delineando il conflitto dialettico, prima ancora che l'ultimo inglese avesse lasciato il suolo americano: Federazione o sterili particolarismi?

Minerva – Noi ora ci attendiamo che tu ne parli a lungo, generale, per conoscere le origini di un'entità socio politica radicata nel nuovo mondo e destinata all'egemonia globale. Prima però lasciami narrare gli strascichi di guerra che ti videro ancora protagonista in uniforme. Tutti sanno che fosti il primo Presidente degli Stati Uniti d'America e molti ricordano che fosti anche Presidente dell'assemblea dei Padri fondatori, delegati alla stesura della Costituzione.

Pochi conoscono invece della tua investitura al vertice della società cosiddetta "Cincinnati": un ente costituito da ex ufficiali della guerra trascorsa ai fini di mutua assistenza per sé e le proprie famiglie, ma anche ricettacolo di oscure ambizioni golpistiche militari.

L'esercito infatti, ovvero l'unica istituzione tuttora efficiente a fronte di un governo federale pressochè privo di poteri, e dei governi statali non propensi all'unione, era in subbuglio per la corresponsione delle paghe inadempiuta già da alcuni anni e minacciava la presa di potere con metodi rivoluzionari e violenti.

Chi altri se non tu, acclamato generale, avrebbe potuto porsi in testa ad un simile potenziale sovversivo e addirittura farsi re?

Così come uno dei tuoi più validi collaboratori aveva suggerito.

Ebbene, George Washington, in tali calamitosi frangenti non solo ti indignasti per la scandalosa proposta ma interponesti i buoni uffici e l'autorità di fatto acquisita di comandante supremo per neutralizzare la pericolosa svolta

dittatoriale, naturalmente facendo sì che quanto dovuto a soldati e ufficiali fosse debitamente erogato, e così fu.
I Cincinnati, sedicenti uomini prestati alla guerra e pronti a tornare alle vicende private, vennero così in breve ridotti a più miti consigli grazie al tuo indiscusso ascendente in tutte le sedi.
Dalla resa di Yorktown mantenesti comunque il comando supremo dell'esercito per oltre due anni, poiché la ripresa delle ostilità non si poteva escludere e, dopo la pace definitiva, rassegnasti le dimissioni per tornare finalmente a Mount Vernon nel Natale del 1783.

Washington – Altri quattro anni di pace, divini arbitri, e ancora una volta mi illusi che avrei trascorso la tranquilla vita del gentiluomo di campagna sino alla fine dei miei giorni. E invece, ancora una volta, il dovere prevalse e non potei sottrarmi.
A prescindere tuttavia da siffatta inclinazione personale, è opportuno premettere, al seguito di una carriera che non avrei inteso perseguire, una trattazione generale, politica e sociale, sui cosiddetti Stati Uniti d'America in quei primi anni di gestazione.
Al riguardo, seppure non avessi preso posizione nella grande arena pubblica dopo le *performances* militari della gente che ebbi l'onore di dirigere, ero un fervente sostenitore dell'unione poiché percepivo il suo maestoso futuro.
Orbene, amici e colleghi, voi tutti agiste per la creazione

dell'impero entro una realtà consolidata a livello di unità nazionale, in senso lato. All'inizio della nostra guerra di indipendenza, invece, esisteva sì una cosa indipendente, la Federazione, ma essa era disciplinata in forma di governo embrionale che non dava garanzia di gestione adeguata in termini di credibilità e autorevolezza, interna ed esterna.

Il Congresso infatti non poteva certo dirsi dotato di potere legislativo mentre una specie di costituzione, redatta in fretta e furia, ne sanciva i limiti anziché consacrarne una forte struttura portante.

In quanto peraltro ai poteri esecutivo e giudiziario, neppure era stato ipotizzato a quali organi dovessero mai essere affidati.

Nel contempo, le ex tredici colonie, trasformate in stati indipendenti, si erano date una struttura di governo ben più solida, con assemblee legislative elette dal popolo, ma non certo per suffragio universale, e un governatore dotato del potere esecutivo nominato dalle assemblee stesse alle quali competeva anche la scelta dei giudici.

In siffatto dualismo di gestione federale e locale, totalmente privo di regole per una distribuzione delle competenze, risultava sacrificato il centro in favore della periferia e ciò a causa di una sequela di ragioni diverse, ma soprattutto perché la facoltà di imporre tasse ai cittadini era consentita soltanto a livello statale e non federale.

Cominciava già allora a delinearsi la rivalità tra il nord,

industriale e commerciale, e il sud, agricolo e schiavista. La rappresentanza della nazione era sì affidata all'organo federale, però si trattava in realtà di una competenza assolutamente priva di contenuto, mentre un'istanza anti federalista pareva acquisita all'unisono tra le *aristocrazie* degli stati, non del sangue bensì del denaro e dei possedimenti terrieri.

Altro che impero! Gli Stati Uniti parevano destinati al disfacimento, come già l'Inghilterra aveva pronosticato, prima ancora di assumere un'effettiva consistenza nel contesto mondiale delle grandi potenze e tale stato di cose mi rodeva nell'animo poiché non avevo combattuto per trovarmi al cospetto di uno spettacolo così desolante.

Ma, ripeto, non me ne occupai affatto in quei quattro anni a Mount Vernon, anzi, pure nell'agiatezza economica, ero molto preoccupato per tutt'altre ragioni, vale a dire per le rendite assai ridimensionate delle proprietà devastate dalla guerra.

Altri uomini di considerevole levatura morale invero, appartenenti al mio stesso ceto sociale, se ne fecero carico con spirito d'altruismo ed acuta percezione in lungimirante prospettiva. Alcuni *leaders* politici infatti (come Hamilton, Madison, Adams) contribuirono a mantenere vivo il puro sentimento patriottico delle origini contro la crescente ostilità isolazionista dei singoli stati, e si collocarono alla guida di un movimento riformatore mirato a un riassetto dell'Unione su basi più solide e tali da garantirle il rispetto e l'ammirazione del mondo.

Minerva – A questo punto, Washington, fosti costretto a rientrare in gioco poiché la stima della nazione intera ti reclamava.

Washington – Ebbene sì, divini arbitri. Del resto l'aspirazione alla crescita in via unitaria resisteva indomita contro le forze separatiste e non soltanto in politica ma anche in letteratura e nell'arte. Proprio in quegli anni, infatti, nacque il motto universale *e pluribus unum*.
Mi venne conferita allora la carica di Presidente di una Convenzione convocata a New York per la correzione degli articoli costituzionali redatti ancor prima della dichiarazione di indipendenza e malamente applicati, nel corso della guerra ed oltre. Non fui molto attivo invero entro quell'assise selezionata ma pretesi come indirizzo generale che le udienze si tenessero a porte chiuse, per evitare strumentalizzazioni ideologiche, e riuscii a mediare tra le numerose istanze contrapposte ottenendo infine la stesura di un testo completamente nuovo e non la revisione dell'esistente rabberciato canovaccio.
I lavori si protrassero da aprile a settembre 1787 e la ricucitura delle anime si rivelò davvero assai faticosa. Gli stati più grandi e popolati volevano una rappresentanza parlamentare unicamerale in cui i seggi fossero distribuiti in proporzione adeguata mentre gli stati più piccoli opta-

vano per un sistema bicamerale con numero di delegati uguale per tutti. Gli stati del sud chiedevano il conteggio degli schiavi ai fini di determinare la consistenza dei deputati, ma lo escludevano ai fini del calcolo della ricchezza imponibile, mentre gli stati del nord erano orientati sull'esatto contrario. Le classi detentrici della ricchezza, sia agricola sia industriale e commerciale, puntavano a un monopolio di potere mentre le classi popolari esigevano garanzie democratiche.

E così via dibattendo, sia pure in accordo sulle petizioni di principio, ne uscì un documento frutto sì di compromessi ma equilibrato infine in termini di governo efficace ed autorevole.

Il parlamento si sarebbe diviso in una Camera dei rappresentanti e in Senato, l'una con membri in misura degli abitanti, eletti dal popolo, l'altro con due senatori per ogni stato eletti nelle assemblee locali.

Al Presidente degli Stati Uniti, eletto sì dal popolo ma in via mediata per grandi elettori, sarebbe stato attribuito *in toto* il potere esecutivo. Alla Federazione sarebbe stata conferita ogni competenza in politica estera, sulle dichiarazioni a guerra e sui trattati, sull'esazione fiscale e la regolamentazione del commercio, ma si prestò attenzione a non prevaricare sulle sovranità statali attraverso una clausola cosiddetta di "elasticità" idonea a garantire l'approvazione dei singoli stati per le leggi che si dimostrassero necessarie e opportune.

Furono stabilite le norme per acquisire all'Unione nuovi stati, però, onde evitare squilibri quantitativi, mai separatamente bensì a due a due, di cui l'uno a nord e l'altro a sud.

Soltanto sull'ordinamento giudiziario, purtroppo, l'accordo non vide la luce e, a parte l'istituzione sulla carta di una Corte Suprema a cui venne devoluto l'onere di risolvere antinomie costituzionali, si lasciò spazio a vari espedienti più o meno onorevoli.

Nel complesso, tuttavia, ebbi la soddisfazione di vedere approvato il documento che riproduceva a grandi linee il progetto elaborato nella mia Virginia (e perdonate la debolezza del "campanilismo" innato di cui non ero esente).

Minerva – Presidente dei Padri Costituenti, George Washington, tu desti origine alla più antica Costituzione del mondo e, in quanto tale, a tutt'oggi vigente, seppure ampiamente emendata.

Washington – Sì Minerva, ma chi l'avrebbe detto a quell'epoca? La parola definitiva non era ancora pronunciata poiché occorreva a quel punto la ratifica dei singoli stati, per la quale appositamente era stata prescritta una maggioranza di nove su tredici e non l'unanimità.

Si scatenarono allora lotte dialettiche feroci ovunque, non tanto sulle grandi linee di principio, quanto sugli aspetti tecnici nel dettaglio più minuto a scopo ostruzionistico, dando origine così ai primi conflitti di fazione, o partito che dire si voglia, federalista e antifederalista.

Il dibattito più aspro in merito avvenne proprio nella mia Virginia e nello stato New York. Quest'ultimo addirittura minacciò di attuare la secessione ma la Virginia, peraltro con margine ridottissimo, diede il buon esempio e la maggioranza fu raggiunta nel corso del 1788.

La Convenzione quindi si sciolse e, come ultimo atto, sancì la data delle elezioni del Presidente degli Stati Uniti per gennaio 1789.

Minerva – Qualche impedimento burocratico fece slittare la data ma a marzo 1789, di nuovo nella tranquillità di Mount Vernon, Charles Thompson, primo segretario del Congresso, venne a recare la notizia della tua elezione unanime a Presidente degli Stati Uniti.

Non fu una sorpresa per nessuno e in aprile ti insediasti in carica.

Washington – Me l'aspettavo, infatti, e non ne fui affatto entusiasta, consapevole dell'onere colossale che mi si attribuiva. Non si tratta di modestia comunque, divini arbitri: avevo allora cinquantasette anni e davvero temevo che mai sarei stato pronto per assumere la posizione di statista al vertice di una nazione tutta da costruire.

Ma ancora una volta prevalse l'onore, non solo virginiano per questa tornata e, dissipate le tripudianti acclamazioni di popolo che raccolsi nel viaggio a New York, attutito l'eco della cerimonia di giuramento di fronte a una folla osannante, ritenni che tutto questo sarebbe stato più che sufficiente per il mio *ego*. E invece proprio siffatto pensiero su me stesso indusse a una più ampia riflessione sul ruolo. Consentitemi pertanto, illustri colleghi, di coinvolgervi in merito alla travolgente esperienza che stavo per intraprendere.

Alessandro: nascesti da predestinato re di un regno che papà Filippo disse sin troppo angusto per la tua autentica dimensione ma, invero, nulla ti fu donato giacché le tue imprese sorsero grazie a eccezionale e innato talento di condottiero.

Avresti ancora aumentato il territorio del tuo impero se ti fosse stato concesso di raggiungere la mia età? Io lo credo, come sono persuaso che in politica avresti realizzato il sogno di riunire in unico dominio l'Oriente e l'Occidente, mai più neppure sfiorato nella Storia.

Cesare: virgulto di una stirpe leggendaria in Roma, ti destreggiasti in guerra e politica, sulle orme di Alessandro, sino al punto di fondare un nuovo impero che rimase per millenni il modello da imitare. Fosti neutralizzato all'età in cui io, invece, non avevo nemmeno iniziato a governare ma, senza dubbio, la tua opera può dirsi conclusa.

Napoleone: avevi vent'anni quando fui eletto Presidente e ancora ti dibattevi in un lacerante dubbio sul se dedicare la vita alla Corsica o alla Francia.

La presa della Bastiglia (e il marchese La Fayette mi regalò la chiave del portone), avrebbe dato origine, tre mesi più tardi, a quella fase rivoluzionaria che in America era trascorsa, ma a te bastarono dieci anni per inaugurare il regime che avrebbe condotto all'impero.

Come dicevo dunque, voi tutti agiste sul substrato di una realtà già esistente, mentre io partivo dal nulla, o quasi.

Fu pertanto solo l'inconsistenza dell'ente politico sociale Stati Uniti, del quale ero stato posto a capo, che mi indusse a valutarne in prima istanza l'aspetto esteriore. Stimai opportuno quindi rivestire il ruolo, non la persona, di una sequela di orpelli formali e materiali idonei a creare sul nulla la parvenza rituale adatta a un re senza corona.

L'ambasciatore di Francia, ad esempio, che, per il cospicuo aiuto dal suo paese agli Stati Uniti in guerra, riteneva essergli dovuti riguardi speciali, rimase perplesso quando rifiutai quel colloquio immediato che aveva chiesto e lo invitai a rivolgersi ai collaboratori competenti. Più in generale, mi creai intorno un'aura di inaccessibilità che desse tono di maestà alla figura del Presidente. Mi circondai di ciambellani e cerimonieri, adottai per il trasporto quotidiano sontuose carrozze e cavalli regali, curai con attenzione in prima persona i temi attinenti all'etichetta di "corte" ed alle condotte da usarsi in ogni circostanza, senza mai dimenticare tuttavia che gli Stati Uniti erano una giovane repubblica, orgogliosa come tale al cospetto delle antiche monarchie europee, alleate o nemiche che fossero.

Ma lasciamo perdere tutti questi insulsi dettagli dei quali intesi al più presto togliermi il pensiero. Sia sufficiente piuttosto capire che non mi ero montato la testa bensì volevo trasmettere un messaggio chiaro al mondo intero: sia riconosciuto agli Stati Uniti il rispetto dovuto, e Dio sa quanto ne avessimo bisogno in quei momenti.

Comunque sia, espletati fra aprile a maggio gli oneri preliminari alla carica, non potrei affermare di essermi dato anima e corpo ad altri grandi impegni poiché, all'improvviso, mi colse un ascesso ad una gamba che fece presagire la cancrena con pericolo di vita, allo stato della medicina, e solo in settembre guarii, dopo la sessione estiva del Congresso alla quale mi fu interdetto partecipare.

Compresi peraltro che la schiera dei collaboratori non istituzionali di cui potevo disporre era del tutto inadeguata a svolgere le funzioni di governo e così, sebbene la Costituzione non ne avesse disciplinato le modalità, procedetti alla scelta dei "ministri", fedele al principio per cui il potere esecutivo era accentrato sul Presidente ed i titolari dei dicasteri rappresentavano soltanto cariche subalterne.

Mi orientai quindi su personaggi giovani e di provata fede unionista: Alexander Hamilton, al Tesoro; Thomas Jefferson, agli Esteri; Herry Knox, alla Guerra; Edmund Randolph, alla Giustizia; e subito dopo designai sei giuristi di eccellente fama quali componenti a vita della Corte suprema, avendo cura a che appartenessero a stati diversi.

L'opposizione fra Hamilton e Jefferson, in particolare, fu

cruciale in quello scorcio di storia degli Stati Uniti: personaggi agli antipodi in politica, ma anche per temperamento personale, essi rappresentarono il fulcro della contesa governativa negli anni del mio primo mandato e da essa ebbe origine la bipolarità partitica negli Stati Uniti evoluta poi nel dualismo fra repubblicani e democratici.

Ma attenzione! divini arbitri. Hamilton, anima del partito federalista, e verso il quale mi sentivo affine, sebbene da Presidente non mi fossi mai schierato per l'una o l'altra parte, può essere definito in sintesi il conservatore per eccellenza, ovvero progenitore dell'odierno partito repubblicano. Jefferson invece, pervaso dalla vocazione progressista, fu il fondatore del partito repubblicano di quell'epoca, che in seguito assunse la denominazione di "democratico".

Spero di essere stato chiaro in queste sommarie espressioni di anime contrastanti avvicendate in uguali diciture e assunte in tempi diversi. Franklin Delano Roosevelt, i fratelli Kennedy, Bill Clinton, Barack Obama, sono figli di Jefferson, mentre Theodore Roosevelt, Richard Nixon, Ronald Reagan, i Bush, discendono da Hamilton.

Ma evitiamo ora di anticipare un tratto sugli Stati Uniti consolidati in impero e torniamo alle origini nelle quali predominavano i temi della politica estera e dell'economia, strettamente legati fra loro giacché il debito pubblico restava in totale prevalenza assorbito da impegni con altre nazioni. Ecco perché Hamilton e Jefferson, ministri del Tesoro e degli Esteri, furono così importanti.

Del resto neppure era chiaro per Costituzione se essi rispondessero al Congresso oppure a me, Presidente. Io comunque così la pensavo e agivo di conseguenza.

Il programma di Hamilton sanciva innanzitutto il rimborso integrale del debito estero federale, 52 milioni di dollari, al valore nominale e non al valore deprezzato di quell'epoca: una misura onerosissima ma necessaria al fine di tutelare la reputazione degli Stati Uniti.

Tale provvedimento, peraltro, gridava vendetta in termini di equità poiché i titoli di debito erano stati rastrellati a man bassa sul mercato dagli speculatori, a prezzi irrisori, e quindi l'operazione avrebbe poi determinato guadagni colossali per una ristretta categoria di persone. Ciononostante, e con la mia approvazione, il piano divenne legge.

Non passò invece, in un primo tempo, la proposta di applicare criteri analoghi per il debito estero degli stati, pari a 22 milioni di dollari, in quanto gli stati più virtuosi, e che già avevano saldato i propri oneri, sarebbero stati costretti a sobbarcarsi in parte le difficoltà altrui.

Jefferson, a tale punto, si fece *leader* della protesta di quegli stati, in maggioranza allocati a sud, e con abili mosse diplomatiche ottenne, in cambio all'approvazione dell'atto, garanzie e concessioni tali da compensare il disagio.

Tra l'altro, fu convenuto che la capitale della Federazione, già fissata in via transitoria a Filadelfia, sarebbe stata posta in una località sulla riva del Potomac scelta da me,

Presidente. Ne fui entusiasta, ma non pretesi di sceglierne il nome.

Hamilton, inoltre, riteneva indispensabile l'istituzione di una Banca centrale federale, sull'archetipo della Banca d'Inghilterra, e perseguì infine il proprio intento ma, anche in tal caso, dovette lottare contro l'aspra opposizione di Jefferson il quale individuava in quell'ente un genere di oppressione finanziaria penalizzante per gli stati del sud e per l'economia agricola che egli privilegiava in aperto contrasto alle strategie industriali e commerciali di Hamilton.

Su siffatte opzioni di fondo, dunque, si sarebbe giocato soprattutto il futuro della Federazione statunitense, ma anche in politica estera il dissidio avrebbe presto alimentato nuove tendenze disgregatrici.

Influirono notevolmente sugli orientamenti generali del Congresso gli eventi concomitanti della Rivoluzione Francese. Jefferson teneva ancora la carica di ambasciatore americano a Parigi e perciò visse in prima persona quanto avvenne lì nel 1789: la presa della Bastiglia, la nascita della prima assemblea nazionale costituente, la dichiarazione dei diritti dell'uomo e del cittadino, la marcia delle donne alla reggia di Versailles, la totale sottomissione del re al volere del popolo.

Egli ne fu entusiasta al massimo grado e, rientrato l'anno successivo negli Stati Uniti, per insediarsi alla carica di ministro degli esteri, si rese attivo ed energico fautore di un documento che riproducesse in America la Dichiarazione dei diritti di Parigi.

Il risultato si concretizzò in dieci emendamenti alla Costituzione, già carente di una premessa generale dedicata alla massime statuizioni di principio, cioè il *Bill of Rights* che sancì il libero esercizio di parola, di stampa, di riunione, di culto, e di quant'altro connesso alla dignità del cittadino in una giovane repubblica votata alla democrazia.

Hamilton di certo non avrebbe potuto opporsi ma, devoto qual'era ai dettami dell'ordine e pertanto avverso ai movimenti di popolo, lasciò fare masticando amaro (era un ammiratore dell'Inghilterra, invero, e Jefferson invece teneva spudoratamente per la Francia). sinché peraltro si trattò di guardare all'Europa da lontano, tutt'al più esprimendo un parere sulla somiglianza della loro rivoluzione con la nostra, non sorsero particolari patemi, ma quando, a cavallo dei miei due mandati, in Francia nacque la Repubblica, il re venne giustiziato, e la Francia decise di esportare la rivoluzione con la guerra, si fecero sentire i dolori e la politica estera balzò in primo piano.

Gli alleati e i nemici nostri di pochi anni prima erano ormai scesi in campo e noi avremmo dovuto prendere posizione al riguardo. Non si parlava certo di partecipare al conflitto, né Hamilton né Jefferson lo avrebbero voluto, ma come comportarsi in diplomazia?

Impegni di alleanza contratti durante la guerra di indipendenza non ci avrebbero permesso un distacco dalla Francia, seppur formale, ma Hamilton sostenne che gli accordi erano intercorsi con la monarchia, non con la repubblica, e quindi tali da doversi ritenere decaduti.

Jefferson invece dichiarava tuttora vigenti quei trattati e ne esigeva il rispetto ma nel contempo ammetteva che in caso contrario si sarebbe dovuto pretendere dall'Inghilterra adeguate contropartite.

Futili discussioni, secondo me, quindi non persi tempo e diramai un proclama di neutralità incondizionata, ma le polemiche in Congresso non cessarono affatto, anzi proliferarono a dismisura nel senso che la neutralità stessa doveva intendersi in favore dell'una o l'altra parte in conflitto.

Scadeva allora il mio primo mandato.

Minerva – Immacolato, George Washington, quanto ad un presunto indice di gradimento che tanto preoccupò i successivi Presidenti. La tua rielezione infatti fu pressochè automatica nel 1793.

Washington – Invero, Minerva, in marzo 1793 avevo già in mente il discorso di commiato, però le pressioni contrarie furono tante e tali che dovetti accantonarlo e accingermi ad altri anni di reggenza.

Cedo comunque per un istante all'autoglorificazione, divini arbitri, e sulla nuova presidenza mi spingo ad affermare che, se molte persone sarebbero state assai più degne di me per indubbia capacità e valore, nessuno avrebbe uguagliato il buon senso e l'imparzialità necessarie, soprattutto in termini di equidistanza tra le fazioni che si rendevano allora sempre più riottose.

Ribadisco pertanto in tutta onestà che desideravo nell'azione politica solo preservare l'Unione, per cui avevo combattuto, consolidarne il prestigio al cospetto del mondo, renderla più solida nelle istituzioni, e non mi coinvolgevano interessi di parte e diatribe ideologiche.

Tutti me ne resero merito durante il primo mandato ma in seguito gli umori cambiarono radicalmente con accuse infondate di parzialità in favore dei federalisti che mi amareggiarono profondamente.

Feroci polemiche in Congresso e velenose contestazioni sulla stampa si fecero sempre più frequenti. Sia Hamilton sia Jefferson diedero le dimissioni nel corso del loro incarico ed io mi ritrovai a fronteggiare da solo un'accozzaglia di caotiche e contradditorie istanze.

Mi si imputò in accanita veemenza la decisione di impiegare le forze armate per sedare una rivolta in Pennsylvania guidata dai produttori di whisky in seguito alle tasse promulgate da Hamilton. Mi si accusò di connivenza con l'Inghilterra durante la guerra di indipendenza con la pubblicazione di lettere, risultate false, che avrebbero dimostrato il mio tradimento della Patria. Mi si tacciò da fantoccio acquiescente ai voleri del partito federalista, ma ciò che in fine del secondo mandato mi colpì con il discredito più pesante furono le vicende commerciali e diplomatiche che culminarono nel trattato Jay.

L'Inghilterra, nella presunzione di nostre simpatie filofrancesi, prese a contestare il nostro diritto di paese neutrale nel traffico mercantile marittimo giudicandolo dannoso per la sua azione di blocco navale.

Emise quindi un intollerabile decreto con il quale autorizzò se stessa a sequestrare ovunque fosse possibile il naviglio straniero che avesse ritenuto dedito a commerci lesivi della propria sovranità. Sarà stato un caso se il decreto venne attuato soltanto contro le navi statunitensi che trasportavano merci dalle Antille alla Francia?

Tale condotta avrebbe giustificato senza dubbio una dichiarazione di guerra ma io non ritenni di perseguire siffatta ipotesi e quindi decisi di inviare a Londra John Jay, il Presidente della Corte Suprema, per la stipula di un onorevole negoziato.

Gli inglesi però, intransigenti più che mai, rifiutarono di accordare qualsivoglia risarcimento e rilanciarono la proposta di costituire un collegio arbitrale internazionale nel quale avrebbero rappresentato la maggioranza. Pretesero poi clausole sui nostri debiti passati, già in parte adempiuti, talmente umilianti, e che peraltro Jay fu costretto a sottoscrivere, da sollevare all'unisono la più feroce indignazione.

Impiegai almeno due mesi di angoscianti dubbi e riflessioni prima di decidermi ad approvare il trattato, la cui unica alternativa era guerra senza possibilità di alleanza alcuna.

Firmai infine, attirandomi per di più il sospetto della Spagna e della Francia sul presunto *inciucio* con gli inglesi, e divenni il capro espiatorio di tutto il malcontento.
Era la fine del 1794. Maturai allora l'insindacabile proposito di non ricandidarmi per un ulteriore mandato e così succedette John Adams, Vicepresidente, mentre Jefferson subentrò nella carica vicaria.

Minerva – Lasciami menzionare, George Washington, il passo più significativo del tuo discorso di commiato:
"La grande regola cui attenerci nelle relazioni con le nazioni estere è quella secondo cui, nell'estendere le nostre relazioni commerciali, dobbiamo limitare al massimo il rapporto politico. L'Europa si trova per necessità ad essere coinvolta in frequenti conflitti le cui cause ci sono essenzialmente estranee. Ne consegue che non è saggio per noi lasciarci coinvolgere nelle varie vicissitudini della politica o nelle combinazioni, o collisioni, provocate dalle amicizie o inimicizie che essa di volta in volta stabilisce". - Che ne è oggi di tali parole?
Fosti fondatore di un impero, dunque, ma non per vocazione, volevi davvero soltanto il bene per gli Stati Uniti.
Tornasti infine a Mount Vernon e trascorresti in pace gli ultimi due anni della tua vita.

L'incontro è concluso, gli dei si alzano dagli scranni e scendono dal palco per ricevere l'omaggio dei generali che si fanno loro incontro avendo riassunto le sembianze iniziali.

Tutti insieme lasciano poi la sala del consiglio di stato maggiore in un percorso tra due ali di legionari schierati che, all'ordine secco del centurione, presentano le armi con tratto marziale.

Sulla piazza, all'esterno, un'intera coorte di fanteria e una torma di cavalieri accolgono il gruppo con un saluto assordante, che subito però si disperde nelle gelide folate cariche di nevischio provenienti dal vicino canale della Manica.

Quell'ambiente inospitale, che induce a stringersi intorno i mantelli, ingentilisce tuttavia d'improvviso in una brezza profumata di rose nel clima ammaliante di un rigoglioso giardino.

Gli ospiti si soffermano un poco ad aspirarne l'effluvio e si dirigono quindi verso le porte finestre che immettono alla Casa Bianca.

Atto secondo

L'impero

Personaggi in scena:

Alessandro, Cesare, Napoleone, Washington

L'onore di accogliere gli ospiti nello studio ovale compete a Barack Obama, il Presidente in carica degli Stati Uniti, ed egli vi adempie con la consueta squisita cortesia: si inchina ad ognuno, sorridendo affabile, e con gesti garbati invita il gruppo a prendere posto sui due divani disposti al centro della sala. Esce poi discreto dalla scena e chiude la porta.
L'atmosfera si espande luminosa, serena e gradevole, pervasa di un sentore primaverile, ma l'interno è sconosciuto per tutti, compreso George Washinton, giacché egli ne vide sì il disegno in progetto ma non la realizzazione.
Sui sofà a tre posti, ricoperti da un elegante tessuto beige elaborato in tenui disegni, agli angoli siedono Alessandro e Napoleone, da un lato, Cesare e Washington dall'altro.
Sul pavimento tra loro è steso un piccolo tappeto rotondo con il

logo del Presidente e da esso si dipartono sottili intarsi lignei in tutte le direzioni, come i raggi del sole.

Marte e Minerva occupano ciascuno una solenne poltrona in pelle dal colore intonato: Marte dando le spalle alla scrivania di Obama e Minerva dalla parte opposta.

Gli ospiti hanno dismesso le uniformi militari e indossano abiti che adombrano tutto il potere acquisito.

Alessandro, in livrea di porpora e manto azzurro ricamato d'oro; Cesare, in toga candida, orlata di rosso; Napoleone, in impeccabile finanziera verde, rutilante di decorazioni; Washington, in completo di velluto nero e calze di seta pallida.

L'età è più avanzata per tutti i quattro ma nessuno di essi ha perduto l'impronta dell'interiore energia motrice.

Scena 1 – L'idea e la dinamica

Minerva –un sovrano universale è presente in ogni regione del mondo, più o meno antico: Cesare romano, Basileus bizantino, Kaiser germanico, Czar russo, Pascià ottomano, Shah persiano, Huandi Ho cinese, Khan mongolo, Tenno giapponese, Tlatolan azteco … tanto per menzionare i più significativi.

Le prerogative di ciascuno ed il fondamento giuridico del potere differiscono, in ordine alle peculiari culture ed alla motivazione etico/morale o filosofico/religiosa che ne diedero i teorici e gli studiosi dei rispettivi luoghi ed epoche trascorsi.

Altresì al giorno d'oggi il lemma *impero* sussiste, ancora, però soltanto come concetto generale e astratto, elaborato dall'analisi storica dei tempi recenti, in cui l'impero rileva come oggetto di studio ormai desueto, nella realtà. La dicitura stessa d'altronde sa di polvere, suona pomposa, obsoleta, quasi ridicola.

Eppure se, dopo il secondo conflitto mondiale, solo il Giappone conserva intatta l'istituzione imperiale, nella patetica resistenza di tradizione, l'esercizio fattuale non è scomparso affatto, anzi, persiste indomito attraverso nuovi modi di egemonia informale.

Ordunque, illustri ospiti, entro un panorama globale di tempo e luogo, la vostra esperienza imperiale rappresenta un passaggio tra i più importanti entro i tipi ravvisabili nella Storia. Prima di ascoltarvi in merito, però, approfondiamo il contesto generale.

Marte – La collocazione spontanea fra voi, Alessandro e Napoleone, accomodati di fronte a Cesare e Washington, forse solo in apparenza è casuale poiché invero essa corrisponde a una stretta relazione con i connotati reciproci fra le coppie sul tema ora in analisi: l'Impero.

Altrove infatti abbiamo notato che gli esordi delle vostre vite, Cesare e Washington, non avrebbero concesso di immaginare l'eccezionale sviluppo in campo militare e politico che poi si attestò a un livello di straordinaria grandezza storica.

In altre parole, le imprese che fondarono i vostri imperi, già in essere a Roma o di là da venire negli Stati Uniti, si svolsero in epilogo oltre alla soglia dei cinquanta anni di età, mentre per voi, Alessandro e Napoleone, l'impero era cosa fatta intorno ai trenta.

La distinzione però non è unica giacché un'altra analogia correlata si manifesta entro le coppie individuate: l'impero fu di breve durata tra Occidente ed Oriente, Alessandro, e in Europa, Napoleone (nacque e si estinse con le vostre esistenze), si attestò invece su alcuni secoli a Roma, Cesare, e per un secolo negli Stati Uniti, Washington, talché altri soggetti raccolsero la vostra brillante eredità, sino a un termine noto per Roma e ignoto per gli Stati Uniti.

Occorre puntualizzare peraltro che tu, Cesare, imprimesti un impulso consapevole ad un'epoca imperiale in istituzione, e non più in via di fatto, al contrario di te, Washington, che non coltivasti un progetto al riguardo ed anzi militasti in funzione anti imperiale.

Prima di intraprendere ogni dibattito, tuttavia, è necessario articolare una definizione che, con tutte le riserve del caso, contenga l'essenza dell'Impero, concretizzatosi nella Storia in un'infinità di modelli di cui la vostra presenza qui costituisce una componente cospicua sì ma non certo esaustiva.

Impero, d'altronde, è una parola che identifica una forma di governo non disciplinata in chiare e precise formule giuridiche, come lo stato nazionale adattato nell'archetipo di repubblica o di monarchia, tant'è che nella dicitura potremo annoverare sia entità che, espressamente, intesero assumerne il titolo, realizzandone o non la sostanza, sia altre che addirittura lo respinsero inorridite e ciononostante esercitarono senza patemi le prerogative più tipiche.

Il Sacro Romano Impero, per esempio, fu inaugurato con la specifica denominazione proprio nell'intento di ripristinare l'impero romano, nel cui linguaggio peraltro *imperium* era solo il comando supremo militare dei consoli, e comunque si trattò non di una copia ma di un autentico impero che caratterizzò l'Europa per mille anni.

O ancora il *British Empire*, altro significativo paradigma istituito su un'effettiva realtà coloniale, che tuttavia fu ufficialmente proclamata in grande enfasi solo all'epoca ottocentesca della regina Vittoria.

Al contrario, fra gli imperi testualmente denominati, per certo non lo fu quello guglielmino di fine ottocento, che piuttosto sancì il primato di una confederazione di stati, né quello francese instaurato per mera nostalgia da tuo nipote, Napoleone.

Meno che mai potrebbe dirsi vero impero quello messicano istituito da Massimiliano d'Asburgo, giacché allora dovremmo considerare tali anche gli effimeri imperi del Brasile o del Marocco.

Altrettanto varrebbe sull'impero d'Etiopia, appiccicato a re Vittorio Emanuele III di Savoia, in cui alla retorica non corrispose alcuna concreta sostanza imperiale, considerata la risibile durata, ancorché altre avventure fossero state intraprese prima in Libia e ancora prima in Somalia ed Eritrea.

Nel medesimo fascio poi deve porsi l'impero belga, fatto di un'unica appendice, il Congo, ritenuto comunque un possedimento personale di re Leopoldo più che una pertinenza nazionale.

L'Unione Sovietica infine, prolungamento ideale dell'impero zarista, seppure nemica degli imperi per antonomasia, si oppose con uguali strategie all'impero degli Stati Uniti d'America, un tipo realizzato di fatto, ma ugualmente misconosciuto dai titolari.

In tutte le realtà imperiali menzionate, comunque, come in

altre, vere o fasulle che siano, sussiste immancabilmente la ricerca del potere, dell'autorità, del dominio assoluto, e simile connotazione, in astratto, rappresenta una base imprescindibile, ancorché i metodi di esercizio pragmatico divergano in un coacervo di forme differenziate.

Ai fini classificatori, dunque, si concretizza un requisito preminente innanzitutto: la supremazia di un ente su vasti territori, acquisiti per espansione militare ed in cui convivono numerosi popoli di cultura, lingua e costumi differenti.

Non è detto, peraltro, che un impero sorga sempre dall'aggressione bellica, né che il controllo sul territorio acquisito debba avvenire per metodi violenti e coercitivi.

In nessun caso, ad esempio, gli Stati Uniti realizzarono un'invasione permanente fuori dei propri confini. Ci provarono nelle Filippine, sì, ma fu un'esperienza assai breve. Eppure l'odierna potenza egemone mondiale influenza il mondo intero attraverso il controllo dei flussi di capitali e di informazioni con superiorità nel campo tecnologico e finanziario: un monopolio pressochè esclusivo, o almeno nel primo decennio del ventunesimo secolo.

In definitiva, entro un confronto limitato a voi quattro, è plausibile affermare che sussiste l'espressione completa di impero per Roma e per gli Stati Uniti, mentre, su Francia e Macedonia, si dove piuttosto affermare che le aspirazioni imperiali rimasero incompiute.

Un paradigma di impero universale, quindi, converge in

una prima analisi su Roma antica, riproposto poi, riveduto e corretto, negli Stati Uniti, laddove le esperienze napoleonica e alessandrina si presentano in tutt'altra prospettiva.

Minerva – Se non per aggressione terrestre o per dominio marittimo commerciale, o per l'una e l'altro insieme, come nei tempi antichi, o ancora per occulte trame finanziarie capitalistiche nel mondo attuale, la costituzione di un impero, in ogni caso, non può prescindere dalla prevaricazione iniziale attuata in diverse forme.
Le vostre imprese, uomini illustri creatori di un impero, confermano siffatto assunto poiché, intorno a voi, si è trattato di battaglie e assedi in abbondanza, ma assai poco di politica, salvo l'ultimo passo della tua vita, George Washington, primo Presidente degli Stati Uniti.
Questo d'altronde è il tratto che ti distingue di fronte agli altri ospiti poiché invero tu non fosti per certo un eroico condottiero alla portata di Alessandro, Cesare, Napoleone, bensì un esperto organizzatore di risorse, disparate e raccoglitticce, con le quali peraltro realizzasti sul campo di battaglia l'indipendenza di un ente statuale che, due secoli dopo il tuo transito, assunse tutte le prerogative militari, politiche, economiche, ideologiche, caratteristiche di un impero.
Ma non anticipiamo ora luci ed ombre delle vostre imprese, eccelsi uomini d'armi e di governo, procedi invece fratello in una narrazione generale, idonea a comprende-

re il fenomeno Impero in senso globale nello spazio e nel tempo.

Marte – Accolgo l'invito, sorella, ribadendo come una componente bellica, o aggressiva che dire si voglia, sia sì indefettibile all'origine di qualsivoglia impero, ma siffatta affermazione deve poi integrarsi con l'attenzione a evidenziare l'essenza teleologica dell'Impero, che non è devastazione e sfruttamento, bensì prosperità e pace dei popoli orgogliosi per l'appartenenza comune: uno scopo del quale tuttavia è possibile la realizzazione completa soltanto in uno stadio di maturità che però nella realtà storica è stato raggiunto in casi limitati.
E allora illustri ospiti, in quest'ottica mi accingo a una rassegna delle esperienze maturate anche prima dei più antichi fra voi e riflettendo sulle strutture intervenute nell'articolata plurimillenaria evoluzione.
Si tratta di sviluppo multiforme per specie e territorio, ma in sintesi esso risulta comprimibile nella dinamica dell'eterno conflitto tra est e ovest, dalla leggendaria guerra di Troia ai giorni nostri: due mondi distinti, paralleli e inconciliabili, contrassegnati da un confine ideale tracciato attraverso il Mediterraneo che coincide in incontro terrestre identificabile sull'antico Ellesponto.

Mesopotamia

Nel confronto tra Occidente ed Oriente, questo prevale per antichità poiché in Mesopotamia, nel III millennio avanti Cristo, sussistono le vestigia primordiali di un'entità sussumibile in categoria di Impero. Un ancestrale andamento aggregatore di villaggi e di città, di stati e popolazioni, sparsi su enormi territori appartenenti a diverse etnie e culture, si manifestò infatti intorno al 2300 avanti Cristo. Sargon, capostipite della dinastia accadica, fu il precursore nel 2300 avanti Cristo. Egli, appartenente a popoli medio asiatici, assoggettò i territori e le genti ricomprese tra il Tigri e l'Eufrate, istituendovi un modello di amministrazione accentrata ed al tempo stesso distribuita fra province minori governate dagli *ensi*, personaggi di tribù locali, subordinati sì ma dotati di una discreta autonomia.

L'impero accadico si impose sui villaggi e le tribù disperse in tutta la Mesopotamia e soprattutto sull'elemento sumerico, indubbiamente il più rappresentativo tra i popoli sottomessi. Quest'ultimo diede vita a una fiorente civiltà, ma suddivisa in città stato e totalmente priva di ambizioni unificatrici.

Gli accadici però non giunsero mai a consolidarsi in ente territoriale esteso al punto da toccare insieme i due mari: il Golfo Persico a sud ed il Mediterraneo a ovest. Akkad, la capitale, era collocata al centro dell'impero, e il comprensorio era l'unico retto in via immediata dal monarca, il quale, per primo al mondo, assunse una connotazione divina della propria dignità.

Da padre in figlio il potere trasmigrò per sette generazioni e quindi ebbe inizio un buio periodo di anarchia e di lotte fratricide fra eredi al trono che condusse alla sconfitta finale, nel 2150 avanti Cristo, per opera del popolo nomade dei Gutei.

Successivamente, in prima metà del secondo millennio avanti Cristo, una pletora di tribù e popoli si infittì in Mesopotamia dando luogo a uno scenario assai complesso e tale, tuttavia, per cui alle sole civiltà babilonese e assira potrebbe essere attribuito il titolo di impero.

La prima emerse attraverso lo sviluppo di un regno minore, sito nella regione mesopotamica meridionale, e indotto da Hammurabi, il sesto discendente dal capostipite fondatore, che intraprese ardite guerre di conquista su innumerevoli città ed eresse la capitale Babilonia.

La seconda si espanse su territori ancora più vasti, muovendosi dalla zona mesopotamica del nord est, ad opera di Assurbanipal, creatore della capitale, Ninive.

I due imperi giunsero al conflitto diretto con vittoria degli assiri che conquistarono Babilonia, intorno alla fine del secondo millennio, ma in seguito, grazie a una coalizione con altri popoli mesopotamici, tra cui i medi, forte stato della zona iraniana, nonché fenici ed egiziani, splendida e antichissima civiltà africana ma non di stampo imperiale, i babilonesi risorsero e distrussero Ninive, intorno a metà del primo millennio, però caddero definitivamente a opera dei persiani, popolo affine ai medi.

A questo punto richiamo te Alessandro, che fosti castigo dell'impero persiano, al quale peraltro dedico una più ampia trattazione poiché in effetti la sua influenza travalicò le lande della Mesopotamia e portò al primo impatto storico con il mondo occidentale.

I persiani erano un insieme di tribù prevalentemente nomadi abitanti gli aspri altipiani iraniani siti a sud del mar Caspio che parteciparono come popolo tributario dei medi alla coalizione vincente sugli assiri. Achemene ne fondò la prima dinastia regnante ma fu suo nipote Ciro il Grande, l'artefice dell'egemonia unificatrice anche nei confronti dei medi. Egli sconfisse i babilonesi e si espanse sia in Asia minore sia in Asia centrale.

Suo figlio Cambise proseguì l'opera assoggettando l'Egitto e quindi, nella seconda metà del primo millennio, il successore Dario, ormai consolidato il dominio in Asia e Africa, guardò all'Europa e varcò la soglia dell'Oriente aggredendo le πόλεις della Grecia.

L'Occidente prevalse, come è noto, a Maratona, quindi a Salamina e Platea, contro Serse, il successore di Dario, e da quel punto iniziò la fase di decadenza, ad opera di Atene e Sparta, del più grande impero costituito sino ad allora.

Si trattava di un'entità che, all'apogeo della potenza, ricomprendeva tutti i popoli rivieraschi del Mediterraneo orientale, le contrade della Mesopotamia, gli sconfinati territori dei deserti, altipiani e montagne dell'est (Sogdiana, Battriana, Aracosia), estesi sino all'Indo.

L'impero era poi suddiviso in ventuno province, ciascuna governata dal satrapo, dotato di autonomia notevole in campo amministrativo e giudiziario, però soggetto al Re dei re per ogni iniziativa militare di espansione o di contenimento delle ribellioni locali.

Atene

Del primo impatto fra Oriente e Occidente, fra persiani e greci, o più precisamente, ateniesi, narra Erodoto celebrando la forza d'animo e l'eroica resistenza di Atene, senza però porre abbastanza in evidenza che l'aggressione pervenne da quest'ultima, non dal Re dei re, anche se invero Dario ne trasse il pretesto per la sua brama di espansione. Atene, città stato da poco tempo assurta alla democrazia per opera di Clistene, accolse l'appello di Aristagora di Mileto e quindi organizzò una spedizione navale per liberare i popoli greci dell'Asia minore e delle isole Ionie dal giogo persiano, inflitto già da Ciro il Grande.

Gli ateniesi conquistarono Sardi, capitale della Frigia, e poi rasero al suolo un tempio sacro alla dea Cibele, un'azione aggressiva che offrì a Dario l'insindacabile pretesto di vendetta.

Il fatto per cui, in seguito, l'enorme esercito persiano venne sconfitto in due riprese dalle risorse militari decisamente inferiori delle città greche guidate da Atene è attribuito da Erodoto alla coesione ed alla disciplina di cittadini educati nella democrazia contro la disaffezione di soldati schiavi di un tiranno.

Plausibile argomento, invero, dal quale parrebbe potersi indurre che l'impero è incompatibile con la democrazia, ma gli eventi successivi contraddicono, almeno in parte, siffatta considerazione.

Atene infatti, espugnata in seconda guerra persiana, sventò infine la minaccia e si trasformò a sua volta in un impero, di tipo occidentale, tuttavia, in regime di vera democrazia e affatto peculiare rispetto alle forme già descritte nelle regioni orientali.

Per esigenze difensive da una prevedibile riscossa persiana, le isole e le terre litoranee dell'Egeo si riunirono nella federazione che prese il nome di "lega di Delo", dall'isola prescelta per la custodia del tesoro comune, alimentato da oneri finanziari volontari, ma, circa vent'anni dopo, la *leadership* ateniese si convertì in autentica tirannia.

Arbitrariamente il tesoro venne trasferito ad Atene che poi proclamò il divieto ai popoli federati di recedere dalla lega.

L'egemonia quindi si consolidò e Atene, campione di democrazia in patria, cominciò a impiegare il tesoro della lega, accumulato soltanto per la salute comune, in grandi opere pubbliche di abbellimento della città, come donativi per i notabili del luogo, quindi a esclusivo bene del centro di potere.

Minerva – Questi furono soprusi di non scarso rilievo da parte della città che porta il mio nome, giustificabili peraltro dallo stato indotto di necessità a conservare un dominio marittimo commerciale che dal Pireo irradiava sul Mediterraneo orientale.
Atene ne deteneva un controllo assoluto e sorvegliava tutte le linee di navigazione che conducevano ai ricchissimi e iperattivi mercati di transito di merci provenienti dall'entroterra africano e asiatico.
Fu quello ateniese un impero che non intraprese guerre di conquista e che fondò piuttosto il suo titolo sul carisma di salvatore del mondo occidentale. Costituitosi di fatto peraltro, non avrebbe di certo potuto ammettere che gli alleati adottassero forme di governo non adeguate all'archetipo ateniese, né che potessero abbandonare la lega.
Gli alleati quindi si trasformarono in sudditi.
Le isole di Samo e Mitilene invero tentarono di gestirsi in autonomia nel periodo dell'apogeo imperiale ma, a parte gli ipocriti approcci di carattere diplomatico di legati dalla "madre patria", conobbero infine il pugno di ferro e la punizione, da parte di un popolo democratico.
Samo peraltro, dopo un lungo assedio, venne costretta a demolire le mura della città, a concedere ostaggi, a pagare una pesante indennità. Mitilene poi, per la ribellione all'impero, dovette subire esecuzioni capitali sulla pub-

blica piazza delle persone coinvolte nella congiura. Poca cosa, comunque, rispetto all'esempio dell'isola di Milo, quando lo splendore ateniese era alle spalle e Sparta, rivale unica per potenza terrestre, contrastava la rivale sul campo di battaglia nella guerra del Peloponneso.

La vendetta ateniese su Milo, per l'avere richiesto la tutela di Sparta contro Atene, comportò l'uccisione di tutti gli uomini in età militare e la riduzione in schiavitù dei più anziani, delle donne e dei bambini.

Tutto ciò attesta la tua affermazione, diletto fratello, per cui la forma di governo democratica non è affatto incompatibile con l'impero, del modello territoriale o marittimo che dire si voglia.

Concedimi però di concludere l'inciso rammentando che Atene, pure sconfitta da Sparta, e ridotta all'ombra di stessa, mantiene ancora tutto intero il merito che le fu attribuito della salvezza dell'Occidente e la palma della città prima al mondo per democrazia, cultura, arte.

Atene, infatti, neutralizzò la minaccia orientale e dei re achemenidi, attentatori al primato occidentale, i quali persero ogni loro velleità di dominio dopo il secondo tentativo di invadere dell'Europa.

Alessandro

I persiani continuarono sì a guardare all'ovest, ma solo in funzione di alleanze, più o meno opportune, con Atene o

Sparta, sino alla fine determinata dal tuo genio militare, Alessandro.
Soltanto per completare il quadro storico rammento ancora che agli achemenidi subentrarono gli arsacidi alcuni secoli dopo.
Arsace, sedicente fondatore di un risorto impero persiano, assunse il dominio partendo dalla Partia, un'ex satrapia achemenide, e i Parti si resero irriducibili nemici dei romani. Più volte questi li assalirono e mai li sconfissero (oggetto dei tuoi intenti di vendetta per l'uccisione di Crasso, Cesare, i Parti non videro la progettata campagna ormai in partenza alle idi di marzo e ressero poi anche a Marco Antonio, tuo mancato successore, ma caddero infine ad opera dei sassanidi).

Marte – Ascolteremo dalle tue parole, Alessandro, e apprenderemo i metodi con cui avresti voluto instaurare un impero davvero in unione d'Oriente e Occidente se la sorte ti avesse consentito un tratto di vita almeno pari a quello trascorso.
Io preferisco narrare come le basi di tale impero si dissolsero subito dopo la tua prematura dipartita, sia in Macedonia sia negli sconfinati territori dell'est, e come, per vie tortuose, risorsero con la fondazione dell'impero romano, grazie alle tue imprese, Cesare.
Sul letto di morte a Babilonia, Alessandro, tu designasti il successore alla guida dell'impero che avevi creato ma lo

identificasti in maniera criptica, vale a dire: il più valoroso tra i tuoi generali.
Perdicca comunque si impose su tutti gli altri e interpretò la volontà da te manifestata proponendo l'intronizzazione del nascituro figlio di Rossane, la tua moglie orientale, e la reggenza imperiale in capo a se stesso, con distribuzione agli altri generali delle province.
Un accordo venne stipulato tra i diadochi ma successive controversie portarono a una serie di guerre sinché sullo scenario si consolidarono come potenze militari le dinastie di Tolomeo in Egitto, di Seleuco, in Siria e Mesopotamia, di Antipatro in Macedonia.

Roma (*ante* Cesare)

Questi furono i cosiddetti regni ellenistici maggiori, destinati tuttavia alla patetica condizione di dipendenze del futuro impero romano.
All'epoca infatti Roma era sì una fiorente città stato ma con dominio territoriale non esteso alla pianura padana e neppure alle regioni site all'estremo sud della penisola.
Le guerre puniche, cento anni dopo l'epopea post alessandrina che in breve ho ricordato, sconvolsero radicalmente l'assetto geo - politico del mondo conosciuto e in tale quadro si realizzò la fine del regno di Macedonia e dei citati regni ellenistici.
Il loro travagliato epilogo avvenne a duecento anni dalla

tua morte, Alessandro, quando Ottaviano annettè l'Egitto che tu Cesare, pronto ad includerlo in orbita romana, rinunciasti ad assoggettare per amore di Cleopatra.

Minerva – Abbiamo già rilevato in esordio, illustri ospiti, che Roma rappresenta l'archetipo antico più completo dell'idea di impero.
Descrivine pertanto in breve le fasi di formazione, fratello mio, oltre alla continuità con i regni ellenistici alessandrini e sino al passaggio essenziale di te, Cesare, fautore istituzionale dell'impero.
Al riguardo però mi riservo di formulare una sommaria teorizzazione della struttura imperiale romana ed accennare all'evoluzione dopo di te e Ottaviano Augusto sino all'estinzione nel 492 dopo Cristo.

Marte – Sì, diletta sorella, sarà per certo opportuno soffermarci sul tema "Impero" in generale e individuarne i connotati con riferimento a una realtà onnicomprensiva per durata e tipologia, quale fu Roma.
Ordunque, illustri ospiti, ho accennato alla sua estensione territoriale a nord e a sud, entro la penisola italica, come segnale di una tensione espansionistica straordinaria in atto già dall'epoca monarchica.
Ora quindi procedo a narrare l'ulteriore crescita che fu intrapresa in lotta con Cartagine, potenza marittima commerciale incontrastata sul Mediterraneo occidentale e in

Sicilia, Sardegna, Iberia. sinché Roma perseguì l'egemonia in funzione terrestre i rapporti con Cartagine si mantennero pacifici e disciplinati da una serie di trattati succeduti nel tempo, ma quando Roma distrusse Taranto, ultima città della Magna Grecia nella penisola italica, il contatto con Cartagine, sullo stretto di Messina, annunciò l'impatto fatale che si sarebbe poi sviluppato in un conflitto durato oltre mezzo secolo.

La prima guerra punica, in prevalenza navale, si protrasse per quasi vent'anni e portò all'annessione di Sicilia e Sardegna come province romane nonchè alla suddivisione dell'Iberia in due sfere d'influenza, l'una romana e l'altra cartaginese.

La seconda guerra punica, in prevalenza terrestre, fu di uguale durata e vide la consacrazione di Roma a impero di fatto.

Fra le due guerre, peraltro, i romani trovarono il tempo di espandersi di là dell'Adriatico, in Illiria, base di future spedizioni in Macedonia, e di acquisire la pianura padana sino ai piedi delle Alpi, annientando così la minaccia dei galli cisalpini.

Una volta neutralizzata Cartagine, Roma riaprì l'espansione sulle tre direttrici di Iberia, Macedonia, Gallia cisalpina, perduta quest'ultima per l'incursione di Annibale disceso dalle Alpi.

L'iberia fu ridotta a duplice provincia romana (Ulteriore - Citeriore), la Gallia venne compresa in territorio italico mediante un complesso sistema di colonie e municipi, la Macedonia subì un'aggressione per intento punitivo giacché, durante la seconda guerra punica, Filippo V aveva stretto alleanza con Annibale in funzione antiromana.

Filippo e Perseo, re di Macedonia appartenenti alla dinastia seguita a quella di Antipatro, il tuo immediato successore, Alessandro, persero quattro guerre contro i romani.

Dopo la prima di tali guerre, tuttavia, Filippo, non sconfitto in modo definitivo, mantenne l'acredine anti romana e si alleò con Antioco, il re di Siria e Mesopotamia, per aggredire insieme l'Egitto tolemaico. Quest'ultimo invocò l'alleanza con Roma, che peraltro non rispose e rimase a guardare la perdita dei possessi egiziani nell'Asia minore. Intervenne invece, un poco più tardi, su richiesta dei re di Rodi e di Pergamo, sconfiggendo per la seconda volta Filippo.

Nel frattempo Antioco sbarcò in Europa ed annettè la regione Tracia, rendendo così inevitabile lo scontro diretto con i romani.

Complesse vicende diplomatiche, aventi ad oggetto il territorio della Grecia, prelusero alla guerra con Antioco, nel mentre Filippo si alleò con Roma. Le ostilità seguirono alterni tratti sinché Lucio Scipione, fratello dell'Africano, colse la vittoria finale a Magnesia.

A coronare lo strapotere romano sul Mediterraneo orientale, laddove il dominio sull'occidentale era ormai strappato a Cartagine, giunse la terza guerra macedonica, causata

dalla smania di rivincita di Perseo, il re succeduto a Filippo. Una quarta guerra macedonica, di modesta durata, insorse per analogo tentativo del sedicente erede di Perseo.
Il pregresso provvedimento intermedio di divisione della Macedonia in quattro entità venne abbandonato e sorse la quinta provincia, oltre a Sicilia, Sardegna, Iberia Ulteriore, Iberia Citeriore.
L'Egitto, defilato e umiliato, restava tranquillo ma sarebbe giunto il suo momento con te, Cesare.

Minerva – Deve passarne di acqua sotto i ponti, fratello, prima che irrompa sulla scena la tua eccelsa figura, Cesare. Soffermiamoci quindi su questa prima fase imperiale ed attestiamola al 146 avanti Cristo, quando Cartagine, già resa schiava, venne rasa al suolo con la terza guerra punica e costituita in provincia d'Africa, la sesta, o quando Corinto subì la stesso trattamento e l'intera Grecia perse la libertà entrando a fare parte della provincia macedonica.
Subentrò allora una fase di riassetto politico interno per Roma, entro cui la Repubblica si dedicò a profonde riflessioni nell'intento di dare allo Stato la struttura adeguata a un ordine imperiale.
Infatti, nel corso di cinquant'anni intercorsi tra l'inizio della seconda guerra punica e l'ultima guerra macedonica, l'influsso romano si era esteso a tutto il mondo conosciuto ma, quanto all'aspetto formale di governo dei territori, non sussisteva un'eguaglianza di trattamento e ciò corri-

sponde, in termini di teoria, al duplice metodo di gestione di impero, vale a dire per annessione o per egemonia.

Nel primo caso il potere centrale si muove sulla periferia imponendo la propria politica attraverso magistrati e presidi militari *in loco,* ed è ovvio che in simile schema la resistenza dei subordinati, più o meno efficace, tende a minare il dominio dell'aggressore.

Nel secondo caso il potere centrale preferisce, invece, intrattenere un rapporto di pacifica convivenza, non opprimente, né impone alcuna interferenza amministrativa militare, ma aspira ad una condivisione spontanea degli obiettivi imperiali, ferma restando la supremazia.

All'epoca della talassocrazia ateniese, ad esempio, avvenne in tempi brevi il transito dalla seconda alla prima delle due modalità, mentre a Roma Repubblica fu applicato contemporaneamente sia il primo tipo (istituendo le province, già menzionate, e altre ancora in seguito) sia il secondo tipo (stipulando patti d'alleanza con gli stati limitrofi alle province in modo tale da creare una cintura di sicurezza, un cordone sanitario contro gli stati autonomi ed in potenza nemici).

Nell'uno, al governatore romano, cioè consoli o pretori uscenti dalla carica, venne conferito l'ufficio del comando supremo e del presidio militare, per il mantenimento dell'ordine o per ulteriore espansione, nonchè di gestione amministrativa, giudiziaria, fiscale (incarichi che i delegati svolgevano in notevole autonomia). In Sicilia, Sardegna,

Iberie, per esempio, si adottò l'annessione, anche se più impegnativo si sarebbe rivelato, in seguito, il carico governativo per le Iberie, che non per le isole, e questo a causa della maggiore distanza fisica e del temperamento bellicoso e ribelle delle popolazioni locali.

In Africa e in Oriente, invece, prevalse un tipo misto di annessione e di egemonia giacché i confini della provincia vennero tutelati con la presenza dei regni clienti alleati di Roma: Numidia e Libia in Africa, Rodi, Pergamo, Bitinia, Cappadocia, in Oriente.

Formalmente autonomi, seppur amici con riserva, rimasero i regni di Mesopotamia ed Egitto, governati dai seleucidi e dai tolomei.

In linea di massima il metodo dell'annessione esigeva un impegno di risorse notevole ma, al tempo stesso, assicurava ritorni in termini di tributi e di lucrose importazioni coatte, di fornitura di uomini atta ad integrare le schiere dell'esercito.

Nulla di tutto ciò, invece, era preteso dagli stati clienti, ma spesso un impulso volontario di collaborazione militare ed economica veniva offerto spontaneamente da parte loro.

Prosperità e ricchezza caratterizzarono l'impero in questa fase per la messe di risorse e di tributi dalla periferia al centro e per una crescita esponenziale del traffico commerciale marittimo.

Marte – D'accordo, Minerva, però è notorio, come la Storia

collochi la fondazione ufficiale dell'impero romano oltre cento anni dopo la data che tu hai adottato in termini convenzionali (146 a. C.) e questo per opera tua, Cesare, e del tuo successore, Augusto.

Comunque sia, in quell'interludio precesariano non ancora concluso, l'impero di fatto non cessò di espandersi e quindi appare opportuno completare il racconto riassumendone le vicende.

Circa dieci anni dopo il 146 a. C. Roma mise piede nella penisola anatolica, dapprima suddivisa in più regni clienti. Uno tra questi, per l'appunto, il regno di Pergamo, alla morte di re Attalo e in assenza di eredi, venne donato per testamento del re stesso a Roma, e là sorse il primo nucleo della settima provincia, Asia.

Dieci anni ancora e venne istituita un'ottava provincia nella Gallia transalpina. Anch'essa (detta Gallia narbonense da Mario), costituì solo il primo nucleo di più vaste conquiste. In allora infatti si intese fondare una dipendenza di mero transito verso l'Iberia, lungo la via litoranea mediterranea.

La guerra giugurtina, più tardi, comportò l'estensione della provincia d'Africa in Numidia, Occidente, mentre a Oriente seguì l'annessione della Cirenaica e di Cipro, per la donazione di un Tolomeo d'Egitto.

Bitinia, Ponto, Cilicia, aumentarono i possedimenti nell'Asia minore come bottino della terza guerra mitridatica condotta da Pompeo.

La Siria infine cadde in potestà romana per donazione dopo la morte di Antioco, l'ultimo dei Seleucidi.
Di tali incrementi però, piuttosto che in ulteriori province, è corretta la classificazione come crescita dell'originaria provincia Asia, anche se quest'ultima, suddivisa in diverse regioni, non fu più affidata a un unico governatore.

Roma (*post* Cesare)

A questo punto subentri, Cesare, con la grande conquista della Gallia transalpina però, come abbiamo stabilito per Alessandro, rinviamo al tuo racconto diretto la trasformazione della repubblica in impero: un secolo di cruente guerre civili e torbidi cittadini.

Minerva – Sì, Cesare, acquisisti il potere assoluto a Roma in carica di dittatore a vita, ma le prerogative repubblicane non furono affatto dismesse, non subito almeno, tant'è che nel contempo conservasti la carica di console, in coppia con Marco Antonio.
Introducesti peraltro il principio di successione al potere nominando erede un nipote di tua sorella, Ottaviano, e lo adottasti come figlio.
A prescindere quindi dai solenni appellativi che gli furono attribuiti come governante, di cui parecchi di origine repubblicana pro forma, non c'è dubbio che egli, nella sostanza, fu a sua volta il detentore del potere assoluto con

facoltà di trasmetterlo agli eredi.

A te è dovuta dunque l'istituzione di un principe unico, in apparenza rispettoso della tradizione vigente ma invero in totale avversione con il fondamento repubblicano.

Per quanto riguarda il territorio dell'impero, comunque, a Ottaviano Augusto è dovuta l'annessione dell'Egitto giacché egli non cedette al fascino di Cleopatra. Quella però non fu ancora l'ultima espansione poiché altre se ne contarono in seguito: Mauritania, Britannia, Rezia, Norico, Armenia, Dacia (per opera di vari successivi imperatori).

Soltanto la conquista della Germania, al di là del Reno, fallì con una strage di legionari nella foresta di Teutoburgo. Augusto impazzì: si aggirava stranito nel palazzo, in veste nera, battendo il capo contro le colonne *"Vare, Vare, redde legiones meas"*.

In ordine al territorio comunque egli realizzò una riforma del sistema tale per cui le province vennero riconfigurate in conformazione delle pertinenze e ricatalogate, in imperiali o senatorie, per provenienza di nomina governativa, però il *princeps* conservò per sé le province più importanti e più ricche, o quelle più insicure per fedeltà.

Caratteristica peculiare della reggenza augustea peraltro fu una pace generalizzata entro tutto l'impero, il che induce importanti riflessioni che, attenendosi al peculiare esempio romano, cioè il passaggio da una fase di espansione selvaggia a una di assestamento civilizzatore, risale all'onnicomprensivo storico.

Hai già accennato altrove, fratello, a siffatto fenomeno che gli storici chiamano "valico della soglia augustea": il potere militare cedette da allora al potere politico ideologico mentre, alla frenesia di conquista, subentrò l'intento di supremazia non fondato sull'aggressione, più o meno palese, ma sull'anelito di pace e di condivisione dell'orgoglio imperiale da parte dei popoli soggetti.

Gradatamente, infatti, Roma ampliò la disponibilità a concedere il diritto di cittadinanza ai sudditi che raggiunse il culmine con l'editto di Caracalla, vero apogeo dell'integralismo universale nell'impero.

Iniziò dunque proprio con Augusto un periodo di splendore che durò due secoli, prima del tramonto ineluttabile, quando la difesa delle frontiere cominciò a cedere all'urto dei barbari.

In termini generali, comunque, sussiste il dubbio sul se un ciclo così longevo, orientato dapprima all'espansione e poi alla stabilizzazione politica, risulti eguagliato nella storia del mondo.

Non da voi, Alessandro e Napoleone, considerato il ciclo temporale limitato, ma neppure dagli Stati Uniti, Washington, poiché la storia in evoluzione è ancora troppo breve e, soprattutto, non è compiuta.

Orbene, illustri ospiti, i tre secoli seguiti ai due splendidi del ciclo augusteo segnarono il declino progressivo che condusse, infine, alla deposizione dell'ultimo imperatore d'Occidente, Romolo Augustolo.

Complessi furono gli avvenimenti connessi e pertanto mi soffermo a delineare solo il tema che abbiamo privilegiato: quello territoriale.

Al termine del III secolo dopo Cristo l'imperatore Diocleziano pose mano alla riforma augustea e suddivise l'impero in quattro tetrarchie (Oriente, Illirico, Gallie, Italia) affidandone il governo ai figli.

Ciascuna tetrarchia, o prefettura, che dire si voglia, fu ulteriormente suddivisa in dodici diocesi, e queste in province, che proliferarono a oltre cento. L'autorità di Roma *caput mundi* iniziò allora a vacillare giacché, seppure ritenuta la capitale della prefettura d'Italia, si vide affiancare in condizione di parità Milano.

Al principio del IV secolo Costantino, il nipote di Diocleziano, abolì le quattro prefetture e riunificò l'impero ma, in novità rivoluzionaria, istituì a Bisanzio una nuova capitale gemella di Roma, ritenendo in tale maniera di fortificare le frontiere.

Diede origine in tale modo alla diarchia tra Oriente e Occidente che già era stata in procinto di realizzarsi all'epoca della guerra civile tra Marco Antonio e Ottaviano, preposti alle province est e ovest.

Non era ancora spartizione politica fra imperi d'Oriente e Occidente poiché essa avvenne a fine IV secolo, quando Teodosio istituì eredi i figli, Arcadio ed Onorio, e prepose ciascuno alle parti ormai distinte di impero: Arcadio a est e Onorio a Ovest.

Il seguito è noto. L'Occidente si estinse appena cento anni dopo, o forse involse nel Sacro Romano Impero fondato nel 800 d. C. l'Oriente sopravvisse per mille anni sinché crollò all'urto del turco ottomano, o forse si perpetuò con le ambizioni della chiesa ortodossa cristiana in Russia zarista.
Non precorriamo, comunque, il racconto sull'evoluzione dell'idea di impero in assenza del faro di Roma.

Marte – Grazie, sorella, per la tua attenzione a non prevaricare.
Torniamo quindi sull'annunciato conflitto tra l'est e ovest imperiali e dividiamo l'onere. A me l'Occidente, a te l'Oriente.

Occidente – parte prima

Inizio dalla fine, Napoleone, e rilevo come, se tu fosti l'antagonista degli imperi russo e inglese, sia pure cedendo infine contro entrambi, per altro verso demolisti il Sacro Romano Impero, la cui immanente presenza caratterizzava l'Europa da un millennio.
La caduta irreparabile infatti avvenne dopo la battaglia di Austerlitz, vale a dire, un millennio dopo il fatidico 800 d. C., però la sequela di eventi intermedi esige un meticoloso impegno di sintesi.
800 d. C., dunque, è l'anno nel quale Carlo Magno, il re dei

franchi e dei longobardi, fu incoronato dal Pontefice Leone III con l'intento di restaurare l'Impero Romano d'Occidente.

Tale era un'entità inesistente già da trecento anni, ma della quale si dicevano allora eredi sia la Chiesa sia l'impero Romano d'Oriente.

In cambio dell'onore conferito il Papa ottenne da Carlo Magno, oltre alla protezione militare da un possente regno, in tempi calamitosi per la Chiesa, pure il riconoscimento della donazione di Costantino, atto falso sul quale era fondato il potere temporale dei papi nell'Esarcato di Ravenna ed altri territori soggetti *pro forma* all'impero d'Oriente.

Ora, sorella, per certo possiamo affermare che la consacrazione del Papa corrispose in quei frangenti alla legittimazione di un impero già insorto di fatto, per opera di Carlo Magno, con espansione militare in Europa centrale e occidentale nonché in Italia settentrionale.

È poi corretto affermare che la struttura feudale carolingia, divisa in marche di confine e contee, aveva incardinato le radici di un assetto stabile in influenza culturale, ideologica, religiosa.

Sulla durata, peraltro, dobbiamo collocare quella nuova realtà nello stesso tipo creato da voi, Alessandro e Napoleone, vale a dire quasi possessi personali, poiché furono sufficienti appena due generazioni per disfare il tutto. Nipoti di Carlo infatti (Lotario, Carlo e Ludovico) imitarono i diadochi alessandrini e nella successione concordata si ritagliarono tre regni distinti, epigoni delle moderne nazioni di Italia, Francia e Germania. La dinastia carolingia si estinse infine con altri due Carlo: secondo, detto il Calvo, e terzo, detto il Grosso.

Intorno all'anno mille comunque, passata una serie di figure minori, l'impero risorse con Ottone, dinastia sassone, a sua volta incoronato dal Pontefice, mentre, alla dicitura di *Sacro Romano Impero*, venne aggiunto il lemma *Germanico*, considerato che il territorio di Ottone comprendeva le frazioni dell'impero carolingio assegnate a Lotario e Ludovico (Germania) ma non quella di Carlo (Francia).

I successivi due Ottoni continuarono, grazie al ripristino del metodo ereditario, rifondato dal primo, a ritenersi eredi legittimi dell'Impero Romano antico, per investitura papale, ma in effetti essi furono solo i re di una confederazione di tribù germaniche, sinché, per assenza di eredi dell'ultimo Ottone, Enrico II, alla dinastia sassone successe la dinastia salica.

Da allora cessò il metodo della consacrazione papale e subentrò una scelta elettiva affidata all'assemblea dei capi delle tribù.

La forza dei seguenti imperatori però decadde, attraverso Enrico III, sino all'umiliazione di Enrico IV, al cospetto del papa Gregorio VII, durante la lotta per le investiture, mentre la Chiesa salì a una postura di antagonista paritario rispetto all'impero.

Minerva – Poniamo una cesura a questo punto, diletto fratello, e non dimentichiamo peraltro che l'impero d'Oriente, totalmente incapace di intervenire militarmente in Italia, si proclamava comunque l'unico erede dell'impero romano antico e, in tono dispregiativo, appellava *franco* quello d'Occidente, un epiteto limitativo in riferimento ai soli domini originari di Carlo Magno, re dei franchi, disconoscendo così la dicitura *romano* e pure la componente germanica.

Tale astiosa rivalità, tuttavia, non sfociò mai in guerra aperta, mentre un altro tipo di conflitto insorse tra la Chiesa e l'Impero dando luogo alla diarchia di poteri temporale/spirituale, assai più marcata giacché non si trattò di una contesa per il dominio territoriale bensì di pretesa al primato universale sulle anime delle genti europee.

La contrapposizione afflisse a lungo la storia del Medio Evo, anche se in merito non è possibile individuare un inizio e una fine precisi. Neppure l'esperienza delle crociate contro l'infedele, peraltro, in cui gli interessi economici commerciali si fusero con l'anelito religioso, valse a sanare il dissidio.

Marte – Per quello che stiamo rievocando, sorella, sono propenso a ritenere, al pari tuo, di esigua rilevanza l'aspro conflitto fra la Chiesa e l'Impero, durante il Medio Evo, poiché altrimenti si dovrebbe certo riconoscere anche alla

Chiesa un'aspirazione imperiale.
Il che non è poi assurdo, ma l'analisi dell'argomento presupporrebbe l'apertura di una digressione infinita.
Basti qui, pertanto, ricordare l'importanza della questione religiosa sul fenomeno *impero*, come vedremo in visione prospettica.
Ordunque illustri ospiti, estinta la dinastia salica con Enrico V, privo di eredi, sorse la lacerante diatriba fra i principi tedeschi, divisi sulla successione al trono imperiale tra le dinastie di Baviera e di Svevia, ovvero Welfen e Weiblingen, italianizzato in Guelfi e Ghibellini.
Prevalsero infine gli svevi, sino all'avvento di Federico I Barbarossa, possente personalità che si dannò per ricondurre l'impero agli antichi splendori ma si creò tanti e tali nemici in Italia e Germania (il papa, i comuni italici, i principi tedeschi) da soccombere senza apprezzabili risultati, salva l'estensione dei domini territoriali, ma non per valore in guerra bensì attraverso un'accorta politica matrimoniale.
Il figlio e successore infatti, Enrico VI, sposò Costanza d'Altavilla, figlia di Ruggero, re normanno in Italia meridionale, unificando così nel loro figlio Federico II, nipote del Barbarossa, i titoli di entrambe le casate, dopo il breve tratto di un Ottone IV di Brunswick.
Federico II accumulò così una caterva di attribuzioni: re di Sicilia e duca di Puglia, re di Germania, Imperatore, per citare le più rilevanti, e fu una figura di pari carisma rispetto

al nonno Barbarossa.

Egli visse prevalentemente in Sicilia e si diede a saldare l'unione del regno in Italia meridionale con l'Impero. Vendicò poi, a Cortenuova, la sconfitta subita dal nonno contro i comuni lombardi a Legnano e, oppositore della Chiesa, ne isolò da nord e sud il dominio temporale, ma dopo la sua fine ebbe inizio il tramonto della dinastia.

Minerva – Un'altra cesura al racconto ora è opportuna poiché con la fine della dinastia sveva venne meno la fase mitica e leggendaria e vi subentrò il tratto in cui l'Impero, seppure consolidato in un territorio esteso su popoli di varie lingue e culture, perdette il primato morale universale di difensore della Fede che, nonostante l'irriducibile lotta con la Chiesa, aveva comunque mantenuto nel cuore dell'Occidente, come governo puramente teorico dell'intera cristianità.

Nuovi stati nazionali, di Francia, di Spagna e d'Inghilterra, infatti, si affacciarono allora sullo scenario continentale e, in seguito, daranno luogo ad altro genere di dominio imperiale, marittimo coloniale, sino alla tua esperienza, Napoleone, fondata sullo spirito ideologico della rivoluzione francese, di cui ci parlerai in prima persona.

Trascorreranno quattro secoli in tali passaggi ma il declino cominciò già dopo gli svevi, in trasfigurazione del titolo imperiale da effettiva origine di potere militare e politico a simbolo onorifico e altisonante. Da allora infatti l'investitura fu attribuita a sovrani che da altre fonti traevano la propria potenza.

Marte – Mi sembra di intendere, sorella, che tu alludi in particolare a Carlo V, imperatore, o Carlo I, re di Spagna, l'omonimo del primo Carlo, grande fondatore dell'impero, del secondo Carlo, il Calvo, del terzo Carlo, il Grosso, del quarto Carlo, il Riformatore.
Ti renderò quindi la parola, quando verrà il tratto di parlarne, ma ora diamo continuità alla narrazione e descriviamo la fase che potremmo definire come crisi di riassestamento.
Si relizzò infatti, alla morte di Federico II di Svevia, un periodo ultra ventennale di vacanza, o interregno che dir si voglia, in cui i principi tedeschi non riuscirono a trovare un accordo per la successione.
L'incertezza diede luogo persino a un'ipotesi estrema di intronizzare re di nazionalità non tedesca, come Alfonso d'Aragona o Riccardo di Cornovaglia, sino a che spuntò Rodolfo d'Asburgo, rampollo di una schiatta su cui dovremo a lungo trattare.
All'epoca egli era un feudatario imperiale con immensi possedimenti in Svizzera e legato da vincoli di amicizia con gli Svevi. In seguito, volgendo l'interesse alle terre orientali di Boemia e Austria, Rodolfo precorse una delle dinastie europee più longeve che, seppure in vari intervalli, tenne la corona imperiale sino alla fine, quando Fran-

cesco d'Asburgo, ultimo imperatore del Sacro Romano Impero Germanico, nonché futuro suocero, Napoleone, dovette chinare il capo di fronte all'impero dei francesi.

Invero non toccò a Rodolfo instaurare la continuità di casa Asburgo poiché a lui successe un imperatore della casa di Nassau, poi un altro Asburgo, quindi un Lussemburgo e un Wittelsbach, due Asburgo, un altro Lussemburgo (Carlo IV il riformatore) e dopo di lui ritornarono gli Asburgo in serie di tre: Alberto, Federico, Massimiliano, talché il Sacro Romano Impero Germanico divenne da allora una proprietà di famiglia, che peraltro deteneva per diversi vincoli i titoli di arciduca d'Austria, re di Boemia e Ungheria.

Al già menzionato Carlo IV di Lussemburgo tuttavia va attribuito un passaggio che, a buon diritto, ne evidenzia la figura di Riformatore con la paternità di una profonda innovazione detta "Bolla d'oro".

Attraverso tale editto fu disconosciuta definitivamente l'autorità del Papa all'investitura dell'imperatore, istituita *ab origine* nei confronti di Carlo Magno, e quindi rimase stabilito che l'elezione competesse a nove Grandi Elettori principi tedeschi riuniti in Dieta:

- Arcivescovo di Magonza
- Arcivescovo di Treviri
- Arcivescovo di Colonia
- Re di Boemia

- Margravio di Brandeburgo
- Duca di Sassonia
- Duca di Baviera
- Duca di Brunswick
- Conte del Palatinato

L'imperatore divenne così in realtà il "presidente" rappresentativo di una federazione di stati la cui influenza effettiva dipendeva non tanto dal titolo solenne bensì dal prestigio della dinastia a cui apparteneva e dall'insieme dei territori sotto il suo controllo.
Non è dato comprendere al riguardo se ciò costituì un nuovo stadio di crescita dell'autonomia imperiale o di ulteriore tratto decadente.
Quest'ultima ipotesi sarebbe attendibile se non fosse intervenuto, per l'appunto, Carlo V, come Signore di una realtà territoriale che esige un'analisi approfondita, nella dinamica generale, poiché si costituì con lui un impero sul quale non tramontava mai il sole, lascito sì di antenati ma anche prodotto della propria conquista.
Concedo dunque a te, diletta sorella, l'onore di celebrare tale gigante della Storia, paragonabile a voi, illustri ospiti, in veste di imperatore, nonché figura eminente del transito tra il tipo di impero continentale, erede dell'impero romano, e gli imperi coloniali.

Minerva – Grazie, Marte, per la facoltà che mi accordi di

introdurre un personaggio dall'eccellente portata nella scintillante galleria a cui appartengono i nostri ospiti.

Ora però desidero anche rilevare, in via preliminare, che, se abbiamo sinora volutamente trascurato quasi del tutto il dato temporale, Carlo V non può subentrare nell'assenza di precisi riferimenti cronologici poiché egli invero segna l'ingresso nella fase Storia moderna.

Tra i termini precedenti, Storia antica e medioevale, il confine è dato dalla fine dell'impero romano d'Occidente, mentre il passaggio alla Storia moderna è legato a due eventi epocali coevi a Carlo V: fine di XV secolo, Cristoforo Colombo scoprì il Nuovo Mondo, inizio XVI, Lutero sancì uno scisma sconvolgente nella Chiesa cristiana.

Carlo V visse quel tratto di tempo e quindi, proprio perché gli eventi contano più dei singoli personaggi, mi accingo a deviare dalla traccia narrativa che hai percorso, fratello, sull'Impero Romano Germanico.

La digressione è necessaria in vista di altri tipi imperiali.

Carlo V° e gli imperi coloniali

Ordunque illustri ospiti, Carlo era Asburgo, figlio di Filippo il Bello, a sua volta figlio di Massimiliano, imperatore, e di Maria duchessa di Borgogna. La mamma era Giovanna la Pazza, figlia di Isabella di Castiglia e Ferdinando d'Aragona, i re cattolici che, per matrimonio, fusero i loro regni e cacciarono i Mori dall'Andalusia.

Come se questo non bastasse, Carlo poteva vantare anche pretese sul ducato di Milano, per vincolo di famiglia con i Visconti, nonchè sul regno di Napoli e di Sicilia, per vincolo di famiglia con gli Svevi. Il complesso intreccio dinastico gli garantì brillanti prospettive.

Carlo nacque nel 1500 a Gand, la capitale delle Fiandre, un possesso borgognone della nonna paterna, e quindi maturò, anche a seguito di varie morti premature, prima il titolo di Duca di Borgogna a quindici anni e poi, a diciannove, quello di re di Castiglia e Aragona, ovvero Spagna, intesa però come somma dei due regni giacché non esisteva allora un'idea di Spagna stato nazionale. Carlo ne fu re come I. A vent'anni poi, dopo la morte del nonno Massimiliano, venne eletto imperatore del Sacro Romano Impero Germanico, come Carlo V, ed incoronato ad Aquisgrana, capitale di Carlo Magno.

La stessa cerimonia fu replicata dieci anni dopo, presso la cattedrale di San Petronio a Bologna, officiata dal Papa.

Da imperatore egli assunse anche il titolo di Arciduca d'Austria, già possesso degli Asburgo, mentre il fratello Ferdinando, per vincolo di famiglia, ereditò le corone di Boemia e di Ungheria.

Nel corso dei dieci anni intercorsi fra le incoronazioni di Aquisgrana e di Bologna, come re di Spagna Carlo iniziò la conquista nel Nuovo Mondo: sconfisse gli imperi precolombiani Aztechi e Incas, grazie ai *conquistadores* (Cortes e Pizzarro) annettendosi così il Messico, il Guatemala, l'Honduras, la Florida, Cuba, lo Yucatan, il Perù, il Cile, e costituì di fatto un nuovo impero transoceanico.

Da imperatore, inoltre, mosse guerra alla Francia, per il possesso di Milano, e neutralizzò sul campo a Pavia l'antagonista, Francesco I di Valois, con il quale in seguito avrebbe combattuto altre guerre.

Altresì dopo la prima incoronazione in Aquisgrana, si sentì in diritto di interferire in modo pressante nelle vicende italiche poiché il Papa, temendo le interferenze imperiali, promosse una lega di stati contro di lui, isolato nella sua potenza, e Carlo ritenne di doverlo punire.

Saccheggiò infatti Roma utilizzando i ferocissimi mercenari svizzeri, cosiddetti lanzichenecchi, salvo poi profondersi in ipocrite scuse con il Papa e restaurare i Medici a Firenze, la famiglia del Papa, appunto.

Il tutto si consolidò con l'incoronazione a Bologna, scelta opportuna giacché a Roma serpeggiava irriducibile il sentimento anti imperiale dopo il sacco della città.

Fu il trionfo di Carlo: la cerimonia, desueta da secoli, ripristinata poi a Parigi soltanto da te, Napoleone, rinvigorì il suo carisma talché egli si sentì in dovere di riesumare l'antico ruolo di difensore della fede e demolire la fronda scismatica che cresceva a dismisura in Germania, per opera di Martin Lutero.

Carlo, ormai in aperta simbiosi con il Papa, incrociò le armi contro i prìncipi tedeschi protestanti e si impegnò in molte dispute teologiche presso le Diete imperiali, attraverso gli studiosi cattolici.

Alternò tolleranza a rigore, vinse un'importante battaglia a Mühlberg (ricordata in un celeberrimo dipinto del Tiziano), sottomise i prìncipi protestanti tedeschi, ma non riuscì a sradicare la pianta dell'eresia e le lotte religiose proseguirono ben oltre alla sua vita. Iniziò quindi la sua fase di triste decadenza.

Uscì sconfitto da una spedizione contro i turchi, ad Algeri, resistette con fatica al tentativo franco ottomano di espugnare Napoli, pacifico dominio di Spagna, ed infine si ritirò perdente da un assedio a Metz, intrapreso per la riconquista della Lorena.

Carlo cominciò allora, passati ormai i cinquanta anni, a preoccuparsi della successione e si stabilì eremita al monastero di San Jerónimo di Yuste, in Estremadura.

Abdicò al trono di Spagna in favore del figlio Filippo, e pure al titolo imperiale, a cui successe il fratello Ferdinando. Morì infine nel 1558 avendo generato i rami spagnolo ed austriaco degli Asburgo.

Marte – Hai delineato, sorella, le imprese di un grande imperatore, non trascurabili neppure rispetto a quelle dei nostri ospiti, salva però l'indole di condottiero (il quadro del Tiziano in cui l'uomo compare superbo a cavallo, cinto dalla splendida armatura, è un falso, poiché egli vide le sue battaglie soltanto dalle retrovie).

Ma ora procedi con la digressione che hai annunciato in

ordine a una nuova formula imperiale.

Minerva – Sì, fratello, intendevo infatti aprire l'argomento relativo agli imperi coloniali che dalla scoperte transoceaniche del XV secolo proliferarono rispetto al tipo continentale del quale sino qui ci siamo occupati in esclusiva, o quasi.
Dico quasi perché nel racconto pregresso sussiste l'eccezione Atene, già menzionata in riferimento al mondo antico come la detentrice di un'egemonia marittima commerciale che indusse alla fondazione di molte colonie sulle coste del Mediterraneo, ad est e ovest.
Altresì prima di addivenire all'avventura coloniale, richiamo ora la repubblica di Venezia, per la sua analoga caratteristica di influenza commerciale: talassocrazia mercantile nell'Adriatico e nell'Egeo nel Medio Evo, ma, in misura minore, pure nell'era moderna sino a fine settecento, quando tu, Napoleone, ne sancisti la scomparsa.
Venezia si distinse nel panorama italiano medioevale per una forma di governo completamente diversa dalle altre realtà statuali del nord: la Serenissima Repubblica non fu libero comune, evoluto in tirannia signorile, bensì un regime di aristocrazia selezionata senza tentazioni di trasmissione del potere in via ereditaria.
La vocazione marinara la elesse regina del Mediterraneo orientale, in perenne ricerca di un equilibrio pacifico con l'impero di Bisanzio, da cui nacque formalmente soggetta,

e dell'impero *franco*, allo scopo di mantenere agibili le vie di comunicazione in terraferma.

Non cedette a lusinghe imperiali ma, controvoglia, possibilmente per diplomazia e negoziato, senza peraltro rimetterci in dignità e onore, si procurò discreti domini nel Veneto, Friuli, Lombardia, Dalmazia, Albania, Creta, Cipro, ed altre isole, sinché cedette alla concorrenza dei grandi imperi coloniali.

Di questi dunque andiamo a trattare in coincidenza alla scoperta del Nuovo Mondo: espressione importante poiché la diarchia tra Oriente e Occidente, che abbiamo tenuto per distinguere i più antichi imperi, si ricompone ora in una nuova visuale e su diversa logica di Vecchio Mondo e Nuovo Mondo.

Orbene illustri ospiti, l'epoca del colonialismo implica innanzitutto il giudizio di valore etico / morale poiché le nazioni che si cimentarono introdussero preponderanti motivazioni economiche rispetto a quelle di supremazia politica dei tipi imperiali sino ad ora considerati.

Avidità e bramosia di razziare le risorse fantastiche e inimmaginabili in lande ignote da sole mossero il pioniere europeo di Spagna mentre le stragi dei popoli indigeni, la rapina dell'oro e dell'argento caratterizzarono in origine la colonizzazione spagnola.

L'Inghilterra subentrò dopo e con diversi metodi, invero, pur sempre coercitivi, ma esiste forse altro di buono da ricordare sull'Inghilterra tale da compensare l'infame fenomeno della schiavitù?

I conclamati ideali di civilizzazione culturale e conversione religiosa non furono altro che *alibi* mistificatori, nonostante la legittimazione pontificia rilasciata a Spagna e Portogallo per l'evangelizzazione dei popoli indigeni. L'Inghilterra protestante, almeno, non si macchiò di falsità e riconobbe senza ipocrisia l'interesse solo mercantile delle spedizioni oltreoceano, per patente reale o iniziativa privata.

Il discorso comunque è complesso e perciò, oltre a quanto ho detto, mi asterrò da ogni altra valutazione storiografica nel merito.

Tutto ebbe inizio, dicevo, pochi decenni dopo i viaggi di Colombo, il quale prese possesso dei territori scoperti rivendicandoli in nome del regno di Castiglia in grazie alla concessione delle tre caravelle.

La regina Isabella infatti aveva creduto in lui, ma al riguardo sorge l'intrigante dubbio di *fantastoria*: come sarebbero cambiati gli eventi se Francesco I, re di Francia, antagonista di Carlo V, a cui Colombo si era rivolto per primo, non avesse respinto il progetto di approdare alle Indie navigando verso Ponente?

Non è dato sapere alcunché e così avvenne che nel successivo secolo XVI l'intento coloniale fu perseguito in termini esclusivi dai regni di Spagna e Portogallo, mentre soltanto nel XVII subentrarono i regni di Francia, di Inghilterra, d'Olanda.

Nei secoli XVIII e XIX poi intrapresero analoghe politiche il Belgio, Germania e Italia, sino all'inverso passaggio della decolonizzazione, concluso nella prima metà del XX secolo.

Fu Hernán Cortés, dunque, conquistatore dell'impero azteco e quindi governatore del vice reame del Messico, colui che propose a Carlo V la fondazione dell'impero transoceanico: "le cose meravigliose di queste terre sono tante e tali da potersi Vostra Maestà darsi titolo di imperatore con ugual merito che per *Alemaña*"

All'impresa del Cortes fece seguito la conquista dell'impero Inca da parte di Francisco Pizzarro con la presa della capitale Cuzco e quindi altre spedizioni diedero alla corona di Spagna il possesso dell'intera attuale America latina (escluso il Brasile, dominio portoghese), della America centrale, della Florida, del golfo di California.

Tutto ciò avvenne sotto Carlo V, imperatore, al quale successero i re asburgici di Spagna, Filippo II III IV, Carlo II. Con quest'ultimo poi si estinse il ramo per carenza di eredi e, dopo il transitorio passaggio di Carlo III, futuro Carlo VI imperatore a Vienna, vennero i Borboni di Francia per opera di Luigi XIV.

Filippo II, ancorché non imperatore del Sacro Romano Impero, fu il secondo re della Spagna riunita e visse periodi calamitosi all'interno, contro i *moriscos*, ed all'estero, contro gli ottomani.

Mantenne comunque inalterati i possessi di papà sull'Europa e sulle Americhe ed acquisì inoltre il Brasile, in seguito all'annessione della corona portoghese, per soli sessant'anni tuttavia.

Rischiò anche, non proprio per opera sua, di incorporare l'Inghilterra nell'orbita spagnola.

Marte – Davvero sorella, ma il progetto non andò a buon esito. Ora però concedimi una divagazione sugli eventi d'Inghilterra poiché da essi conseguì il tramonto spagnolo e la corrispondente ascesa inglese nello sviluppo coloniale delle Americhe e del resto del mondo.

Ordunque, illustri ospiti, le mire sull'Inghilterra si concretizzarono da parte di Carlo V attraverso un'avveduta politica matrimoniale che costituì sempre una tipica attitudine strategica degli Asburgo.

Prima ancora dell'abdicazione, infatti, il re imperatore fece sposare il figlio, Filippo, con Maria la cattolica, regina d'Inghilterra (o *Bloody Mary*, detta così per le sue crudeli vessazioni contro i protestanti).

Ella era figlia di Enrico VIII e Caterina d'Aragona, sua prima moglie nonchè zia di Carlo, in quanto sorella di Giovanna la Pazza.

Maria pertanto era cugina di Filippo e perciò un erede spagnolo nato dal loro matrimonio avrebbe legittimamente preso il trono di Londra.

Malgrado l'accanito contrasto dell'aristocrazia inglese, anti cattolica a maggioranza a seguito dello scisma anglicano, insorto proprio per il rifiuto papale a sancire il divorzio di Enrico VIII da Caterina, quel matrimonio anglo spagnolo ebbe luogo ma la sposa morì subito dopo di precoce malattia (il gonfiore del ventre aveva fatto sperare in bene su un erede, quando in realtà si trattava di un tumore).

L'alleanza fra i regni restò comunque immutata nonostante il fatto per cui a Maria fosse succeduta la sorellastra, Elisabetta, l'altra figlia di Enrico VIII e della seconda moglie, Anna Bolena.

Riprovarci con quest'altra regina? Pensò forse Filippo – No di certo, non solo infatti ella era protestante ma per di più non voleva saperne di mariti (intendiamoci: di mariti, non di uomini, ad onta dell'epiteto di regina vergine, simile a te in questo, sorella).

La cattolicissima Spagna, peraltro, riteneva illecito il titolo regale di Elisabetta, perché fondato sul divorzio, e non intendeva rinunziare al piano di unire le monarchie. Allo stesso modo pensavano i cattolici inglesi e cospiravano contro Elisabetta, ma non certo in funzione filo spagnola bensì *pro* Maria Stuarda, regina cattolica di Scozia.

Complesse vicende caratterizzarono la vita dell'infelice regina Maria però basti rammentare che, per le sommosse popolari nel suo paese, ella scappò a Londra, contando sull'aiuto della cugina Elisabetta, che invece la fece processare e decapitare.

Tale presunto tradimento costituì un pretesto offerto alla Spagna per la rottura dell'alleanza e l'apertura delle ostilità.

Elisabetta, d'altronde, già s'era inimicata la Spagna inviando soldati in Olanda, possedimento di Filippo ereditato da Carlo, per porgere aiuto ai ribelli protestanti.

Comunque sia, oltre a qualunque *casus belli*, restava sullo sfondo il terrore spagnolo a fronte di una impressionante crescita, marittima e commerciale, inglese.

Filippo pertanto allestì una possente flotta, detta *invencible armada*, onde invadere l'isola britannica, sulla quale riteneva di possedere un diritto dinastico, insorto dal matrimonio con *Bloody Mary*, ma, dopo insidiosi appostamenti sulla Manica e le coste scozzesi, la dinamica marina inglese e la furia della natura in mare ne ebbero ragione, alla fine del secolo XVI, pronosticandosi così il *British Empire* coloniale dei secoli successivi.

Minerva – Grazie fratello per questa tua straordinaria premessa alle fortune dell'impero britannico che mi invita ora a esporne le vicende articolate ed in parte riferite a voi, Napoleone e Washington.

Invero, anche altri stati europei si unirono alla spartizione del Nuovo Mondo in via cospicua, come Francia e Olanda, ognuno con diversi metodi imperiali, ma gli archetipi spagnolo e inglese rappresentano senz'altro i modelli dominanti.

E non è un caso il fatto per cui gli idiomi più diffusi nel mondo siano proprio quelli di Madrid e di Londra.

Ebbene, osserviamo innanzitutto, illustri ospiti, avendo ribadito che la Spagna precorse di un intero secolo l'espansione britannica, come la suggestiva immagine di un impero *sul quale mai tramonta il sole*, coniata appunto per la Spagna, si adatti in realtà all'Inghilterra che, seppure in tempi più lunghi, raggiunse tutti i continenti e sopravanzò di gran lunga il patrimonio spagnolo per superfice totale, governata o protetta, e numero di sudditi.

Menziono quindi il primo passo inglese di vera espansione coloniale, all'inizio del XVII secolo, in riferimento inconfutabile alla Virginia, Washington, e trascuro i successivi eventi relativi alle tredici colonie fondate sulla costa nord orientale d'America e all'indipendenza degli Stati Uniti, poiché tu li hai già narrati da protagonista.

E d'altronde, se l'avventura vincente degli Stati Uniti costituì già nel XVIII secolo il primo stadio di decolonizzazione, l'America del nord comunque rimase in salda mano inglese con gli immensi territori del Canadà, strappati ai francesi, senza contare le tante isole dei Caraibi, la Guyana, le Falklands, Sant'Elena.

In Africa poi un terzo del continente entrò in orbita inglese creando un'estesa fascia ininterrotta di colonie e protettorati, dall'Egitto sino all'estremo sud, mentre nel Medio Oriente e nell'Asia, la *Union Jack* sventolò in Arabia, India, Malesia, e ancora sull'intera Australia.

350 anni di dominio coloniale quindi a fronte di 400 spagnoli, però i modi di consolidamento furono assai diversi

per le due nazioni.

Più efficaci quelli inglesi e disastrosi gli spagnoli, tali per cui il loro Impero può per certo dirsi estinto alla fine del XIX secolo.

In merito appare arduo stabilire le ragioni della diversa durata degli imperi ma in sintesi può affermarsi che fecero la differenza il regime politico in vigore nelle rispettive madre patria: dispotico in Spagna, monarchico e parlamentare in Inghilterra. Il che conferma quanto già altrove è emerso, cioè che la democrazia non è affatto incompatibile con l'impero, purchè si presupponga che il regime vigente in madre patria deve tollerare eccezioni e non può essere applicato alla stessa maniera nella periferia.

Mi chiedo peraltro se sia possibile stabilire con altrettanta sicurezza, ove nel tempo si ponga la fine del *British Empire*. Pare attendibile, al riguardo, la teoria che individua l'anno 1947, vale a dire riferita alla proclamazione dell'indipendenza in India, ma non deve dimenticarsi che Honk Kong e dintorni sono rimasti sino alla fine del XX secolo un protettorato britannico.

Marte – È vero sorella però, India od Honk Kong che dire si voglia, le glorie del *British Empire* sono comunque ormai decadute, e ciò in favore di altri attori che ne svilupparono l'esperienza in tutt'altra via.

Alludo agli Stati Uniti, naturalmente, come vedremo.

Concedimi pertanto di intervenire per un altro aspetto sul

peculiare apporto francese entro il fenomeno imperiale colonialista e quindi a rivolgermi a un altro dei nostri ospiti.
Napoleone, ora chiedo a te: fu forse invidia per la fama di un impero altrui quel fuoco sacro che ti nutrì da sempre contro l'Inghilterra?
Ascolteremo dalla tua voce questo ed altro, Napoleone, poiché forse sono stato malizioso nei tuoi confronti attribuendoti un gretto spirito di rivalsa che per certo non meriti.
Vero è piuttosto che, nella bulimia di espansione, poco ti occupasti delle terre oltreoceano perdute dalla Francia ancora prima della tua nascita, anzi cedesti una buona parte di quelle acquisite da altri come se fossero zavorra.
Solo in modo indiretto peraltro la tua avventura in Spagna determinò l'inizio della fine del suo impero coloniale nelle Americhe.
Ciononostante la Francia fu di certo terza in classifica, come potenza coloniale, dopo la Spagna e l'Inghilterra, ma le fasi di conquista nel mondo in realtà avvennero prima e dopo di te, non durante.
Washington infatti ci ha già raccontato come le ambizioni francesi in terra d'America, sorte in concomitanza con l'Inghilterra (il Canada, i Grandi Laghi, l'Ohio, il Mississippi), sfumarono tutte in favore della rivale acerrima Inghilterra, in seguito alla guerra dei sette anni, anzi tu vendesti agli Stati Uniti l'ultimo lembo America, la Luisiana, solo per finanziare ben altre imprese di espansione nell' Europa.

La guerra dei sette anni, d'altronde, fu fatale alla Francia non solo in America ma anche in India, e sempre a vantaggio dei nemici inglesi. Nuovi notevoli sviluppi tuttavia sopraggiunsero dopo di te, non tanto a opera di tuo nipote Napoleone III, bensì più tardi, nel corso di terza repubblica, fine XIX secolo, quando, in concorrenza con gli inglesi, la Francia si consolidò in Africa, creando una fascia di domini posti a ovest rispetto agli inglesi (Tunisia, Algeria, Marocco, Senegal, Mali, Guinea, Costa d'avorio, Niger e Ciad, senza contare l'isola del Madagascar) come pure in Asia, ovvero Indocina.

Le vicende della decolonizzazione francese, successive alla seconda guerra mondiale, furono peraltro assai più dolorose rispetto a ciò che avvenne per l'Inghilterra e comportarono quasi il colpo di stato nella madrepatria determinando infine un passaggio indolore dalla quarta alla quinta repubblica.

Orbene, diletta sorella, al fine di completare la rassegna degli imperi coloniali cito ancora Olanda e Portogallo per accennare al contributo storico in termini meno invasivi di penetrazione territoriale e pretesa assimilatrice rispetto alle strategie di Spagna, Francia, Inghilterra.

Fondazioni di centri soltanto costieri, infatti, e prevalentemente sulla rotta delle Indie, piuttosto che delle Americhe, finalizzati al controllo del traffico marittimo commerciale e non all'invasione, ne furono la caratteristica dominante, basata sugli interessi mercantili, e non sulla supremazia

politica, il che comunque indusse benefici economici per l'area metropolitana di considerevole entità.
Chiudo infine in breve passaggio sull'esperienza coloniale imperiale dell'impero tedesco, consistente in minuscoli possedimenti in Africa e Oceania, parte della Nuova Guinea, peraltro di durata poco più che cinquantennale (vale a dire da Bismarck alla Grande Guerra), quindi cedo a te, sorella, l'ultima parola sulla digressione coloniale.

Minerva – Grazie fratello, pervengo dunque a compimento senza un giudizio di merito, come ho già dichiarato e ripeto che il fenomeno dell'imperialismo coloniale è troppo complesso per potersene trarre qui valutazioni adeguate.
Le fasi di espansione e consolidamento, dicevo, furono diversificate in ordine di tempo e luogo, peraltro poco attinenti alle esperienze dei nostri ospiti, campioni di imprese a carattere continentale.
Mi limito però a farvi osservare che ora, e per la prima volta, utilizzo il lemma *imperialismo*, non corrispondente a quello di *impero*, ma di ciò vedremo in seguito le ragioni.
Riprendi quindi e porta a termine la narrazione sull'impero di parte occidentale europea, del quale siamo ormai giunti all'epilogo, prima del mio *excursus* sull'Oriente.

Occidente – parte seconda

Marte – D'accordo, sorella, riprendo la narrazione da Carlo V, a cui succedette sul trono imperiale romano germanico Ferdinando, suo fratello, e quindi il figlio di lui, Carlo VI.

Seguì il tratto di Carlo VII, di Wittelsbach, duca di Baviera, e ancora gli Asburgo, già arciduchi d'Austria re di Boemia e Ungheria.

Essi cominciarono l'ultima sequenza che, abbracciando due secoli, condusse alla fine del Sacro Romano Impero Germanico.

Carlo V dunque, fiero oppositore della Riforma luterana, non riuscì a fermare la possente ondata scismatica e così la prima metà del secolo XVII attraversò un'articolata serie di conflitti, religiosi e non (guerra dei trent'anni), nel corso dei quali l'Impero dismise il proprio ruolo protagonista e non soltanto come difensore della Chiesa cattolica ma anche come primaria istituzione nell'arcipelago germanico.

Cuius regio, eius religio (le genti seguano la religione professata dal proprio re): siffatto principio, ratificato con la pace di Augusta, che pose fine al contrasto tra i principi luterani tedeschi e Carlo V, venne progressivamente rimesso in discussione dai molti stati formalmente soggetti al Sacro Romano Impero Germanico.

Essi reclamavano autonomia totale dall'Impero mentre quest'ultimo voleva ripristinare l'antica dipendenza gerarchica secondo la quale il sistema era governato sino dalle origini carolinge.

Nella prima fase della guerra dei trent'anni l'impero prevalse, contro i protestanti di Boemia, Ungheria, Danimarca, Svezia, ma in seguito vi intervenne la Francia poiché il successo dell'imperatore tendeva a stringere nella morsa asburgica il regno di Luigi XIII, e del cardinale Richelieu, da est e da ovest.

Gli imperiali infatti erano alleati della Spagna, a sua volta ansiosa di riprendersi, a tutto scapito della Francia, i territori olandesi retaggio borgognone di Carlo V.

Nella seconda fase, quindi, la fortuna si ribaltò, giacché un'alleanza franco svedese indusse all'invasione dei territori tedeschi, mentre la Spagna subì un incessante ciclo di sconfitte, in terra e mare, anche a causa delle rivolte popolari in Catalogna e Portogallo.

Tutto si concluse, pertanto, in una completa sconfitta della Spagna e dell'Impero, sanzionata nelle paci separate dei Pirenei e di Westfalia.

Cessarono allora i conflitti di religione con la sostanziale vittoria dei protestanti che dilagarono nel nord Europa e, soprattutto, si ridisegnò l'assetto geopolitico del continente. l'Impero perse la supremazia sugli stati tedeschi e la Spagna dovette cedere ogni aspirazione sull'Olanda trovandosi in una fase di declino irreversibile, salvo il mantenimento delle terre oltre mare.

La Francia subentrò all'Impero nell'egemonia europea.

Il fitto pulviscolo delle pertinenze imperiali: piccoli stati sia laici che ecclesiastici, signorie riconosciute e città libere, si dissolse nella più o meno dichiarata autonomia per ciascuno mentre l'Impero si ridusse a un involucro inutile e privo di qualsivoglia autorità.

Una Dieta permanente si costituì, con sede fissa a Ratisbona, entro la quale l'Austria e la Boemia, possedimenti base degli Asburgo, e tutti gli altri componenti sederono con pari dignità mentre l'unico residuo di soggezione all'Impero si concretizzò nel dovere di non aderire ad alleanze antimperiali: impegno che peraltro risultò disatteso in più tornate in favore della Francia. Quest'ultima infatti, durante il regno di Luigi XIV, rimarcò il proprio atteggiamento aggressivo contro gli Asburgo. Da nord, peraltro, sorgeva un formidabile polo antagonista dentro l'Impero: il regno di Prussia, guidato dagli Hohenzollern, già intraprendenti margravi del Brandeburgo.

I rapporti di forza interni cominciarono allora ad assumere, all'inizio del XVIII secolo, confuse e contrastanti direzioni nella costellazione imperiale. La Sassonia, capofila del luteranesimo e contraltare degli Asburgo, cedette il passo all'astro nascente di Prussia e addirittura si convertì al cattolicesimo, al fine di acquistare il trono di Polonia. La Baviera, altro regno di considerevole importanza, entrò nel gioco, contando di lucrarvi vantaggi, e così conquistò il trono imperiale con il menzionato Carlo VII di Wittelsbach la cui vicenda pare degna di richiamo poiché attesta ulteriori segni di decadenza per gli Asburgo. Al riguardo però occorre una premessa "retroattiva".

Carlo VI, sovrano a Vienna succeduto a Ferdinando, fratello di Carlo V, altri non fu che il menzionato ultimo re Asburgo di Spagna, Carlo III, discendente da Carlo V dopo i Filippi II, III, IV e Carlo II.

Carlo III però rinunciò al trono regale, optando per quello imperiale, e divenne Carlo VI imperatore. Da ciò insorse la vacanza sul trono di Spagna e la guerra di successione spagnola.

Carlo VI, punto di inizio della fine per la casa Asburgo, fece invero registrare la più ampia estensione europea dell'impero, ma si vide in ambasce dinastiche poiché la sua discendenza solo femminile (Maria Teresa e Maria Anna) portò alla guerra di successione austriaca, che peraltro ebbe fine per diplomazia più che per armi.

In seguito al trattato di Aquisgrana infatti, la maggiore Maria Teresa, alla morte di papà, sarebbe stata riconosciuta arciduchessa d'Austria e regina di Ungheria, ma non di Boemia, la cui corona fu assegnata a Carlo di Baviera. Come donna poi ella non avrebbe potuto ottenere il titolo imperiale, che sarebbe stato assegnato a Carlo VII, dopo Carlo VI, vale a dire allo stesso Carlo di Baviera, Wittelsbach.

Carlo VI però aveva opportunamente provveduto al ritorno Asburgo. Progettò il matrimonio di Maria Teresa con Francesco, il granduca di Lorena, ed acquisì il ducato cedendogli in cambio quello di Toscana.

Brigò quindi a che il genero fosse accolto nella lista imperiale talché Maria Teresa diventasse imperatrice come moglie dell'imperatore.

Le geniali intuizioni, alla sua morte, si realizzarono, a tutti gli effetti, peccato soltanto che, da allora, la dinastia Asburgo divenne Asburgo Lorena e quindi il nome risultò definitivamente inquinato.

Maria Teresa, arciduchessa d'Austria e regina d'Ungheria, dapprima mosse guerra alla Prussia per il possesso della Slesia, un'importante regione mineraria sita tra l'impero, la Prussia, la Polonia, ma cedette poi il possesso contro la garanzia di nomina imperiale per il marito.

Tali eventi, infausti per l'impero, si protrassero sino alla prima metà del XVIII secolo, mentre la seconda metà venne segnata da un'altra guerra devastante, non più dinastica o religiosa, tuttavia, ma di pura supremazia politica e mercantile: la guerra dei sette anni.

Essa venne preceduta da una febbrile azione diplomatica di trattati e contro trattati che portarono infine al ribaltamento delle tradizionali alleanze europee: Francia e impero, riconciliati da una parte, contro Prussia e Inghilterra dall'altra. Altri attori intervennero quali Russia, Svezia, Polonia, Baviera, Sassonia.

Trascuro le pur importantissime implicazioni coloniali che sancirono la caduta francese a fronte dell'ulteriore potenziamento inglese, sia perché già ne abbiamo parlato con te, Washington, e sia perché ora è all'attenzione l'impero di Maria Teresa.

Su di lei pertanto mi intratterrò ancora per un poco giacché la perdita della Slesia, un boccone troppo amaro, costituì uno dei *casus belli* e costò nuove perdite per l'Impero: una prima aggressione avvenne ad opera di Federico di Prussia, detto il Grande, che ghermì la Sassonia senza dichiarazione di guerra, destando l'ira di Maria Teresa, talché per capovolgimenti in sequenza, la Slesia passò di mano e poi tornò in possesso a Federico.

Quel filibustiere conseguì notevole successo anche contro la Francia, ma si trovò infine messo alle corde dall'alleanza austro russa e parve davvero imminente la fine del giovane regno di Prussia.

In guerra tuttavia la fortuna aiuta gli audaci (e i filibustieri): quando morì la zarina Elisabetta Petrovna succedette a lei Pietro III, fervente ammiratore del re condottiero Federico. La Russia quindi si sottrasse improvvisamente all'alleanza con Maria Teresa e la zarina Caterina, succeduta subito dopo a Pietro, seppure non amabile nei confronti di Federico, comunque non rinnovò il trattato.

I contendenti pertanto, stremati dalla lotta infinita, firmarono la pace nel castello di Hubertsburg, in Polonia, e l'imperatrice diede l'addio definitivo alla Slesia.

Assai poco rimane da aggiungere sin al tuo trionfale irrompere sulla scena, Napoleone, ed alle altre botte da orbi inferte all'Impero.

Giuseppe, il primogenito di Maria Teresa, susseguì con dubbi meriti, salvo essere stato l'anfitrione di Wolfang Amedeus Mozart, e quindi, deceduto senza eredi maschi,

dopo la reggenza del fratello Leopoldo, ecco il figlio di lui, Francesco, il liquidatore.
Ora procedi pure, sorella, nel racconto del patetico finale.
Il *fil rouge* imperiale d'Occidente, che ha coinvolto voi tre, Alessandro, Cesare, Napoleone, è esaurito, mentre la parte Oriente affidata a te, sorella, darà occasione al tuo monologo, Washington, sull'epopea degli Stati Uniti. Questo sentiremo da te come profezia, più che racconto.

Napoleone

Minerva – Generoso come non mai, fratello, mi concedi la chiusura sul tema riservato alla tua esposizione. Te ne ringrazio, ma desidero anche ritenere questo tuo un atto di riparazione alla sottile ironia con cui mi hai accostato in qualche modo a Elisabetta I d'Inghilterra.
Ebbene, Napoleone, dopo la battaglia di Austerlitz Francesco decise di rinunciare al titolo di Sacro Romano Imperatore e assumere quello più modesto di imperatore d'Austria.
Suo nipote, Francesco Giuseppe, unendo il titolo del re di Ungheria, inaugurò l'impero austro ungarico, che andò incontro a una serie di ulteriori e progressivi sbandamenti, sinché scomparve alla fine della Grande Guerra, insieme all'impero guglielmino, naturale sviluppo di monarchia prussiana.
Quest'ultimo, tuttavia, contese all'Austria il sogno dell'u-

nificazione pangermanica e tale fu un ideale non decaduto con la fine del Sacro Romano Impero Germanico, venne anzi perseguito ancora attraverso le deliranti interpretazioni dal terzo Reich.

Oriente 1 – Impero bizantino

Ed ora rivolgiamoci finalmente all'Oriente con ultra millenario salto a ritroso nel tempo e ritorniamo al 462 dopo Cristo, quando Odoacre, re degli Eruli, depose l'ultimo imperatore romano d'Occidente ma, timoroso di assumere il titolo in prima persona, trasmise le insegne a Costantinopoli conservando soltanto la carica di *magister militum*. Ecco quindi perché l'impero romano d'Oriente, o bizantino che dire si voglia, sopravvissuto per un millennio rispetto al 462 dopo Cristo, si ritenne il legittimo erede dell'unico impero romano anche se, dopo Giustiniano, non esercitò più alcuna autorità sull'Occidente.
Invero le vicende orientali poco vi coinvolgono, illustri ospiti, entro sommi capi pertanto ne tratto lo sviluppo.
Sgombrando tuttavia il campo dall'inganno terminologico, mi preme innanzitutto chiarire che *bizantino* è una denominazione di molto posteriore al fatidico 462 d. C.
Anche in epoca successiva di trecento anni, d'altra parte, vale a dire quella coeva a Carlo Magno, il risorto impero d'Occidente, sedicente Sacro Romano, detto *franco* dagli orientali per disprezzo, guardava a Costantinopoli con

occhio altrettanto beffardo ed usava per l'impero antagonista il nome *greco*, dalla lingua parlata in prevalenza nei suoi territori, come tale contrapposta alla latina.

Giustiniano dunque, imperatore d'Oriente, di cultura latina, appunto, diede seguito all'ultimo tentativo di riunificare l'impero romano.

Sotto la sua reggenza infatti l'impero registrò la massima espansione poiché egli acquisì, oltre alle lande già in possesso (l'intera penisola anatolica, la Grecia e i Balcani, il Medio Oriente, l'Egitto e la Libia), anche l'Italia, l'Iberia meridionale, il resto dell'Africa mediterranea, sino alle sponde dell'oceano.

Quest'ultima, però, fu l'unica conquista abbastanza duratura giacché le altre, in Italia ed Iberia, vennero vanificate in tempi brevi, nell'una dall'invasione longobarda e nell'altra dalla controffensiva visigota.

L'impero d'Oriente allora tenne in Italia solo alcune piccole enclavi tra cui l'Esarcato di Ravenna e la fascia litoranea sull'Adriatico.

Nel secolo seguente a Giustiniano, anteriore alla creazione del Sacro Romano Impero, il dominio fu ancor di più ridimensionato in Medio Oriente e nei Balcani per gli assalti da est, dei Sassanidi (titolari del nuovo impero persiano) e da nord, di Avari e Slavi, bellicosi popoli barbari danubiani. Costantinopoli stessa subì un lungo assedio dalle forze concorrenti e riuscì a divincolarsi con enormi difficoltà, mentre altre aggressioni pervenivano dagli Arabi a sud.

L'impero d'Oriente era pertanto relegato ai minimi termini quando il Pontefice romano incoronò Carlo Magno imperatore d'Occidente.

Dell'evento abbiamo già trattato altrove però qui occorre aggiungere un dettaglio al riguardo poiché il Pontefice contestava fieramente la sia pur illusoria presenza dei bizantini in Italia e reclamava in favore alla Chiesa ogni diritto dell'antica Roma imperiale.

Orbene, a parte lo stato politico di allora che di fatto vedeva padroni esclusivi d'Italia i Longobardi, occorreva un cavillo giuridico che in qualche modo giustificasse il disconoscimento del diritto orientale a fregiarsi del titolo di imperatore romano e legittimasse la nomina di un nuovo imperatore nella persona di Carlo Magno, il re dei Franchi, preposto al vertice dell'unica potenza militare realmente in grado di opporsi allo strapotere longobardo.

Il pretesto quindi venne individuato nella considerazione per cui sul trono di Bisanzio sedeva una donna, indegna come tale di rivestire la carica in proprio. Irene infatti, imperatrice soltanto perché moglie e madre di imperatori (Leone e Costantino), era riuscita per insidioso intrigo a ottenere in proprio il titolo ed in seguito si cimentò persino con il progetto di riunificare gli imperi sposando Carlo Magno.

Il tentativo non andò a buon fine ma non fu solo per quell'ambizioso piano che la figura dell'imperatrice Irene si rese degna di memoria.

Ella infatti combattè fieramente l'iconoclastia, cioè una dottrina che, affermatasi nell'impero bizantino per disposizione sinodale, proibiva ogni rappresentazione in immagine di soggetti religiosi (Dio e santi) e poi ne fece sancire la condanna nel Concilio Ecumenico tenutosi a Nicea alla fine del VI secolo dopo Cristo. Tale dottrina fu in seguito ripristinata e quindi definitivamente abolita per iniziativa di un'altra imperatrice, Teodora.

Il conflitto religioso tra l'Oriente e l'Occidente tuttavia conobbe ben altre e devastanti controversie fondate non soltanto sulle contrastanti interpretazioni teologiche di lettura dei Vangeli ma soprattutto entro una sfera squisitamente politica. La Pentarchia, cioè il dominio della chiesa affidato a cinque vescovati/patriarcati (Roma, Costantinopoli, Alessandria, Antiochia, Gerusalemme) venne sconvolta dalla pretesa del vescovo di Roma ad essere riconosciuto l'unica guida dell'intera cristianità, in quanto successore dell'apostolo Pietro: un primato che la Chiesa romana rivendicava da alcuni secoli in base a una presunta autenticità della donazione di Costantino.

Lo scisma d'Oriente peraltro non provocò affatto guerre infinite, del tipo di cui abbiamo parlato in riferimento allo scisma protestante.

Ci fu invero un tentativo di riaffermare il credo cattolico nell'impero bizantino, distraendo la quarta crociata dall'obiettivo in Egitto.

La conquista da parte dei crociati quindi generò l'effimera

parentesi di dominio occidentale con la presa di Costantinopoli e fondazione dell'impero latino, ma il risultato si rivelò di breve durata poiché la riunificazione delle due religioni non avvenne e l'impero bizantino risorse ma solo per estinguersi in modo definitivo, mille anni dopo la caduta di quello d'Occidente.

Oriente 2 – Impero ottomano

I turchi espugnarono Costantinopoli ed ivi spostarono la capitale del nuovo impero prosperando e navigando in alterne vicende sino alla fine della Grande Guerra.
L'impero ottomano, dunque, crebbe sulla linea del Medio Oriente e dell'Africa mediterranea in notevole successo, ma incontrò una fiera resistenze sul fronte europeo / balcanico.
Sconfisse serbi e ungheresi, conquistò Belgrado e Budapest, infranse tuttavia le risorse militari in ripetuti infruttuosi assalti contro Vienna. Conobbe altresì il declino della grande supremazia marittima dopo la battaglia navale di Lepanto contro una coalizione cristiana promossa dal Pontefice e guidata alla vittoria, nonostante le rivalità interne, da Venezia e dalla Spagna.
Siffatti eventi impegnarono i sultani del XVI e XVII secolo finché, nel XVIII, subentrò come avversario l'impero russo che, di concerto con l'impero asburgico, ridimensionò l'influenza turca nei Balcani e sul mare Nero.

Il progressivo tramonto ottomano si manifestò anche nei territori del Medio Oriente e dell'Africa settentrionale, per opera dell'Inghilterra, Francia e Italia: la guerra per la Libia prennunciò la fine.

Oriente 3 – Impero russo

Ma, illustri ospiti, se poc'anzi ho menzionato l'impero russo, diventa indispensabile a questo punto una breve panoramica su tale peculiare realtà storica, prima di ritornare alle vostre insigni imprese e quindi allo sviluppo odierno dell'imperialismo occidentale.
Ordunque: esisteva dal Medio Evo, nel cuore delle immense pianure dell'est europeo, uno stato quasi sconosciuto ai più evoluti popoli del centro Europa, denominato da essi stessi *Moscovia* e governato da un sovrano che ancora non aveva assunto il titolo di Czar.
Siffatta descrizione, dal fiabesco sentore, è propedeutica alla nascita di un vero e proprio impero, di fatto prima e di diritto poi, per opera di due suggestivi personaggi che agirono a una distanza temporale di duecento anni: Ivan il Terribile e Pietro il Grande.
Il primo, nel XVI secolo, inventò per sé il titolo di Czar, e inaugurò un arduo periodo di torbidi politici interni, di guerre continue contro la Svezia e la Polonia, di aspri conflitti religiosi. Fu un tratto che in epilogo ad Ivan e successori portò infine alla salita al trono da parte della dinastia

Romanov, che l'avrebbe tenuto sin all'acquisizione del potere bolscevica nel 1917 e all'istituzione di Mosca come la sede patriarcale primaria della chiesa ortodossa.

Il secondo, Pietro il Grande, istituì formalmente, nel XVIII secolo, l'impero zarista, riconosciuto come tale da tutte le potenze europee.

Lo *Czar* allora, versione russa di *Caesar* o *Kaiser*, indusse in Europa una diffusa percezione per cui la Russia aveva acquistato lo spirito e l'eredità politico/religiosa dell'impero bizantino. Ed infatti, le guerre che afflissero l'Europa nei duecento anni successivi videro l'impero zarista schierarsi, in modo sistematico, come implacabile avversario dell'impero ottomano, che era stato il castigo di Costantinopoli.

L'eredità della seconda Roma, ex Bisanzio, fu rivendicata proprio da Pietro il Grande, giacché a lui appartiene l'affascinante metafora di Mosca consacrata in terza Roma. Con lui d'altronde ebbe inizio un espansionismo secolare che condusse l'impero a costituirsi nella più sterminata realtà territoriale di tutti i tempi: da ovest a est, ovvero dal centro Europa all'estremo Oriente, e ancora oltre attraverso lo stretto di Berings, sino sul continente americano, in Alaska, al confine con il Canada; da nord a sud, dalla Siberia al mar Nero, in Europa, sino alla Mongolia e alla Cina, in Asia.

Subentrò agli Czar l'Unione Sovietica con la rivoluzione d'ottobre e la presa del potere bolscevica: nuovo polo d'attrazione imperiale di cui il mondo intero, una volta concluso il ciclo bellico europeo, vide l'affermazione nella seconda metà del ventesimo secolo.

George Washington

Ma su questo nuovo assetto globale del blocco comunista ci parlerai tu, George Washington, e ne descriverai soprattutto la fase finale in relazione alle vicende della tua Patria che, da impero antagonista, ne vide il drammatico epilogo: non una progressiva decadenza bensì un collasso sconvolgente e repentino come mai si era verificato.

Scena 2 – L'applicazione dai protagonisti

Marte – Vi siamo grati, illustri ospiti, per avere seguito con cortesia la lunga esposizione sull'Impero nella quale vi abbiamo coinvolti per occasionali richiami ma senza l'invito ad intervenire.

Ora finalmente tocca a voi circoscrivere l'attenzione sulle peculiari esperienze. A tale fine però mutiamo ancora l'ordine di priorità nel conferire la parola, anche in ordine alle considerazioni introduttive sulle analogie e discrasie tra i vostri imperi, ma ad oggetto poniamo in rilievo non tanto la persona, come artefice delle imprese, bensì il contesto storico in cui queste vennero condotte:

- Cesare, racconterai di Roma come di un impero già esistente
- Napoleone, descriverai la Francia nelle sue premesse rivoluzionarie
- Alessandro, celebrerai il mito universale d'Oriente e Occidente
- Washington, traccerai gli Stati Uniti sino ai nostri giorni

Collochiamo dunque Roma e Stati Uniti rispettivamente al principio ed alla fine degli interventi, cedendo alla Francia e alla Macedonia il tratto intermedio. Riteniamo così di cogliere l'espressione completa delle realtà significative a fronte di quelle incompiute, ma altrettanto affascinanti.

Cesare – Un secolo di cruente guerre civili e torbidi cittadini: così, Marte, altrove hai delimitato il periodo assegnato per la narrazione e che, guarda caso, coincide all'inizio con la mia data di nascita (il 101 avanti Cristo) e finisce un po' più in là dell'anno 0, vale a dire nel 14 dopo Cristo, anno in cui morì il mio successore Ottaviano Augusto.

Il secolo fu distinto dall'emergere di straordinarie individualità tra le quali Plutarco scelse le più eccellenti per celebrarne l'impronta nelle sue Vite Parallele: Mario, Silla, Lucullo, Crasso, Pompeo, Cicerone, Sertorio, Marco Antonio, Bruto.

Senza dire dei rinnegati Clodio, Milone, Catilina, Lepido: un gruppo non altrettanto glorioso ma importante nell'affresco policromo della storia repubblicana all'atto dell'epilogo.

Orbene, nei quattro secoli precedenti del regime repubblicano, Roma si era identificata per la prevalenza di entità collegiali e complesse, il Senato e il Popolo, seppure non fossero mancate grandi personalità.

Nessuna di esse però, compresi i grandi Scipioni, avrebbe mai osato prevaricare le istituzioni imponendo il proprio dominio e, meno che mai, si sarebbe resa autrice e causa di guerre fratricide per volgere in monopolio personale la pubblica gestione.

Il Senato, l'assemblea governante di antica tradizione ed

espressione dell'aristocrazia, non ammetteva fughe in avanti di personaggi dotati di ambizione o spregiudicatezza, sia in campo politico sia militare.

Le regole costituzionali per l'ingresso alle cariche pubbliche, quanto al limite di età e durata, o intervallo da porre tra l'una e l'altra, erano rigorose e inflessibili.

Ai generali poi, reduci da campagne vittoriose all'estero, era proibito entrare in città rimanendo al comando delle legioni armate. Il Senato esigeva, infatti, che i soldati si arrestassero al Campo Marzio e che il comandante si presentasse in Curia da solo, con il cappello in mano, per rendere rapporto: un vero esame al quale egli soggiaceva umile e riverente, implorando l'onore del trionfo, rarissimo invero, o almeno quello più ridotto dell'ovazione.

Il popolo del resto, la massa informe riunita in assemblee governate dai tribuni della plebe, fungeva sì da contraltare alternativo allo stile conservatore del Senato, ma, in ogni caso, non dava sconti a nessuno e diffidava del demagogo di turno.

Fu con Caio Mario, il mio zio acquisito, che si manifestarono i primi sintomi di una svolta significativa entro un sistema politico contrario in modo viscerale al potere attribuito a un unico uomo e trasmissibile in via ereditaria.

Da Mario ad Augusto, ancorché non citato da Plutarco, mi intratterrò dunque per procedere nell'ordine cronologico sui soggetti che ho già elencato e, attraverso luci ed ombre di ognuno, passando pure per me stesso, dirò dell'impero, già di fatto, e poi convertito in istituzione.

Mario apparteneva alla classe equestre in Arpino, villaggio acquisito a Roma al tempo delle guerre sannitiche, come *civitas sine suffragio*, e successivamente onorato della cittadinanza.
Seppur intraprendente e ambizioso, Mario comunque era segnato dal marchio di provinciale nell'elitario ambiente urbano e pertanto cercò dapprima l'affermazione personale nella carriera militare.
Ufficiale al comando di Scipione Emiliano nell'assedio di Numanzia egli si distinse e ottenne lusinghiere note di merito. Si trattenne poi in Iberia per altri dieci anni, dopo la caduta della città, e incrementò così le credenziali di guerra senza esservi seriamente impegnato.
Di ritorno a Roma, i brillanti precedenti gli garantirono l'elezione a *tribunus militum* e l'ingresso clientelare nell'illustre *gens* dei Metelli che, dopo averlo inviato alle Baleari per un incarico non importante, procurarono a lui la carica di tribuno della plebe.
Avviato finalmente alla carriera politica, Mario si fregiò ancora delle cariche di questore e pretore, saltando il ruolo intermedio di edile, e ottenne quindi il governo provinciale, sempre in Iberia, attraverso il quale ebbe occasione di arricchirsi considerevolmente.
Nel descritto susseguirsi di eventi Mario pervenne all'età di 45 anni e avrebbe anche potuto ritenersi soddisfatto per

il successo acquisito, certo non indifferente in rapporto alle modeste origini, ma la tempra dell'uomo non concepiva una serena e agiata pensione.
La Storia d'altronde gli diede ragione.
Mario capì allora che l'accesso nella cerchia più esclusiva dell'Urbe, e quindi alla politica di alto livello, non sarebbe mai potuto avvenire senza accostarsi alla nobiltà in via più efficace di quella clientelare.
Si risolse perciò a prendere moglie, ma i superbi patroni Metelli non furono bene disposti a cedergli una rampolla di famiglia e allora egli ripiegò su noi Iulii, più prestigiosi, sì, ma decaduti e comunque non altrettanto facoltosi.
Non fu un grande affare il matrimonio con zia Giulia, sorella di mio papà (però almeno, dieci anni prima di me, nacque il cugino Mario). Lo zio acquisito, infatti, ebbe spalancate le porte della celebrità non da noi Iulii bensì ancora una volta dai Metelli.
La Numidia, un regno alleato di Roma e confinante con la provincia d'Africa, istituita dopo la distruzione di Cartagine, non sarebbe mai stata disturbata dai romani sinché fosse rimasto in vita Massinissa, re alleato e amico di Scipione Africano.
Neppure Roma le avrebbe fatto un torto durante il governo del figlio di Massinissa, Micipsa, sovrano tutt'altro che minaccioso e propenso alla pace e alla cultura.
Questi, però, dispose la successione spartendo il regno tra i due figli, Iempsale e Aderbale, ma dovette pure piegarsi

alle garbate pressioni di Scipione l'Emiliano a che venisse incluso in condominio regnante un suo nipote bastardo, Giugurta.

Scipione ne aveva apprezzato le doti all'assedio di Numanzia, dove zio Micipsa lo aveva inviato come aggregato ai romani sperando che ci lasciasse la pelle, e finendo invece con il ritrovarselo tra i piedi, il terzo incomodo, e per di più raccomandato di ferro.

Dopo la morte di Micipsa quindi la Numidia fu divisa in tre settori, ma Iempsale offese gravemente Giugurta, che lo fece assassinare dai suoi sicari, mentre Aderbale dichiarò guerra e fu sconfitto.

Giugurta rimase il solo erede ma commise un grave errore: ordinò di uccidere non solo Aderbale, ma tutti i mercanti romani che durante l'assedio della capitale, Cirta, avevano resistito con lui.

Probabilmente, in assenza dell'imperdonabile sfregio, Roma avrebbe preferito una soluzione diplomatica con Giugurta, pressata com'era a nord dai barbari, Cimbri e Teutoni, a est da Mitridate, re del Ponto.

Ma il sangue romano gridava vendetta e quindi, dopo poco edificanti tentativi di rammendare senza danni la vicenda, il Senato e il Popolo, pure in grave dissenso tra loro, decisero infine l'intervento armato.

Quinto Cecilio Metello, uomo di pura estrazione patrizia, e di valore indiscusso, venne nominato comandante della spedizione e suoi vice furono Publio Rutilio Rufo e, per l'appunto, Caio Mario.

La guerra tuttavia si presentava sotto pessimi auspici per i romani in quanto avrebbe dovuto svolgersi su un territorio desertico sconfinato e assai più adatto alle scorrerie mordi e fuggi della valente cavalleria numidica opposta alla lenta progressione delle legioni.

A Muthul peraltro, laddove la cavalleria di Giugurta aveva tentato di sorprendere i romani in marcia buttandosi a rotta di collo dalle alture circostanti, Metello infine vinse la battaglia, non decisiva comunque. A Roma infatti, in assenza di squillanti vittorie, la condotta di guerra cominciò a essere aspramente criticata sostenendosi che non tanto lo scontro campale avrebbe potuto definire la pericolosa avventura ma solo la cattura di Giugurta, anima della rivolta.

L'aristocrazia senatoria, partigiana di Metello, già accusata di atti di corruzione nella passata gestione diplomatica, dovette infine cedere all'istanza popolare e così Mario fu richiamato in città per ricevere la carica di console ed il comando supremo dell'impresa.

Tali eventi maturarono prima dello scoccare del secolo ma già allora Mario introdusse quelle innovazioni sulla coscrizione militare che di lì a poco tempo avrebbero portato allo sfacelo della repubblica e alla "monarchia" militare, preludio dell'impero istituzionale.

Il neo console indisse una leva di rinforzo per la guerra in corso ma non si attenne alle antiche norme fondate sul censo patrimoniale per l'arruolamento delle truppe. Estese invece il privilegio ai volontari in via indipendente dalle ricchezze possedute.

Non era affatto una novità: Scipione Emiliano l'aveva già attuata per l'assedio a Numanzia, stante la decimazione del potenziale a seguito delle guerre puniche, però con Mario l'eccezione divenne la regola e così l'esercito si trasformò da milizia civica, dedita alla difesa della Patria, al ricettacolo di mercenari fedeli al comandante di turno, per le regalìe ed i compensi, saccheggi e bottino di guerra.

Comunque sia, Mario ripartì per l'Africa come comandante in capo e sostituì se stesso, luogotenente, con Lucio Cornelio Silla.

Egli aveva superato i cinquant'anni e cercava la gloria sul campo di battaglia, come non era riuscito a Metello, ma la guerra languiva per alterne vicende e perciò dovette malvolentieri addivenire alla scelta ventilata in Senato, vale a dire la cattura di Giugurta con l'inganno.

Il re della Mauritania, Bocco, suocero di Giugurta e suo alleato nella guerra, fu indotto ad uno spregevole tradimento dagli agenti romani con la promessa di cedergli parte del territorio numida. Bocco allora invitò il genero a colloquio nel suo accampamento e lo fece arrestare per consegnarlo a Silla, esecutore della manovra.

La guerra finì e Mario celebrò il suo trionfo. Giugurta sfilò in catene dietro il carro del vincitore e subito dopo venne sgozzato nel carcere Mamertino. Tale e quale Vercingetorige, dopo i miei trionfi.

Silla comunque si vantò di essere stato il vero artefice della vittoria e questa burbanza generò la prima scintilla di un'aspra discordia che avrebbe indotto alla prima guerra civile tra romani, con strascichi di proscrizioni e inaudita efferatezza in città.

Ma non anticipiamo.

Dall'avventura giugurtina Mario non ricavò affatto la reputazione di grande generale, giacché anche a Metello venne concesso il trionfo a pari merito, ma la fazione popolare fece di lui il proprio campione e così la carica consolare gli fu rinnovata per un compito assai critico: neutralizzare la minaccia dei Cimbri e dei Teutoni, barbari di origine celtica migranti dal Nord, in biblica transumanza, attestati ormai sul versante settentrionale delle Alpi.

Altri eserciti consolari erano già stati inviati, al fine di prevenire una paventata invasione in pianura padana ma, nonostante fossero stati di regola sconfitti, più per incapacità dei comandanti che per l'effettivo valore avversario, i barbari avevano comunque trascurato la penisola italica preferendo indirizzare la marcia in Gallia meridionale, che in ogni caso era una provincia romana.

Mario quindi ebbe il tempo di organizzare la spedizione arruolando i volontari, secondo un metodo già sperimentato, introducendo inoltre accorgimenti tattici tali per cui la massa compatta legionaria veniva suddivisa in coorti, centurie, manipoli, che la rendevano più agile in battaglia e ne facevano più efficienti i servizi logistici.

Ad Acquae Sextiae (Aix en Provence) ed ai Campi Raudi (sul Po nei pressi di Ferrara) Mario distrusse rispettivamente Teutoni e Cimbri e così, proprio nell'anno della mia nascita, inizio secolo primo a. C., si dileguò definitivamente il terrificante incubo dell'invasione.

Questa fu l'apoteosi mariana al punto che, dopo un secondo mandato consolare egli ne ottenne altri tre consecutivi in disprezzo a tutte le norme costituzionali.

Il partito popolare peraltro sponsorizzò la fama dell'*homo novus* e il Senato ne uscì profondamente umiliato ma invero i tempi non erano maturi per scardinare l'avversione viscerale anti monarchica romana anche se allora il germe del declino repubblicano era gettato.

All'età di 57 anni, ricchissimo, famoso, idolatrato dal popolo, Mario ancora non intendeva ritirarsi dalla vita pubblica e quindi continuò a barcamenarsi in politica senza tuttavia possederne alcun talento.

Con il sesto consolato, infatti, egli dovette dissociarsi dall'azione di alcuni rampanti demagoghi (i tribuni Glaucia e Saturnino) e rientrare nei ranghi del magistrato, tenuto alla vocazione dell'uomo d'ordine, senza peraltro ottenere la stima e la fiducia dell'oligarchia senatoria. Il provinciale Gaio Mario, indiscusso generale, ci teneva moltissimo ad essere accolto da pari a pari nella cerchia aristocratica ma, più che un incarico di "consulente" senatorio in Asia Minore, non ottenne.

In quel viaggio, comunque, ebbe occasione di incontrare Mitridate e di ammonirlo a non sfidare Roma.

Il re pontico, infatti, rappresentava già allora la speranza e il punto di aggregazione della rivolta antiromana nelle province orientali mentre Mario bramava conseguire il comando per una spedizione punitiva, e lo ebbe, sulla carta, strappandolo al rivale Silla.

Questi però lo riprese e lo esercitò davvero, facendo anche dichiarare Mario nemico pubblico.

Rinvio il racconto di tali vicende, rappresentative del nuovo regime di gestione personale nella repubblica, e vado dritto all'epilogo con un cenno fugace sulla fuga rocambolesca di Mario in Africa, sul suo ritorno in Roma, sul bagno di sangue perpetrato contro gli avversari, sul settimo e ultimo consolato, appena iniziato, sulla morte a 71 anni per banale malattia che probabilmente fermò la crudeltà persecutoria sua a livelli inferiori di quelli che seguirono per opera di Silla.

Non mi rimane quindi che celebrare il genio militare di Mario, sia da condottiero sia organizzatore di risorse, e cogliere invece la limitata abilità politica, popolare per necessità, aristocratica per ambizione.

Silla proveniva da una famiglia patrizia sì ma tutt'altro che facoltosa e si segnalò quasi trentenne come questore nella guerra giugurtina al seguito di Mario, più anziano di quasi vent'anni.

Corrisponde al vero che Silla fu autore della cattura di Giugurta non solo da esecutore ma soprattutto come ideatore dell'inganno.

Egli lo illustrò a Mario e lo indusse a buon esito persuadendo Bocco, il suocero traditore di Giugurta, alla decisione, sia pur rischiando di cadere vittima di un doppio gioco, non certo improbabile.

Nella successiva campagna contro Cimbri e Teutoni Silla stava sotto il console collega di Mario, Lutazio Catulo, servendolo con fedeltà e impegno tali da destare la fastidiosa invidiuzza di Mario, già piccato per le vanterie di Silla sul suo personale successo in Africa.

Gli screzi poi si acuirono, nel corso della guerra sociale, a cui Mario aveva partecipato con un insignificante apporto, e per questo non ne ho parlato. Silla invece fu un protagonista di quel conflitto fratricida nel quale i romani si opposero agli alleati italici, che rivendicavano il diritto alla cittadinanza, e la ottennero per sfinimento.

Il dualismo letale comunque era di là da venire.

Mario considerava il suo ex luogotenente null'altro che un problema banale, mentre Silla nutriva un astio feroce e vedeva nell'ex capo il primario nemico da annientare.

Dopo la guerra, e con il favore dei Metelli ormai apertamente ostili a Mario, Silla non soltanto fu eletto console ma ottenne in moglie una giovane del clan già rifiutata all'avversario. La superficiale acredine trasmutò quindi in asperrimo rancore, riprodotto peraltro tale e quale nello

schieramento politico dell'uno e dell'altro. Silla del resto era di nobile ascendenza e pertanto, senza difficoltà, gli venne riconosciuto quel ruolo di campione dell'aristocrazia che Mario invero desiderava ma non riuscì mai a conquistare.
Tutto ciò rende l'occasione di riprendere i fatti sull'affidamento del comando supremo contro Mitridate re del Ponto che, nel frattempo, aveva intrapreso l'invasione della penisola anatolica e della Grecia facendo strage *in loco* dei mercanti romani e italici.
Silla fu designato, per intercessione dei Metelli, e già organizzava le legioni a Capua sulla via di Brindisi. Mario però non demorse affatto e, con il sostegno di un fetido tribuno della plebe, Sulpicio, fomentò tumulti in città tali per cui Silla si trovò davvero in pericolo di vita e non vide altra via di fuga se non proprio in casa del rivale.
Mario allora avrebbe potuto risolvere alla radice la vicenda ma volle mostrarsi generoso. Protese quindi Silla, naturalmente a fronte della promessa di cessione del comando, e fu una trattativa privata su atti pubblici, ratificata poi da un Senato ridotto all'ombra di se stesso.
Sì! – pensò Silla – l'hai trovato quello che rimane nell'angolo. Partì per Capua e subito tornò a Roma alla testa di sei legioni.
Ecco, divini arbitri, il primo segnale della rivoluzione che si andava compiendo in Roma: i soldati armati violarono il perimetro cittadino senza che l'autorità del Senato e del

Popolo potessero impedirlo.

Non fu ancora guerra civile tuttavia giacché Mario, privo com'era di risorse adeguate, fuggì per il rotto della cuffia e raggiunse l'Africa.

Silla quindi si trattenne un poco in Roma, giusto il tempo di disporre le cose ad evitare capovolgimenti di fronte, e tosto partì per l'Oriente ove impartì una severa lezione a Mitridate, senza però farlo fuori in modo definitivo.

Dovette invece concludere le ostilità stipulando un trattato a causa di notizie sulle proscrizioni secondo le quali neppure la sua famiglia era stata risparmiata. Nel frattempo, infatti, Mario si era ripresentato a Roma, al comando di cospicui contingenti, dando il via al terrore contro gli avversari politici.

Ma la città già presagiva la tremenda vendetta di Silla che, tornato in Italia, imperversò puntuale e decuplicata nell'orrore dopo una vera e propria guerra civile per la conquista della città.

Mario era morto da poco per cause naturali mentre il figlio si suicidò per non essere catturato.

Avevo diciott'anni allora e già ho narrato come mi barcamenai nelle drammatiche vicende che seguirono, mi intrattengo in breve pertanto sulla restaurazione sillana e sull'influsso che essa comportò in ordine alla tematica dell'impero istituzionale.

Alla fine della prima guerra civile, protratta poi in caccia spietata ai seguaci di Mario in fuga, Silla si proclamò dittatore a vita: una carica desueta da secoli e peraltro ammessa per limitato periodo e soltanto in presenza di circostanze d'emergenza eccezionali.

Per tre anni le liste di proscrizione furono affisse ogni giorno in Foro talché migliaia di cittadini persero la vita o furono costretti all'esilio, braccati senza requie, mentre i loro beni erano confiscati allo Stato.

Silla, instauratosi principe al potere, introdusse allora una profonda riforma costituzionale a Roma che, in apparenza, riportò il Senato, o la classe aristocratica, all'antico splendore.

Dico in apparenza poiché allora venne soppressa la magistratura dei censori, i tutori del censo e, come tali, estensori delle liste di persone degne d'accesso in Senato. Il numero dei senatori venne raddoppiato ma il diritto di accesso, non più di competenza censoria, fu ammesso anche per i questori ed i pretori uscenti, i cui collegi erano stati assai incrementati di numero. Il tutto sotto la supervisione dittatoriale.

In favore del Senato, inoltre, Silla restituì la competenza a comporre le giurie nei processi intentati contro governatori provinciali uscenti: una prerogativa che, quarant'anni prima, Caio Gracco aveva sottratto al Senato e attribuito alla classe degli *equites*.

Nel complesso, però, l'invadenza opprimente del dittatore fece sì che si realizzasse non l'esaltazione ma lo svilimento dell'assemblea.

Silla, inoltre, separò drasticamente il potere civile da quello militare: mantenne consoli e pretori ma stabilì che essi si trattenessero in città ad esercitarvi soltanto funzioni amministrative, mentre avocò a sè le nomine dei governatori provinciali con *imperium* militare, proibendo iniziative guerresche senza autorizzazione del Senato ed avendo cura a che mai essi compissero ribellioni del tipo da lui stesso perpetrate. Di contro alle istanze del popolo, infine, egli umiliò il tribunato della plebe circoscrivendone i poteri, imponendo la supervisione senatoria sui loro progetti di legge, vietando per i tribuni uscenti dalla carica di aspirare agli altri uffici pubblici, rendendola perciò meno appetibile. Spuntò in questo modo gli artigli acquisiti dal tribunato nei secoli di contrapposizione fra patrizie plebei, ma, per il rispetto delle forme, si guardò bene dal sopprimerlo.

Silla, alla soglia di 60 anni, era a un passo dalla proclamazione della monarchia e invece il sorprendente personaggio sorprese ancora una volta tutti e rinunciò alla carica ritirandosi a vita privata.

Morì disfatto nel fisico due anni dopo e così dunque ebbe principio il cammino da Repubblica a Impero.

Due eminenti personalità, nel bene e nel male, si contesero il potere rispettivamente in nome del Senato e del Popolo. Potete immaginare, divini arbitri, che avessero a cuore la salute dello stato più che l'ambizione? Io, terzo di un'altra coppia, non lo credo.

Pompeo e Crasso comparvero nella storia della repubblica come alti scagnozzi di Silla nella fase della guerra civile e gestione dittatoriale.

Io ero appena un ragazzo, dicevo, mentre i due affilavano le armi per il potere, però in seguito mi sarei inserito di prepotenza tra loro.

Pompeo, come Mario, non era romano: veniva dal Piceno, ma da una famiglia di latifondisti ultra benestanti ed inoltre suo padre, Pompeo Strabone, era stato un eroe romano nella guerra sociale sotto il quale avevano militato personaggi del calibro di Cicerone e Catilina.

All'età di 24 anni, ricco e intraprendente, Pompeo potè permettersi di mettere insieme tre legioni di veterani delle sue contrade e porle a disposizione di colui che gli parve il cavallo vincente nel marasma di allora: non il partito al potere, Mario, bensì il comandante gravido di ira funesta di ritorno dall'Oriente, Silla. E bene gliene incolse.

Fedele alla scelta fatta, egli inseguì in Sicilia e in Africa i fuggiaschi mariani e, quando ritornò vincente a Roma, ebbe l'ardire di pestare i piedi davanti al dittatore pretendendo il trionfo, seppure non potesse vantarne gli usuali requisiti: l'attribuzione di *imperium* proconsolare e l'uccisione di almeno cinquemila nemici.

Simile precedente sarebbe stato quanto meno inopportuno, ma Silla, imprevedibile quant'altri mai, si arrese e glielo concesse. Non senza risentimento tuttavia, accresciuto peraltro quando Pompeo sostenne la candidatura di Marco Emilio Lepido al consolato come avversario di Quinto Lutazio Catulo, sponsorizzato da Silla.

I due comunque furono eletti in coppia e subito dopo Silla uscì dalla scena. Ora, avendo detto altrove della lotta tra i due consoli che vide Lepido (il papà del futuro triumviro con Ottaviano e Marco Antonio) opporsi al Senato per reazione antisillana, e Catulo, l'incaricato filo governativo, ritorno al ruolo di Pompeo nella vicenda.

Fra Lepido e Catulo insorse una mini guerra civile, che si chiuse con la sconfitta di Lepido. A Pompeo, nonostante il passato sostegno per Lepido, venne affidato il ruolo vicario di Catulo con cui vinse Bruto, vicario di Lepido (e papà, forse, del mio assassino).

Pompeo, ancora, ebbe il comando di un'armata di rinforzo a Metello Pio, in Iberia, contro Quinto Sertorio, l'ultimo mariano.

Costui era stato un valorosissimo ufficiale al comando di Caio Mario nella trascorsa guerra contro i Cimbri e i Teutoni e, come tale, primo in lista nelle proscrizioni di Silla.

Fuggito in Iberia con i reduci dell'esercito mariano, aveva accolto tra le sue schiere i profughi dell'armata di Lepido e nel contempo si era dato all'arruolamento tra le popolazioni indigene mettendo insieme un cospicuo esercito addestrato alla romana con il quale disturbava i presidi militari *in loco*, che egli considerava propri nemici in quanto soggetti al regime sillano.

Roma a sua volta lo trattava da ribelle e traditore e gli inviò contro il proconsole Metello Pio che però boccheggiava contro l'efficace stile di guerriglia adottato dalle truppe iberiche.

Pompeo, a sua volta, sempre desideroso di mettersi in luce, colse il timore del Senato sull'assurda ipotesi di invasione italica da parte di Sertorio, come già attuata da Annibale, o su un'altra verosimile della creazione di un regno autonomo nella provincia romana.

Insistette così per ottenere il comando delle forze in aiuto a Metello Pio ma nemmeno lui cavò un ragno dal buco nel ginepraio iberico. La situazione continuò a mantenersi incerta sinché il luogotenente di Sertorio, Marco Perperna, assassinò il capo durante un banchetto.

Né le cronache del mio tempo, né la Storia, consentono di sapere con certezza se Perperna organizzò la congiura su mandato di qualcuno a Roma ovvero per ambizione personale. Comunque sia egli si arrese a Pompeo, talché questi si procacciò tutto il merito della spedizione. Dal carteggio riservato di Sertorio che Perperna consegnò a Pompeo, risultarono relazioni compromettenti con molti esponenti del partito popolare complottisti, ma infine le lettere furono distrutte e Pompeo non ammise mai di averle lette.

Le virtù repubblicane d'altri tempi erano svanite, ancorché una certa ipocrisia di fondo le tenesse in vita, ma procediamo nel racconto.

Se mai Pompeo ebbe un dubbio nella profonda convinzione di essere un favorito della Fortuna, a causa del mediocre passaggio sertoriano appena trascorso, questo venne fugato al ritorno in Italia.

Subito dopo la discesa dalle Alpi, infatti, gli si presentarono di fronte le sparpagliate disperate colonne dei rivoltosi di Spartaco in fuga da sud, già decimate per opera di Marco Licinio Crasso.

Pompeo ne fece un bocconcino delizioso e, da Popolo e Senato, ebbe buona parte del merito delle fatiche del collega.

Marco Licinio Crasso, come dicevo in esordio, fu un luogotenente di Silla, durante la guerra civile, e diede un apporto determinante nella battaglia finale di Porta Collina, alla periferia di Roma. Dopodiche non pensò ad altro se non ad accumulare ricchezze smisurate con la speculazione sui beni dei proscritti sillani.

Abilissimo affarista, considerava se stesso anche valente condottiero militare e, grazie all'invidiabile patrimonio, ottenne il comando di un esercito da opporre alla grande rivolta servile guidata da Spartaco, in assenza di validi generali sulla piazza (Pompeo e Metello stavano in Iberia, Lucullo in Oriente a combattere il redivivo Mitridate).

Ne ebbe ragione, infine, ma con enormi difficoltà.

Insorse quindi un forzato sodalizio tra Crasso e Pompeo che insieme celebrarono il trionfo e si accordarono per spartirsi pure il consolato, con nulla osta di un Senato impotente di fronte agli astri emergenti.

Le rigorose regole del *cursus honorum* erano diventate una facezia giacché non solo Pompeo non aveva mai assunto prima alcuna carica intermedia ma neppure raggiunto l'età minima per la più alta.

Crasso d'altronde era stato pretore nell'anno precedente e quindi non avrebbe potuto candidarsi prima del prescritto intervallo decennale. Colsero l'obiettivo, invece, e presentarono un programma comune di cui si potrebbe dire che avrebbe distrutto alla radice, come avvenne, le riforme sillane, soprattutto in ordine al ripristino dell'autorità dei tribuni della plebe e al reintegro delle giurie equestri in processi per concussione. Entrambi, infatti, avevano bene intuito l'evolversi della situazione, mentre io ancora stavo alla finestra.

Su Crasso comunque non sussiste molto da aggiungere se non che, prima di unirsi nel triumvirato con me e Pompeo, si diede da fare per accrescere le ricchezze. Pompeo invece, dopo il consolato, rifiutò un governo in provincia e rimase a Roma in attesa di altre opportunità.

Le occasioni non mancarono ... e furono di gran lusso!

Dapprima gli venne conferito un incarico di "polizia" marittima con lo scopo di eliminare, una volta per tutte, la piaga della pirateria nel Mediterraneo. In seguito ottenne un comando per neutralizzare in via definitiva il persistente nemico Mitridate, e il genero di lui, Tigrane, sovrano dell'Armenia (Lucio Licinio Lucullo, un altro fedelissimo di Silla sino dalla prima ora, li stava tampinando nelle loro terre con un certo successo ma, inviso alla truppa, fu richiamato a Roma).

Dicevo "occasioni di grande lusso" perché entrambe prevedevano un impiego di risorse eccezionale in denaro, truppe, navi, nonché durata di tre anni contro i pirati e illimitata contro Mitridate: esattamente il contrario di quanto avrebbe potuto ammettere il Senato, nel timore di generali troppo possenti e spregiudicati le cui pretese eventuali dopo la vittoria si sarebbero subito configurate in sovversione dello Stato. Le esperienze di Mario e Silla, d'altronde, erano recenti.

Il Senato infatti si oppose fieramente ai progetti descritti e Pompeo si rivolse quindi al popolo, mediante tribuni della plebe, affinché nelle distinte tornate fossero approvate leggi atte a concedere gli *imperia*.

I tribuni del resto erano riconoscenti a Pompeo per l'avere abolito da console l'obbligo sillano del benestare senatorio sulle leggi votate in assemblea della plebe.

Le dotazioni concesse a Pompeo dunque, e il suo indubbio talento di condottiero, fecero sì che l'impresa contro i pirati venisse condotta a termine in soli sei mesi. L'uomo pertanto, acclamato eroe popolare, non ebbe difficoltà a spuntarla in ordine al comando in Oriente.

La viscida anguilla Cicerone, avvocato alle prime armi e non ancora schierato con l'oligarchia, fu allora la punta di diamante in favore di lui e contro Ortensio, che allora era l'avvocato numero uno a Roma. Orbene, nonostante il fatto per cui la campagna d'Oriente fosse stata l'apoteosi di Pompeo, non mi dilungherò sulle articolate fasi che la caratterizzarono nei quattro anni di durata.

Basti rammentare al riguardo che Tigrane si sottomise come re di un regno cliente, pagando assai cara in tributi e doni la propria salvezza, mentre Mitridate, inseguito e braccato, infine si suicidò.

L'insieme delle operazioni militari peraltro comportò un'espansione considerevole dei territori asserviti: a est, nell'Armenia e il Caucaso, a sud, in Siria, sulle rive dell'Eufrate, sino a Gerusalemme.

Pompeo d'altronde non si accontentò della conquista ma ritenne pure un suo compito normare l'organizzazione amministrativa utilizzando ora diktat ora trattati come se fosse un autentico uomo di stato.

Egli agì in siffatta veste senza neppure attendere l'arrivo della usuale commissione senatoria regolante e per tale profilo mi vedo costretto a riconoscere che Pompeo iniziò proprio allora a realizzare davvero il barlume di quello che fu il tuo sconfinato impero, Alessandro, non più, o non solo, ad alimentare nella vanagloria il mito personale della sua presunta rassomiglianza con te e la tua leggenda.

Di certo infatti avrebbe potuto varcare l'Eufrate ed aggredire i Parti, e magari per procedere ancora sul tuo sentiero verso le Indie, ma, da uomo d'ordine com'era, egli non osò violare il limite della legge di conferimento dell'*imperium* (l'avrei fatto io invece, pochi anni dopo, nelle Gallie, e questa è la differenza tra me e lui).

Comunque sia, l'incubo della "monarchia militare" si faceva sempre più prossimo a Roma, ormai in trepida attesa del ritorno di Pompeo, sia negli ambienti dell'oligarchia, sia tra i popolari.

Si presagiva una dittatura del tipo sillano, con vendette e proscrizioni contro avversari vecchi e nuovi, si meditarono congiure preventive, come la prima di Catilina, nella quale venni coinvolto dal mio amico Crasso, che per fortuna si ritrasse all'ultimo momento ... E invece, quali che fossero gli insondabili pensieri, il dato di fatto obiettivo è che Pompeo sbarcò a Brindisi e congedò le sue legioni per dirigersi a Roma protetto solo da un esiguo presidio.

Escluso così lo spettro di una marcia trionfale incontro alla dittatura, Pompeo agì con il chiaro intento di accostarsi agli aristocratici, solo avendo a cuore la ratifica degli atti di gestione in Oriente e il premio per i suoi veterani.

Egli per certo avrebbe ottenuto di tutto e di più rivolgendosi in prima istanza al Popolo, come già era avvenuto prima della partenza, ma in approfondita valutazione preferì cercare la concordia piuttosto che la rottura. Gli aristocratici però non risposero con altrettanto senno ed anzi gli sbatterono la porta in faccia, opponendosi ostinatamente alle sue richieste.

Queste furono le premesse del primo triumvirato con me e Crasso, di cui ho trattato raccontando di me stesso, e poiché da questo punto le nostre avventure, politiche e guerresche, si intrecciano saldamente in un'unica narrazione, peraltro già svolta, mi soffermo su alcuni eventi burrascosi contemporanei alla mia decennale assenza da Roma per le campagne in Gallia.

Orbene, dopo quell'incontro di Lucca con Crasso e Pompeo (in cui, ricordo, vennero pattuiti la proroga del mio proconsolato in Gallia e il secondo loro comune consolato), Pompeo divenne padrone in città.

Il triumvirato, null'altro che un'associazione privata, era trasfigurato di fatto in un principato (Crasso era partito per la spedizione militare in Oriente) e Pompeo, volendo darsi una veste giuridica formale, non vide di meglio che inventarsi la figura di console unico.

Egli era sì il governatore in Iberia, però ne aveva delegato l'esercizio ai luogotenenti Afranio, Petreio, Varrone, mentre Crasso, una figura minore, tutto sommato, fu sconfitto dai Parti e subì la più crudele ed esemplare pena del contrappasso (gli versarono in gola un crogiuolo d'oro fuso, immediatamente recuperato).

In questo contesto va inserita la vicenda tra Clodio e Milone (infami farabutti patentati al rispettivo servizio, mio e di Pompeo) marginale forse, eppure emblematica del punto estremo al quale era pervenuta nell'Urbe l'anarchia, in sfregio permanente al potere costituito.

Clodio, estremista demagogo, Milone, brutale reazionario, erano due caporioni di squadracce mercenarie avversarie atte a fomentare risse e tumulti laddove paresse opportuno a sostegno di nostri progetti (ho detto altrove che, all'epoca, Pompeo si era riavvicinato all'oligarchia mentre io restavo di schietta fede popolare).

Un bel giorno, Clodio e Milone si incontrarono per caso lungo la via Appia, con al seguito, ognuno, il proprio codazzo di tagliagole.

Si fissarono torvi al passaggio, timorosi l'uno dell'altro, sinché uno di Milone, intendendo compiacere il *boss*, balzò fulmineo da cavallo, raggiunse la lettiga di Clodio e gli piantò il gladio nella schiena.

Il ferito fu subito condotto dai suoi nella vicina osteria per le cure del caso mentre Milone paventava la rappresaglia, non sapendo altresì se Clodio se la sarebbe cavata. "Meglio un brutto processo che un bel funerale" – dovette avere pensato – detto e fatto: inviò un cospicuo gruppo dei suoi dentro l'osteria a completare l'opera.

... E processo fu, in una rovente atmosfera di sommossa collettiva...

Pompeo assoldò alla difesa di Milone il fiore dell'avvocatura romana (Cicerone e Ortensio insieme) ma cedette alle mie rimostranze dalla Gallia e Milone fu punito, infine, ma se la cavò con l'esilio perpetuo.

La *pro Milone*, brillante arringa ciceroniana che, per certo, avrebbe portato a un'assoluzione finale, con l'aiuto delle guardie pompeiane, venne pubblicata ma non pronunciata in aula.

Questo episodio, lungi dal risanare la rivalità tra me e Pompeo, unito al rifiuto da parte sua di rinnovare il vincolo famigliare tra noi creato con il matrimonio della mia piccola Giulia (io tentai di rifilargli una nipote), intensificò i contrasti tra *populares* e *optimates* al punto che questi ultimi finalmente accettarono la trascorse offerte d'amicizia di Pompeo, per paura di qualche mia immaginaria iniziativa ribelle, e si strinsero intorno a lui talché la guerra civile divenne ineluttabile.

Altrove ne ho parlato a lungo e quindi mi fermo qui per riprendere il racconto dalle Idi di marzo, data in cui fu attuato il complotto ordito dagli avversari, fautori repubblicani, ma anche da amici traditori, per invidia, rancore, o chissà cos'altro.

Marco Antonio e Giulio Ottaviano crearono il secondo triumvirato insieme con Marco Emilio Lepido, dopo le drammatiche vicende che seguirono alla mia morte, successiva a quella di Crasso e Pompeo.

Gli articolati eventi propedeutici all'accordo si protrassero per venti mesi e le conseguenze ulteriori proseguirono per dodici anni, vale a dire sino al momento in cui Ottaviano rimase solo e cominciò, con il nome di Augusto, il cammino verso il principato: il coronamento del mio progetto *in fieri* dopo gli aborti di Silla e Pompeo.

Marco Antonio era stato uno dei miei legati in Gallia, non proprio di prima ora ma ottimo combattente ad Alesia. Tribuno della plebe poi, con ammirevole coraggio mi aveva difeso in Senato nel mentre stava per piombarmi addosso il marchio di nemico pubblico.

S'era rivelato essenziale inoltre durante la guerra contro Pompeo, sia nei momenti di ardua difficoltà in Epiro, sia nella decisiva battaglia di Farsalo.

Che altro di più avrei potuto attendermi? La sua fedeltà era granitica sino al punto che i congiurati di marzo si erano posti il dubbio sul se non fosse il caso di ammazzare anche lui, oltre a me.

Eppure l'uomo non mi dava l'affidamento totale. Troppo incline alla crapula, ai festini licenziosi, alle liti, al narcisismo, alla teatralità dei modi. Ne aveva dato altresì un esempio avvilente quando gestì Roma da *magister equitum* mentre ero impegnato in Egitto.

E peraltro, la superba orazione che pronunciò sui rostri, innanzi alla pira che avrebbe bruciato il mio cadavere, fu davvero un capolavoro di eloquenza, coinvolgente quant'altri mai, e nessuno a Roma, amico o avversario che fosse, avrebbe dubitato che toccasse a lui, in pieno diritto, raccogliere l'eredità politica di Cesare.

Quale delusa meraviglia avrà quindi ridestato in Antonio l'apertura del testamento? Erede, nonchè figlio adottivo, risultò un diciottenne pronipote, figlio della figlia di mia sorella, neppur nobile per parte di padre, il quale immediatamente volle assumere il mio nome accanto al suo: Caio Giulio Cesare (Ottaviano lo chiamano gli storici solo al fine di evitare confusione, il che è senz'altro opportuno). Era costui uno sconosciuto ai più, un ragazzo timido, gentile, gracile nel fisico, malfermo di salute, l'antitesi di Marco Antonio insomma: un pesciolino nella vasca degli squali. E poi perché mai il Popolo e il Senato avrebbero dovuto attenersi alla scelta? Ero dittatore a vita sì, ma, seppure perpetua, la carica veniva meno appunto con la vita, ed inoltre io ero console collega di Antonio, un pari grado, in teoria.

Ebbene, divini arbitri, Ottaviano non tardò a dare prova che io avevo visto giusto puntando su lui, sul fine ingegno, sull'infallibile intuito. Infatti, poiché tra le mie disposizioni patrimoniali una in particolare sanciva cospicui doni in denaro per la massa del proletariato urbano, Ottaviano si svenò, con il proprio e con prestiti vari (giacché Marco Antonio, in fiducia di mia moglie Calpurnia, aveva ormai arraffato il liquido disponibile), per adempiere al più presto ai legati, e pertanto, si procurò la stima del popolo, fonte primaria del mio potere.

Tale fu un vantaggio rilevante per lui, soprattutto perché Antonio, al contrario, se ne era alienato le simpatie all'atto in cui aveva non solo rinunciato alla vendetta contro i congiurati, ma addirittura si era reso garante di un compromesso nei loro confronti.

Marco Giunio Bruto e Caio Cassio Longino, i *leaders* del complotto, potevano, d'altronde, vantare non pochi sostenitori nell'oligarchia ed anzi erano celebrati da molti come liberatori dal tiranno e tutori della repubblica.

Ciononostante dovettero fuggire da Roma per una rivolta

spontanea che fece affluire verso le loro case una folla furibonda.

Le prospettive generali sul futuro di Roma, dopo la mia morte, erano dunque assai confuse: Marco Antonio appariva il *leader* indiscusso e prossimo dittatore ma Ottaviano andava acquistando un certo credito e non soltanto presso il popolo ma anche tra i veterani fedeli alla mia memoria e, *mirabile dictu*, tra i conservatori oligarchi, i repubblicani nostalgici, vale a dire i miei nemici giurati.

Ottaviano conciliò a se stesso abilmente tali forze contrastanti.

Da un lato ricostituì tre legioni di stanza in Campania, con altri doni in denaro di cui finalmente era pervenuto in possesso, e dall'altro, in dissimulata umiltà, chiese consiglio a Cicerone sui modi di rimettere in sesto la repubblica ed ottenne l'ausilio dell'uomo il cui parere si teneva per sacro nell'ambiente dell'aristocrazia senatoria.

Naturalmente, nel frattempo, Antonio non era rimasto con le mani in mano. Recuperate infatti alcune legioni delle sue, allora stanziate in Macedonia, si accinse allo scontro con Ottaviano.

Si profilava così un'altra guerra civile nella quale, paradossalmente, entrambi i contendenti perseguivano lo stesso piano, l'esecuzione dei miei disegni imperiali, ma, se Marco Antonio non lo nascondeva, al contrario Ottaviano si atteggiava ancora a tutore della repubblica.

Il magico sostegno di Cicerone, del resto, diffuso in Roma

con le sue filippiche contro Antonio, assicurò a Ottaviano il titolo legittimo, da parte del Senato, che ancora non possedeva.

La viscida anguilla tuttavia aveva altro in mente. Odiava Antonio ma neppure di Ottaviano si fidava e, con tipiche suadenti manovre, fece sì che il Senato dichiarasse Antonio nemico pubblico e conferisse ai fuggiaschi, Bruto e Cassio, il governo delle province orientali talché, una volta compattati gli eserciti in quelle contrade, Ottaviano, infido giacché pure sempre figlio di Cesare, si sarebbe potuto scaricare e la repubblica avrebbe infine trionfato sugli aspiranti dittatori.

In tale modo parve che volgessero le circostanze per le vicende della guerra di Modena nella quale Antonio fu sconfitto da Ottaviano e dai neo legittimi consoli, Aulo Irzio e Vibio Pansa.

Il Senato, Cicerone in testa, ritenne che Ottaviano, appena ventenne, sarebbe stato facilmente fagocitato nella restaurazione repubblicana ancorché, essendo entrambi i consoli rimasti uccisi in battaglia, egli si fosse reso arbitro della situazione.

Invero a quest'ultimo venne mossa l'accusa di avere fatto eliminare i consoli, ma non esiste la prova. Comunque sia, Ottaviano ritornò a Roma e fece valere il ruolo acquisito in battaglia: chiese la nomina a console supplente e gettò la maschera di difensore della repubblica.

Salutò quindi con affetto Cicerone, spedendolo in pensio-

ne, e partì per la Gallia cisalpina a incontrare Marco Antonio e consolidare con lui un'alleanza finalizzata al rinnovato obiettivo di vendetta contro i congiurati di marzo.
Quale altra sorpresa dovrebbe destare il fatto per cui, tra le clausole dell'accordo, Antonio pretese la testa del grande avvocato, non solo in senso figurato, mentre Ottaviano lasciò fare lavandosene le mani. Marco Tullio Cicerone del resto fu soltanto la vittima più illustre, tra migliaia, del nuovo corso.
Su un isolotto del torrente Lavino, fra Bologna e Modena, Ottaviano, Antonio e Lepido, complottarono per alcuni giorni e così insorse il secondo triumvirato: tre dittatori in luogo di uno solo per cinque anni ma questa volta non si trattò di accordo privato, bensì di patto reso istituzionale attraverso una legge votata in assemblea della plebe.
Il rapporto di forze tra i soggetti riprodusse peraltro la linea tracciata con il primo triumvirato, laddove Pompeo ed io rappresentavamo gli elementi di spicco rispetto a Crasso, il terzo in minoranza.
Lepido infatti vi fu accolto per essere stato il vice di Antonio a Roma nei drammatici giorni successivi alle Idi di Marzo e inoltre, come tra me e Pompeo fu pattuito un legame di affinità, altrettanto avvenne tra Ottaviano ed Antonio con il ripudio di quest'ultimo della moglie Fulvia ed il matrimonio con Ottavia, sorella di Ottaviano.
Ma quel che soprattutto determinò la politica di Roma fu la divisione delle competenze territoriali: ad Antonio le

Gallie, a Lepido l'Iberia, ad Ottaviano l'Italia e l'Africa.

L'Oriente, rammentate, era saldamente in mano ai congiurati Bruto e Cassio, per legittimo disposto senatorio, e pertanto, essendo primario intento triumvirale la vendetta per la mia morte, i tre decisero anche di attuare un'epurazione nei ranghi senatori con confisca dei beni per finanziare la spedizione armata in Oriente (si trattò di un'azione che, quanto a ferocia omicida, uguagliò quelle precorse di Mario e Silla). Bruto e Cassio peraltro non rappresentavano l'unico problema per i triumviri: il figlio di Pompeo, Gneo Sesto, sopravvissuto in battaglia a Munda, anticesariano in memoria di papà, era stato nominato dal Senato prefetto della flotta e, disponendo di notevoli risorse belliche, si era impadronito della Sicilia, formidabile base strategica.

I triumviri comunque non se ne occuparono in prima istanza essendo presi soltanto dal pericolo in Oriente.

A Filippi, in Macedonia, si consumò l'epilogo della lotta mortale tra i miei successori ed i miei assassini.

Bruto e Cassio furono sconfitti, più da Antonio che da Ottaviano, ed il territorio venne diviso su nuove regole: Lepido risultò estromesso, Ottaviano mantenne per sé l'Italia, e parte dell'Africa, Antonio, oltre alle Gallie e all'Iberia, ebbe parte dell'Africa e l'Oriente.

Una situazione solo in apparenza posta in favore di Antonio poiché in realtà l'Italia era centro dell'impero ed Ottaviano, consapevole di tal vantaggio, si riconciliò con Lepido per far fuori Lucio Antonio, il fratello di Marco che, forte del consolato appena acquisito, gli aveva aizzato contro la regione dell'Umbria.

Ottaviano la spuntò nell'assedio di Perugia ma risparmiò Lucio per rispetto a Marco. Tale riguardo, tuttavia, non fu sufficiente a placare l'ira del rivale che cominciò a tessere un'alleanza con Sesto Pompeo, padrone della Sicilia presso cui erano fuggiti gli oppositori d'Ottavio in Italia, il che implicava l'innaturale riavvicinamento alla posizione dei nostalgici repubblicani.

Marco Antonio, però, aveva ormai perso terreno in Italia e non riuscì nella programmata azione di forza. Ne conseguì pertanto il trattato di Brindisi con il quale, ancora una volta, venne ridisegnata l'influenza territoriale dei triumviri: Ottaviano in Occidente, Antonio in Oriente, Lepido in Africa, lasciando tranquillo il giovane Pompeo.

Pace fatta? macché! Fu piuttosto un instabile equilibrio quello che, dapprima, vide Antonio e Ottaviano uniti contro il navarca di Sicilia, battuto infine a Naulo, e indusse a rinnovare il triumvirato Lepido fu di fatto esautorato e si creò una diarchia netta tra Oriente e Occidente. Marco Antonio si dedicò a seguire il mio sogno infranto: campagna contro i Parti, ed Ottaviano si volse all'Illirico, inteso ad ulteriore espansione in Pannonia. Ognuno, dunque, apparve agire per conto proprio, ma irruppe all'improvviso Cleopatra.

Padrone in Oriente, Antonio, che si atteggiava a splendido monarca, si invaghì della regina, e posso anche comprenderlo, ma l'insuccesso contro i Parti e la tresca amorosa gli alienarono ogni solidarietà tra il Senato ed il Popolo a Roma.

Cleopatra infatti, odiata in pari misura da aristocratici e popolari, era scappata da Roma come una ladra dopo la mia morte.

Ottaviano poi, fratello della moglie tradita da Antonio, vi aggiunse il risentimento di famiglia.

Antonio comunque recuperò in campo militare attuando la conquista dell'Armenia, che preluse a una rinnovata campagna partica.

Ottaviano, per parte sua, rispose con un colpo basso: diede pubblica lettura del testamento di Antonio, falso ma non lontano dal vero, dal quale si evinceva il rivoluzionario piano di istituire l'impero romano d'Oriente con capitale in Alessandria.

Contro replica: Marco Antonio ripudiò definitivamente Ottavia.

Contro contro replica: Ottaviano ottenne dal Senato la dichiarazione di guerra all'Egitto e la condanna di Antonio a nemico di Roma.

Il triumvirato, rinnovato di cinque anni, era ormai scaduto e pertanto Ottaviano delegò il comando della guerra al suo fedelissimo Marco Vipsanio Agrippa che, ad Azio, sconfisse la flotta antoniana, anche grazie alla proditoria ritirata delle navi egiziane.

Antonio e Cleopatra si ritrovarono infine ad Alessandria

ma di certo non attesero l'arrivo di Ottaviano, deciso a vibrare il colpo di grazia, pure non avendo partecipato all'ultima battaglia e, separatamente, si suicidarono.

Divini arbitri, non si consideri la narrazione dell'ultima guerra civile conclusa alla stregua di un misero romanzo d'appendice.

Invero un'immane e corale tragedia avvelenava ormai da un secolo il destino della Repubblica attraverso le vicende collegate al passaggio di Mario, Silla, Pompeo, Marco Antonio.

Naturalmente non assolvo me stesso, anzi, assumo su di me un onere determinante che la Storia non ha giudicato in tutta la sua articolata essenza. A Ottaviano, piuttosto, si ascriva il merito d'avere condotto Roma alla fine della guerra permanente.

Augusto è il nome che Ottaviano assunse da artefice del Principato e la pace definitiva ne fu la legittimazione primaria.

A partire dalle Idi di marzo, dopo due anni di infida diarchia, dieci di triumvirato, tre di consolato autoportante, Ottaviano governò Roma in variegate formule che diedero luogo a una marea di disquisizioni da parte di innumerevoli storici, giuristi, filosofi, antichi e non.

Vogliate, divini arbitri, dispensarmi sia pure da un estrema sintesi al riguardo ed accettare questa mia semplicistica interpretazione.

Augusto restaurò la repubblica nella forma ma la demolì in sostanza. Rese sulla carta il potere al Senato ed al Popolo, ma lo incamerò per sé di fatto, conservando il comando militare e la potestà tribunizia.

Non assunse titolo di re o imperatore, eppure ammantò quasi 40 anni con un'autorità tale per cui nel territorio dell'impero: "non si muova foglia che Augusto non voglia".

Marte – Va bene così, Cesare, non è neppure opportuno che da parte tua si tragga un giudizio sull'impero romano istituzionalizzato.

Al riguardo infatti tu non sei un asettico testimone, dal momento che *cesarismo* è un termine coniato dalla tua immagine e designa proprio il potere accentrato su un unico soggetto.

Ma sia conferita la parola a te, Napoleone: intrattienici, per cortesia sull'impero di Francia, o *bonapartismo*, che dire si voglia, fenomeno transitorio sì, eppure straordinario nell'epopea radiosa in chiusura ad un'epoca di grandi rivolgimenti.

Napoleone – William Pitt, rammentate divini arbitri? Primo ministro inglese a cavallo dei secoli XVIII e XIX: con questo detto commentò il colpo di stato 18 brumaio anno VIII della Rivoluzione che sancì la caduta del Direttorio e la mia nomina a Primo Console.

... Napoleone è l'ultimo avventuriero nella lotteria delle rivoluzioni...

Nel formulare tale beffarda definizione, certo egli teneva in mente il precedente di Oliver Cromwell, colui che un secolo e mezzo prima si era nominato capo di forze sovversive che abbatterono la monarchia a Londra e instaurarono l'effimera repubblica da lui governata con il titolo di "Lord protettore" sino alla morte naturale.

Beffarda sì, e fondamentalmente corretta, aggiungo, anzi non ritengo di allontanarmi tanto dal vero se affermo che il primo della sequenza di cui io sarei stato l'ultimo fosti proprio tu, Cesare.

Con qualche differenza, peraltro, giacché il tuo impero si espanse nei secoli mentre il mio decadde nell'arco di appena quindici anni.

Mi resta però la consolazione di sapere che Pitt non ne vide la fine.

In quella giornata, 9 novembre 1799, nel castello di Saint Cloud, ove d'urgenza avevo fatto trasferire da Parigi le Camere (Consiglio degli anziani e dei cinquecento) scintillarono i pugnali come già in Senato a Roma, alle Idi di marzo, Cesare.

Io però, al contrario di te, ne uscii incolume e cominciai l'avventura imperiale che avrei consacrato in prima persona soltanto cinque anni dopo, nella cattedrale di Notre Dame a Parigi.

La vicenda consumata a Saint Cloud fu esattamente una

lotteria, un lancio fortunato dei dadi, come sul Rubicone, Cesare, ove io rischiai la fine prematura, tacciato di aspirante alla tirannia dittatoriale.

Ma Luciano, mio fratello e presidente dell'assemblea, ribaltò la sorte lasciando il seggio, per richiamare all'interno la truppa a me fedele, mentre dal cortile Joachim Murat fomentava il panico urlando come un ossesso alla cavalleria *"aler aler*, fuori la masnada di cialtroni".

L'invito ad uscire per farsi massacrare persuase i deputati più pavidi e tacitò gli oppositori dichiarati talché ottenni tutto ciò che volevo.

Una giornata memorabile! Foriera di gloria preannunciata.

È sufficiente, comunque, risalire a diec'anni prima per comprendere le premesse di tali eventi, a fronte del secolo che hai narrato, Cesare, e cogliere le connessioni del mio impero con la Rivoluzione.

La Bastiglia era una fortezza eretta nel XIV secolo per proteggere le mura orientali di Parigi, in coincidenza della porta Saint - Antoine. Successivamente ampliata, divenne arsenale dell'esercito e carcere.

Presa d'assalto dal popolo insorto (14 luglio 1789) per rubare le armi e liberare i detenuti (7 in tutto), venne espugnata dai rivoltosi, che si resero riconoscibili dalla coccarda tricolore sul cappello (rossa blu, i colori di Parigi, inframezzati dal bianco dei Borboni).

Quell'evento rappresenta l'icona della Rivoluzione, la prima scintilla di un fenomeno sociale prorompente che in realtà era già cominciato, e non solo da alcuni anni, a causa di una profonda crisi economica e per il fermento emergente dagli Stati Generali, ma soprattutto per le radici di carattere ideologico manifestatesi all'inizio del secolo.
Georges Jacques Rousseau, antesignano illuminista degli eventi che condussero alla fine dell'assolutismo regio, mi era ben noto, eppure, malgrado la mia indole dedita allo studio e approfondimento storico, non compresi la portata dei fatti in quei giorni, se non perché, mentre ero ad Auxonne, tenente di guarnigione al Règiment de Grenoble, mi fu affidato il comando di compagnia per disperdere i volgari briganti locali imitatori della plebaglia parigina.
Marmaglia infame! Così la pensavo e, tra l'altro, ero appena tornato da una lunga licenza in Corsica durante la quale avevo consolidato il proposito di dedicarmi, anima e corpo, alla libertà della Patria natìa contro l'invasore francese.
Avrei cambiato idea in seguito, come tutti ben sapete, ma a vent'anni la mente e la passione funzionano per tratti imprevedibili.
E infatti, due mesi dopo, rientrai in Corsica ed ivi rimasi nell'intero anno successivo, assumendo ufficio attivo a riunioni e comitati per la libertà dell'isola.
Sull'onda dei successivi episodi nella capitale però, ove l'Assemblea Costituente, fondata prima della presa della

Bastiglia, quindi autrice della celeberrima Dichiarazione dei diritti dell'Uomo e del Cittadino, aveva deliberato l'inclusione anche della Corsica tra i dipartimenti di nuova costituzione, in condizione di parità con gli altri, decisi che la Francia sarebbe stata la mia Patria, non più regno bensì nazione.

Invero la Francia, dopo la presa della Bastiglia, mantenne ancora per un pò la configurazione monarchica, ma il potere regio assoluto era, di fatto, svanito. Nell'ottobre successivo, infatti, il re Luigi XVI fu sequestrato dal popolo e condotto a forza da Versailles a Parigi come prigioniero alle Tuileries, mentre l'Assemblea Nazionale Costituente si ergeva a governo della nazione. Sorse allora la milizia spontanea, Guardia Nazionale, in difesa dei diritti del popolo che, ben presto, si riprodusse sull'intero territorio di Francia e proliferarono i *club*, cioè partiti d'ispirazione democratica popolare entro cui si discutevano le modalità di riforma globale dello stato.

Dal luogo di riunione, convento dei frati giacobini in *rue S. Honorè*, prese nome il più famoso, a futura memoria.

Non sarà mai lodata abbastanza quale opera prima dell'Assemblea la *Déclaration des droits de l'homme et du citoyen* che menziono qui in lingua francese, ma il cui contenuto di carattere universale è espresso in mirabile articolazione pregnante nell'esordio: "gli uomini nascono e vivono liberi ed uguali nei diritti".

Quel principio sancì la fine dell'*Ancien Régime* che peraltro solo da allora cominciò ad essere così denominato.

Alle solenni parole, tuttavia, non seguirono i fatti poiché ad esempio, dopo l'istituzione degli ottantadue dipartimenti, non tutti i cittadini, seppure affrancati dai vincoli feudali e dalle decime ecclesiastiche, o introdotti ai supremi uffici e gradi dello stato e dell'esercito, vennero ammessi al voto, ma solo quelli titolari di un censo minimo.

Nell'agricoltura e nell'industria, d'altronde, la vendita generalizzata dei fondi della chiesa e la propensione all'economia liberista fondata sul *laissez faire* favorirono i proprietari agiati ed i borghesi piuttosto che i contadini e i proletari di città.

L'Assemblea Nazionale poi ritenne di inserirsi in modo pressante nel tema religioso, generando ulteriori motivi di dissidio con il popolo e con il re, entrambi profondamente legati al credo cattolico.

Con la Costituzione Civile del Clero, infatti, l'intera gerarchia della chiesa venne ridotta a una qualunque dipendenza dello stato talché ogni religioso, dal più umile curato al vescovo, sarebbe diventato un salariato dello stato, non potendo la chiesa più disporre delle decime o ricche rendite fondiarie soppresse, e vincolato da un giuramento di fedeltà. Dal che nacque lo scisma con la Chiesa Romana.

La fallita fuga del re da Parigi, ancora, fomentò ulteriori conflitti tra i moderati e gli estremisti del nuovo corso francese. Si cominciò così a parlare di repubblica sinché, durante una manifestazione in Campo di Marte, la Guardia Nazionale, per ordine di La Fayette, sparò sulla folla e fece strage dei detrattori del re.

Tale apparve come un tetro presagio, incombente sulla linea virtuosa di libertà e uguaglianza intrapresa, ma l'Assemblea tenne comunque fede all'adempimento per cui era stata concepita e dall'impegno uscì la Costituzione, attraverso la quale si diede forma ad una monarchia con il re decapitato, in metafora per il momento (settembre 1791).

In ogni caso, il mio fattivo contributo alla Storia, in quei due anni di prima fase rivoluzionaria, era di là da venire.

La prima Repubblica francese fu l'epilogo della seconda fase della Rivoluzione che cominciò dopo quasi un anno di transizione, pregno di avvenimenti, peraltro, soprattutto sul versante internazionale.

All'Assemblea Nazionale Costituente, ormai sciolta per esaurimento della funzione principale, subentrò, a suffragio non universale, bensì censuario, l'Assemblea Legislativa.

In essa, composta *in toto* da uomini di nuova estrazione, prevalevano elementi moderati (Foglianti) sugli estremisti (Giacobini, Girondini, Cordiglieri), mentre la maggioranza del centro, si schierava ora con gli uni ora con gli altri.

Dicevo comunque delle prospettive dall'estero: i sovrani europei non consideravano per certo di buon auspicio gli eventi francesi ma non tutti con la medesima intensità.

Su una scala opposta di tendenza, l'Austria, ad esempio,

temeva uno spirito d'emulazione ribelle nelle lande dominate di Belgio e Olanda, e d'altronde Giuseppe e Leopoldo, gli imperatori succeduti nel breve passaggio, erano fratelli della regina di Francia, Maria Antonietta.

L'Inghilterra invece auspicava la debolezza della monarchia francese giacché, se non altro, essa le avrebbe consentito di continuare a fare i propri porci comodi sui mari e sugli oceani del mondo intero.

Nel complesso, però, l'ascendente ideologico illuminista era ormai diffuso ovunque e quindi il perverso precedente in Francia induceva le aristocrazie straniere a gareggiare, fra loro, nell'ospitare i nobili fuoriusciti e soltanto per questo nemici dichiarati della Rivoluzione.

In tale marasma contradditorio, a un certo punto, Austria e Prussia si allinearono in una seppure blanda dichiarazione ostile "la situazione in cui versa il re di Francia rappresenta oggetto di interesse per tutti i sovrani d'Europa" il che, ritenuto un inaccettabile affronto, fomentò gli animi alla rivalsa armata e annullò rapidamente l'opposizione alla guerra in seno all'Assemblea.

Uno spirito patriottardo di ambivalente natura accomunò Foglianti e Girondini, desiderosi gli uni di manifestare l'orgoglio nazionale e gli altri di esportare l'ideale rivoluzionario. Robespierre invece, e parte dei Giacobini, si schierò per la pace, forse per timore di una sconfitta prevedibile, anzi probabile, a causa della disaffezione delle alte sfere dell'esercito in quanto di estrazione nobile, o forse privilegiando lo sviluppo della Rivoluzione entro i limiti del territorio nazionale.

Persino il re, d'altronde, presagiva un siffatto svolgimento e plaudiva alla guerra, forse augurandosi in recondito pensiero una *debacle* che avrebbe in seguito agevolato la sua restaurazione al potere.

Comunque sia, gli indugi caddero infine e guerra fu dichiarata da noi contro l'Austria. La Prussia giunse poi a tenerle bordone.

Ora io non desidero parlarne, giacché i seguenti vent'anni ed oltre di conflitto quasi permanente in coalizioni antifrancesi e antinapoleone, sono stati già narrati, in buona parte. Rammento soltanto che l'infida speranza reale di sconfitta francese e l'ansia giacobina, vera o meno che fosse, si realizzarono puntualmente su tutti i fronti: delle Alpi, lungo il Reno, sino al mare del Nord, ove la nostra arma cedette.

Iniziò così la seconda fase della Rivoluzione.

Il proclama di Brunswick, arciduca comandante generale prussiano, affisso in tutte le vie e piazze di Parigi, con il quale si minacciava la distruzione della città se non fossero cessate le vessazioni del popolo contro il re, anzichè generare paura ed intimidazione, fu letto come una prova del tradimento perpetrato dal re e indusse alla rivolta che culminò nella presa delle Tuileries (10 agosto 1792).

Il re quindi fu arrestato e condotto in carcere, in attesa di processo, e, nel contempo, l'andamento disastroso della guerra faceva presagire il pieno verificarsi del proclama di Brunswick, mentre l'insurrezione del popolo, che vedeva il nemico ovunque, cresceva a dismisura con processi sommari ed omicidi in massa di nobili, preti ribelli, guardie fedeli al re, e persino delinquenti comuni. L'Assemblea Legislativa, non più rappresentativa e comunque inetta a mantenere l'ordine, decadde dando luogo a elezioni per un novello organismo denominato Convenzione nazionale che, subito costituita, decretò all'unanimità l'abolizione della monarchia e l'instaurazione della Repubblica (20 settembre 1792).

Scomparsi i Foglianti, per il discredito generatosi contro il *leader* La Fayette, l'antagonismo si concentrò tra i Girondini e Montagnardi, in prevalenza Giacobini borghesi ma anche fanatici sanculotti, cioè tra i moderati ed i radicali, più l'ignava maggioranza detta Palude. Nello stesso giorno avvenne la prima vittoria dell'arma francese a Valmy, dopo la destituzione e il rinnovo dello Stato Maggiore.

Ma si impose ormai indilazionabile, in quel tratto, il problema sulla sorte del re, accusato di tradimento: non più Luigi XVI di Borbone bensì, dalla proclamazione della Repubblica, cittadino Luigi Capeto.

Rimase sancito senza difficoltà che egli venisse giudicato al cospetto della Convenzione riunita e quindi insorsero infinite argomentazioni giuridiche e politiche in via preliminare sul se dovesse celebrarsi un processo o dichiararsi senz'altro la condanna.

Prevalse la prima tra le due soluzioni e così la veemente discussione trasmigrò sull'entità della pena, o sulla clemenza.

Accorate arringhe e requisitorie si protrassero per un mese.

Iracondi tribuni e furenti demagoghi, uomini di buon senso e malfidi mercanti, interessati faccendieri e ambiziosi avvocati, si alternarono sul pulpito, spesso cambiando posizione nell'arte del dire e non dire.

Pilatesche accettazioni dell'inevitabile o tentativi di insabbiamento, prudenti richieste di rinvio o dubbi dell'ultima ora, impeto omicida o timore del giudizio della Storia, tinsero il dibattito assembleare in un *pathos* corale di tregenda.

Niente da fare: si imboccò infine la via del non ritorno ed il re salì al patibolo, eretto nell'attuale *Place de la Concorde* (21 gennaio 1793). Povero re! Non l'avrebbe meritato, a mio parere.

Il Terrore fece seguito, e si instaurò sovrano, come involuzione del movimento popolare irretito nella formula liberale borghese.

Sino ad allora le sommosse, i tumulti, le rivolte, le manifestazioni di violenza collettiva, erano sempre state ricondotte entro l'alveo legale da una reazione più o meno avveduta e controllata.

Ma, da allora, la situazione sfuggì di mano e spiccò l'individualità di un personaggio, Maximilien Robespierre, che con indubbia abilità si rese mentore e regista della svolta rivoluzionaria più estrema.

Il tratto comunque è complesso ed esige che si proceda con ordine.

Ordunque, divini arbitri, sul fronte bellico, prima dell'esecuzione del re, si realizzò l'improvvisa inversione di tendenza in favore all'arma francese, talché il Belgio, la Savoia, Nizza, vennero infine annessi al territorio con enorme entusiasmo di popolo.

I Girondini, maggiori sostenitori della guerra, si valsero del successo rinforzando la propria influenza sui banchi della Convenzione.

La sorte del re, però, provocò in Europa un'ondata di orrore comune che indusse l'Inghilterra a lasciare il fazioso atteggiamento neutrale e quindi a farsi promotrice della prima coalizione antifrancese contro la quale anch'io sarei stato di lì a poco impegnato, prima a Tolone e poi in fase finale, da generale comandante dell'armata d'Italia.

A quel punto, il solo parlare di pace, ipotesi timidamente trapelata da più parti nella Convenzione dopo gli insperati successi, divenne una spregevole espressione di disfattismo anti patriottico che nessuno più avrebbe osato esternare per timore della pubblica opinione.

La Francia così dichiarò guerra all'Inghilterra mentre alla coalizione, oltre a Prussia e Austria già in campo, aderirono il Papa, il Granduca di Parma, il Duca di Modena,

Spagna, Olanda, il re di Napoli, il re di Sardegna, la Dieta dell'Impero germanico, la zarina di Russia.

In siffatto squilibrio di forze contrapposte si esaurì la nostra rivincita tesa a procedere nell'invasione dell'Olanda. Seguì invece immediata la disfatta in Belgio.

E non fu questa l'unica sciagura, per la Francia, giacché Dumouriez, in veste di comandante supremo, si permise di intavolare il negoziato con il Duca Coburgo, comandante austriaco, ignorando i commissari politici inviati da Parigi, e promise l'abbandono pacifico del Belgio e una marcia in armi su Parigi con l'intento di un colpo di stato. Seguì però la corale ribellione della truppa e Dumouriez fuggì presso il nemico. Di lui non si seppe più nulla ma il suo tradimento indusse comunque alla vendetta contro i Girondini, che erano stati gli ardenti sostenitori del generale fedifrago, e 29 deputati furono destituiti.

Contemporaneamente ai rovesci militari divampò altresì una violenta sommossa controrivoluzionaria in periferia causata dall'imposizione della leva di massa e rivolta anche alla restaurazione monarchica.

Essa fu particolarmente accentuata in Vandea, ma interessò anche la Normandia, la Bretagna, Bordeaux, Lione, Marsiglia, Tolone, talché tre quarti del territorio intrapresero guerra civile contro il governo.

La situazione, dunque, volgeva al peggio su tutti i fronti ed un clima di parossismo isterico si alimentò in Parigi nei confronti dei nemici e dei traditori, veri o presunti che fossero.

L'autentica paura ispirò i provvedimenti che sfociarono nel Terrore. La Convenzione nazionale, infatti, aveva sì redatto una Costituzione abrogativa della precedente, datata 1791, ma, alla luce dei calamitosi eventi, decise di rinviare l'applicazione a tempi migliori e procedette all'instaurazione di un governo straordinario.

Il potere esecutivo, in fiducia alla Convenzione, venne così affidato al Comitato di Salute Pubblica e Robespierre, come dicevo poc'anzi, ne assunse, in letale progressione, la guida, prima per tramite di altri personaggi e poi in prima persona.

La presa di potere da parte sua iniziò con la strage dei Girondini.

Già ampiamente screditati dopo la sequela delle disfatte militari e le rivolte territoriali, non presenti poi nel Comitato di Salute Pubblica, i deputati ancora sedenti in Convenzione furono arrestati, processati in forma sommaria, ghigliottinati, lasciando la Convenzione alla mercè della frange estreme.

Ai timori per la sicurezza interna ed esterna dello stato, d'altronde, si unì, in quel periodo, l'aggravarsi di una crisi economica, con carestia totale dei beni essenziali, che agevolò l'azione di fazioni inneggianti alla dittatura tesa alla soppressione dei nemici.

Tribunali rivoluzionari speciali vennero istituiti su tutto il territorio, ad imitazione del Comitato di Salute Pubblica, in cui il solo sospetto, e nei confronti di chiunque, di disaffezione alla causa rivoluzionaria era sufficiente a decretare la pena di morte.

Risultarono vittima almeno 40.000 persone, tra cui Maria Antonietta, ex regina, ma anche illustri figli della Rivoluzione, come ad esempio Danton e Desmoulins, senza poi contare innumerevoli esecuzioni di massa, attuate per annegamento, fucilazione o quant'altro.

In seguito ebbe luogo una riforma procedurale ancor più draconiana, se possibile, tale per cui furono soppressi gli avvocati nei processi ed ogni condanna sarebbe divenuta possibile, anche in assenza di prove o testimoni, solo per "prova morale" non altrimenti definita.

Un tale orrendo ciclo di sangue non poteva però perpetuarsi e infatti si esaurì in meno di un anno (settembre 1793 - luglio 1794).

Robespierre, isolato alla fine nella protervia omicida, e forse non più capace di intendere e di volere, tentò di deificare se stesso attraverso il culto dell'Essere Supremo, ma soccombette alla congiura degli ex amici e detrattori sinché cadde anch'egli sotto la ghigliottina.

Il Direttorio fu la forma di governo che subentrò alla Convenzione nazionale, la quale sopravvisse a Robespierre per quindici mesi, cioè sino a dicembre 1795, ovviamente edulcorata dagli elementi radicali che avevano condotto agli atroci eccessi del Terrore.

In quel periodo transitorio, infatti, la Costituzione 1793, in realtà mai applicata, venne riscritta, secondo una tendenza liberal borghese che riportò in auge i principi sanciti nella prima Carta 1791, dopo di che la Convenzione si sciolse e lasciò il campo a un sistema ispirato alla bipartizione del potere: il legislativo alle due Camere degli anziani e dei cinquecento; l'esecutivo a cinque Direttori eletti dalle Camere.

Lo spirito ruggente della Rivoluzione, dunque, era affievolito in una prospettiva decisamente moderata e tale per cui fra i cinque preposti al potere, nell'epoca in cui mi fu conferito il comando dell'armata di Italia (Barras, Reubell, Lepeaux, Carnot, Barthelemy), gli ultimi due erano addirittura simpatizzanti dichiarati della monarchia.

Per procedere tuttavia nelle vicende che indussero infine all'impero, è necessario ritornare all'andamento bellico in Europa, altalenante e complesso quant'altri mai, e alla sconfitta della controrivoluzione in Vandea ed in altre terre ribelli.

Invero quest'ultima minaccia era decaduta già durante il Terrore con la riconquista delle unità federaliste, cioè tendenti alla secessione dal governo centrale, talché l'esercito venne finalmente rivolto in tutta la sua potenzialità alla guerra esterna.

La vittoria a Fleurus, di poco anteriore alla fine di Robespierre, portò quindi alla riconquista del Belgio ed all'occupazione dei Paesi Bassi, nonché di altri territori sino alla riva sinistra del Reno.

La coalizione antifrancese ne uscì ridimensionata, ma non abolita, al punto che la Prussia, uno dei partecipanti della prima ora, stipulò una pace separata e, prima tra tutti, riconobbe la Repubblica.

Altri stati minori seguirono poi l'esempio, sinché soltanto l'Austria e l'Inghilterra rimasero sulla breccia contro noi. La sola Austria anzi, giacché l'Inghilterra non attestò mai basi di sbarco su suolo francese.

L'impero infine avrebbe sostituito il mio Direttorio, inaugurato con l'autentico colpo di stato al castello Saint Cloud, del quale ho detto in esordio. Io lo avevo immaginato già allora come potere accentrato su un unico soggetto. Fu la fine della Rivoluzione?

Vediamo, divini arbitri. Questa invero è la mia personale visione dei fatti, che coincide con l'interpretazione storica, ma lasciatemi tornare alla campagna d'Italia in mio comando, tesa a molestare le residuali forze austriache già impegnate alla grande sul Reno.

Non erano affatto modeste quelle *forze residuali* ma non temete, non intendo cedere all'autoglorificazione, bensì solo ribadire che il ruolo gregario, inizialmente attribuito alla mia armata, si rese determinante nell'economia della guerra.

I preliminari di pace con l'Austria, infatti, furono delegati a me, non ai grandi generali del Reno. Il Direttorio ringraziò

me, non loro, e mi invitò a raccogliere gli allori: "Firmate, generale, e venite a ricevere la benedizione del popolo"
In realtà avevo compreso che, senza Rivoluzione, sarei stato ignoto nella Storia, e pertanto in Italia cominciai a concepire il proposito di muovermi esclusivamente per me stesso, come d'altronde facesti tu nelle Gallie, Cesare. O no?

Marte – Che fai, provochi? Napoleone. Oppure vorresti affermare che la creazione dell'impero dei francesi è dovuta solo alla personale ambizione? Magari anche sì, nel tuo pensiero, e così si spiegherebbe la breve durata collegata alla tua straordinaria personalità.
Ma rinviamo ora alle considerazioni finali e procediamo, invece, con il tuo altrettanto fugace transito, Alessandro, annoverandosi Cesare e Napoleone tra i tuoi imitatori.

Alessandro – E come no? Divini arbitri. Hai raccontato con enfasi, Cesare, dell'incontro con la mia effige a Gades nel tempio di Ercole.
E tu Napoleone, contemplando il mare ad Ancona, pensavi per certo a me mentre dicevi all'aiutante Berthier che la Macedonia distava da lì appena ventiquattr'ore di navigazione.
Quei particolari momenti, al principio delle carriere, non avrebbero lasciato presagire l'avventura imperiale fondata sul mio esempio, ma sono certo che già allora voi cre-

devate fortemente nel destino e nella fortuna che alla fine avrebbero incoronato il vostro percorso, seppure ancora ignoraste attraverso quali mezzi ciò sarebbe avvenuto.
Per me invero l'inizio fu indubbiamente più facile.
Ero nato figlio di re, dopotutto. E che re!
Uno che riuscì a sollevare la Patria, modesta e decentrata, abitata da pastori e contadini, a eccelse vette del potere nel mondo conosciuto.
Uno che predispose, ed in buona parte realizzò, imprese impossibili che io mi dannai a compiere, però non riuscii a consolidare: l'unione dell'Occidente europeo con l'Oriente asiatico.
Proseguiamo tuttavia per ordine nel considerare le premesse.

L'Occidente presupposto nell'esposizione, che si attesta come inizio cent'anni prima della mia nascita, come nel tuo precedente racconto, Cesare, annovera, in accezione limitata, la gente degli Elleni.
Essa acquisì il nome da Elleno, mitico eroe fondatore la cui progenie avrebbe determinato la fusione delle stirpi achee, eoliche, ioniche, doriche. I Greci insomma, secondo la dicitura latina.
Lo storico ateniese, Tucidide, in premessa all'opera sulla guerra del Peloponneso, definì gli Elleni valorosi e tenaci ma pose in impietoso risalto la fatale imperfezione di un popolo che non seppe mai unirsi per condurre imprese co-

muni e idonee a creare un comune destino.

Io, invece, ne parlo come di popolo che solo per intervento straniero (secondo loro!), vale a dire di papà Filippo, si assoggettò all'alleanza universale del mondo greco, mai realizzata prima di allora.

Non ritengo tale, infatti, quella collaborazione che sorse in occasione delle guerre persiane tra Atene, Sparta e altre πολεις, seppure non in vincolo totale, giacché neppure venti anni trascorsero dalla sconfitta persiana che Atene e Sparta si ritrovarono l'una contro l'altra armate in un complesso ciclo guerresco, interrotto da alcune effimere tregue che però non scalfirono l'unità di un dissidio votato alla distruzione.

Da siffatto periodo storico dunque, che caratterizzò l'inizio della fine di Atene, di cui avete menzionato l'impero, prendo le mosse per dire dell'evoluzione realizzatasi sino al mio impero, attraverso un secolo (430 – 330 a.C.) in cui cruente lotte fratricide arsero inestinguibili tra i Greci, così come a Roma nel primo secolo avanti Cristo, Cesare.

Dopo le guerre persiane infatti, che per merito indubbio sancirono il primato di Atene in potenza commerciale, egemonia culturale, genio politico e senso artistico, il secolo d'oro della città si esaurì entro soli cinquant'anni (480 – 430 a.C.) e quindi si impose il caos.

Del contesto generale tuttavia trascuriamo la cosiddetta prima guerra del Peloponneso, che oppose le coalizioni guidate da Atene e Sparta, poiché essa finì con un sostanziale pareggio che non apportò radicali cambiamenti nell'equilibrio del mondo greco.

Consideriamo, invece, la seconda guerra, quella narrata da Tucidide, il quale però non ne vide la fine, e Senofonte completò il racconto.

Ordunque: le ostilità ripresero al termine di quei cinquanta anni, che poc'anzi ho definito il secolo d'oro, e si arroventarono sempre di più in una serie di eventi protratti sino alla fine effettiva del secolo.

Abbondarono allora, in ruoli protagonisti, dalla parte sia ateniese che spartana, eccelsi soggetti politici, valenti strateghi di terra e di mare, lungimiranti negoziatori, sordidi traditori, affascinanti avventurieri, e ciascuno sarebbe degno di un'estesa e peculiare attenzione.

Plutarco elesse alcuni di loro a pupilli delle sue Vite.

Quel che conta soprattutto, però, è il risultato finale, esprimibile così in sintesi: Atene scomparve come realtà dominante ma Sparta non le subentrò in supremazia, emerse invece Tebe a contendere il primato, per non più di dieci anni, peraltro, sino a che irruppe sulla scena mio papà Filippo, per l'unione della Grecia sotto una sola guida.

La prima metà del secolo successivo a quello aureo ateniese, ed alle guerre del Peloponneso, ne fu la drammatica premessa.

Sparta, dicevo, vincente e decisa a imporre la propria egemonia su tutta la Grecia, non fu in grado di perseguirla, anzi dovette cedere a un'illusoria rinascita di Atene mentre Tebe, prima alleata di Sparta, cominciò a proporsi come potenza antagonista e, ricostituita la lega beotica, prevalse in fiera battaglia sulla pianura di Leuttra contro gli spartani sempre più isolati.

Tebe quindi, ascesa ormai a ruolo di primo piano, addirittura portò la guerra in Peloponneso, sottraendo la Messenia a Sparta, salvo subire poi una disastrosa sconfitta a Mantinea da Sparta ed Atene, di nuovo alleate in innaturale intesa.

La fatale triangolazione fu carne da cannone per papà Filippo, asceso al trono di Macedonia nel 359 a.c., ma lasciate divini arbitri che ora io accenni ai pregressi di quel regno, così significativi ad attestare le fragili fondamenta giuridiche della monarchia macedone con le quali io stesso dovetti fare i conti.

A prescindere dalle leggende, così frequenti e peraltro poco credibili nel mondo greco, cito per primo fra gli antenati Alessandro I, un mio omonimo, il quale, ansioso di vedersi riconoscere l'appartenenza alla stirpe ellenica, ottenne per i suoi atleti l'ingresso ai Giochi Olimpici: onore non concedibile ai barbari, e tali eravamo ritenuti dai Greci.

Narra Erodoto, piuttosto perplesso, che Alessandro contrabbandò in allora una lontana origine della dinastia da Argo, nel Peloponneso, a cui comunque i giudici finsero di credere soltanto al fine di premiare i macedoni per il contributo prestato in seconda guerra persiana.

Tra Alessandro I e me, che fui il terzo, vennero tredici re attraverso vicende tutt'altro che pacifiche. Alessandro II in particolare, fratello di papà Filippo, regnò sinché fu assassinato dall'amante della madre di lui e quindi gli successe Perdicca, altro fratello morto in battaglia contro gli Illiri, a cui subentrò il figlio di lui, Aminta, di cui papà fu reggente ma che in seguito detronizzò contro altri pretendenti.

Dicevo dunque, divini arbitri, che, in genere, nessun re di Macedonia si ritrovò mai la via spianata al trono e dovette costantemente lottare in crudeltà ed astuzia per ottenere e conservare scettro e corona.

Quella macedone, tuttavia, fu una monarchia assoluta che nulla ebbe in comune con le democratiche πολεις e che peraltro gravitò sempre intorno al mondo greco in posizione marginale e subordinata rispetto a questa o quest'altra città.

Papà Filippo, per esempio, trascorse la sua prima giovinezza a Tebe, in qualità di ostaggio ceduto a garanzia per l'alleanza allora in corso, ma poi, in costanza del regno che durò oltre vent'anni, egli ribaltò le modalità di rapporto Grecia - Macedonia in termini diametralmente opposti, ponendosi infine alla guida della prima lega panellenica.

Gli ci vollero comunque almeno dieci anni per costruire le basi di un nuovo corso in Grecia, alla quale riteneva di appartenere per nascita e per cultura, ma, una volta ampliato il territorio in Epiro e in Tracia, riassestata l'economia, regolata la struttura sociale, allestita la leva di un esercito invincibile, nessuna tra le πολεις, in alleanza come Atene e Tebe, o da sola, come Sparta, seppe opporsi alla spregiudicata sua combinazione di genio militare e sensibilità diplomatica.

Papà Filippo aveva ormai accumulato un potenziale bellico di grande rispetto e nutriva a quel punto ambiziosi progetti di conquista. Quel che ancora faceva difetto era un pretesto di intervento in Grecia, che comunque non tardò a venire.

Due cosiddette *guerre sacre* erano state combattute in tempi remoti: una, cent'anni prima delle guerre persiane, una in concomitanza alla prima guerra del Peloponneso. In entrambi i casi il motivo era stato determinato dall'intenzione di controllare l'area dell'oracolo delfico, sia per l'influenza morale e religiosa del sito, sia per la presenza di risorse finanziarie delle città collegate in anfizionia.

Al tempo di papà scoppiò all'improvviso la terza guerra sacra e a lui non parve vera l'occasione di potersi buttare nella mischia.

I Focidesi, gli abitanti della regione di Delfi, si erano arbitrariamente impadroniti dei beni e delle terre assegnate al tempio destando le ire di Tebe che, in meno che non si dica, mise insieme un'alleanza tra le città tessale alla quale subito si opposero ateniesi e spartani.

Papà, al quale assai poco importava dell'oracolo, scese in campo con questi ultimi e sconfisse i tessali, annettendo il territorio e ottenendo per di più la nomina a primo arconte della loro federazione.

A questo punto Atene, visto il minaccioso consolidamento macedone nella Grecia centrale, da alleata si trasformò in nemica, sobillata dal bellicoso e inesauribile Demostene con le sue filippiche.

Non sorretta tuttavia da valide risorse belliche, Atene scelse infine il negoziato, cedendo alcune città della costa egea, ma conservando, se non altro, la penisola calcidica.

Papà quindi portò a termine l'impegno iniziale che ormai riteneva un *optional*: punì severamente i focidesi e presiedette acclamato da tutti i greci i Giochi Pitici dell'anno successivo.

La pace fra Atene e Macedonia tuttavia, che entrambe le parti invero non consideravano altro che tregua flessibile, durò appena sette anni, in cui Demostene continuò a imperversare ad Atene e papà aggiunse nuove conquiste nel nord est e sulla costa egea.

Dopodichè, nonostante le antiche rivalità, Atene e Tebe si riunirono in alleanza contro noi e furono irrimediabilmente battute a Cheronea, laddove anch'io diedi un cospicuo contributo.

Atene però venne trattata con rispetto e mantenne l'autonomia. Tebe invece fu umiliata con l'imposizione di un regime filomacedone e di un presidio militare fisso.

A Corinto, infine, fu celebrata la costituzione della lega panellenica, alla quale soltanto Sparta rimase estranea.

Si trattò, allora, di un vero e proprio stato federale, quasi universale per la Grecia, governato da un'assemblea di rappresentanti inviati da tutte le πολεις in numero proporzionale alle dimensioni della città.

Papà Filippo comunque fu il presidente e dominatore del congresso, quindi alla Macedonia, potenza *super partes* sin da principio, venne attribuito il comando militare in supremazia indiscutibile.

Ora sono propenso a ritenere che papà considerasse tale assetto solo come uno stadio transitorio verso la monarchia assoluta in capo a se stesso, ma, purtroppo, non è dato sapere alcunché sui suoi progetti a medio termine giacché egli fu assassinato proditoriamente appena un anno dopo l'apoteosi di Corinto.

L'Oriente comunque era, allora, l'obiettivo prioritario dichiarato di papà ed io non avrei di certo potuto ignorarlo come erede.

Partii quindi con la spedizione verso l'impero persiano.

In esso riconosco l'ente che, all'epoca, rappresentava l'Oriente, così come già ho identificato la Grecia in espressione dell'Occidente.

Prima di accennare, tuttavia, alle modalità ed alle linee guida con cui avrei inteso realizzare l'impero universale, fermo restando che solo a voi, divini arbitri, compete l'analisi, è necessaria, per questa diversa area di mondo, la premessa storica sul periodo successivo alle guerre dei persiani Dario e Serse intraprese contro le πολεις greche.

Sembra infatti, per quanto ne ho raccontato, che le asperrime contese insorte, dopo la tremenda minaccia persiana, fra Atene, Sparta, Tebe, Macedonia, si fossero avvicendate per oltre un secolo nella più totale estraneità o indifferenza da parte dell'impero achemenide.

Nulla di più falso si potrebbe affermare al riguardo, invece, visto che i re dei re continuarono a volgersi con interesse all'Occidente, prima che io stesso venissi in casa loro a portare la guerra.

È notorio, infatti, come la lega di Delo si costituì tra Atene e le città ed isole egee, sulla sponda dell'Asia minore, a scopo difensivo dalle ulteriori eventuali aggressioni dei persiani e che la paura dell'inizio, trasformata poi in brama di prestigio e avidità di profitto, alimentò la crescita di un impero marittimo ateniese di eccezionale vastità su cui già abbiamo disquisito.

Il re dei re Serse, d'altronde, dopo la tremenda disfatta navale subita a Salamina, tentò ancora, con un audace colpo di coda, di riasservire a sé le città egee suddite di Atene, ma fu definitivamente sconfitto in una battaglia anfibia, sul fiume Eurimedonte, e pertanto rinunciò ad altre velleità del genere, dal che conseguì il patto di non aggressione reciproca, che risultò assai poco rispettato invero.

Larvate o aperte ostilità si rinnovarono tra greci e persiani durante le guerre del Peloponneso, giacché i re dei re Artaserse, Serse II, Dario II, in più occasioni furono coinvolti in supporto di Atene o di Sparta, a seconda delle opportunità contingenti, per contributi in denaro o in fornitura di armi e navi.

L'impero persiano infatti, sia pure avendo in via definitiva dismesso il proposito di sbarcare nella Grecia continentale, bramava ancora di riprendere città e isole di cultura greca e ateniese presenti sulla costa egea e all'interno della penisola anatolica.

Avvenne dunque in ultima fase della guerra peloponnesiaca, quando ormai la caduta di Atene era definita, dopo la catastrofica spedizione contro Siracusa, che Sparta, città non certo eccellente nell'egemonia marittima, ruppe gli indugi e non si vergognò di offrire alleanza al re dei re tale per cui, contro alla cessione da parte persiana di un'intera flotta con capo ed equipaggio in *outsourcing*, Sparta avrebbe lasciato al re dei re mano libera sul mare Egeo, a tutto scapito di Atene.

Ancora meno d'altronde si vergognò Atene nel proporre al re dei re, a fronte della rottura con Sparta, il rovesciamento del proprio regime democratico, per instaurarne un altro tirannico, talché Atene e Persia sarebbero parse gemelle in organizzazione politica e bendisposte alla sottomissione condivisa della Grecia.

Il re dei re, dapprima, scelse l'alleanza con Atene, per poi cambiare bandiera in favore di Sparta. In seguito però sia Atene che Sparta si pentirono della propria infamia e rimediarono onorevolmente talché le ondivaghe alleanze con i persiani ebbero vita breve.

Fu Lisandro, valoroso navarca spartano, che solo con le forze patrie neutralizzò infine la nemica rivale ed entrò vittorioso al Pireo.

E fu Alcibiade, avventuroso comandante ateniese, che, richiamato in Patria dopo rocambolesche avventure, vi restaurò la democrazia.

Riferisco siffatti due episodi in ordine di tempo e in crescente grado di ignominia per sottolineare il punto infimo di disonore in cui erano cadute le civiltà gloriose della Grecia classica Atene Sparta, costrette a trattare con il sordido nemico per sopraffarsi a vicenda.

D'altronde non accentuerei più di tanto l'atteggiamento proditorio di Sparta, se è ammissibile sostenere che in amore ed in guerra tutto è lecito. Sull'obbrobrio ateniese, piuttosto, non vedo attenuanti poiché essa in effetti tradì se stessa, o meglio, tradì la democrazia, della cui gestazione si vantò da sempre a buon diritto, in ogni tempo e luogo.

Non nascondiamoci dietro a un dito però, divini arbitri.

La tentazione tirannica in Atene non mancò neppur ai tempi migliori dopo le antiche vittorie contro i persiani: non con Cimone, l'eroe di Salamina, né con Pericle, anch'egli, in senso lato, tiranno.

Il che a dirsi parrebbe una stridente contraddizione.

Tuttavia in Atene, con il regime dei quattrocento, attuato alla fine IV secolo, e voluto proprio nell'intento di ingraziarsi il re dei re, al fine di scongiurare l'imminente disfatta contro Sparta, si toccò il fondo.

Ma lasciatemi concludere, infine, nel senso che la naturale vocazione alla democrazia in Atene, coltivata con autentica sollecitudine nel V secolo a. C., fu davvero il più scintillante esempio dell'Occidente nel mondo antico, come ricorda Erodoto, Padre della Storia.

Atene indubbiamente condusse a vittoria l'Occidente contro un ente superiore, certo, per la potenza militare, ma asservito al terrore verso un governo centrale assoluto e oscurantista.

Anche nell'Oriente, tuttavia, il tema della forma di governo venne ad un dato punto messo in discussione, quando si trattò di porre rimedio alle enormi atrocità perpetrate in Egitto dal re dei re Cambise, figlio di Ciro, e sempre Erodoto ne è la fonte primaria.

Infatti, in tempi anteriori alle guerre persiane, l'impero conobbe un fosco intervallo sotto la gestione dei Magi, i sacerdoti di Zoroastro, e la democrazia insorse, come una delle tre ipotesi da perseguire, dopo la fine del più crudele rappresentante della dinastia achemenide.

Oligarchia e monarchia allora concorsero con la democrazia in modo di proposte alternative, seppure la monarchia prevalse con Dario, il re dei re che per primo aggredì, senza successo, l'Occidente.

Forse l'Oriente, proprio per tale scelta, perse un'ottima occasione di supremazia mondiale ma, come per altri tratti storici, non è dato in realtà sondare la validità dell'affermazione.

Comunque sia, consideriamo ancora l'Oriente alla prima metà del IV secolo durante la quale la contesa per l'egemonia si svolse tra Atene, Sparta, e poi Tebe, nei termini impetuosi che ho poc'anzi descritto.

A inizio secolo, e prima della comparsa di papà Filippo, Atene si era goduta la rivincita su Sparta grazie a Conone, l'ammiraglio ateniese vincente alle Arginuse, ma la situazione fu presto ripristinata quando Conone venne battuto a Egospotami dallo spartano Lisandro, guarda caso non navarca della flotta patria ma di quella persiana che il re dei re Artaserse II gli aveva concesso in piena fiducia.

Pochi anni ancora e il navarca spartano, Antalcida, confermò le sorti fra Atene e Sparta imponendo infine la pace sul mare Egeo, che però fu stipulata in grande vantaggio prevalente di Artaserse.

Il dominio spartano, pressochè esclusivo sulla Grecia continentale ed in presenza minoritaria sull'Egeo con la Persia, non resse tuttavia all'ascesa di Tebe, e Artaserse, già alleato sia di Atene sia di Sparta, si legò ai tebani nell'opera di mediazione che gli venne affidata.

Quella nascosta politica del re dei re divenne aperta pochi anni dopo con il rescritto di Susa attraverso il quale Artaserse alla fine si disse amico di Tebe e diffidò Atene e Sparta dal disturbarla.

Simpatico personaggio quell'Artaserse! Non è vero divini arbitri?

Comunque sia, a lui seguirono un terzo e un quarto Artaserse, i quali mantennero con papà Filippo una diffidente intesa, prima di Dario III, asceso al trono insieme a me in Macedonia, di cui, dopo averlo a lungo inseguito, raccolsi il cadavere.

L'unione tra Oriente e Occidente invero non avvenne. Seppure io ne avessi vagheggiato un progetto, in conflitto con l'insegnamento di Aristotele, cominciai davvero a edificarne le basi concrete soltanto al ritorno dalla ultra decennale spedizione armata in Asia, e comunque lavorandoci su per un brevissimo periodo, di appena un anno, prima dalla mia morte all'età di trentatrè anni.
Nel corso della marcia in Oriente, infatti (durante il primo stadio di conquista, che direi concluso con la morte di Dario), l'avanzata nella penisola anatolica, lungo la costa del mediterraneo, in Egitto, a Susa e Babilonia, oltre all'Eufrate ed al Tigri, mi impose scelte immediate fra le persone a cui affidare la gestione delle satrapie annientate che mi lasciavo alle spalle, però senza un carattere di stabilità, ed a tale incombenza mi dedicavo nelle pause invernali di forzato riposo.
Sino ad allora, in quanto re dei macedoni e null'altro, mi attenni a un principio generale tale per cui conferii agli ufficiali connazionali gli oneri di amministrazione locale, ordinando peraltro in modi diversi il grado di autonomia da concedere ai popoli sottomessi a seconda dei maggiori

o minori fremiti di ribellione che mi attendevo.

Una volta acquisito però lo scettro dell'impero persiano, insieme con il riconoscimento dei grandi notabili nelle antiche capitali, ed avendo deciso di proseguire ancora verso est, attraverso sconfinate contrade di cui ignoravo lingua e conformazione geografica, dovetti cambiare strategia e quindi cedere anche a soggetti locali, degli altipiani e dei deserti, le responsabilità dei satrapi sconfitti, se non addirittura a essi stessi, fidandomi di un giuramento di fedeltà. Nonostante dunque la proclamata costituzione di un nuovo impero in unione con l'ex persiano-achemenide confluito nella mia persona, di fatto non esisteva nulla di certo, entro l'organizzazione, e tale per cui potesse affermarsi l'esistenza di un nucleo governante a costituzione nuova dovuto alla mia presenza, tanto più che il comando dei presidi militari lasciati nelle estreme regioni imperiali di Levante restò senza eccezioni accentrato in mano macedone, e così del resto avvenne per l'essenziale funzione di esazione dei tributi.

Meno che mai, naturalmente, ebbe luogo un tentativo di riordino del sistema amministrativo nei territori indiani che saccheggiai in lungo e in largo, dopo avere varcato i confini dell'impero, e neppure lasciai alcunché di stabile lungo la via del ritorno, in navigazione sull'Indo e in marcia attraverso la regione Gedrosia, sino a Susa.

L'annessione dei territori e il riconoscimento formale della sovranità universale erano sì realizzati, a parole, ma tutto ciò che intrapresi da allora non ebbe alcun seguito effettivo giacché, per tale fine, sarebbe stato necessario un arco di tempo assai superiore a quello di un'unica generazione, mentre io neppure pensavo a un erede.

Per un anno ancora, quindi, mi dedicai a brevi esplorazioni mirate ad approfondire le conoscenze geografiche sulle terre da amministrare.

Ristrutturai la catena di comando governativa sulle province e quadri dell'esercito, disposi l'inventario e la confisca degli inestimabili beni appartenuti all'impero persiano, punii severamente gli uomini posti al comando che non avevano svolto gli uffici gestionali conferiti in giustizia e equità nei confronti di tutti i sudditi, macedoni e non, che ritenevo allora già alla pari cittadini del nuovo impero. Ma soprattutto ordinai a tutti i miei ufficiali superiori di prendere in moglie una principessa persiana, al fine di instaurare nel tempo una classe nobiliare comune d'Oriente e Occidente, e nel contempo offrii somme ingenti, oltre ai già cospicui premi individuali, a ciascuno dei miei soldati che si fosse dichiarato disponibile a impalmare la donna orientale trascinata al seguito come schiava.

I diadochi e le alte gerarchie militari si videro costretti ad accettare di buon grado l'imposizione, assai poco produttiva purtroppo poiché limitata nel numero, mentre fra la truppa nessuno vi diede seguito, in fedeltà alle spose macedoni.

Un'accozzaglia di provvedimenti inutili, dunque, e così

me ne andai all'improvviso non avendo, che dico, assicurato l'erede alla dinastia, ma neppure lasciato istruzioni sull'uso dell'impero, che perciò ben presto si dissolse.

Marte – Peccato davvero! Alessandro, giacché si trattò dell'impero più vasto per estensione e più vario per coacervo di popoli, non solo tra quelli qui menzionati ma in assoluto tra tutti nella Storia.
Ora tuttavia accingiamoci a concludere con te, George Washington, sugli Stati Uniti d'America che, come già Roma, ma al contrario di Francia e Macedonia, mai si autodefinirono impero.
Comunque sia, considerato che ci parlerai di una realtà a tutt'oggi in via di evoluzione, appare opportuno che tu inizi dai giorni attuali per poi discendere nella Storia sino all'origine.

Washington – Divini arbitri ed eminenti colleghi, ritengo davvero di avere goduto di un privilegio nel parlare per ultimo, in adempimento a un dovere di ospitalità in questo luogo.
Ho potuto ascoltare infatti dalla voce di ciascuno la narrazione delle premesse del proprio impero e così confrontarle nella mente mia con quelle che ora cercherò di riepilogare in riferimento agli Stati Uniti e secondo il criterio cronologico che mi è stato suggerito.
Prima però, Cesare e Napoleone, lasciatemi considerare

come invero null'altro che la formula dell'impero avrebbe potuto concludere nel modo più degno la vostra fulgida epopea giacché la carica di console e dittatore a vita non furono certo sufficienti a rappresentare l'entità della gloria conseguita e peraltro neppure avrebbero mai ammesso la proiezione oltre alla vita.

Al fine di perpetuare una successione in via ereditaria, di certo non si sarebbe potuto immaginare una monarchia, bandita come era, allora, alla stregua di un orrendo crimine sia a Roma sia in Francia.

E allora? Eccolo pronto per voi il mito di Alessandro imperatore, già consolidato nell'idea, sia pure di durata assai breve nei fatti.

Niente di tutto ciò risulta invece applicabile alla mia esperienza e, se altrove è stato menzionato un cenno all'impero nascente che io avrei espresso, in realtà non si trattò d'altro che di mera fanfaronata.

È opinione comune, tuttavia, che la mia Patria avrebbe poi assunto, in qualche modo, le parvenze informali di un impero a tutti gli effetti e io, seppure non persuaso al riguardo, devo ammettere che il dubbio è fondato. Per saggiarne la consistenza, quindi, analizziamo la Storia risalendo a ritroso da una data futura, cioè novembre 2016, quando il nostro generoso anfitrione lascerà la Casa Bianca.

Si può fare, secondo me: che cosa mai d'altronde potrebbe accadere di rilevante da qui ad un anno? Forse che il califfato acquisti un paio di ordigni atomici e li utilizzi su

Roma e Washington per distruggere il Vaticano, il Congresso e il Pentagono?

Un'ipotesi inverosimile, spero, esaminiamo pertanto il passato degli Stati Uniti suddiviso in tre sezioni non coincidenti in rigoroso ordine cronologico di secoli:

- XXI secolo (2016 –1990) attuale
- XX secolo (1989 –1918) breve
- XIX secolo (1917 – 1776) lungo

Ventunesimo secolo – Necessariamente si deve iniziare dalla caduta del famigerato muro di Berlino per analizzare l'ultimo stadio di un percorso intrapreso con la dichiarazione di indipendenza nel 1776.

È stupefacente rilevare al riguardo, infatti, come in un solo quarto di secolo la storia degli Stati Uniti abbia manifestato una così radicale inversione di tendenza e con effetti concentrati nel tempo assai più di quanto sia avvenuto nei due più lunghi periodi antecedenti.

Dall'apogeo dell'egemonia mondiale, realizzatasi alla fine del secolo XX, gli Stati Uniti sembrano ormai avere imboccato la strada di un nuovo isolazionismo e tale vocazione non può essere decifrata solo con l'avvicendamento di due Presidenti, sia pur antitetici in pensiero e nei metodi: George W. Bush e Barack Obama.

A quest'ultimo semmai deve essere riconosciuto l'intento di cogliere e adeguarsi alle istanze contraddittorie del po-

polo sorte dal coacervo di eventi che, nei primi anni duemila d'amministrazione Bush, hanno ribaltato l'assetto del paese sino ai recessi della vita quotidiana del cittadino medio.
Sul felice esito di tale politica, premiata a futura memoria addirittura con un Nobel per la pace, lasciamo che la valutazione resti incognita. Sarebbe quanto meno ingeneroso infatti formulare su Barack Obama un giudizio storico dal momento che egli non ha ancora compiuto il suo percorso. Veniamo piuttosto al 1990, e dintorni, preludio del XXI secolo, per indagare sul crollo dell'altro impero antagonista, l'Unione Sovietica, che con noi monopolizzò a lungo il sistema geo politico mondiale.
Mi hai sollecitato a parlarne, Minerva, in prosecuzione all'articolato discorso sugli imperi nella Storia ed io senza dubbio ne condivido la rilevanza come *trait d'union* presupposto indefettibile al decennio di unilateralità statunitense, e quindi al declino dei giorni attuali.
Ordunque, i primi segnali di caduta del monolite comunista a fronte delle più o meno vaghe istanze di autonomia nei confronti di Mosca da parte dei paesi satelliti, come in Polonia, Ungheria, Repubbliche baltiche, divennero evidenti all'atto in cui si constatò la certezza che nessuna azione sarebbe stata intrapresa a fine repressivo, al contrario di quanto ci saremmo aspettati noi, gli avversari giurati, ma anche il resto del mondo.
I timori di una rottura degli equilibri fondati sulla sfida

nucleare, già edulcorati grazie alla distensione, si fecero all'improvviso attuali più che mai e nella lotteria nessuno avrebbe scommesso sulle intenzioni riformiste e moderate che l'Unione Sovietica andava dichiarando da alcuni anni, nella ricerca di una formula democratica e trasparente in politica. Sembrava anzi solo una questione di tempo la decisione con cui la dirigenza avrebbe infine gettato la maschera e mandato i *tanks* oltre frontiera: un film già visto, da Budapest e Praga.

E invece non avvenne nulla di tutto ciò: nella serata del 9 novembre 1989 una folla di berlinesi dell'est, sull'onda di confuse notizie dalla conferenza stampa in corso con autorità della repubblica democratica tedesca, passò oltre i *checkpoints* di confine e si mescolò ad un'altra folla di berlinesi dell'ovest, spontaneamente riunita nell'attesa di un evento incredibile, in un'orgia di champagne, fiori, abbracci, strepiti di gioia, senza alcuna reazione dai presidi di guardia.

Il muro venne abbattuto nel corso della notte e tale fu il sentore della definitiva rinuncia sovietica alla sua sovranità, e proprio nella città in cui le spasmodiche tensioni della ultraquarantennale guerra fredda si erano contrapposte con un faccia a faccia immediato che in diverse occasioni aveva fatto temere l'innesco della terza guerra mondiale.

L'epilogo formale dell'Unione Sovietica si concretizzò due anni più tardi, dopo l'agonia che vide lo sfacelo delle maggiori istituzioni del ferreo apparato (partito unico, politburo, comecon, patto di Varsavia) ed il colpo di stato risolto in un patetico aborto di restaurazione.

A Natale del 1991 Gorbaciov si dimise da Presidente dell'Unione ed al Cremlino fu ammainata la tradizionale bandiera rossa e sostituita dal tricolore bianco rosso e azzurro della nuova Comunità degli Stati Indipendenti, quindici stati sovrani.

La Russia mantenne sì un primato egemonico entro siffatto contesto interno, compreso il possesso esclusivo dell'armamento nucleare, ma il bipolarismo mondiale USA/URSS era morto e sepolto già durante le frenetiche convulsioni che uccisero il regime comunista negli stati ex satellite e sancirono la riunificazione delle due Germanie.

Noi, a quel punto, rimanemmo l'unica superpotenza atta a dirimere i conflitti locali, ovunque sorgessero, e di un tanto si vide la prova in occasione della crisi di quello stesso periodo nel Medio Oriente.

Contro l'arbitraria invasione del Kuwait, perpetrata dall'Irak, fummo il portabandiera della reazione mondiale, mentre l'Unione Sovietica, non ancora smembrata, si allineò obbediente alle nostre pressioni nel Consiglio di Sicurezza dell'ONU, in cui ancora era parte autorevole come superpotenza mondiale, e votò realizzando in tal modo per la prima volta nella Storia l'unanimità tra i cinque membri.

È vero peraltro che, durante il primo *iter* diplomatico, essa si fece portatrice di una via conciliante e transattiva, tanto per assumere una posizione indipendente, però l'intransigenza di Saddam Hussein non consentì alcuna apertura e la piccola iniziativa cadde nel nulla dopo di che noi, *leader* indiscussi della coalizione, riducemmo a più miti consigli quell'arrogante dittatore in forza di bombardamenti aerei e di una devastante azione terrestre.

Naturalmente non mancò allora chi condannò l'intervento americano come un'azione spropositata in dimensioni ed interessata soltanto ad un'invasione di territori sensibili al controllo globale del petrolio.

Ebbene, a tutti costoro io replico che il mondo intero avrebbe dovuto essere grato a noi per avere impegnato un quantitativo di risorse così imponente e idoneo a sventare un'azione di prepotenza non dissimile da quella compiuta dai nazisti contro Austria e Cecoslovacchia, negli anni trenta del XX secolo.

Sono note, d'altronde, le terribili conseguenze che l'Europa subì per l'avere reagito allora in colpevole ignavia laddove noi, per certo, non avremmo inteso commettere lo stesso errore.

Affermo anzi che, semmai qualcosa debba imputarsi agli Stati Uniti, questo fu determinato dalla magnanima tolleranza con cui trattammo Saddam consentendogli di restare in sella e di trasformare l'immensa sconfitta militare in una vittoria politica, lasciandolo inoltre gestire il gioco del gatto col topo in cui egli assunse il ruolo del povero topo, a suo vantaggio per più di dieci anni ancora.

La prima guerra del golfo fu dunque la prima prova che impegnò gli Stati Uniti come unica superpotenza residua al mondo ed il risultato si rivelò lusinghiero, quanto meno nel breve periodo. In seguito però la situazione mutò radicalmente e quindi, in merito, tornerò sul tema, e soprattutto sui dispiaceri che scaturirono per noi.

Ora, invece, desidero soffermarmi un poco su altri eventi di carattere politico militare, sopravvenuti negli anni novanta in assenza di un antagonista alla pari come era stata per l'appunto l'Unione Sovietica, prima di considerare gli importanti aspetti economici e commerciali dell'ultimo decennio del ventesimo secolo.

Un esempio macroscopico, ma non isolato, conseguente al nuovo tipo di assetto mondiale, si registrò con furore in Jugoslavia ove, a partire proprio da quei primi anni novanta, i fermenti etnici religiosi opposti cominciarono a prevalere sulla unità istituzionale di uno stato creato a tavolino dopo la prima guerra mondiale, mettendo insieme a caso i frammenti degli sconfitti imperi asburgico e ottomano, ma non coeso da un sentore comune patriottico bensì diviso dai nuovi nazionalismi sloveno, croato, serbo, bosniaco.

Ne conseguì una serie intricata di cruenti conflitti e di atrocità sulle popolazioni civili alle quali il mondo dovette assistere senza alcuna possibilità di intervento, poiché invero si trattò di diatribe interne che non avrebbero ammesso interferenze.

Questo sinché la NATO (o Stati Uniti in effetti) decisero

di prendere una posizione attiva per il timore di più gravi squilibri che in potenza avrebbero colpito l'Europa, ma particolarmente per motivi umanitari in aiuto a gruppi etnici minori, oggetto di inaudite crudeltà.
Non intendo dilungarmi oltre, al riguardo, ma solo evidenziare come potè allora accadere che gli Stati Uniti assunsero un ruolo unilaterale di iniziativa non contestata sul territorio balcanico che da sempre era soggiaciuto inerme all'esclusiva influenza sovietica e, prima ancora, alla gelosa e opprimente tutela dell'impero zarista.
Comunque sia, al di là della teorica possibilità di intervento militare in tutti i siti del pianeta, dovuta al collasso della potenza che sino ad allora ci aveva conteso il primato, in realtà il rischio per la sicurezza mondiale ancora sussisteva, solo era cambiata la prospettiva.
Stati incontrollabili, incapaci di stabilire una *leadership* concorrente, eppure in grado di rendersi pericolosi per la pace grazie al possesso, vero o presunto, dell'arma nucleare, inducevano noi a non abbassare la guardia e quindi a mantenere inalterato il bilancio per la difesa.
La supremazia militare pertanto rimase intatta ma, da parte nostra, il ruolo di gendarmi della pace nel mondo, già adombrato con la guerra del golfo, avrebbe finalmente potuto consolidarsi in forma virtuosa attraverso la collaborazione globale con i vecchi ed i nuovi alleati sul piano economico commerciale. La nostra *leadership* non ne avrebbe sofferto ed il consenso mondiale sarebbe stato davvero

universale.

Siffatto obiettivo prioritario in politica estera avrebbe legittimato gli Stati Uniti come guida morale nello scorcio di fine secolo e ingresso nel nuovo millennio, ma alle intenzioni non seguirono gli eventi.

Si concretizzò allora, infatti, in termini esasperati, l'impatto perverso di un meccanismo, tipico della nostra struttura interna, tale per cui i poteri legislativo ed esecutivo possono ritrovarsi in conflitto tra loro senza alcuna possibilità di mediazione.

E questo è esattamente ciò che accade negli anni novanta, quando il Presidente Clinton, un progressista democratico assai poco propenso alla politica estera, per vocazione ed esigua esperienza, esercitò i due mandati al cospetto di un Congresso segnato in entrambi i rami dalla preponderante maggioranza repubblicana di stampo conservatore.

In tale insanabile contrasto si determinò una politica estera talmente contraddittoria che l'opinione pubblica mondiale, incapace di capire le nostre incoerenze, perse qualsivoglia orientamento di giudizio nei nostri confronti e si attestò su posizioni di malcelata diffidenza.

In quel periodo nessuna missione militare americana all'estero, come in Somalia, nessun buon ufficio diplomatico, come la mediazione tra Palestina e Israele o Regno Unito e Irlanda, ebbero concreti successi, né altre iniziative con antichi nemici, in Vietnam, in Corea del Nord, in Iran, portarono a qualche risultato. Un decennio di opportunità per un'intesa davvero globale sul piano economico andò perduto.

Sia chiaro comunque, divini arbitri, che non compete a me esprimere un giudizio di valore sulle vocazioni politiche che si combatterono in quei frangenti tra Congresso e Presidente, però consentitemi almeno di esternare un triste rammarico per l'attimo fuggente che la Patria si lasciò sfuggire nelle propizie condizioni: non intendo la costituzione di un impero temuto e osteggiato nel mondo bensì l'assunzione di un ruolo guida globale universalmente condiviso.

Purtroppo tale speranza decadde all'esordio del secondo millennio quando il quadro mutò in maniera radicale e confliggente, per partito preso, contro qualsivoglia specie di armonia mondiale a causa di una persona e di un catastrofico evento che, se non in maniera esclusiva, senz'altro in pregnanza rilevante, caratterizzarono l'effige degli Stati Uniti da allora in poi: George W. Bush e la strage 11 settembre.

Un assalto vincente sul territorio nazionale non si era mai realizzato prima: le torri gemelle del *World Trade Center* furono rase al suolo, provocando migliaia di vittime civili, e la profonda ferita inferta alla presunta invulnerabilità del suolo statunitense introdusse tra la gente comune un'isteria collettiva a tale punto generalizzata e istintiva che il Presidente ebbe la via aperta alla reazione più sconsiderata, sicuro che l'opinione pubblica l'avrebbe comunque approvato.

Il seguito è Storia: la solidarietà del mondo intero nei confronti degli Stati Uniti cedette subito il passo ad una viscerale avversione contro le guerre intraprese in Afghanistan e Irak senza alcuna motivazione.

I bombardamenti in Afghanistan, infatti, cominciarono a meno di un mese dall'attentato, come rappresaglia per la mancata estradizione di Bin Laden, allora presunto mandante della strage, mentre l'invasione dell'Irak iniziò un anno e mezzo più tardi e venne giustificata in base a nebulose informazioni, risultate infondate, sul possesso di "armi di distruzione di massa" da parte di Saddam Hussein.

Ma intendiamoci bene, divini arbitri: chiunque altro al posto di Bush non avrebbe potuto esimersi, indipendentemente dall'appartenenza di partito o da un'attitudine personale, dall'adottare i provvedimenti più energici in difesa preventiva di fronte ad un nemico inafferrabile e pronto a colpire in ogni luogo e occasione.

La paura di massa, entro i confini nazionali, e la possibilità di agire all'estero, senza remore di sorta verso avversari ed alleati, comunque più deboli, avrebbero indotto qualunque altro Presidente a mettere in primo piano la sicurezza nazionale, anche a scapito della diplomazia e delle buone maniere in campo internazionale, come pure dei criteri di garantismo e tutela dei diritti civili nelle indagini in casa propria.

Ma Bush invero intraprese iniziative non certo ponderate e per di più in arrogante disprezzo verso gli organi istituiti per la pace mondiale, seguendo in esclusiva un principio dichiarato di fronte al Congresso riunito "chi non è con noi è con i terroristi" con il tono supponente, e ipocrita, di un giustiziere benedetto dalla volontà di Dio.

La sorte d'altronde assegnò a Bush l'onere di guidare un'emergenza fra le più drammatiche occorse negli Stati Uniti, cioè a un Presidente su cui incombeva, oltre al fondato sospetto di un'investitura illecita, anche il dubbio sull'equilibrio psicofisico e sull'attitudine a rivestire una carica così rilevante per le sorti del mondo intero.

Ma che cosa fu davvero George Bush, divini arbitri? Un personaggio che, nella migliore ipotesi, ebbe la Presidenza degli Stati Uniti grazie alla sottostima avversaria nei confronti di un presuntuoso e ignorante imbecille che, irresponsabile quant'altri mai, cavalcò il panico sotto la regia di collaboratori più o meno in malafede? Oppure un soggetto consapevole ma inebriato dal potere sin al punto estremo di ritenersi segnato dal Signore per garantire al mondo il trionfo del Bene?

No, divini arbitri, io non sono propenso a conferire a lui la patente di imbecille. Bush non fu affatto tale, secondo me, anzi riuscì a servirsi dell'immagine stessa, cucitagli addosso da sprovveduti avversari, per recitare la parte che l'orgoglio nazionale gli aveva assegnato entro il quadro di riferimento che imponeva la rivalsa.

Va del resto rammentato, in suo favore, che l'elezione ad un secondo mandato mise a tacere molte delle asperrime critiche alimentatesi in patria e all'estero nei suoi confronti, annullate dall'esito positivo, ma solo in apparenza, della seconda guerra del golfo.

In prospettiva breve, infatti, la liquidazione del regime telebano e iracheno, origine di massacri superiori all'atroce prodotto dei danni collaterali, furono un bene per l'intera umanità, ma il prolungarsi di strascichi a tutt'oggi non sopiti, le stragi e le mattanze continue tra la popolazione civile, rendono, nel medio periodo, poco attendibile una simile valutazione, senza contare il fatto per cui il fenomeno del terrorismo è tutt'altro che debellato.

George W. Bush dunque indubbiamente ha lasciato un'impronta non lieve del transito presidenziale, al di là della caricatura, purtuttavia io non penso che un futuro e più sereno giudizio improntato a un cauto revisionismo possa riabilitare, da qui ad un secolo, la sua figura.

L'incommensurabile danno inferto alla reputazione degli Stati Uniti, invero, non potrebbe essere cancellato in tempi brevi e, così pure, ne risulta compromessa quell'aspirazione al ruolo di guida morale a cui ho accennato come nobile missione della mia Patria, opposto ai modi bieco imperialisti di cui il mondo ci ha accusato e tuttora ci accusa.

Gli Stati Uniti quindi dovranno subire un tratto di penitenza al quale, peraltro, stiamo già amaramente assistendo in termini di declino, sia in politica estera sia in globalizzazione economica.

Ventesimo secolo – Hai citato, Minerva, il mio appello di commiato alla Presidenza degli Stati Uniti nel 1797 e mi hai invitato a parlarne a commento della nostra storia:

"La massima regola cui attenerci nelle relazioni con le nazioni estere è tale per cui, nell'estendere le relazioni economico commerciali, noi dobbiamo limitare il rapporto politico. L'Europa si trova nella grama necessità dell'essere coinvolta in frequenti conflitti le cui cause sono estranee a noi. Ne segue che non è saggio lasciarci coinvolgere nelle vicende della politica o nelle incerte collisioni causate dalle amicizie o inimicizie che essa di volta in volta stabilisce".

Ebbene, divini arbitri ed eminenti colleghi, appare indubbio a questo riguardo che gli Stati Uniti si attennero a tale mia raccomandazione, per centoventi anni. Subentrò infatti soltanto nel 1917 il dilemma sul se intervenire nel conflitto mondiale allora in corso, Grande Guerra, ispirato alle ultramillenarie politiche di contrapposizione reciproca europea che pertanto non avrebbero dovuto per nulla interessare agli Stati Uniti d'America.
Tale, del resto, era l'atteggiamento prevalente in opinione pubblica, ma altre valutazioni di natura economica e ideologica prevalsero alla fine, nel senso che un'Europa asservita all'imperialismo tedesco non soltanto non avreb-

be prospettato un mercato aperto alle esportazioni per gli Stati Uniti, ma neppure l'assenza della democrazia era gradita al credo politico dominante nella nostra giovane nazione.

Su queste basi le mie antiche raccomandazioni vennero abbandonate talché i soldati americani in armi varcarono l'Oceano e si unirono in alleanza alle potenze dell'Intesa, Francia e Inghilterra.

Il Presidente, Woodrow Wilson, un mio ammiratore, presumo, come autore di una bella biografia incentrata su me, primo Presidente, si mantenne rigorosamente neutrale nei primi anni di guerra, ma poi fu indotto a cedere alle pressioni delle forze interventiste in Congresso, indignate per l'ennesimo attacco piratesco ai danni di un mercantile americano, carico di civili, da sommergibili tedeschi.

La marina imperiale, infatti, nel sospetto di traffici d'armi in favore dell'Inghilterra, tutt'altro che infondato, non andava per il sottile nel colpire le navi neutrali ed io al riguardo sono propenso a ritenere che il Presidente avesse in cuor suo accolto con piacere quel pretesto per scendere in campo contro Germania e Austria.

Il nostro intervento, tuttavia, apportò un contributo effettivo soltanto nell'ultimo anno di guerra (1918) e, seppure importante, non fu certo determinante ai fini della vittoria finale.

Quello che invece apparve della massima rilevanza fu l'intento degli Stati Uniti a porsi nel contesto europeo come

entità alla pari rispetto a Francia e Inghilterra nelle trattative di pace.
Il Presidente Wilson, infatti, si propose come il fautore di un piano fondamentalmente rispettoso della autodeterminazione dei popoli e teso a evitare le discordie che in futuro avrebbero potuto comportare nuove guerre devastanti. Ma Francia e Inghilterra, al contrario, animate da un riottoso spirito di vendetta, prevalsero su siffatti lungimiranti propositi e si pervenne così al trattato, onnicomprensivo di Versailles, con il quale i perdenti vennero mortificati con l'imposizione di laceranti ridimensionamenti territoriali e di risarcimenti economici spropositati.
La politica del Presidente Wilson, precursore in un certo senso della aspirazione alla guida morale del mondo, secondo universali principi di libertà e di giustizia, alla quale ho già accennato come ruolo ideale per gli Stati Uniti, ne uscì sconfitta. Il popolo americano, umiliato e offeso per il deludente risultato dei considerevoli sacrifici sostenuti in impegno economico finanziario e vite umane, decretò all'unìsono il ritorno all'isolazionismo nei confronti dell'ingrata Europa e rimase avvinto a siffatta politica per altri vent'anni (di cui dieci segnati da un'espansione di prosperità nazionale senza precedenti ed altri dieci dal baratro della Grande Depressione).
Alla grande, poi, fummo trascinati per i capelli nei fetidi guazzabugli non solo europeo ma anche asiatico: di nuovo costretti ad intervenire in un altro conflitto mondiale,

o forse nello stesso, riacceso dopo una tregua abbastanza lunga.

I giapponesi ci colpirono con un'azione proditoria a Pearl Harbour e distrussero in un'ora metà della flotta senza preventiva dichiarazione di guerra, atto che giunse subito dopo il vile bombardamento e pochi giorni dopo risultò confermato anche dalla Germania e dall'Italia.

E così l'isolazionismo, dominante nei decenni trascorsi, si sciolse all'improvviso come neve al sole e il Presidente Roosevelt fu accolto con sincero entusiasmo e partecipazione al Congresso, quando venne ad annunciare la volontà di reagire e di combattere.

In questo turno però, diversamente da quanto era accaduto durante la Grande Guerra, il nostro intervento fu davvero essenziale, sebbene il nemico, tedesco giapponese, avesse già ottenuto posizioni di rilievo sull'Oceano Pacifico, in Europa, in Africa.

La malefica espansione a macchia d'olio, infatti, si bloccò grazie alle imponenti risorse di uomini e armamenti che mettemmo in campo su entrambi i fronti, e quindi invertì la tendenza sinché la Germania fu stritolata in una tenaglia micidiale alla quale non intese arrendersi ed il Giappone subì il bombardamento nucleare.

Ecco, divini arbitri, da questo momento, a mio parere, si realizzò una forma di egemonia statunitense che potrebbe delinearsi in un impero mondiale, forse, non globale tuttavia, almeno sino al punto di rottura in cui l'antagonista sovietico, dicevo, crollò su se stesso.

Il dominio mondiale, infatti, rimase condiviso per quaranta anni tra Russia e America, Oriente e Occidente, libertà e uguaglianza, mentre il mondo dovette scegliere, o subire, la parte con la quale schierarsi, per quanto non mancasse l'eccezione dei paesi non allineati.

Di tutto ciò comunque è opportuno che io tracci un breve commento atto a ricondurci agli anni '90 e dintorni partendo dal 1950, anno in cui l'Unione Sovietica riuscì a dotarsi dell'armamento nucleare e che instaurò il cosiddetto "equilibrio del terrore": la guerra fredda.

Ordunque, divini arbitri, appariva chiaro già alla fine della seconda guerra mondiale che l'Europa, protagonista nella Storia sin dalla fine dell'impero romano, si sarebbe ridotta ad un umile ruolo gregario di fronte alla struttura bipolare mondiale che si andava delineando.

Se infatti l'Unione Sovietica non mantenne la promessa di consentire libere elezioni nelle nazioni affrancate dall'Armata Rossa, ed anzi si costituì attorno un cuscinetto di stati satelliti, vincolati al Cremlino, noi ci sentimmo di conseguenza legittimati a prevenire un'invasione, tutt'altro che ipotetica allo stato degli atti.

Istituimmo per questo la NATO *North Atlantic Treaty Organization*, alleanza militare difensiva con gli stati dell'Europa occidentale, a cui però non concedemmo alcuna autonomia decisionale e tanto meno la cogestione dell'apparato nucleare.

Stili diversi tra noi e l'URSS, connaturati a una prospettiva imperiale non dichiarata, per un uguale risultato: supremazia non negoziabile.

Dinamiche non dissimili insorsero in Asia laddove il legame ancora integro tra Cina comunista e Unione Sovietica, che aveva dato luogo alla guerra di Corea, primi anni '50, minacciava la stabilità nell'area sud orientale (Vietnam, Laos, Cambogia) laddove francesi e inglesi stavano perdendo i loro possessi coloniali, con possibili indesiderate ripercussioni tra Filippine e Australia. Creammo così, speculare alla NATO, la *South East Asia Treaty Organization*, SEATO.

Nel Medio Oriente, settore particolarmente sensibile per la presenza del petrolio e per l'odio implacabile arabo israeliano, l'assai intricato tessuto di interessi filo sovietici imponevano a noi di ricercare valide amicizie per non perdere definitivamente il controllo e le trovammo in Israele, avamposto occidentale in un mare di ostilità araba, ed in Iran, almeno fino alla rivoluzione islamica.

Nel terzo mondo, infine, in determinate zone dell'Africa, dell'Asia e dell'America latina, il tramonto incipiente del colonialismo europeo induceva i popoli soggetti a un riscatto anche violento dei loro diritti, e l'Unione Sovietica possedeva in quei siti tutti i requisiti ideologici per presentarsi come la paladina dei reietti e proporre il proprio aiuto nelle beghe interne.

Noi però eravamo gli Stati Uniti, vale a dire non soltanto

simbolo di libertà e democrazia, ma anche la nazione più ricca al mondo, tenuta perciò moralmente a garantire la sopravvivenza di popoli oppressi da fame, miseria, malattie, ignoranza.

In siffatto e variegato contesto mantenemmo costantemente in nostro favore il divario fra gli arsenali d'armamento nucleare, seppure in un quadro di sostanziale parità.

Nel simbolico settore dell'esplorazione spaziale, poi, annullammo il primato dell'Unione Sovietica, acquisito con la messa in orbita del satellite artificiale Spootnik, inviando il primo uomo sulla luna.

La pace armata resse comunque alla prova nonostante le occasioni di crisi che, in andamento periodico, si manifestarono a Berlino, Suez, Praga, Budapest, Cuba, Vietnam. Le superammo indenni, vincenti, o in ignava neutralità, tranne che in Vietnam ove fummo sconfitti e, su quest'ultima in particolare, desidero soffermarmi giacché essa fu per certo la più grave battuta d'arresto nel nostro procedere.

I Presidenti Eisenhower e Kennedy girarono attorno all'ipotesi di un nostro intervento militare in Vietnam ove i comunisti del nord non si erano mai distolti dal progetto di invasione del "democratico" sud.

Ma fu con il Presidente Johnson, per tema di un'apertura dilagante al nemico sovietico cinese, che l'ipotesi divenne realtà.

Dieci anni di fervente guerriglia nella giungla non bastarono peraltro ad avere ragione dell'inesauribile masnada di diavoli in pigiama nero malgrado l'impiego di enormi mezzi di esercito, aeronautica, marina. Alla fine prevalse Davide beffando il possente Golia.

Tentammo in diversi modi, diplomatici e brutali, di uscire con onore dalla stolta vicenda ma infine non restò che mollare senza condizioni e avvenne così che fuggimmo infine da Saigon come ladri, senza che la Cina e l'Unione Sovietica, non più in sintonia tra loro, per fortuna, fossero intervenute in un conflitto diretto.

Il Vietnam portò ad un prezzo spropositato tra vittime umane e costi, per entrambe le parti, ma il danno maggiore pervenne dallo sfacelo della reputazione degli Stati Uniti, sia all'estero sia all'interno.

Con tanti saluti all'aspirazione di un ruolo *leader*, tra le democrazie del mondo libero, data per attendibile dopo le guerre mondiali.

Il 1968, l'anno in cui Nixon successe a Johnson, vide l'apogeo della contestazione giovanile globale contro l'esecrabile *Amerika*, mentre in casa l'opinione pubblica ribaltò in negativo il consenso dapprima accordato a maggioranza sull'opera di governo.

Tra avversari e alleati, poi, si diffuse un coro di disistima *bipartisan*, poiché nessuna giustificazione idealistica avrebbe potuto seriamente essere data intorno al Vietnam ed alle aberrazioni da noi perpetrate.

Un antiamericanismo viscerale, esteso a tutti gli angoli del mondo, si consolidò quindi in quegli anni '70 come mai prima di allora.

L'onta del Vietnam tuttavia e il nostro senso di colpa furono superati grazie alla spregiudicata politica estera del Presidente Nixon, guidata dall'eccellente consigliere Henry Kissinger.

Si era generato da alcuni anni, infatti, il dissidio insanabile tra Cina e Unione Sovietica, entrambe dotate di armamento atomico e quindi in contesa aperta per il primato di *leadership* espansionistica comunista nel mondo. Gli Stati Uniti videro l'occasione propizia e, con azione diplomatica avveduta, si inserirono da parte attiva nella vertenza in corso tra le due potenze nemiche.

Preceduto da laboriosi abboccamenti segreti, per la prima volta nella Storia avvenne, in Pechino, un incontro USA/Cina, tra il Presidente Nixon ed il Grande Timoniere Mao Zedong.

Non fecero seguito, invero, risoluzioni di rilievo considerevole nella politica internazionale, ma il comunicato congiunto cino-americano, divulgato da Shanghai, grondante cordialità e lusinghieri propositi di collaborazione futura, preoccupò l'Unione Sovietica.

Quest'ultima, indotta quasi a un impulso di gelosia, mitigò il proprio atteggiamento ostile per gli incontri diretti, al vertice, e così neppure un mese passò, dalla visita a Pechino, che Nixon fu invitato a Mosca da Brèžnev, ispiratore del nuovo ciclo d'espansionismo sovietico che ci aveva sorpreso rimettendoci alla pari, se non in inferiorità. Pur perdurando la guerra fredda, si inaugurò allora il principio della distensione, con una serie di trattati per il progressivo disarmo, ma Nixon inciampò poi nello scandalo Watergate e si vide costretto alle dimissioni per non essere cacciato a furore di popolo.

Le successive e scialbe presidenze, Ford e Carter, assistettero così al sorpasso politico e militare da parte dell'Unione Sovietica sino a che anch'essa si cacciò in un ginepraio micidiale, e d'altronde speculare al nostro maledetto Vietnam: l'Afghanistan.

Poi venne Ronald Reagan, ovvero il profeta dello sfacelo sovietico.

I primi vagiti della distensione rimasero soffocati da una nuova linea di contrapposizione: i nostri efficaci missili Pershing e Cruise furono installati in Italia e Germania ovest, mentre da parte sovietica venne potenziato lo schieramento dei missili SS20.

Tutti i negoziati in corso decaddero nell'inarrestabile intransigenza reciproca entro la quale non era dato intravedere alcuno spiraglio.

La rinnovata ostilità bipolare poi si manifestò in America centrale, in Nicaragua e Salvador, ove generosamente finanziammo la guerriglia contro i regimi comunisti al potere, mentre in Afghanistan dotammo i *Mujahidin* di missili portatili che si rivelarono determinanti nella resistenza all'invasore sovietico.

Anche nell'Africa (Etiopia, Angola e Somalia) sostenemmo ovunque i ribelli ai governi filosovietici e, nel Medio Oriente, in funzione anti Siria, alleata di Mosca, avallammo l'invasione del Libano da parte di Israele, salvo in seguito promuovere negoziati (a Beirut inviammo un contingente di pace che fu duramente colpito dal primo di una lunga serie di attacchi terroristici nel quale perirono 241 *marines*). Sul fronte diplomatico, d'altronde, sempre nell'intento di accentuare il rinnovato attrito con l'Unione Sovietica, Reagan non dimenticò di corteggiare la Cina e andò a Pechino, come già Nixon, con offerte di amicizia al nuovo *leader* Deng Xiaoping.

Nel complesso pertanto, all'irrigidirsi delle posizioni in un ritorno al duello all'ultimo sangue, il fenomeno della strenua avversione anti americana, già diffuso in seguito alla guerra del Vietnam, risorse con acredine anche più violenta in tutto il mondo e, in particolare, contro un Presidente ritenuto guerrafondaio, senza se e senza ma.

No! Divini arbitri, Reagan non era affatto tale, auspicava anzi la fine della guerra fredda, però sempre ponendo gli Stati Uniti in posizione di forza, come dimostrò nel secondo mandato.

Fu agevolato peraltro in tale lodevole intento dalla quasi contestuale salita al potere in Unione Sovietica di Michail Gorbačëv, un uomo al di fuori dei tradizionali schemi di *leader* del Cremlino, ma non certo più arrendevole e malleabile.

Nell'arco di tre anni comunque avvennero ben quattro incontri diretti tra quei due uomini politici dalla spiccatissima personalità (Ginevra, Reykjavík, Washington, Mosca). Entrambi credevano in sincera determinazione a progetti di disarmo reciproco, quanto più ampio possibile in sostanza, ma in alcuni tratti si rischiò davvero la rottura definitiva.

Conseguì comunque la messa al bando dei missili di media gittata, installati in Europa, ma non delle armi strategiche ad ampio raggio e neppure dei nostri piani di difesa spaziale.

In ogni caso, un sentore di pace e di autentica distensione alimentò la speranza mondiale per la fine dell'era fondata sul precario equilibrio del terrore che ormai da quarant'anni ammorbava il pianeta.

Lasciatemi affermare, divini arbitri, in una visione da me per primo dichiarata di parte, che il contenuto degli accordi Reagan Gorbačëv, di cui ho parlato, fu indubbiamente squilibrato in nostro vantaggio.

Questo perché l'Unione Sovietica della fine anni '80 già era infetta dal germe disgregatore dell'economia malata e, se avesse preteso di più, non sarebbe stata poi in grado di tenere il ritmo sulla via di una rinnovata corsa agli armamenti.

Il braccio di ferro a cui l'Unione Sovietica aveva ormai rinunciato si era imposto sino dalla fine della seconda guerra mondiale tra rivali contendenti che confidavano per

ideologia sulla forza economica di sistemi confliggenti alla radice e che si ritenevano, in via reciproca, maturi per il collasso definitivo. Il che avvenne solo per l'URSS.
Non toccò a Reagan coglierne i frutti, tuttavia.
Egli, invero, era già decaduto nell'opinione pubblica per le vicende legate alla vendita di armi all'Iran, intricata e nebulosa storia in cui, se non in malafede, il Presidente fece la figura del burattino.
Vi assistette, invece, George Herbert Walker Bush, papà di George, Vice di Reagan e quindi Presidente in unico mandato, nel corso del quale scomparve appunto l'Unione Sovietica.
Ora, divini arbitri, la Storia ha dimostrato oltre ad ogni ragionevole dubbio che la ragione stava dalla parte nostra, però mi domando che mai sarebbe stato del mondo se nella contesa fossero prevalsi loro?

Diciannovesimo secolo – Con una generalizzazione che farei meglio a rivedere, almeno in parte, ho detto che gli Stati Uniti si attennero alle mie raccomandazioni in politica estera per centoventi anni.
Questo corrisponde al vero, ma soltanto se ci limitiamo a considerare che gli Stati Uniti non intesero mai assumere parte attiva in vertenze estranee al continente americano, sino all'intervento in prima guerra mondiale: prima di allora, infatti, non ci fu mai un'avventura esterna all'emisfero occidentale, salvo la parentesi "Filippine" a cui, seppu-

re relegabile ad evento storico marginale, sarà comunque opportuno, in seguito, dedicare una breve riflessione.

Se desideriamo però riprendere l'argomento dibattuto sulla dinamica imperiale, nel quadro delle origini degli Stati Uniti, rammento che in America ebbe vigore, già prima della mia presidenza, un'espansione notevole, rispetto alle tredici colonie fondatrici, che stabilì il confine sul corso del Mississippi e che, successivamente, sotto la Presidenza di Thomas Jefferson, valicò il fiume e si attestò nell'intera sua valle amplissima sino valle falde delle *Rocky Mountains*.

Il primo passo dell'evoluzione venne sancito con il trattato di Parigi, risolutore della guerra di indipendenza, mentre il secondo derivò da un contratto di compravendita stipulato con la Francia napoleonica, rispettivamente nel 1783 e nel 1803.

Più tardi, nella prima metà del XIX secolo, acquisimmo California e Arizona, più i Territori del Nord Ovest (Oregon e Idaho), e il Texas, che invero fu l'unica conquista ottenuta attraverso una guerra (contro il Messico) e non oggetto di una trattativa, quindi ancora ci fu ceduta la Florida, dalla Spagna, e l'Alaska, dalla Russia.

Per tali transizioni, e prima della guerra di secessione, realizzammo l'assetto odierno, più o meno, però da tali elementi, divini arbitri, io non ritengo essere lecito affermare che esistesse già un'aspirazione imperiale da parte degli Stati Uniti.

Dicevo infatti che, escluso il Texas, nessuna di quelle lande desolate entrò nell'Unione per virtù di armi e di combattimenti bensì soltanto per trattative fondate su una logica di carattere più commerciale che politico egemonico. Si trattò quindi non di una penetrazione violenta ispirata da ambizioni di supremazia ma di una necessità pragmatica, atta ad assicurare la sopravvivenza di un ardimentoso popolo giunto da poco alla dignità di nazione vera e propria.

Naturalmente, se ci soffermiamo a considerare i mezzi con i quali la nuova nazione impose l'insediamento della sua gente sugli indigeni, appare arduo per noi sottrarsi all'accusa storica di colonialismo, e quindi di imperialismo nella peggiore accezione.

Io provo abbastanza vergogna per le infami fasi della nostra storia in cui parole come *genocidio, sterminio, pulizia etnica*, da noi esecrate nel mondo esterno, trovano piena cittadinanza. Ma in ogni caso non si trattò di aspirazione imperiale: sarebbe invero anche troppo nobile applicare una simile giustificazione postuma alla spregevole azione. Stendiamo dunque un pietoso velo e proseguiamo considerando se, e se sì, per quali passaggi, gli Stati Uniti abbiano davvero perseguito un'affermazione politica egemonica già nel corso del XIX secolo.

Ordunque, divini arbitri, una nuova guerra contro l'Inghilterra, dopo quella per l'indipendenza, divampò nel secondo decennio, a causa di restrizioni imposte alla nostra marina mercantile (gli inglesi presero Washington e incendiarono l'edificio che soltanto dalla ricostruzione si trasformò in questa Casa Bianca).

Non avvennero però mutamenti rispetto all'anteriore assetto politico, salvo che la fine della guerra coincise, più o meno, con la battaglia di Waterloo, e con la ristrutturazione d'Europa, ordita in Congresso di Vienna, e sfociata nella Santa Alleanza tra Austria, Russia, Prussia, specie di cricca reazionaria tesa alla stabilità mondiale.

Avremmo potuto, e dovuto, farcene un baffo, ma la Santa Alleanza, a un certo punto, ficcò il naso nelle rivolte antispagnole in America latina, minacciando un intervento armato, e così noi fummo costretti a prendere posizione.

Lo facemmo emanando il comunicato presidenziale noto nella Storia come dottrina Monroe: "gli Stati Uniti riconoscono le attali colonie europee nelle Americhe e non interverranno negli affari europei, ma non accetteranno interferenze dall'Europa nel continente americano" e la Santa Alleanza si diede una regolata.

Ora, divini arbitri, è indubbio che siffatta dichiarazione rappresentò la conferma del mio addio al paese, risalente a quarant'anni prima, ma, per altro aspetto, fu senza mezzi termini anche un programma di espansione statunitense sull'intera area delle Americhe, seppure essa fosse stata enunciata più come principio etico, adatto a rimuovere un pericolo imminente, che non un annuncio di attuazione concreta, sia all'epoca dei fatti, sia in un futuro più o meno lontano.

In ogni caso, quella fu la prima formulazione scritta del

concetto di isolazionismo, da me adombrato, cioè il principio base nel sistema di relazioni internazionali, che comunque rimasero a lungo trascurate a causa di altre terribili vicende: la dilaniante guerra di secessione e la ricostruzione dell'Unione ricreata dopo la vittoria del Nord.
Conseguì un periodo di eccezionale industrializzazione per il paese e di gigantesca immigrazione talché, alla fine del secolo, gli Stati Uniti si affermarono come potenza economica di primo rilievo nel mondo.
Cominciarono pertanto a sentirsi assai più coinvolti all'influenza sui mercati esteri e ciò comportò la ripresa delle relazioni diplomatiche e, soprattutto, un latente rifiuto dell'isolazionismo, sino al culmine in cui per la prima volta gli Stati Uniti furono presi dal conflitto armato al di fuori dei confini e dell'emisfero.
La miccia si accese a Cuba, un possedimento spagnolo nel centro dei Caraibi, per motivi solidaristici idealistici collegati a una rivolta dei contadini contro l'amministrazione coloniale.
Gli insorti subirono una repressione di violenza e crudeltà inaudite, probabilmente divulgata a tinte esagerate dalla stampa statunitense al fine di alimentare lo sdegno della gente e la spinta alla guerra.
La scintilla, dicevo, provenne dall'esplosione della corazzata *Maine* nel porto dell'Avana: episodio non chiarito in realtà, ma che nessuno dubitò dovesse attribuirsi agli spagnoli, talché gli Stati Uniti scesero in guerra, avendo cura,

peraltro, di sancire a priori che non esisteva alcuna intenzione di annettere l'isola.

Il conflitto durò tre mesi e si concluse con la nostra completa vittoria che, in capitolazione spagnola, consolidò la presenza militare degli Stati Uniti non solo a Cuba ma pure nelle Filippine, un'altra colonia della Spagna sita nel cuore del Pacifico.

Ne ho già accennato in esordio, divini arbitri: se Cuba non venne poi annessa, per impegno preso, le Filippine posero agli Stati Uniti per la prima volta il dilemma sull'opportunità di inaugurare una politica di stampo colonialistico imperiale, imitando in tale senso l'azione delle altre potenze europee.

Argomenti ideali si opponevano, in conformità alla tradizione di una repubblica nata proprio dall'impulso anti colonialista contro l'invisa Inghilterra, ma un nascente spirito nazionalista prevalse nel dibattito e così la presa non fu mollata sino a fine seconda guerra mondiale.

Il XIX secolo, dunque, parve sancire lo smaccato ingresso della mia Patria nel novero degli oppressori mondiali e poi, alba di XX secolo, se ne registrò una conferma con la questione di Panama.

Il piratesco Presidente Theodore Roosevelt, cugino di Franklin, tentò di realizzare l'antico sogno di apertura di un canale artificiale tra gli oceani Atlantico e Pacifico.

Nei suoi progetti egli intendeva mantenerne il controllo allo scopo di lucrare credibilità politica ed economica al cospetto del mondo.

Panama, in America centrale, era la zona ideale per la titanica opera ma, essendo essa soggetta a sovranità colombiana, sarebbero occorse defatiganti trattative al livello governativo per ottenere la tutela sui luoghi in cui promuovere i lavori.

Roosevelt si imbarcò nell'impresa a capofitto e, non senza pressioni e minacce di aiuto alla fronda panamense contro il legittimo governo colombiano, se non dell'impiego diretto delle armi, stipulò infine un contratto d'affitto per cento anni della zona in cui il canale venne in breve realizzato talché la prima nave lo attraversò nel 1914.

Proprio l'anno in cui scoppiò la Grande Guerra, vale a dire preludio alla fine dell'isolazionismo ed all'emancipazione nel mondo.

Minerva – Pregevole *excursus*, George Washington, degno epilogo rispetto agli altri brillanti monologhi che abbiamo ascoltato. Ora noi possiamo senz'altro affermare di avere acquisito elementi sufficienti per il giudizio di padre Giove sulle vostre imprese e sugli imperi.

Prima però è necessario conoscere voi anche in veste di uomini, oltre alla gloria ed alla leggenda dei personaggi storici, ma a tale fine non è più adeguata l'assistenza, mia e di Marte, sul talento bellico e sulla sapienza in politica.

Noi quindi ci salutiamo mentre in altro luogo le donne importanti per voi subentreranno, in guida di nostra sorella

Venere.

Gli dei non svaniscono in una nuvola di vapore, come sarebbe lecito attendersi in un risibile gioco di prestigio, ma aspettano insieme con gli ospiti l'entrata di Barack Obama che hanno mandato a chiamare per annunciargli la fine dell'incontro.
Nell'attesa ferve una cordiale conversazione, però Washington ha in mente il breve discorso che rivolgerà al Presidente, viatico a quanto rimane della sua amministrazione, con gli auguri e i migliori auspici da parte degli altri intervenuti.

Atto terzo

Le donne

Personaggi in scena:

- Venere
- Olimpiade d'Epiro
- Aurelia Cotta
- Letizia Ramolino
- Mary Ball
- Roxane di Battriana
- Cleopatra d'Egitto
- Giuseppina de la Pagerie
- Martha Dandridge

L'inizio dell'autunno crea la suggestione più intensa per una visita al castello Malmaison, residenza di Giuseppina, neo imperatrice dei francesi all'età di trentotto anni.
Venere vi è giunta, profumata di rose, e passeggia con la padrona di casa lungo il lussureggiante viale dei castani dalle foglie

dorate.

Le donne si dirigono all'ingresso sul retro del palazzo grigio chiaro, dotato di pregevoli persiane celesti e tetto di ardesia nera. Nel percorso all'interno esse si soffermano in alcune stanze al piano terra sino a raggiungere la preziosa sala Dorè.
Un caminetto di candido marmo italiano sovrastato da uno specchio brunito fa da mensola a un sontuoso orologio in ceramica collocato tra due scintillanti candelieri d'argento.
Alcuni enormi quadri, alternati a pannelli di legno bianco con fregi dorati, rendono il luogo adatto a ricevimenti minori ma con ospiti di massimo riguardo.
Ora la compagnia è composta di presenze femminili che, al cospetto di Venere e Giuseppina, interrompono il tenue conversare e portano omaggio alle maestre di cerimonia con un ossequioso silenzio.
L'atmosfera d'attesa trasfigura subito in calorosa amabilità grazie al radioso e sincero sorriso della dea che accenna a ciascuna il suo saluto individuale e poi si accomoda sullo scranno riservato, fra gli altri disposti intorno a un tavolino finemente ornato.
Bionda e con i lunghi capelli sciolti alle spalle, cinti da un diadema risplendente alla fronte, la dea indossa una vaporosa tunica bianca elaborata in pieghe leggere e stretta in vita da una lussuosa cintura maculata. Lo sguardo dolce e accattivante invita alla confidenza.

Venere – Una sala assai più vasta dovrebbe accogliere una schiera di donne molto numerosa se volessimo davvero conoscere nelle pieghe oscure il carattere degli uomini che i miei fratelli, Marte e Minerva, hanno sondato per le imprese in cui si resero protagonisti nella Storia ma senza indulgere sull'aspetto umano più comune.

Voi convenute, però, rappresentate per certo una significativa scelta di siffatto e cospicuo gruppo talché sono certa che infine, dopo avere ascoltato quanto sarete disposte a raccontare sul tempo trascorso con personaggi di tali dimensioni, ne trarremo un ritratto soddisfacente e soprattutto aperto sui tratti più ordinari.

A voi madri, innanzitutto (Olimpiade - Aurelia - Letizia - Mary), è in prima istanza dovuto l'omaggio riconoscente per avere generato così fervide intelligenze, grate a loro volta in rispetto e amore filiale.

Fra le compagne di vita, poi, seguono due mogli nella presentazione, importanti sì, ma non uniche destinatarie dell'amore d'Alessandro e Napoleone (Roxane - Giuseppina) mentre Cesare, che di mogli ebbe il maggiore numero, tra gli altri, appare conoscibile più a fondo non per una o più di loro bensì, piuttosto, per l'amante Cleopatra.

Roxane, tu dovesti contendere ad armi impari con Efestione, custode dei segreti d'Alessandro dalla più tenera infanzia, la palma di donna preferita, ma vincesti almeno nel dargli un erede.

Giuseppina imperatrice, il tuo legame con Napoleone fu burrascoso quant'altri mai, ma perdesti sull'erede, seppure l'altra moglie, che si rese portatrice di tal dono (Maria

Luisa arciduchessa d'Austria), non meriti l'appellativo, per infedeltà, e non dico coniugale.

Martha infine, prima *first lady* degli Stati Uniti d'America, tu fosti la più onorata tra tutte dal monogamo e fedele George Washington.

Iniziamo, dunque, il racconto degli uomini in ordine cronologico e vi prego, siate impietose e leali nei loro confronti, come con voi stesse, cosa di cui non oserei dubitare. Per quanto lo riteniate opportuno poi, menzionate pure altre donne, che richiamerò qui con noi.

Scena 1 – le madri

La regina di Macedonia porta una veste azzurra con fregi argentei che lascia scoperta una spalla e scende sino al piede accentuando le forme sinuose. I capelli scuri formano due lunghe ciocche serpentine ai lati del collo. Lo sguardo enigmatico incute soggezione.

Olimpiade d'Epiro – Il mio diletto figlio, Alessandro, vantava un antenato divino nel fiero Pelide Achille attraverso l'ascendenza della stirpe a cui appartengo, ovvero i molossidi d'Epiro.
Neottolemo, il figlio di Achille, si stabilì nell'Epiro, di ritorno dalla guerra di Troia, dopo avere sterminato le rozze tribù locali, e generò Molosso, con Andromaca, già sposa di Ettore, eroe troiano, ceduta a lui in preda di guerra.
Molosso fu capostipite della dinastia seguita ininterrottamente sino a mio padre, Neottolemo, che morì quando avevo sedic'anni e Aribba, suo fratello, mi adottò per darmi, ottima merce diplomatica, in terza moglie a Filippo II, re di Macedonia.
Ma non fu questa l'unica leggenda sull'origine divina di Alessandro: nella notte in cui egli venne concepito davvero sognai che un enorme serpente si fosse introdotto nel talamo nuziale e mi avesse posseduta accanto allo sposo dormiente, senza incutere paura o ribrezzo.

D'altronde perché mai avrei dovuto temere tale splendido animale se io, seguace dei riti dionisiaci a cui ero stata iniziata in segreto sin da bambina, ne tenevo tanti liberi in stanza come placidi gattini giacché li preferivo di gran lunga agli uomini.

In ordine al sogno, comunque, volli consultare i sacerdoti di Dodona, oracolo dell'Epiro secondo soltanto a quello celeberrimo di Delfi, ed essi interpretarono il presagio come segno della benevolenza di Zeus sul nascituro, predicendo per lui un temperamento eroico e un futuro di eccezionali imprese.

Naturalmente, tutto quanto ho narrato sinora si fonda sull'articolata leggenda nata dalle fiabe che alimentano il mito ellenico intorno alle vicissitudini del ritorno degli eroi da Troia.

Plutarco poi aggiunge del proprio in fantasia, però Alessandro, che amava fantasticare sulla sua genesi, anche per mia istigazione, non appartiene alla leggenda bensì alla Storia, come del resto mio fratello Pirro, sbarcato in Apulia in aiuto a Taranto, ribelle contro Roma.

Tale dunque si rivelò la prima delle affinità che mi legarono al frutto del ventre, il magnifico condottiero che avrebbe tentato di realizzare l'impresa dell'unione fra Oriente e Occidente.

Noi condividemmo la consapevolezza di appartenere a razza divina, seppure tutta inventata per la mia ispirazione, in un'epoca in cui era perduto il fascino del mito classico, volto in meschine baruffe tra le città elleniche e preordinate al primato in angusti territori.

Mio marito Filippo II, però, aveva ben compreso lo spirito dei tempi e si predisponeva ad essere riconosciuto principe nell'accozzaglia di vecchie glorie, ormai miseramente decadute, tant'è che egli mi sposò all'unico scopo di precostituire il diritto dinastico sull'Epiro, regione contigua di rudi montanari, come preludio minore di una più vasta espansione militare e politica.

Egli infatti guardava lontano nel futuro e già concepiva il progetto di avventurarsi in ambiziose conquiste sulle città dal glorioso passato e sull'impero persiano, colpito sì eppure mai domato.

Io non amavo quell'uomo violento e volgare, o così appariva a me, e soprattutto per niente spirituale, nelle sue aspirazioni, anzi lo avrei in seguito odiato con feroce intensità.

Il nostro infante, tuttavia, quindi bambino, fanciullo, adolescente, ci unì a lungo e costituì sempre l'unica ragione di armonia tra noi.

Non tanto infatti per patrimonio genetico leggendario, al quale anche Filippo contribuì in discendenza da Ercole, ma per diversa influenza esercitata da noi, genitori, Alessandro dimostrò di possedere, già in fase di prima formazione, due nature conniventi e contrastanti.

L'una gentile, sensibile, riflessiva, atta a trovarsi in sintonia con la mia predilezione per poeti e letterati, ma anche dedita al sentimento religioso tradizionale, che però io disconoscevo per dedicarmi invece ai più sfrenati riti dionisiaci; l'altra aggressiva, crudele, spietata, atta a corrispondere alle aspettative di suo padre, vale a dire votata alla rapace e bramosa volontà di accrescere il dominio macedone oltre i confini del mondo allora conosciuto.

La mitezza del carattere prevalse, inizialmente, ma con il passare del tempo andò manifestandosi una bestialità selvaggia di cui non pochi tra i migliori amici fecero le spese con conseguenze irreparabili.

Ci furono in effetti molte occasioni del genere eppure io, al riguardo, sono propensa a ritenere che imponderabili fattori esterni avessero agito su di lui per condurlo a follia distruttiva e quindi al pentimento, accompagnato da malsane e rabbiose pulsioni autolesionistiche. Tale lacerante contrasto interiore era però illuminato da un'intelligenza davvero eccelsa e da una sete inesauribile di conoscenza entro tutti i campi del sapere filosofico, artistico, guerresco.

Purtroppo però non mi fu concesso di coltivare quelle che io ritenevo essere le doti migliori di mio figlio giacché Filippo prese l'esclusiva della sua educazione dai primi anni di vita interdicendomi totalmente la parola sull'argomento.

Filippo infatti, per il doloroso complesso d'inferiorità di cui soffriva al cospetto degli acculturati cittadini ateniesi, intendeva fare del suo erede un autentico e raffinato greco, e quindi non trascurò l'indubbia attitudine allo studio, ma preferì accentuare l'esercizio nell'arte delle armi, della caccia e della lotta a livello fisico.

Alessandro pertanto trascorreva le giornate in palestra, in armeria, in aula, insieme a selezionati coetanei amici di schiatta aristocratica che poi sarebbero diventati i fidi luogotenenti in Grecia e in Asia.

Solo in serata gli era consentito di recarsi nei miei appartamenti per il saluto quotidiano alla madre, ed era questo un momento di intimità che attendevo in dolce nostalgia, appagata dall'affetto del bimbo non ancora pronto a svincolarsi dalla cura femminile.

Dovetti rassegnarmi in seguito a perderlo di vista quando nella prima adolescenza Filippo decise di trasferirlo a Mieza, la seconda capitale, ove si sarebbe trattenuto tre anni sotto la sapiente guida di Aristotele, l'istitutore di prim'ordine che, strapagato, era stato scelto per lui.

Al ritorno, tuttavia, ebbi la gioia di constatare come il sentimento nei miei confronti non fosse affatto affievolito anzi, rafforzato, ancorché avessi ritrovato in lui non il fanciullo, bensì un vero uomo, pronto a perseguire il sogno di gloria predestinato dalla tenacia del re padre, non estraneo peraltro alla mia speranza.

I sacerdoti di Dodona non si erano ingannati nel prefigurare la natura di un essere ancora in *fieri* e consegnarlo alla Storia come l'autore di progetti ed attuazioni memorabili: Alessandro possedeva in sublime sintesi tutte le qualità necessarie per un'affermazione personale che sarebbe sconfinata nell'insondabile mito: coraggio, carisma, lealtà, forza d'animo, passione, fascino. Genio e sregolatezza infine, poiché certo non gli si sarebbe potuto accreditare un equilibrio psicologico e neppure la temperanza nei vizi più comuni.

Tra questi ultimi peraltro gli si dovrebbe riconoscere una continenza particolare sul fronte amoroso: Alessandro era *gay*, ma per Efestione nutriva un sentimento spirituale esclusivo mai violato, ne sono certa.

Sorvoliamo comunque su questo aspetto, poiché esso rappresenta per te semmai, Roxane, tema di intrattenimento, e ritorniamo al tempo in cui Alessandro, ancora soggetto all'imponente prestigio del padre, lo amava, rispettava, ammirava in misura esorbitante, eppure scalpitava impaziente di imboccare la propria strada.

Ma "su una collina c'è posto per un solo leone" ero solita pensare in proposito alla mia famiglia, ed infatti Alessandro, quando Filippo mi ripudiò per unirsi alla giovanissima Euridice, figlia di Attalo, il più ascoltato tra i dignitari, Alessandro prese decisamente le mie parti e mi seguì nell'esilio in Epiro, alla corte di mio fratello Pirro il quale, nel frattempo, era diventato re.

Vero è che Alessandro si riconciliò in seguito con Filippo, ma ormai il suo tardivo complesso di Edipo aveva prodotto frutti irreversibili e la rivalità fra l'astro nascente di Macedonia e la stella cadente si rese insostenibile, sino al punto che, quando Filippo venne assassinato da una guardia del corpo, Pausania, durante il matrimonio della nostra seconda figlia, Cleopatra, Alessandro non volle dare credito alle voci insistenti per cui sarei stata io la mandante dell'attentato.

Così non era, in verità, però, una volta ritornata a Pella, come regina madre del nuovo re, ripresi il mio ascendente su Alessandro e quindi lo convinsi all'epurazione di tutti gli avversari, ottenendo addirittura il privilegio di uccidere con le mie mani Euridice, incinta dell'erede antagonista al trono.

Non dovete pensare tuttavia, care amiche, che Alessandro fosse creta malleabile nelle mie mani: le lotte intestine per la successione regale esigevano drastici provvedimenti che Alessandro comunque avrebbe attuato, senza scrupoli di sorta e così, spianata la via al potere, egli si assentò a lungo per domare le recalcitranti tribù barbare del grande nord e per ridurre all'obbedienza le città greche a sud.

Il resto è noto: assoggettati i ribelli, rasa al suolo Tebe, rinnovata in Corinto l'alleanza panellenica, Alessandro partì infine alla conquista dell'impero persiano ed io, da allora, non lo vidi più.

Il commiato fra noi dell'ultima notte a Pella fu struggente. Per parte mia tentai almeno di ottenere la reggenza regale durante la sua assenza, non definitiva, come pensavamo allora, ma Alessandro non si fidava delle donne.

La matrona della gens Iulia indossa una tunica intessuta di lana

e lino dal vivace colore giallo, ricoperta in parte da una stola azzurra.
La capigliatura, accuratamente pettinata a onde, termina sulla nuca in un leggero chignon. Lo sguardo è dolce ma autoritario.

Aurelia Cotta – Anche noi, *gentes Aurelia et Iulia*, potevamo invero ostentare un'ascendenza illustre e divina che si fuse nella persona di mio figlio, Caio Giulio Cesare. Cioè: da Anco Marzio, il quarto re di Roma, per gli Aureli, e da te, Venere, per gli Iuli, discendenti da Iulo Ascanio, il figlio di Enea, fuggitivo da Troia sulla costa laziale, a sua volta figlio tuo, splendida dea, e di Anchise...o no?
Non vorrei ora apparire sarcastica con un simile interrogativo poiché immagino, Venere, che mi smentirai sulla bufala, anche perché mio figlio, se ti invocava negli assalti decisivi in battaglia e con magica parola d'ordine *Venus Victrix!* gridata allo spasimo alle corti e torme in movimento suscitava la suggestione adatta ad infondere impeto e coraggio, invero egli neppure credeva nella tua esistenza. Si appellava a te, certo, ma in cuore suo contava sulla banale fortuna. I legionari però se la bevevano sino in fondo, e così decuplicavano le risorse psichiche, talché il generale non perse mai sul campo.

Venere – Io esisto eccome, Aurelia, e sono immortale, nelle sublimi tele di Botticelli. Quanto poi all'ascendenza di Giulio, complimenti! Se l'era proprio suonata e cantata bene, ma perdona l'interruzione.

Aurelia Cotta – Grazie per l'indulgenza, divina genitrice millantata, che manifesti per quella spudorata canaglia di mio figlio.
Comunque sia, gentili amiche, sappiate che, se per lui nutrivo amore viscerale e sconsiderata preferenza, il che mi induceva a trascurare le sorelle più grandi, Giulia Maggiore e Giulia Minore, al medesimo tempo io me ne facevo un baffo delle strombazzate ascendenze.
Un obiettivo elemento storico, purgato dalla leggenda, attesta che gli Aureli erano, in realtà, una famiglia di origine plebea, mentre gli Iuli appartenevano all'elitario patriziato monarchico eppure, nel 100 a.C. e dintorni, gli Aureli contavano sei consoli e gli Iuli neppure uno.
Mio marito poi, Caio Giulio *sr.*, non andò oltre alla carica di pretore e noi abitavamo nella Suburra, quartiere popolare e malfamato.
Fu solo mio figlio, dopo alcuni secoli di legittimo orgoglio nobiliare, frustrato allora dalle modeste *performances* degli ultimi discendenti, colui che restaurò gli antichi fasti degli Iuli e si rese capostipite della prima dinastia imperiale.
La sfolgorante carriera cominciò peraltro assai male per Giulio, anzi, non sarebbe neppure iniziata se mio fratello, Gaio Aurelio Cotta, non si fosse prostrato implorando clemenza per lui all'onnipotente Silla.
Il dittatore, furioso con Giulio per il suo rifiuto a ripudia-

re la moglie, Cornelia, figlia di Cinna, un amico di Mario e quindi nemico di Silla, aveva giurato vendetta contro il giovane ribelle, inviando i tagliagole con l'ordine di sgozzarlo.

Mio fratello raccontò poi che Silla, con una smorfia di impazienza, si arrese e proferì (Svetonio) *Abbiatela vinta e tenetevelo! Un giorno vi accorgerete che costui, che volete salvo, apporterà enormi danni a noi Ottimati. In Cesare ci sono molti Mario!*

Mario, sposato alla sorella di mio marito e quindi cognato, nonché zio acquisito di mio figlio, era un letale antagonista di Cornelio Silla: altrettanto malvagio, quest'ultimo, ma per certo assai lungimirante.

Ora, distinte amiche, lasciatemi divagare ancora un poco sulle mogli e fidanzate di Giulio, visto e considerato che nessuna è stata invitata in questa occasione.

Cito al volo la squisita Cossuzia, ripudiata alle soglie del matrimonio perché non patrizia, ancorché di ricca famiglia, e perciò ostacolo alla nomina a *Flamen Dialis*, e passo alla Cornelia Cinna già ricordata, la più amata, madre dell'unica figlia legittima di Giulio, la nipote che allevai dopo la morte prematura della madre.

Seguì Pompea, figlia della figlia di Silla, la troia che Giulio ripudiò perché neppure l'ombra del più pallido sospetto dovesse pesare sulla moglie di Cesare, in allora Pontefice Massimo.

Sì! altro che ombra. Pompea era amante di Publio Clodio

Pulcro, un giovinastro mascalzone e arrogante che, travestito da donna, violò la nostra dimora durante il rito della *Bona Dea*, riservata a sole donne appunto, per appartarsi con Pompea, complice un'ancella fedifraga.
Ma gli andò male perché un'altra ancella fedele lo smascherò e diede l'allarme talché io stessa lo cacciai.
Stendo un pietoso velo sul seguito per cui non solo Giulio non me ne fu grato ma anzi fece di tutto per insabbiare la vicenda.
E poi venne Calpurnia Pisone, donna eccellente che, seppure tradita consapevole, Cleopatra, tentò in mero istinto di dissuadere Giulio dal presentarsi in Senato in quella maledetta giornata delle idi di marzo. Ma permetti infine, Cleopatra, che io annoveri un'altra amante e non una delle tante: una importante almeno quanto te, se non più, ovvero Servilia Cepione, moglie di Marco Giunio Bruto nonché madre di un omonimo Bruto che, tra i primi congiurati, pugnalò Giulio, suo padre putativo e, sono certa, anche naturale.
Di altre avventure occasionali, poi, espongo un breve elenco di certo non esaustivo: Postumia, moglie di Servio Sulpicio, Lollia, moglie di Aulo Gabinio, persino Tertulla e Mucia, mogli di Crasso e Pompeo, i triumviri conniventi per lo sfacelo della Repubblica, e ancora Atilia, moglie di Catone, detto poi l'uticense.
Non può mancare infine nella rassegna Nicomede IV Filopatore, ma solo per il dovere di cronaca. Era questi alleato

dei romani, presso il quale Giulio, ragazzo, fu mandato in missione ottenendone un'intera flotta da utilizzare nell'assedio di Mitilene.

La maldicenza imperversò tra gli avversari di Giulio, e Svetonio così ne scrisse raccontando dei cori dei legionari durante il trionfo per la conquista della Gallia "Cesare ha sottomesso le Gallie e Nicomede ha sottomesso lui, ma oggi trionfa Cesare, non Nicomede".

Linguacce infami! A cominciare dalla viscida anguilla, Cicerone, e proseguendo con altri, più o meno illustri, però meschini alla pari. Dovresti fulminarli all'istante tutti quanti, Venere.

Ma scusate, distinte amiche, mi ricompongo e torno alla base.

Giulio dunque, e non lo dico come fossi una madre accecata da vano orgoglio, era davvero un giovane di fascino straordinario che, sin da fanciullo, sapeva accattivarsi la simpatia e il favore in ogni ambiente sociale, tra persone di ogni età ed esperienza, grazie alla natura ilare e leggera, distribuita con frizzante comunicativa.

Invero, siffatto brillante atteggiamento in società rappresentava solo apparenza. Egli infatti, nei calamitosi frangenti che la Repubblica di Roma percorreva, tra la guerra sociale contro gli italici e la pressante minaccia di Mitridate dall'Oriente, tra le cruente alternanze di potere e l'armonia istituzionale decaduta, già meditava sulla propria sorte di salvatore della Patria.

Aveva concepito una rivoluzione definitiva di cui aspirava a rendersi protagonista ma, accorto temporeggiatore, era consapevole di quanto fosse importante presentarsi in abile mediazione tra le forze politiche che ne avrebbero agevolato o contrastato l'attuazione.

Giulio quindi si proponeva di creare, in prospettiva di lungo periodo, alleanze opportune, senza darlo a vedere, e di un tanto si era accorto quel marpione di Lucio Cornelio Silla, ma io ancora prima di lui.

Esisteva dunque una sottintesa complicità che mio figlio ricambiava con rispetto e riconoscenza, non sempre, peraltro, accettava la critica o il rimprovero, né seguiva il consiglio materno.

Non mi rammaricavo più di tanto, tuttavia, poiché riconoscevo in lui la precoce promessa di un uomo già destinato all'eternità di memoria storica. Solo lo avrei preferito non vanesio sull'aspetto esteriore: una caratteristica poco romana che egli non dismise mai.

Posso ritenermi fortunata comunque per non essergli sopravvissuta, come invece accadde a te Olimpiade, giacché vissi molti anni senza perderlo di vista troppo a lungo, e morii durante la campagna gallica. Immagino e spero di essere trapassata quasi inosservata da lui, visto che in quello stesso anno la piccola nipote Giulia non resse al primo parto e tale fu per papà un lutto incommensurabile malgrado il fatto per cui poco se ne fosse occupato nella di lei breve esistenza.

Madame mère di Francia è avvolta in candida veste ed un morbido scialle azzurro copre le esili spalle, ponendo in risalto il doppio filo di perle al collo. Un velo trasparente scende dal diadema su ricci e corti capelli scuri. Un lieve sorriso ingentilisce l'espressione.

Letizia Ramolino – Francamente, gentili amiche, mi sento a disagio in questa dimora che fu il tuo quartiere generale, Giuseppina, ma che pure mio figlio Napoleone preferiva tra le altre più lussuose a Parigi, Saint Cloud, Fontainebleau.
Non temere comunque, non intendo ridestare polemiche che durante l'epopea imperiale ci separarono, anche perché, signore quali siamo, sarebbe corretto parlare piuttosto di un gelido reciproco silenzio.
Neppure desidero addentrarmi nei rapporti burrascosi tra te e l'intero clan dei Bonaparte. "I mostri" come tu li chiamavi: mi piacerebbe al riguardo un dibattito tra te e mia figlia Paolina, una bella gara!
Io preferisco limitarmi all'uomo, non al generale e imperatore né alle conseguenti vicende politiche e guerresche.
Orbene, Olimpiade ed Aurelia, madri di uomini illustri che mi avete preceduto nel parlare in questo aulico simposio, comincio dalla fine e ricordo che, come avvenne a te Olimpiade, io sopravvissi non solo a Napoleone ma anche all'unico figlio legittimo suo e di Maria Luisa d'Austria. Comprendo quindi, Aurelia, il sentore di privilegio che tu

hai manifestato per avere goduto la sorte che la natura assegna a figli e genitori, normalmente, cioè la premorienza di questi ultimi.

Nessuno potrà mai capire, infatti, la pena e l'angoscia devastanti che io provai negli anni dell'esilio a Sant'Elena, ove avrei accompagnato mio figlio senza esitazione se gli inglesi me l'avessero consentito. La serenità con cui, si dice, egli avrebbe vissuto il pravo confino in capo al mondo non è certo attendibile, ma riprendiamo dalle origini.

Ebbi tredici figli, di cui otto soli giunsero all'età adulta, e Napoleone fu il secondo, nato ai miei vent'anni. Venne prima Giuseppe e quindi seguirono Luciano, Elisa, Luigi, Paolina, Carolina, Girolamo.

Essi furono per me egualmente importanti e mai nutrii preferenze di sorta ma, se è vero che la fama derivò a tutti grazie a uno soltanto, su di lui dobbiamo intrattenerci, anche perché, alla morte di papà Carlo, quando aveva appena sedici anni, egli fu l'unico sostegno dell'intera famiglia, prima con la misera paga da ufficiale, poi con la dotazione di regni ai fratelli e di ingenti doti alle sorelle.

Nessun mito presiede alla carriera di Napoleone, nessuna ascendenza sfavillante, come impronta illustre o divina, illuminò la sua nascita.

La famiglia Buonaparte apparteneva alla piccola borghesia dell'isola di Corsica, benestante sì, ma in modesti limiti, che poi si restrinsero ancora quando morì prematuramente il capofamiglia Carlo Maria, un onesto rispettabile avvocato, impegnato anche nella politica locale, e per un certo periodo segretario personale di Pasquale Paoli, in allora *leader* del nazionalismo e indipendentismo corso.

La Corsica, ribelle da secoli al dominio consolidato della Repubblica di Genova, venne ceduta alla Francia, nel 1768, come garanzia per ingenti debiti accumulati nei confronti del re Luigi XV.

Nell'anno successivo i francesi vi sbarcarono in forze per prenderne possesso e, dopo una fiera quanto inutile resistenza, a cui Carlo ed io partecipammo attivamente, l'isola cadde sotto il giogo straniero.

Mi piacerebbe affermare al riguardo che nel patrimonio genetico del più celebre dei miei figli fosse presente lo stesso gene battagliero che guidò l'azione di noi genitori durante la guerriglia tra le montagne.

Vagavo allora in rotta continua tra accampamenti e precarie dimore, ed ero incinta di lui al quinto e sesto mese.

Sì certo, io sono convinta che Napoleone visse in sofferenza estrema la scelta che infine lo portò a diventare uno dei figli più gloriosi della Francia, ma, se lo osservo come il figlio mio, non posso non sentirmi tradita in fondo all'animo, e, se anch'io trassi benefici considerevoli dall'investitura imperiale, non accettai mai le prerogative di prestigio collegate e addirittura non intesi apprendere la lingua francese.

Non credevo, del resto, nell'assurdo sogno di instaurare e perpetuare una nuova dinastia tra le altre regnanti da secoli in Europa e, proprio per tale motivo, rifiutai persino di partecipare alla solenne cerimonia di incoronazione imperiale in Notre Dame.

Non nego, peraltro, che la ragione concomitante venne dal fatto per cui quella pacchiana celebrazione fu la tua apoteosi, Giuseppina, ma invero anche l'inizio della fine della tua fortuna: l'impero esigeva la presenza di un erede al trono e tu, già madre di Eugenio e di Ortensia de Beauharnais dal precedente matrimonio con Alessandro, eri ormai troppo vecchia per procreare.

Napoleone ti adorava, non ne dubito, ma cedette infine alla ragion di stato e si vide costretto a ripudiare te per raccattare un'altra sposa, di nobile lignaggio e, soprattutto, prolifica.

Io nel frattempo mi allontanai da lui e volutamente relegai me stessa in un ruolo comprimario che, ne sono sicura, egli avrebbe voluto ben diverso per me.

All'epoca del massimo splendore imperiale infatti egli mi fece dono di un castello a Pont-sur-Seine, per certo non meno insigne di questa Malmaison, ed io mi stabilii di buon grado in quel luogo evitando, per quanto possibile, i viaggi a Parigi e la permanenza a corte.

In siffatta voluta separazione, che nulla toglieva al reciproco affetto, di lui ricordo soprattutto i tempi della prima gioventù in cui cercava con ansia il mio consiglio ed approvazione nelle crisi esistenziali che lo tormentavano sull'identità nazionale da abbracciare.

Mi torna in mente assai poco, invece, di Napoleone bambino poiché papà Carlo volle l'affermazione dei suoi primogeniti in un ambiente francese, pur avendo combattuto per l'indipendenza dell'isola, e così inviò Giuseppe e Napoleone ai collegi di Autun e di Brienne, in vista di una carriera ecclesiastica e militare, all'età di dieci anni.

Gli altri fratelli naturalmente restarono in casa sinché, alla prematura morte di mio marito, la sopravvivenza divenne una guerra quotidiana e io accentuai all'estremo quello stile parsimonioso nella gestione di famiglia per il quale già prima andavo celebre nella comunità locale. Nulla di più confliggente con il tuo stile, Giuseppina.

Comunque sia, mi piace rammentare che, nell'assenza di Giuseppe e di Napoleone, ero assai più ansiosa per la sorte di quest'ultimo.

Furbetto, flessibile, superficiale, il primo, non dubitavo che avrebbe saputo destreggiarsi, in qualche modo, nel mondo, mentre il carattere orgoglioso e intransigente del secondo, per certo, non sarebbe stato il biglietto da visita ideale a far breccia in una società di fatto straniera e che, per di più, egli disprezzava dal profondo.

Era un'anima solitaria, ombrosa, collerica, traeva maggiore conforto dalla lettura degli autori classici che non dalle baldorie in compagnia degli aristocratici colleghi del collegio e dell'accademia militare.

Introverso e meditabondo, subiva i lazzi da caserma di compagni più anziani, ma, seppure gracile, in apparenza, nessuno avrebbe osato affrontarlo da solo perché dal profondo dell'animo emanava un'aura di forza e dignità formidabile che inducevano a inspiegabile timore occulto e quindi al doveroso rispetto.

Intelligente e serio nello studio, Napoleone comunque superò tutte le contrarietà nei rapporti interpersonali così difficili e defatiganti.

Divenne ufficiale a sedic'anni, proprio nell'anno in cui morì il padre, e subito prese sulle sue spalle tutta la responsabilità del capofamiglia che il più anziano Giuseppe, abbandonata la carriera ecclesiastica per iscriversi all'Università di Pisa, non intese assumere.

Napoleone dunque era già allora personaggio di caratura e sensibilità eccezionali, a cui peraltro anche la fortuna aggiunse il suo contributo per il clamoroso successo. L'Europa intera ne avrebbe preso atto con ammirazione ed entusiasmo, dapprima, e poi in immensa paura.

Fu proprio questo peculiare aspetto, di odio e rancore verso lui come orco malefico dell'umanità, che neppure io avrei mai immaginato, la causa del mio distacco nei suoi confronti.

Non volle mai ascoltarmi quando lo pregavo di fermarsi e godere in pace i doni acquisiti, senza tentare ancora la sorte in battaglia, ma da madre io fui l'unica che gli prestò conforto nella sconfitta. Io sola lo seguii all'Elba, oltre all'amante Maria Walewska che si presentò a fargli visita e, dicevo, sarei andata anche in capo al mondo.

L'anziana lady virginiana, severamente vestita di nero, accollata e stretta alle spalle da una mantellina di lana, ornata ai lati con sottili strisce di velluto, sfoggia, come unico pezzo in contrasto, un pallido foulard. Miti occhi azzurri ne svelano l'indole comprensiva.

Mary Ball – Devo constatare, gentili amiche, come sussista un tratto comune tra i nostri figli illustri al quale, naturalmente, il mio George Washington non fa eccezione. Tutti, infatti, ci tributarono il massimo onore e rispetto, ma nessuno, invero, ci stette seriamente ad ascoltare quando si trattò di imboccare le scelte essenziali della vita.
Hai detto bene però, Aurelia: di cosa mai dovremmo rammaricarci se le straordinarie personalità generate seguirono il loro fulgido destino senza lasciarsi limitare da un sentimento innato sì, eppure deleterio per il libero esplicarsi della volontà: l'amore materno.
Io credo fermamente che non esista, nell'intero universo, un impulso più viscerale ed esclusivo di quello che coinvolge la donna verso un altro essere formato nel proprio corpo, ma, diciamocela tutta, almeno per quanto riguarda il maschio: alla lunga noi mamme diventiamo la classica palla al piede ed è questo il nostro più crudele destino.
Rassegnatevi, dunque, ed accettate ciascuna con serenità l'epilogo di vite prematuramente stroncate rispetto ad una completa realizzazione dei progetti di impero.
E scusate, altresì, se mi distinguo da voi. Non intendo, in-

fatti, pormi al di sopra di chicchessia, ma solo esprimo un monito da madre di un uomo che non nacque predestinato a titaniche imprese e, se proprio si vide coinvolto nella fondazione della più grande potenza mondiale mai esistita, ciò avvenne quasi suo malgrado.

Unico, tra gli altri insigni personaggi che noi stiamo rievocando, egli morì in pace dopo un'esistenza spesa non a coronamento di un sogno universale ma per mero impegno di adempimento al dovere.

Le origini di George del resto furono conformi, come virgulto di una famiglia di agiati proprietari terrieri, ma senza ulteriori ambizioni. i Washington, coloni inglesi della prima ora in Virginia, trasmisero da padre in figlio la casa e le proprietà di famiglia sino ad Augustin, marito di Jane Butler da cui ebbe tre figli, Lawrence, Augustin, Jane, morta da piccola, e quindi, vedovo, marito mio.

Ci conoscemmo a Londra, ove per caso stavamo entrambi durante un viaggio, a causa di un banale scontro tra le nostre carrozze.

Al ritorno in America Augustine apprese che, durante il viaggio, era morta la prima moglie e così venne subito a cercare me.

Il matrimonio seguì di poco ed un maschio fu il nostro primogenito a cui per mia richiesta fu imposto il nome di George, come l'avvocato Eskridge: tutore durante la mia infanzia in quanto orfana di entrambi i genitori a tredici anni.

Succedettero poi Betty, Sam, John, Charles, e la povera Mildred che non superò un anno di età.

I maschi di primo letto di Augustin godettero di considerevoli beni dal padre giacché furono inviati a studiare giurisprudenza a Londra.

Augustin rimase mentre Lawrence tornò in Virginia ove fece la parte del leone sull'eredità.

George, invece, non solo dovette accontentarsi della assai più umile istruzione locale, ed ebbe infine il diploma da geometra agrimensore, ma acquisì in lascito paterno solo la piccola fattoria di Rappahanock in cui mi stabilii con lui e gli altri fratelli.

Il fratellastro Lawrence tuttavia era molto affezionato a noi e nominò George esecutore testamentario nonché erede *sub condicione* in caso di morte sua e dell'unica figlia (ipotesi che si realizzò davvero e così l'intero patrimonio di famiglia si consolidò infine su mio figlio).

Nel frattempo egli trascorse un'adolescenza dedita allo studio, anche per spiccata vocazione autodidatta, a sfrenate cavalcate tra i boschi e le praterie nei selvaggi territori della Virginia, alla caccia all'anatra e alla volpe, allo scrupoloso controllo del lavoro nella tenuta.

Il tutto con pari impeto giovane, in serena libertà di spirito, ma senza tralasciare la partecipazione ad un'intensa vita sociale che, seppure a livello locale, si svolgeva nella àvita residenza di Lawrence.

In tale ambiente George conobbe Lord Thomas Fairfax,

barone della più antica aristocrazia inglese, emigrato dalla madre patria a causa di difficoltà economiche, eppure fedele alla tradizione britannica ed al partito anglofono in Virginia.

Il barone, di cui Lawrence aveva sposato la nipote, prese a benvolere il gentile fratello più piccolo che frequentava la casa, considerandolo intelligente ed affidabile al massimo grado.

Gli trasmise rispetto e ammirazione per la madre Patria Inghilterra, l'amore per i classici latini e greci, ma soprattutto lo prese sotto la sua ala protettrice nello *staff* dei coloni esploratori da lui costituito per scoprire le contrade allora ignote della vastissima Virginia.

Gli conferì poi l'incarico di preposto talché George trascorse tre anni a vagare tra foreste e montagne disegnandone mappe dettagliate.

Una vita assai poco salubre anche per un robusto ragazzo ventenne e io me ne lamentai in nome e per conto suo, ma nessuno mi ascoltò.

Per fortuna, almeno, riuscii a stroncare la bizzarra idea di arruolarsi, come allievo ufficiale, in Reale Marina britannica, dove lo avrebbero trattato peggio di uno schiavo, e naturalmente con astiose critiche da parte dell'intero *entourage* di Lawrence.

Alla morte di quest'ultimo comunque, intervenuta per la malattia e la debolezza contratta nelle aree tropicali dei Caraibi, in guerra a fianco dei soliti inglesi, George, dovette prendersi cura della famiglia di lui, senza trascurare la propria d'origine, e perciò abbandonò il mestiere di agrimensore e si stabilì a Mount Vernon, l'àvita dimora di cui fu il proprietario dopo la morte della piccola nipote.

Ormai stimato membro della società benestante virginiana, facoltoso e grande possidente terriero, dotato di animo socievole e di laboriosa volontà creativa nella gestione dei beni, che cos'altro avrebbe potuto desiderare di più dalla vita?

Macché! Gli inglesi se lo accaparrarono, per le loro sfiziose vertenze confinarie con i francesi, per poi ritrovarselo di fronte da irriducibile nemico, e infine Presidente degli Stati Uniti d'America: le ex colonie che si trasformarono nel più grande impero della Storia.

Da queste mie parole, distinte amiche, voi potreste magari presumere che io non avrei condiviso le decisioni di George, tali da indurlo poi ad una così brillante carriera militare e politica.

Invero, una mia effimera opposizione all'azione rivoluzionaria, dalla quale sorse l'indipendenza e la guerra contro l'Inghilterra, potrebbe anche essere derivata dal mio innato sentore di lealtà verso la madre Patria, sebbene io fossi in parte anche olandese, ma che mi si accusi di tradimento e di connivenza con il nemico, come avvenne in realtà in ignobile calunnia, altro non è che infame menzogna.

L'intera famiglia Washington aderì alla causa di George: come avrei potuto io sola schierarmi dall'altra parte?

D'altronde lo narrò nelle memorie anche Parke Custis, il figliastro di George, che lo seguì nel viaggio da Mount Vernon a New York ove il primo Presidente avrebbe ricevuto l'investitura: fecero una sosta a Fredericksburg, la mia residenza in vecchiaia, e George mi disse che avrebbe preferito declinare l'onorevole offerta.

Gli risposi: "vai e adempi al solenne destino che il Cielo ha disposto per te; vai con la benedizione di una madre e di Dio". Era aprile del 1789 ed io sarei morta quattro mesi dopo.

Venere – È stato coinvolgente, tenere madri, il racconto dell'amore nei confronti di ragazzi che presto si emanciparono dal vincolo delle cure di cui più a lungo avreste voluto mantenere il controllo.

Io, seppur una dea, non fui ugualmente devota verso Enea, generato da me con Anchise, un umile pastore frigio del quale padre Zeus mi condannò a innamorarmi, anzi lo abbandonai appena infante né volli più occuparmi di lui durante la guerra di Troia e nelle peregrinazioni tra le sponde del Mediterraneo.

Assai poco da gloriarmene di fronte a voi, nobili madri, e quindi con un senso di vergogna porgo il mio deferente omaggio alla missione che svolgeste nella Storia con ammirevole coraggio ed abnegazione, ben più degni di lode rispetto alla mia egoistica indifferenza.

Ora però desidero ascoltare il vostro apporto, compagne

di vita, e, se dalle madri si è colta appena qualche maliziosa allusione inseribile nei temi del rapporto tra suocera e nuora, tradizionalmente polemico, mi attendo da voi un *quid* in più di sottili punture di spillo, nei limiti della buona creanza, naturalmente.

A te dunque la parola, Giuseppina, squisita padrona di casa in questo splendido meriggio d'autunno. Modifichiamo quindi la sequenza per ascoltare nel seguito voi: Cleopatra, Roxane, Martha.

Scena 2 – le compagne di vita

Elegante e leggiadra, l'imperatrice di Francia indossa in apparente semplicità un abito scollato e circondato sull'orlo di candido pizzo, che muta nel rosso acceso di lana leggera lungo l'addome e si apre in fondo sul bianco della sottoveste. Lo sguardo pare quasi smarrito.

Giuseppina – Non temetti mai niente e nessuno, dall'epoca i cui mi sposai con il generale Bonaparte, per dieci anni ed oltre, dopo di che subentrò l'insinuante apprensione che pian piano si trasformò in vero e proprio terrore devastante.
La nascita di un erede al trono, che per certo avrebbe sanato la nostra unione, tardava a venire e io cominciai a vedere sempre più concreta la perdita delle prerogative legate alla dignità imperiale.
Soltanto all'atto in cui tale ipotesi divenne realtà, però, compresi che a me premeva assai più l'amore di quell'uomo davvero straordinario che non qualsiasi altro orpello formale o vantaggio economico, e Dio sa quanto avessi costruito la ragione di vita su questi vani simboli.
Una vecchia indovina creola me l'aveva predetto che sarei diventata ben più che regina di Francia quando a quindic'anni non aspiravo a null'altro che un dignitoso matrimonio laddove ero nata e cresciuta: l'isola di Martinica

nelle Antille francesi.

La mia famiglia, seppure di estrazione coloniale borghese, agiata per proprietà di una fiorente piantagione di zucchero, non avrebbe certo potuto garantire alcunché di più brillante, per me e le sorelle minori, ma zia Edmèe, sorella di papà, generosa e spregiudicata avventuriera qual'era, ci mise lo zampino.

Amante del governatore dell'isola, marchese de Beauharnais, ella lo persuase a lasciare la famiglia per tornare insieme in Francia, a farsi una nuova esistenza, e poi, nell'intento di rinvigorire il legame con il vecchio nobiluomo, intrigò a che il figlio di lui Alessandro, cresciuto in Francia per la carriera militare, un attraente ufficiale diciottenne, sposasse la piccola delle mie sorelle, Caterina Desirée, la quale però morì all'improvviso e perciò la scelta ricadde su di me.

Incontrai Alessandro a Brest, a sedic'anni, e rimasi da lui abbagliata. Lo sposai dopo appena tre mesi. Entro quattro anni vennero Eugenio e Ortensia, ma fu un matrimonio infelice, segnato dall'infedeltà e da astio reciproco, sinché ci separammo quando avevo ventidue anni.

Trascorsi poi alcuni anni sotto l'ala protettrice di zia Edmèe che mi introdusse nell'alta società parigina e quindi tornai in Martinica con i miei figli ove rimasi due anni dedicandomi a un'intensa vita sociale.

Dovetti scappare però quando una cruenta rivolta, sorta sull'onda dei motti rivoluzionari in patria, mi spinse a salvare la nostra incolumità ritornando in Francia, e non sapendo che, in tale modo, ci saremmo cacciati dalla padella nelle braci.

Mio marito Alessandro nel frattempo, da cui ancora dipendevo per il mantenimento, si era abilmente inserito nella categoria di quei nobili convertiti alla Repubblica che avevano conseguito cariche di eccelso livello sia nell'esercito che in politica.

Io non ne ricavai alcun beneficio, naturalmente, ma Eugenio, grande ammiratore di papà, volle percorrere le orme e quindi, per l'interesse della famiglia, ci proclamammo tutti ardenti patrioti, rinunciando ai privilegi dell'appartenenza aristocratica.

Non seppi, però, annusare per tempo i venti che sarebbero spirati in seguito e, durante il Terrore, fui arrestata, per una denuncia anonima contro la moglie di Alessandro de Beauharnais finito in disgrazia.

Me la cavai tuttavia per il rotto della cuffia mentre Alessandro cadde sotto la ghigliottina pochi giorni prima della morte di Robespierre.

Distinte amiche, cosa potrei narrare di me ormai trentenne? Quando una mattina un carceriere venne a sequestrarmi il materasso, dicendo che non mi sarebbe servito per la notte, salvo poi guadagnare i pochi giorni che mi salvarono grazie alla scomparsa del mio *dossier*.

Non possedevo affatto la stoffa dell'eroina incontaminata e, in quelle orribili settimane di prigionia disumana, piansi disperata ricordando i trascorsi scintillanti nell'alta società dell'*ancient regime*.

E neppure ero una donna dalla bellezza conturbante, eppure, in quei frangenti, avevo ormai da tempo percepito, da parte degli uomini di ogni età, l'effetto di un potere attrattivo emanante dalla mia persona: non lo sapevo spiegare, comunque ne avevo coltivavo il sentore per mero istinto.

Orbene, amiche, la nuova società francese insorta dalle ceneri di un periodo agghiacciante si sarebbe prestata alla mia indole gaudente in misura perfetta: l'edonismo e la spensieratezza si imponevano, come unica filosofia di vita, e favorivano l'emergere dei mascalzoni inclini alla furbizia, alla corruzione, al lusso sfrenato.

In tale ambiente, da sopravvissuta, volevo inserirmi a pieno titolo e senza remore morali. Dopo tante privazioni però non disponevo di beni e risorse e così mi arrangiai, caricandomi di debiti, sinché trovai l'uomo che mi ci voleva: Paul Barras, eminenza grigia *primus inter pares* del Direttorio, uomo attraente e scaltro filibustiere.

Divenne il mio amante e risolse, con un tocco di bacchetta magica, i patemi di povertà incombente che temevo quanto la morte.

Concubina d'alto bordo in uno sfarzoso appartamento nel cuore della città, di cui egli curava l'affitto, non mi occupavo d'altro che di feste e simposi serali da me organizzati in enorme dispendio di denaro.

Finalmente sentivo realizzata la mia più autentica vocazione, avendo altresì provveduto all'avvenire di Eugenio e Ortensia con l'iscrizione in prestigiosi collegi. Ma la pacchia non durò a lungo, giacché presto venni a noia al generoso anfitrione che, comunque, fu magnanimo e non mi negò l'affettuosa amicizia, tale da conservare almeno in parte il tenore di vita a cui ero abituata. Quindi subentrò Napoleone.

Un recente decreto direttoriale aveva interdetto la detenzione di armi ai privati cittadini. Si presentarono allora in casa i commissari per il controllo. Ivi trovarono una pregiata sciabola del mio defunto marito però il piccolo Eugenio si oppose fieramente alla confisca.

Le guardie dovettero procedere, ma invitarono il ragazzo a chiedere la restituzione al generale preposto all'armata di Parigi.

Eugenio quindi si presentò al comando ed il generale, ammirato dal luminoso esempio di devozione filiale, acconsentì all'istanza.

Volli ringraziare personalmente quell'uomo gentile e ottenni udienza per il giorno seguente. Mi ritrovai così al cospetto di Napoleone: un piccolo individuo, magro, pallido, segaligno, di cui però percepii la esuberante carica di energia.

Io dovetti piacergli comunque, poiché all'atto di commiato insistette affinché gli accordassi l'onore di una visita in casa e perciò lo invitai senz'altro al mio consueto ricevimento serale del giovedì.

Ecco la scintilla, distinte amiche, egli aveva allora ventisei anni ed io trentadue, ma non si trattò per me di un colpo di fulmine.

Napoleone d'altronde era piuttosto timido nei miei confronti, o forse non si sentiva a suo agio in un ambiente in cui le spese per il cibo e l'addobbo floreale di una serata avrebbero garantito pane quotidiano all'intera sua famiglia per un anno e più.

Toccò a me, infatti, l'iniziativa di un altro approccio quando egli mi sembrò restìo ad impegnarsi entro un semplice rapporto di amicizia, sinché una notte mi donai a lui. Non seppi se egli sapeva di essere solo uno dei tanti "amici" io però compresi che non si trattava per lui di una banale infatuazione.

No! Era proprio innamorato pazzo e mi propose il matrimonio, senza motivo alcuno di interesse, a suo dire, bensì solo perché desiderava il possesso esclusivo, materiale e spirituale, di legittimo sposo.

Per la parte mia, del resto, non sussisteva una sola plausibile ragione, sia economica o sentimentale, a imbarcarmi in una simile avventura, ma accettai, infine, e ineluttabilmente si compì il nostro destino.

Appena pochi giorni dopo l'umile cerimonia civile gli fu conferito il comando supremo dell'armata d'Italia, ed egli partì, ma senza di me, per ordine del Direttorio. Si mormorò in tutta Parigi che la nomina prestigiosa fosse stata null'altro che un dono di nozze di Paul Barras, ansioso di riprendere con un'amante non più *single* i comodi rapporti di un tempo, ma non è vero!

Il talento fu la credenziale che guidò l'intero Direttorio nella scelta dell'uomo del destino.

Dalla primavera all'estate, infatti, Napoleone conseguì una sequela di vittorie contro l'esercito austro piemontese. Prese Milano, salutato come liberatore, imperversò con successo nell'Italia del nord, mentre Parigi delirava per il nuovo astro nascente.

In quel periodo di inesauribile attività bellica egli mi scriveva lettere appassionate, ferventi d'amore, implorandomi di raggiungerlo al più presto, ma io, per quanto lusingata, non me la sentivo di ricambiare con uguale ardore e, nonostante la revoca degli ordini del Direttorio, continuavo a escogitare pretesti per rinviare la partenza.

Giunsi al punto di inventarmi che ero incinta, o malata, giacché non potevo certo dichiarare il vero, vale a dire che mi ero innamorata del ventiquattrenne tenente Hippolyte Charles.

A luglio, comunque, dovetti capitolare e quindi partii per Milano con un seguito imponente, compreso il tenentino, da me raccomandato in Parigi come aiutante di campo nell'Armata d'Italia.

Quel viaggio a Milano si protrasse in un soggiorno di diciotto mesi e coincise con l'*exploit* della campagna che indusse infine alla disfatta austriaca, di cui Napoleone gestì

anche il risvolto diplomatico.
Fra noi però cambiò assai poco: il rapporto restò segnato da trasporto di passione unilaterale suo di fronte alla mia noia e indifferenza.

Ricordo con repulsione, anzi, le settimane di vacanza estiva trascorse in Villa Pusterla Crivelli di Mombello, Brianza, ove si era riunito lo Stato Maggiore della campagna italica, insieme con la congrega dei mostri, vale a dire il clan Bonaparte al completo.

Là ci incontrammo per la prima volta, Letizia, e devo ammettere che fosti cortese, nei miei confronti, ma certo non mi lasciasti intendere un minimo di approvazione per la preferenza del tuo figliolo.
Come i fratelli d'altronde, beneducati nella forma quanto gelidi nella sostanza. Quanto alle sorelle poi! (Elisa, Paolina, Carolina) Dio me ne scampi e liberi: se non dalla scialba Elisa, o dall'ancora innocente Carolina, soprattutto da Paolina, quell'intrigante ninfomane.

Letizia – Da che pulpito, Giuseppina! Stiamo proprio degenerando, Venere. Invoco da te l'invito ad intervenire per Paolina, affinché sia ripristinato l'onore della mia famiglia.

Venere – Sarà fatto, Letizia, ma ora procedi, Giuseppina.

Giuseppina – A Mombello, almeno, ebbi la consolazione di ricevere il beneplacito tardivo dei miei figli su Napoleone, che si sarebbe poi trasformato in autentico affetto reciproco. Ma procediamo, come tu desideri, Venere, oltre al ritorno in Parigi, ove il generale raccolse il frutto delle sue imprese ed io lo raggiunsi più tardi accompagnata dal tenente Charles, sulla cui lealtà non erano ancora emersi dubbi.

Fu invece durante la successiva campagna in Egitto che la situazione prese una piega indesiderata: la minaccia della flotta inglese era sin troppo concreta, nel Mediterraneo, e tale da sconsigliare senz'altro la mia presenza a fianco di Napoleone. Lo salutai pertanto alla partenza da Tolone e tornai a Parigi, per dedicarmi ai consueti porci comodi.

Le chiacchiere però lo raggiunsero al Cairo, ove venne a sapere della mia perdurante relazione, e quindi reagì nel modo più ovvio.

Si fece un'amante nella persona di Pauline Floures, la stupida moglie di un giovane ufficiale, subito inviato in missione strategica, e per la prima volta parlò di divorzio (a mia volta venni a conoscenza di tutto questo perché gli inglesi intercettarono il nostro vascello con a bordo lettere riservate, al riguardo, e ne pubblicarono il contenuto a Londra provvedendo peraltro alla diffusione clandestina in Francia).

Forse i mostri si illusero allora di vincere la partita e quando trapelò la notizia del ritorno di Napoleone gli si fecero incontro sulla strada di Lione per parlargli, prima che si incontrasse con me. Io peraltro cercai di anticiparli, ancorché in ritardo, ma fallimmo nel tentativo comune poiché il generale aveva imboccato tutt'altra strada. Giunse pertanto a Parigi dove la mia assenza lo persuase ulteriormente sulla mia colpevolezza, se ce n'era bisogno.

La sua collera, a lungo coltivata e repressa, si manifestò nell'ostinato silenzio quando mi recai a bussare alla porta dello studio nel quale si era rinchiuso. Altrettanto caparbia, piansi e lo implorai per tutta la notte sinché all'alba cedette.

La riconciliazione fu immediata, con onesto intento da parte mia, ma qualcosa era cambiato radicalmente nel suo animo, anche se non me ne accorsi subito giacché stava maturando, in quei frangenti, il colpo di stato che consacrò Napoleone primo console.

Era preso da ben altri pensieri.

La dinamica del rapporto comunque si capovolse radicalmente ed io, dal seggio dominante di cui avevo sempre mantenuto saldo possesso, mi ritrovai alla mercè dei suoi capricci ed umori, persino costretta a subire, in fittizia tolleranza, i superficiali tradimenti che seguirono da allora sempre più frequenti.

Dovetti adottare, di conseguenza, la strategia fondata sul vittimismo di maniera talché imparai a piangere e disperarmi, oppure a svenire a comando, in modo da suscitare in lui quella compassione e tenerezza necessarie a fargli sbollire l'ira e il sarcasmo dei momenti peggiori.

Sentivo che il trasporto dell'inizio non era venuto meno, e

forse mai sarebbe cessato tra noi a prescindere dai diversi modi di espressione, ma quanto più difficile, in progressione, diventava per me ottenere il suo benestare alle spese colossali che, sole, riuscivano a conciliarmi con il buon umore dei tempi ormai trascorsi.

E veniamo, dunque, all'apoteosi imperiale. Il mio culmine di gloria e inizio della fine, come giustamente hai detto, Letizia.

I mesi che trascorsero tra l'atto istitutivo dell'impero e la cerimonia solenne di incoronazione furono contrassegnati da asperrime liti tra i mostri per l'assegnazione dei titoli più adeguati ma, quanto alla mia posizione, il desiderio di farmi fuori riportò concordia tra tutti loro.

Io comunque, la spuntai, e non soltanto fui incoronata imperatrice da Napoleone in persona, ma pure il nostro matrimonio, già celebrato a suo tempo con il rito civile, venne rinnovato pochi giorni prima nella formula religiosa dal cardinale Fesch, il tuo fratellastro, Letizia, cosa che, evidentemente, rese il vincolo ancora più arduo a sciogliersi. Indubbiamente l'imperatore ne avrebbe fatto a meno, ma non poteva rischiare che il Papa, appositamente invitato a Parigi, si puntasse su tale questione essenziale e rifiutasse di presiedere all'incoronazione di una coppia che viveva nel peccato.

Avevo d'altronde superato, ormai, la soglia dei quarant'anni, mentre Napoleone mieteva trionfi guerreschi ad Austerlitz, Jena, Friedland, Wagram, estendendo il territorio dell'impero a est sino alla frontiera con la Russia, nonché in Spagna e Portogallo, a ovest.

Il dilemma della successione, tuttavia, seppure quiescente nella foga della conquista e nonostante l'avanzare dell'età, non era dimenticato.

Due eventi in particolare, infatti, ridestarono in me preoccupazioni al riguardo: da un lato il nostro nipote, Carlo Napoleone, figlio di Luigi e Ortensia, sovrani d'Olanda, rispettivamente fratello di Napoleone e figlia mia, morì di difterite, talché ne risultò frustrata la speranza del seguito della famiglia Bonaparte e dell'impero in quella direzione (Luigi Carlo Napoleone, altro loro figlio, sarebbe poi diventato erede con il nome di Napoleone III, ma chi poteva prevederlo allora?).

D'altro lato, venni a conoscenza della relazione sorta a Varsavia tra Napoleone e una bella contessa polacca, Maria Walewska. Un idillio che, stando al *gossip*, travalicava le altre sue innocenti evasioni.

Nel periodo di relativa pace che precedette la disastrosa campagna di Russia, quindi, quel tema tanto temuto tornò alla ribalta in rinnovata veemenza ed io mi ritrovai da sola a combattere contro avversari che per varie ragioni reclamavano il divorzio e l'unione dell'imperatore con un'altra donna: i soliti irriducibili mostri, ministri e funzionari di alto livello, l'intera opinione pubblica francese.

Non potrei annoverare tuttavia Napoleone nella categoria dei nemici, sebbene anch'egli avesse vagamente sondato con me l'ipotesi sulla disponibilità a farmi da parte per non creargli troppi problemi.

Per parte mia, debole di fronte agli avversari più o meno dichiarati, mantenevo costante una tattica di resistenza passiva, come se la cosa non mi riguardasse affatto. Però, con mio marito, ero categorica: mai e poi mai avrei ceduto spontaneamente. Mi cacciasse lui dicevo, così assumendosi tutta la responsabilità.

In quelle occasioni il dio della guerra trasmutava in un docile agnello e, credetemi, distinte amiche, era sincero quando, singhiozzando, mi assicurava che non avrebbe potuto vivere senza di me.

Non mi illudevo comunque. Negli ambienti ufficiali egli riacquistava il solito carisma e sempre più spesso menzionava la ragion di stato. A mia insaputa stava già trattando con lo Czar di Russia, per la mano di una principessa Romanov, il che si protrasse per un certo periodo, e infine andò a monte.

Trovò comunque un'intesa con l'imperatore Francesco II d'Asburgo, nella persona dell'arciduchessa Maria Luisa, sua figlia.

Trascorsero da allora alcuni mesi di indicibile logorio senza che egli osasse parlarmi del progetto ormai giunto a buon fine.

Napoleone, già da tempo, evitava qualunque incontro con me, sinché giungemmo alla resa dei conti in una serata alle Tuileries.

Mi invitò a cena, nei suoi appartamenti, ove nel silenzio più assoluto piluccammo qualcosa di malavoglia, alla presenza del maggiordomo di lusso, il conte de Bausset. Poi raggiungemmo la sala del caffè e là, congedato il maggiordomo, l'imperatore parlò senza remore, in tono perentorio: mi avrebbe ripudiata per sposare Maria Luisa.

Distinte amiche, penso davvero di avere recitato allora il capolavoro di arte drammatica che da tanti anni utilizzavo al fine di tirarmi fuori dalle situazioni più scabrose. Mi rotolai sul pavimento in preda a una crisi isterica, urlai, strepitai, svenni infine, con la schiuma alla bocca, talché Napoleone dismise l'*aplomb*, timoroso per la mia salute, e con le lacrime agli occhi si rimangiò l'intento dichiarato.

Rinvenni allora in un radioso sorriso, ma la commedia non resse sino a quel punto e Napoleone si appese come un campanaro ai cordoni di richiamo della servitù per farmi trasportare via di peso.

La disperazione mi aveva indotto a rinunciare persino alle briciole di dignità residue, avrei dovuto capire che la tragedia era compiuta.

Fui spontanea però alla cerimonia ufficiale di separazione. Interruppi la lettura del discorso ufficiale sopraffatta dall'emozione e scoppiai a piangere in pubblico, compresi i mostri: solenni, compunti, ipocriti.

Qualcun altro concluse per me: "Con il benestare del mio augusto consorte io desidero dichiarare che, priva della speranza di mettere al mondo i figli che potrebbero ap-

pagare le esigenze dei suoi interessi dinastici per il bene della Francia, gli offro con orgoglio la massima prova di devozione mai data ad un marito su questa terra…".
L'imperatore così si era espresso, prima: "Soltanto Dio sa quanto sia costata al mio cuore questa decisione. Solo in convinzione che serva agli interessi della Francia ho trovato il coraggio di prenderla…".
Mi gratificò poi di dolci parole destinate al pubblico.
Avevo quarantasei anni e lasciai Parigi per rifugiarmi qui, nell'amata Malmaison. Napoleone mi aveva consentito di conservare il titolo di imperatrice, dotandomi di risorse più che adeguate, non lesinandomi peraltro visite d'amicizia e lettere affettuose. Quattro mesi dopo però Maria Luisa, già sposata per procura a Vienna, giunse a Parigi e non intese avere nulla a che fare con me, talché fui costretta a lasciare la Malmaison, troppo vicina alla capitale, e trasferirmi in Normandia al castello di Navarre (detto anche "la pentola" per il suo squallore).
Non ebbi mai l'occasione di incontrare la nuova imperatrice, ma non così avvenne con l'infante, destinato a divenire Napoleone II, che mi fu condotto in visita, per volere di papà all'insaputa di mamma, e ne rimasi davvero commossa.
Dopodichè ebbe inizio il ciclo di ondivaga sfortuna per l'imperatore: dapprima la campagna di Russia, poi la vittoria di Dresda, la disfatta di Lipsia, la difesa del suolo francese, il tradimento dei marescialli, l'abdicazione, l'esi-

lio all'Elba, il ritorno di Maria Luisa a Vienna.

Napoleone, comunque, non si scordò di me firmando l'abdicazione e pretese che nel testo venisse inclusa una garanzia a che mantenessi la proprietà della Malmaison, del castello Navarre, di rendite cospicue. Mi scrisse poi l'ultima tenera lettera e partì per l'isola d'Elba.

Superata così anche la fatidica soglia dei cinquant'anni, ritornai alla Malmaison e mi adoperai a carpire il favore degli alleati vincenti non sapendo quale sorte avevano in animo per me i restaurandi Borboni.

Ebbi successo, in particolare, con lo Czar Alessandro di Russia la cui amicizia fece affluire frotte di ospiti illustri alla Malmaison. Sospetto che, in realtà, fosse invaghito di mia figlia Ortensia, non so, ma una gelida notte passeggiai con lui nei giardini in abito leggero, mi sentii male e, appena quattro giorni dopo, morii per un'infiammazione alle vie respiratorie.

Napoleone in esilio all'Elba lo apprese leggendo il giornale, nessuno si era preoccupato di informarlo, però credetemi distinte amiche, non avevo mai smesso un istante di pensare a lui nel momento più amaro della sconfitta. Né lui s'era scordato di me, se è vero che poi venne a cercarmi qui, sia al primo ritorno a Parigi, dall'esilio all'Elba, sia in seguito alla battaglia di Waterloo.

Venere – E come noi potremmo dubitare di te? Giuseppina, dopo un racconto così vero sulla tua vita, e sull'amore per Napoleone.

Hai aperto l'animo, senza infingimenti, svelando a noi la donna a cui dalla fortuna pervenne tanto di quel che desiderava, ma anche prove immani di resistenza e coraggio nelle avversità.

Non hai tentato, d'altronde, di dissimulare gli aspetti dominanti della tua natura superficiale ed egoista, che ti inducevano a rintracciare nel vano e nel bello delle cose superflue, in enorme quantità, la completa soddisfazione dell'esistenza, ma hai omesso di evidenziare le qualità naturali che elessero te prima donna di Francia, moglie di un gigante che in propria misura ne edificò la gloria.

Sì Giuseppina, alludo come doti esteriori alla grazia della persona, al perenne discreto sorriso aleggiante, all'eleganza nell'incedere, che si fondevano al timore riverenziale nei confronti di un accigliato marito quando lo accompagnavi nelle occasioni ufficiali.

In Patria come all'estero, in Italia e in Germania, fosti tu a ingentilire solo con la tua presenza l'umore di popoli non acquiescenti e destare entusiasmi dove il tiranno conquistatore non sempre era gradito.

Ma soprattutto alludo alla bontà e gentilezza d'animo che mai negavi a questuanti di ogni risma desiderosi di ottenere attraverso te qualche favore o regalia da parte di un imperatore che, seppure mal disposto, a te non avrebbe mai osato arrecare un dispiacere.

Siffatto ruolo, svolto nella spontanea vocazione femmini-

le, estranea come tale alla spietata logica del potere e della politica, conferisce a te una funzione protagonista, apportatrice di equilibrio e pace, dentro un'epopea intrisa di fragore guerresco.
Ora però veniamo a Cesare.

La regina d'Egitto sfoggia una graziosa parrucca di sottili trecciole nere che incorniciano il volto, sovrastate da un prezioso diadema in pietre preziose e dal fregio centrale abbinato alla collana. La lunga veste gialla esalta le forme. Intenso lo sguardo, lievemente strabico.

Cleopatra – Furono davvero così insignificanti le mogli di Cesare se è stato necessario importunare me, una regina straniera, per delineare la figura dell'uomo nella dimensione più riservata? O non è piuttosto che proprio la sua magnificenza storica esiga, pure sul piano privato, un commento di portata superiore rispetto a quello che potrebbe dare qualunque donna romana antica, sacrificata nel quadro domestico?
Comunque sia, gentili amiche, ben venga la preferenza che mi è stata accordata, giacché per quella via potrò finalmente sfatare la proterva maldicenza cucitami addosso dall'odio di Senato e Popolo dell'Urbe, che mi dipinse come una maliarda dedita al lusso e alla lussuria.
Non è vero!!! Privilegiai invece lo studio e la cultura, soprattutto in fase di prima formazione, talché quando salii

al trono a diciotto anni mi esprimevo in greco, latino, egizio, aramaico e parlavo in pubblico con notevole eloquenza. Mi intendevo di arte militare, in mare e per terra, e possedevo, inoltre, una profonda conoscenza delle complesse vicende legate alla dinastia tolemaica, a cui appartengo.

Naturalmente non voglio intrattenervi troppo a lungo su quest'ultimo tema però lasciatemi ricordare che il primo Tolomeo, uno dei valenti generali di Alessandro, era in realtà suo fratellastro in quanto nato da una relazione illecita tra Arsinoe, principessa di Macedonia, ed il re Filippo II mentre Lago, compiacente marito di Arsinoe, fu soltanto il comodo padre putativo.

Mi spiace avere rammentato tutto ciò in tua presenza, Olimpiade, ma io indubbiamente, per quel che ho narrato, discendo dalla stirpe di re Filippo, tuo marito, quindi di Alessandro e Cleopatra, guarda caso, la vostra secondogenita.

Tolomeo XII fu mio padre, circa duecento anni dopo, e io la settima Cleopatra, regnante sul più longevo dei vari domìni sorti dalle ceneri dell'impero alessandrino. Dopodiche anche l'Egitto venne fagocitato dall'impero romano, nonostante tutta l'energia di cui mi servii, per la salvezza, puntando, è vero, sull'arma femminile della seduzione.

L'incontro con Cesare, ai suoi cinquantadue anni e i miei venti, ebbe luogo ad Alessandria nel modo romanzesco che Plutarco descrive.

Allora Cesare, vincente su Pompeo a Farsalo, lo braccava sulle rotte del Mediterraneo orientale e quindi giunse in Egitto ove mio fratello, Tolomeo XIII, regnante con me per il volere di nostro padre da poco deceduto, lo accolse cordialmente e gli regalò la testa imbalsamata di Pompeo, ammazzato da sicari egiziani, in segno d'alleanza.

Io mi trovavo in Siria per arruolare truppe e impossessarmi del regno in via esclusiva, ma Cesare, ritenendosi titolato da Roma, si attribuì il diritto di arbitrare la vertenza dinastica e così prese possesso della reggia sul porto, convocando me e Tolomeo al suo cospetto.

Un'ingenua arroganza, invero. Come poteva pensare che i tenutari di potere in nome dell'adolescente Tolomeo mi avrebbero consentito di venire là a esporre le mie ragioni. Ma Apollodoro Siculo, emissario e fedele amico, escogitò un piano atto ad ingannare il presidio militare egiziano schierato intorno al palazzo.

Egli mi accompagnò in viaggio su una piccola nave dalla Siria e, una volta sbarcati al porto, mi avvolse già vestita, incipriata, ingioiellata, in un prezioso tappeto e mi trasportò eludendo il controllo egiziano e romano con una frottola, che si rivelò poi verità: l'onere di recapitare personalmente a Cesare un dono pregiato e delicatissimo.

Ero io quel dono, infatti! Lo capii come vidi l'espressione di Cesare quando i lacci vennero sciolti e fui buttata rotolante ai suoi piedi.

Il geniale colpo di teatro provocò da parte sua uno stupore attonito e muto che mi parve infinito, e poi lessi nei suoi occhi l'ammirazione prorompente che da allora avrebbe caratterizzato il nostro rapporto.

Non nego tuttavia di avere subìto il suo fascino in maniera altrettanto travolgente e così trascorsi la notte intera con lui.

Naturalmente, il matrimonio incestuoso che mi impose con Tolomeo XIII, secondo il costume egizio, fu soltanto una mossa strategica.

Alla faccia tua, Aurelia, Cesare si innamorò di me perdutamente e in un istante scordò tutte le pregresse mogli ed amanti, compresa quella Servilia Cepione che hai citato come mia rivale vincente.

No! Aurelia, Servilia fu solo la seconda tra le sue favorite e del resto sappi che hai preso un abbaglio nell'attribuire a Cesare la paternità di Marco Giunio Bruto, figlio di lei. Quest'ultimo infatti, infòrmati, era già nato quando Servilia incontrò Cesare per la prima volta.

Caso mai permane un dubbio sulle ragioni della benevolenza sua per un figlio altrui, ancorché generato da Servilia, se è vero che Bruto si schierò con Pompeo durante la guerra civile e Cesare, comunque, lo perdonò. Quanto alle altre, che hai menzionato in sequela, si tratta in realtà di un coacervo di donne incompleto, e corteggiate soltanto per arrecare dispetto a uomini che Cesare disprezzava, o temeva.

Altre donne ancora incontrate in città o durante le campagne militari vanno ad alimentare un'infinita schiera.

Su Nicomede di Bitinia infine, Aurelia, c'è del vero circa l'incontro non soltanto diplomatico con Cesare. Il re infatti era uomo attraente, di alta statura e dallo sguardo tenebroso. Cesare ottenne favori da lui, per la disponibilità concessa, né perdette occasione di ritornare nella sua capitale per ringraziarlo, pur non essendone obbligato.

Comunque sia, il soggiorno di Cesare in Egitto si prolungò parecchio nonostante l'urgenza del ritorno a Roma dove imperversava, dopo la fine della guerra civile e di Pompeo, una pericolosa anarchia.

D'altronde, se tutto ciò pareva di scarso interesse per lui, figuriamoci quanto importava a me, protetta com'ero dal sentimento di un uomo scaltro e onnipotente, che stava dalla mia parte contro gli irriducibili nemici e pretendenti al trono: non soltanto il mio coreggente fratello, ma anche gli altri fratelli, Arsinoe e Tolomeo XIV, pilotati da astuti consiglieri di comune tendenza anti romana.

Cesare, seppure inferiore per risorse militari, fece fuori questi ultimi uno ad uno, compreso Tolomeo XIII, e risparmiò il piccolo Tolomeo XIV, che mi costrinse poi a sposare secondo il rito egizio, come già era avvenuto appunto con Tolomeo XIII.

Infine, messa agli arresti mia sorella Arsinoe, eccellente condottiero alla pari di un uomo, mi donò l'Egitto, diventato ormai pacifico, e rinunciò al progetto di istituire una provincia romana, come per certo stava nei suoi intenti iniziali.

Neppure allora, peraltro, partì per Roma ma indugiò e concesse a noi due il piacere di una lenta e meravigliosa crociera sul Nilo durante la quale fantasticammo, nell'ozio delizioso, sul nuovo impero da creare in Oriente e poi affidare all'erede di cui ero in dolce attesa.

Cesarione, nostro figlio, sarebbe stato suo successore, anche perché, al tale fine, avvelenai in seguito il mio fratello sposo, Tolomeo XIV. Le cose però non andarono affatto secondo i piani, da me architettati, e Cesarione cadde, da ragazzo, per mano assassina di Ottaviano.

Ma tale è tutt'altra vicenda invero, che determinò la fine dell'Egitto come regno indipendente, quando l'autentico successore di Cesare, futuro Augusto, si premurò di neutralizzare ogni possibile minaccia residua al proprio potere assoluto, dopo aver distrutto il rivale Marco Antonio, l'uomo che sostituì Cesare nel mio cuore.

Scusate distinte amiche, ho bruciato le tappe e sono saltata alla fine, ma se dobbiamo parlare di Cesare, stramorto all'epoca dei fatti di cui ho accennato in breve, non è possibile procedere nel racconto se non menzionando appunto Marco Antonio e, più in generale, l'influenza romana sull'Egitto.

Sin dai miei undic'anni, infatti, avevo ben compreso la determinante autorità della Repubblica, poiché mi trovai allora in Roma, al seguito di papà Tolomeo XII in esilio e, se certo non incontrai quegli uomini d'alto rango che frequentò (Pompeo, Cicerone, Cesare stesso), capii che il mio futuro sarebbe stato intensamente segnato dall'Urbe.

Incontrai invece, tre anni dopo, Marco Antonio, nel ruolo di ufficiale minore comandante di cavalleria della spedizione romana inviata per la restaurazione di papà, e subii da lui una profonda impressione, ma soltanto in mera suggestione adolescenziale.

Io non so dire se corrisponda al vero l'affermazione di Plutarco tale per cui, già allora, Marco si sarebbe innamorato di me. In tale caso la storia dovrebbe registrare il fatto per cui egli precedette Cesare, non lo seguì, in un romanzo d'amore pregno di implicazioni politiche.

Comunque sia, io non lo ricambiai affatto in quel primo incontro, e il drammatico destino ci unì in maniera davvero coinvolgente assai più tardi, cioè quand'ero ormai una donna navigata: l'esperta regina che, tuttavia, non seppe resistere al nuovo filibustiere, proclamato vindice del precedente contro i congiurati delle idi di marzo.

Marco Antonio, infatti, era un piccolo Cesare e possedeva tante delle doti che, prima di lui, mi avevano stregata nel magnifico condottiero presentatosi in Egitto a porre ordine entro le controversie dinastiche: carisma, coraggio, prestigio di capo militare, uniti all'ambizione, al fascino, alla ribalderia di uomo politico. Tutto ciò era l'essenza di un comune patrimonio, ma in definitiva Marco non era Cesare.

No! Perché ciò che li distingueva soprattutto era la volgarità dell'uno di fronte all'eleganza dell'altro, la triviale risata, rispetto all'ironico sorriso, il motto di spirito immediato, acuto e quasi impercettibile, in confronto alla becera provocazione, prevedibile e dirompente.

E non si trattava solo di un connotato esteriore, bensì di un'autentica disposizione dell'animo e di una brillante intelligenza sulle cose del mondo, sia nella partecipazione alla vita sociale nei diversi ambienti regali, aristocratici, o popolari di sorta, sia nei rapporti interpersonali e nell'intimità.

Cesare poi non consentiva alle emozioni di manifestarsi a scapito del proprio autocontrollo, neppure nei momenti più critici, né lasciava ai piaceri della tavola, dell'amore o quant'altro, prevalere sulla sobrietà delle gentili maniere e del comportamento in genere. Sapeva inoltre conservare la più granitica sicurezza in se stesso nelle circostante più difficili, sia sul campo di battaglia, sia nel pubblico dibattito.

Marco Antonio invece soggiaceva all'impulso e, quanto a piaceri, la sregolatezza più sfrenata lo dominava. Entrambi poi erano generosi e clementi con il nemico, ma sul punto desidero spezzare una lancia in favore di Antonio. Egli infatti era spontaneo in tale attitudine mentre Cesare non faceva nulla per nulla e subordinava, in ogni caso, le sue scelte al calcolo e all'opportunità del momento.

Non è un caso, per esempio, che Cesare perdonò sempre alla viscida anguilla Cicerone i clamorosi voltagabbana attuati nei suoi confronti.

Era importante in Roma averlo dalla propria parte. Cesare ammirava Cicerone, per la cultura e per lo spirito tanto simile al suo, quindi gli accordò imperitura stima e amicizia.

Marco invece, conclusi gli accordi con Ottaviano per la suddivisione del potere, non si diede pace sinché non tenne tra le mani la testa del grande avvocato, sgozzato dai sicari con raccapricciante modo sulla sua precisa e dettagliata istruzione.

In senso negativo prevalse l'impulso poiché Marco lo temeva, per le qualità che lo facevano sentire inferiore, e lo odiava visceralmente al punto di commissionarne la morte attraverso un barbaro rituale.

Ma è soprattutto nei miei confronti che la diversità dei caratteri tra i due uomini ebbe le manifestazioni più evidenti. Cesare mi amò con estrema dedizione, eppure parlò assai poco di me nei suoi commentari. Scrisse, o fece scrivere con reticenza sull'unica ragione plausibile, vale a dire l'incantesimo della regina, che così a lungo lo trattenne in Alessandria, entro una situazione in cui davvero rischiò di essere sopraffatto, dopo i brillanti successi della guerra gallica e della guerra civile.

Che cos'altro lo avrebbe indotto a rimettere in gioco le sorti vincenti acquisite se non un amore che travalica ogni anelito di gloria?

Ma egli invero, dopo quasi un anno di permanenza, neppure da me si lasciò governare e abbandonò l'Egitto quando rinnovate minacce di guerra, annunciate in Ponto per opera di re Farnace, lo riscossero dal torpore per riportarlo all'azione fulminea (*veni, vidi, vici*).

Raggiunse poi Roma e punì i reduci pompeiani in Africa, li distrusse definitivamente in Iberia e ritornò per celebrare tutti i trionfi dovuti, accumulati in Gallia, in Egitto, in Asia Minore, in Africa.

Anch'io ero a Roma per ordine suo.

Mi illusi allora di avere riconquistato tutto il mio ascendente su di lui e già gustavo l'inebriante piacere delle sfilate al suo fianco, sul carro del vincitore lungo le strade di Roma imbandierate, insieme a nostro figlio, Cesarione, che egli avrebbe finalmente riconosciuto.

Povera stupida! Cesare mi colmò sì di grandi onori personali ma non mi permise di indossare le insegne di regina d'Egitto. E non solo non volle presentarmi accanto a sé in pubblico, relegandomi in una villa lussuosa in periferia, al di là del Tevere, ma di Cesarione non intese sentire parlare, addirittura ponendo in dubbio la sua paternità.

Tutte le promesse di impero, che ci eravamo scambiati navigando sul Nilo, erano svanite come neve al sole. Cesare mi tratteneva ormai in ruolo di amante di lusso, ma non diversa dalle altre.

E non perse mai il vizio se è vero che nell'ultima campagna d'Africa si intortò, alla faccia mia e della moglie Calpurnia, la regina Eunoe, moglie di Bocco, suo alleato re di Mauritania.

Ecco, distinte amiche, soltanto Roma, ed il suo personale impero, gli stavano a cuore, però finì male, per lui, e nel marasma che seguì alla sua fine io dovetti fuggire, esecrata da tutta Roma.

Tornai quindi ad Alessandria e feci assassinare mia sorella Arsinoe, già graziata da Cesare dopo averla fatta sfilare in catene al trionfo.

Scomparvi quindi dalla scena mondiale per i seguenti tre anni, sino a che Marco Antonio, dopo la battaglia di Filippi, laddove gli assassini di Cesare vennero sconfitti, si ritrovò di fatto re dell'Oriente.

Egli allora, girovagando da padrone tra i nuovi territori posseduti, mi convocò a Tarso e, ignorando i vincoli matrimoniali che lo legavano a Roma e al cognato Ottaviano, fratello di sua moglie, prese a vivere con me da marito fra banchetti, feste, solenni ubriacature.

Consenziente, anzi entusiasta, mi associai per realizzare il sogno di impero d'Oriente, già sospirato con Cesare. Marco però, a differenza di lui, ci credette davvero e su di esso fondò la sua scommessa.

Redasse quindi un testamento, con cui sancì che le province orientali venissero scorporate da Roma e andassero a istituire un regno, di cui avremmo assunto la sovranità, per essere trasmesso in parti distinte ai nostri gemelli e Cesarione, proclamato da Marco figlio di Cesare. L'epilogo è noto: Marco fu dichiarato nemico di Roma, a causa della nostra squallida tresca, ad avviso del Senato e del Popolo.

Fu poi sconfitto sul promontorio di Azio, anche per la mia codardia che, vista la mala parata, indusse alla ritirata della flotta egiziana.
Un dignitoso suicidio rimase l'unica soluzione per entrambi.

Venere – Un drammatico preannunciato finale, più che altro, ma hai detto tu stessa, Cleopatra, che Marco Antonio non era Cesare, e solo per questo avresti dovuto fiutare l'esito disastroso del vostro piano, atto a spostare il centro del mondo da Roma ad Alessandria.
Qualcosa del genere era da sempre un chiodo fisso per te, e certo con Cesare ne saresti venuta a capo, ma lui era un uomo eccezionale che non riuscisti a piegare al tuo volere, come con Marco avvenne senza soverchie difficoltà.
Ti sei scordata peraltro, nel tuo monologo, di rammentare che, come tanti altri, anche tu, in un primo tempo, puntasti su Pompeo durante la guerra civile e gli facesti pervenire consistenti aiuti contro Cesare.
Nei confronti poi di Gneo Pompeo, il figlio omonimo, effimero terzo uomo nella lotta tra Ottaviano e Marco, fosti altrettanto generosa.
Tentasti insomma tutte le vie per risollevare l'Egitto a spese di Roma e mi domando se, in cuore tuo, non concepisti pure l'idea di sedurre Ottaviano, vincente su Marco Antonio.
Un simile approccio sarebbe stato il suggello di grande

maestra della politica e dell'amore.

Ma non fraintendermi, Cleopatra, non è con sarcasmo che mi rivolgo a te con siffatte illazioni, anzi, manifesto ammirazione nei confronti di una donna, come poche, al pari di un uomo nel mondo antico.

Ora però veniamo ad Alessandro.

La giovane principessa di Battriana è avvolta in un turbante a forma di corona che si prolunga dietro le spalle in sinuosi veli e sovrasta la fronte con una fila di ninnoli metallici. La veste appena scollata è semplice, pur tra collane e diademi. Lo sguardo malizioso.

Roxane – Il mio incontro con Alessandro avvenne in un momento di cui si potrebbe dire che la spedizione contro l'impero persiano era in una fase avanzata, ma non ancora compiuta: morto il re dei re, Dario, e neutralizzati uno a uno gli autonominati successori, solo mio padre Oxiarte, il satrapo della Battriana, resisteva indomito dalla cittadella inespugnabile detta "rupe sodgiana".

Non sarebbe stato importante prendere quel remoto nido d'aquila ma l'invincibile conquistatore non poteva certo ammettere che esistesse per lui un'impresa davvero impossibile.

Rispose quindi all'arroganza di Oxiarte, il quale irridendolo l'aveva invitato a cercare soldati dotati di ali, con l'audacia di scalatori che si spinsero più in alto della rocca e da là minacciarono l'assalto.

Papà fu vinto, allora, da timore superstizioso di disgrazia per sé ed il popolo e capitolò, confidando sulla garanzia di incolumità promessa da Alessandro, alla quale peraltro quest'ultimo non venne meno.

Una leggenda antica, una delle tante proliferate a distorcere nel mito la figura storica del condottiero macedone, mi identificò nella regina delle amazzoni, splendide e terribili donne guerriere che Alessandro avrebbe sfidato, sottomettendomi infine, stregata da lui.

Fiaba o verità, che dire si voglia, io comunque fui l'ultimo amore e perciò, onorata tra voi, distinte amiche, per la scelta attuata nei miei confronti a condividere questo pregiato incontro, mi soffermo un po' sul periodo in cui sopravvissi ad Alessandro, per poi raccontare delle sue precedenti esperienze, prima di giungere a noi come coppia.

Alla morte di lui in Babilonia ero incinta del successore dell'impero, protetta da Perdicca, eccellente generale ed esecutore designato.

Questi fu fedele alla memoria dell'imperatore ma io non mi fidai più che tanto e, in qualità di prima moglie, commissionai l'assassinio di Statira e Diripetide: l'una, seconda moglie di Alessandro, e fidanzata prima di me per promessa del padre Dario, poi in conoscenza diretta; l'altra, vedova di Efestione, il più intimo tra i generali di Alessandro, e sorella di Statira, entrambe in dolce attesa e perciò rivali, potenziali madri di un altro erede.

Vissi per alcuni anni a Babilonia ma alla morte di Perdicca, ucciso in vile imboscata, dovetti fuggire in Macedonia, ove però non mi sentii sicura, e quindi raggiunsi te, in Epiro, Olimpiade. Antipatro infatti, il reggente della Macedonia, ambiva a impadronirsi del trono in prima persona e per questo ti aveva esiliato, o regina madre, né ovviamente gradiva la presenza mia e del piccolo figlio e nipote.

Lottammo insieme per suoi diritti mentre fervevano cruente le guerre tra i diadochi sinché Cassandro, figlio di Antipatro e successore nella reggenza, uccise entrambe noi, e l'erede legittimo di Macedonia.

Noi quindi alimentammo inutilmente il presagio a che si compisse la sorte voluta dal nostro grande, figlio e marito, ma null'altro ci legò, e con tale affermazione ritorno all'uomo Alessandro.

No, Olimpiade, Alessandro non era *gay*, come hai sostenuto in ferrea convinzione. Corrisponde sì al vero che Efestione, specchio della sua anima, fu il primo affetto della vita sino da fanciullo, nel corso della formazione che papà Filippo volle estesa ad un gruppo selezionato di giovani aristocratici, e che il novello Achille, Alessandro, considerò sempre Efestione alla stregua di Patroclo, compagno in battaglia come nell'intimità.

Ma perché mai in effetti non dovrebbe essere consentito ad un uomo di offrire la propria devozione ad un altro uomo, neppure escludendo la corrispondente manifestazione fisica, senza peraltro diffamarne la reputazione, anzi ammettendosi di buon grado un ruolo condiviso.

Io per esempio non provai gelosia verso Efestione, sebbene per tanti aspetti comprendessi che il rapporto fra i due amici per la pelle era davvero ineguagliabile, laddove nei confronti di altre donne nutrii sentimenti anche di avversione estrema.

Alessandro d'altronde aveva sposato Statira e nel contempo persuaso Efestione ad unirsi con la sorella Diripetide, entrambe nate da Dario, affinché i figli dell'uno fossero i nipoti dell'altro.

Egli cioè volle attestare, con tale progetto, quanto l'amicizia dovesse ritenersi separata dall'amore, per quanto l'intento venne poi stravolto nell'interpretazione storica: Alessandro avrebbe desiderato costituire con Efestione un simulacro di discendenza comune dal momento che la natura non concedeva a loro siffatta soluzione.

Autentica idiozia, affermo io.

Matrimonio e famiglia sono istituzioni preordinate al mantenimento della specie. Nient'altro potrebbe farne le veci.

A me sola, pertanto, prima moglie, spettava il primato ereditario. E, in ogni caso, quell'idea, meditata nella prospettiva di lungo periodo, non ebbe mai attuazione pratica poiché io prevalevo su Statira nella benevolenza del comune marito e puntavo su mio figlio erede.

Ecco perché, dopo la dipartita di Alessandro, provvidi affinché ogni pericolo di diversa successione fosse neutralizzato alla radice: nella storia della monarchia macedone non c'era mai stato prima alcunché di scontato in ordine alla trasmissione del trono, men che mai quindi si sarebbe potuta dire l'ultima parola sul transito dell'impero.

Volli insomma mettermi al sicuro da qualsivoglia sorpresa anche se, invero, Statira divenne moglie di Alessandro per la mera opportunità politica più che per trasporto sentimentale. Il matrimonio infatti ebbe luogo in occasione delle celeberrime nozze di Susa, di ritorno dalla spedizione in Asia: una cerimonia collettiva celebrata tra alti ufficiali macedoni e donne orientali, per suggellare l'unione dell'impero.

Diripetide sposò Efestione, nello stesso contesto, e fu vedova di uno pseudo eroe, come vedremo, ma non di una divinità imperiale.

Anche per questo risvolto emerge la dimensione corretta da conferire al rapporto intercorso tra Efestione e Alessandro, vale a dire amicizia incrollabile e sensibilità reciproca nella tacita intesa, dolore immenso per la fine prematura del confidente più importante, però non certo la condivisione del potere assoluto.

E ancora, se proprio è necessario, ricordo che altre donne rivestirono ruoli di rilievo nell'esistenza di Alessandro, oltre a te, naturalmente, Olimpiade, e me stessa, inconfutabile testimone.

Dedico, in merito, poche parole alla prima amante, Campaspe (colei che, ricevuto dal giovane principe il dono di essere rappresentata dal pittore Apelle, venne donata all'artista stesso, innamoratosi di lei nel corso delle sedute per la realizzazione dell'opera) e senz'altro cedo a Barsine l'onore della citazione.

Costei, nobile persiana, figlia di Artabazo, il satrapo della Frigia, una regione dell'Asia minore vicina alla Grecia, era maggiore rispetto ad Alessandro di ben dieci anni e lo conobbe da bambino, d'appena due anni, quando il padre di lei, ribellato al Re dei re Artaserse, invocò asilo a Pella, alla corte di Filippo il macedone.

In seguito ella sposò per la volontà del padre i fratelli greci Mentore Memnone, l'uno dopo l'altro ovviamente, e per questo si trovò sulla sponda nemica di Alessandro poiché Memnome era stato nominato comandante dei mercenari greci al servizio del Re dei re Dario.

Memnone e Alessandro si scontrarono nella battaglia sul Granico, la prima della campagna in Asia. Prevalsero i macedoni, ma il valore di Memnone fu tale che Dario lo promosse capo supremo dell'esercito, pur essendo greco, salvo pretendere la presenza di Barsine alla corte di Susa come ostaggio in garanzia da eventuali tradimenti.

Non ce ne sarebbe stato bisogno perché Memnone era uomo d'onore e infatti, durante la campagna in Asia minore, impegnò severamente Alessandro, sinché morì all'improvviso di malattia a Mitilene.

Barsine, scovata dopo la battaglia di Isso da Parmenione a Damasco, dove era stato inviato a depredare il tesoro persiano, venne spedita al cospetto di Alessandro il quale la riconobbe, nonostante i vent'anni e più trascorsi dal loro primo incontro.

L'attrazione fu intensa, immediata, ma Alessandro non aveva ancora conosciuto il fascino della vera donna orientale.

Da allora Barsine fu con lui, nel lungo peregrinare all'inseguimento di Dario, fuggito dopo le battaglie di Isso e Gaugamela, sinché, sulla riva meridionale del mar Caspio, ritrovò il padre, Artabazo, il quale, al contrario dei satrapi ribelli che avevano assassinato Dario, decise di unirsi ad Alessandro e la spedizione proseguì sino in Battriana.

Nacque anche un figlio, dalla loro unione, Eracle, ma il destino volle il nostro incontro e perciò Barsine, sconfitta, chiese licenza di andare per la sua strada e si rifugiò a Pergamo, ove poi Cassandro l'avrebbe raggiunta e uccisa insieme ad Eracle, così come fece con me.

Per un'altra citazione non è dato dimenticare Taide, l'omonima della puttana dantesca, una delle tante etère al seguito dell'esercito che si distinse per avere stregato addirittura il comandante supremo ma, in particolare, per averlo istigato a dare alle fiamme il sontuoso palazzo di Persepoli in crudele vendetta sull'incendio dell'acropoli di Atene, perpetrato durante le guerre persiane.

Ella, del resto, era ateniese e ritenne quell'impresa come nobilissima missione, alla faccia di Dante, Plutarco e tanta altra letteratura che ne distrusse l'immagine facendone il prototipo della prostituta.

Alessandro stesso, peraltro, pentito per quell'azione sconsiderata che sottrasse all'umanità un'irripetibile opera architettonica, ne imputò a lei la responsabilità, a scarica barile, e la cedette, come concubina, al compagno Tolomeo, il quale, una volta re dell'Egitto, la tenne come favorita, ed ebbe pure tre figli da lei, ma infine la ripudiò.

Candace infine, la regina nera degli etìopi, fu unica tra tutti i sovrani oppositori di Alessandro che lo sconfisse, ma non con le armi, bensì con l'amore, l'umorismo, il profondo conversare.

Il condottiero, conquistatore dell'Egitto, venne attratto dalle contrade site a sud con intento di espansione e pertanto si presentò alla regina, sotto mentite spoglie, come Antigono, ambasciatore di se stesso.

Ignorava però che la regina si era già procurata un suo ritratto.

Alessandro, comunque, rimase affascinato da lei, che dapprima stette al gioco, e si fermò quindi a lungo in intimi incontri, escursioni nelle lussureggianti lande del basso Nilo, ispezioni all'esercito schierato in groppa agli elefanti, che ancora non conosceva.

Naturalmente rinunciò a qualsivoglia intendimento ostile e, dopo una prolungata vacanza in Egitto, riprese la via dell'Asia.

E ora torniamo a noi, alla conquista della rupe sodgiana, cui seguì un banchetto straordinario offerto da mio padre per festeggiare la nuova alleanza stipulata con Alessandro.

Trenta vergini irruppero all'improvviso in una danza di straordinaria sensualità ed io ero tra loro. Alessandro ebbe occhi soltanto per me e si innamorò perdutamente, senza sapere che ero la figlia di Oxiarte.

Avevo sedici anni e ricambiai senza riserve l'attrazione fatale.

Ci unimmo in matrimonio pochi giorni dopo secondo il rito orientale che, peraltro, Alessandro volle integrare con un'usanza macedone: il taglio del pane, dalla spada impugnata insieme, e la distribuzione dei pezzi agli invitati, mentre Efestione fu testimone per lo sposo.

Della prima notte ricordo, con struggente nostalgia, il dolce profumo naturale di un corpo massiccio, cosparso di cicatrici, seppur non alto di statura, la chioma bionda fluente, gli occhi scintillanti, lo sguardo attento con il capo inclinato da una parte all'atto dell'ascolto.

La luna di miele comunque fu troppo breve. Alessandro ormai aveva neutralizzato definitivamente l'impero persiano meritandosi anche di fatto la corona di Re dei re già conferitagli a Persepoli dalle mani dei tremebondi notabili persiani. Sarebbe potuto tornare carico di onori e vittorie in Macedonia ed invece, mai appagato, scelse di avventurarsi in nuove terre inesplorate al di là dell'Indo.

Io lo seguii da allora sino alla sua fine, condividendo disagi e fatiche di ogni specie: marce spossanti, piogge scroscianti senza fine, assalti e stragi spietate tra villaggi e tribù, cruente battaglie, insidiosi assedi, talché dovetti addirittura subire un aborto.

Sulla via del ritorno, che secoli prima aveva sfiancato Semiramide, regina assira, e il primo Re dei re, Ciro il grande, soffrii al pari di lui fame e sete in peripezie terribili, sinché, giunti a Susa, celebrammo insieme la fine di un incubo che ci aveva sottratto ogni speranza.

Fu allora che Alessandro rinnovò il proposito mai dimenticato per la fondazione di un impero che unificasse Oriente e Occidente sotto un unico sovrano, e concepì le nozze collettive, tanto amare per me.

Sposò Statira ritrovata e, tanto per dare buon esempio, anche un'altra principessa persiana: Parisatide. Trascorse parte della notte con l'una e poi con l'altra, quindi tornò da me e supplicò perdono chiedendomi però di comprendere i doveri di un re.

Reagii come una gatta infuriata, e aggiunsi qualche cicatrice al corpo già martoriato, ma lui seppe ricondurmi alla ragione e sono certa che fu sincero nel giurarmi eterno amore quando gli annunciai che ero di nuovo incinta, di un figlio che non vide mai, purtroppo.

Alessandro allora si diede a perseguire nuove ambiziose imprese ma la malasorte cominciò a infierire su di noi, dapprima con la morte di Efestione e poi con la misteriosa malattia che lo colpì all'improvviso e lo condusse alla fine. A Ectabana, ove Alessandro, in esplorazione delle terre del nord, era stato raggiunto da Efestione, quest'ultimo s'ammalò di febbriciattola banale che però stentava a guarire sino a che, durante una sessione di giochi nel campo macedone, rimasto solo in tenda giacché il medico era uscito per assistere alla festa, si abbuffò all'inverosimile di pollo fritto e vino puro ghiacciato talché fu ritrovato cadavere.

Non fu certo l'epilogo da eroe che Alessandro, impazzito dal dolore, volle riconoscergli con esequie degne di un re, dopo aver trucidato di propria mano con furia omicida il negligente medico. Datemi credito però, distinte amiche, se dichiaro che anch'io rimasi sconvolta dalla perdita di un amico personale, e mi unii ad Alessandro in autentica e disperata partecipazione.

A Babilonia, l'anno dopo, vigilia di una nuova spedizione in Arabia, Alessandro accusò d'improvviso, durante un'affollata cena con tutti i compagni d'arme, un lancinante dolore al fianco, e si ritirò subito nei suoi appartenenti, rassicurando peraltro gli intervenuti nel senso che per certo si trattava di un malore passeggero.

Ma non fu così, egli peggiorò a vista d'occhio in agonia febbricitante e sempre più incosciente, per sette giorni, sinché si spense in pace.

È soltanto un'altra favola quella che descrive Alessandro trascinarsi durante la malattia attraverso il passaggio segreto che conduceva dal palazzo direttamente all'Eufrate, per buttarsi nella corrente e lasciare credere che gli dei lo avrebbero rapito per innalzarlo a gloria eterna.

Si narra che io avrei intuito il suo proposito risvegliata da un sogno e che lo avrei raggiunto all'atto estremo persuadendolo a desistere.

Tutto questo sarebbe stato conforme alla sua ansia di immortalità ma il vero, distinte amiche, è che rimasi con lui giorno e notte, come una qualunque donna innamorata, e che lo assistetti impotente sino a che raccolsi il suo ultimo respiro.

Venere – Nulla di più mortale, Roxane: la moglie al capezzale di un marito in fin di vita, poco importa che si trattasse di un personaggio consegnato ormai al mito, permanente e universale.

Quello che rappresenta il tuo racconto infatti è l'epilogo di un uomo qualunque, e come tale desidero parlarne per il risvolto che, seppure secondario nel contesto generale, non mi sembra abbastanza chiaro.

Cara Roxane, sei stata generosa sì, ma al tempo stesso reticente, nel tentativo di sorvolare per quanto possibile sull'orientamento sessuale di Alessandro. Su Efestione hai mascherato in amicizia quello che in realtà fu passione, erotica e spirituale, impetuosa e mistica, alla quale nessuna donna avrebbe potuto porre un limite.

E inoltre non hai menzionato Bagoas, leggiadro adolescente eunuco persiano che, fuggito dal campo nemico, si unì al seguito macedone e godette a lungo i favori di Alessandro in concorrenza sia con te sia con Efestione. Egli fu

intimo del condottiero al punto che, accolto da Tolomeo, alla corte d'Egitto, si rivelò una fonte preziosissima per la stesura dell'opera celebrativa sulla vita dell'imperatore.
E tutto ciò senza contare le innocenti evasioni.
Devi rassegnarti all'evidenza, Roxane: fra le donne fosti per certo tu la favorita ma la grandezza storica di Alessandro non consente limiti.
Ora però veniamo a George Washington.

La prima first lady degli Stati Uniti si presenta in abbigliamento più modesto rispetto alle regine e matrone. Una cuffia di candido cotone racchiude i capelli acconciati senza alcun ornamento superfluo ed il collo è cinto in scialle velato. Dolcezza traspare dallo sguardo.

Martha – Un'indefinibile aureola di mediocrità mi circonda, distinte amiche, rispetto alla maestà delle vostre presenze così influenti nella storia e nel mito di epoche eroiche e memorabili, regine e imperatrici nonché compagne di uomini eccellenti.
A me, moglie del Presidente degli Stati Uniti, non è dovuto neppure l'appellativo di *first lady*, coniato assai più tardi per vezzo letterario, o giornalistico, bensì al massimo il più ordinario *lady* Washington.
Non mi sfiorò neppure l'idea di uccidere fratelli e sorelle, per timore di rivalità dinastiche, oppure altri congiunti, per mera vendetta, come avete raccontato d'avere fatto,

Cleopatra ed Olimpiade, quasi a tutela di un diritto ritenuto indiscutibile e senza parvenza alcuna di rimorso o pentimento. Né mi permisi di scialacquare denaro e risorse di stato in misura esorbitante solo per soddisfare capricci e ghiribizzi del tipo voluttuario, come è palese dalle tue memorie, Giuseppina.

Ero sì benestante quando sposai George, gentiluomo di campagna ed ex combattente, che aveva appeso al chiodo l'uniforme per darsi alla cura degli affari suoi, e miei. Però, di buon grado, accettai il ruolo di casalinga nonchè educatrice di John e Patsy, figli nati dal precedente mio matrimonio con Daniel Parke Custis.

Non potrei d'altronde vantare inebriante trasporto e intensa passione nei rapporti con il secondo marito, alla pari di quanto invece capitò a voi tutte. Noi eravamo coetanei e ci incontrammo a un ricevimento in casa di comuni amici a Williamsburg, capitale della Virginia.

George fu cortese, affabile e premuroso nei miei confronti mentre io, vedova da due anni, mi innamorai di lui all'istante, non ricambiata, o almeno non quanto avrei desiderato.

Invero esisteva già allora un sentimento inespresso di corresponsione tra George e Sally Fairfax, la moglie di William Fairfax, persona di rilievo nell'alta società virginiana nonché intimo amico di Lawrence, il fratellastro di George.

William Fairfax apprezzava quest'ultimo per le sue spiccate doti di intelligenza e onestà intellettuale. Onore e rispetto tuttavia erano per George severi imperativi categorici che lo trattennero dall'esternare in modo palese un sentimento ritenuto sconveniente. Egli perciò finì con il rivolgersi a me, in dignitoso e fruttifero ripiego, probabilmente anche per le pressioni esercitate in questo senso su di lui dalla stessa Sally Fairfax.

Ci sposammo così, all'età di ventott'anni, ed io mi trasferì con i figli, che George adottò ben disposto, nella sua residenza a Mount Vernon ove trascorremmo alcuni anni di serenità, giacché l'affetto e la stima reciproca crebbero nel tempo rendendomi appagata dal calore umano di un uomo così sincero e affidabile.

Amo ricordare al riguardo che, se è falso l'aneddoto pubblicato in un libro di scuola elementare dal pastore anglicano Mason Weems, esso descrive perfettamente l'indole incorrotta di George Washington, da piccolo, come da adulto: a otto anni egli abbattè un ciliegio nel prato di casa, per saggiare il taglio di un'ascia ricevuta in dono, e al padre, che lo interrogò su chi fosse stato autore dell'atto vandalico, rispose: non posso mentire, sono stato io.

Questo era l'animo predominante, che mantenne sempre immutato in battaglia ed in politica, nei rapporti interpersonali e, più in generale, nel senso del dovere, radicato e imprescindibile.

In siffatta prospettiva, quando il richiamo patriottico indipendentista divenne perentorio, George riprese l'uniforme, comandante in capo dell'esercito continentale, e partì per liberare Boston dagli inglesi.

Seppure a malincuore, però, non intese ragione sulla mia insistenza a seguirlo poiché non voleva imporre alla famiglia i pericoli e disagi di una guerra. Lo vidi poco infatti in quegli anni e solo per fugaci tratti, tranne che nel gelido inverno trascorso nell'accampamento di Valley Forge laddove egli dovette accettare la costante presenza mia perché era debole e malato.

Per la durata della Presidenza, invece, rimasi sempre al suo fianco, a NewYork e Filadelfia, in attesa dell'inaugurazione della capitale, di cui ancora non sapevamo che avrebbe portato il suo nome.

Condividemmo in allora gli oneri di pubbliche relazioni, che anzi lui cercò di delegare a me, per quanto possibile, essendo poco portato di indole propria, seppure consapevole di non potervisi sottrarre. Decisi quindi di dedicare la giornata di venerdì agli incontri con la gente.

Trascorremmo, infine, gli ultimi anni a Mount Vernon, dove George morì, per una banale polmonite, ed io, da allora, non volli più entrare nella camera coniugale e mi trasferii in una stanza al piano terra.

Manifestai, invece, il desiderio di essere collocata nel sarcofago che già lo ospitava, il che avvenne appena tre anni più tardi.

E questo è tutto Venere: così in breve chiudo il mio intervento senza accenti drammatici, nel percorso come nel finale, e d'altronde, lo hai ricordato tu stessa che la mia con George fu una storia di armonia e fedeltà, tale da non esigere particolare celebrazione bensì la memoria soave di una vita spesa in amore e adempimento del dovere.

Venere – Non è certo una vita meno degna di essere vissuta, Martha, ma grazie soprattutto per la serena attitudine che ci hai trasmesso.
Ora con te, dunque, sarebbe giunto a termine l'incontro e dovremmo salutarci. Come ho promesso a Letizia, però, noi ascolteremo ancora un altro importate personaggio.
Benvenuta, Paolina, unisciti a noi e concludi questo simposio con il racconto del clan Bonaparte, comprimario assai importante nel ruolo di Napoleone imperatore dei francesi.

La principessa imperiale, quasi pari a Venere in bellezza, incede tra le ospiti con portamento intrigante, attentamente congegnato. Anche l'abbigliamento, coordinato in splendidi gioielli di lucente smeraldo, suggerisce un'idea di studiata semplicità. Sfrontato lo sguardo.

Paolina – Sì Venere, ed infatti nessuno dei generali imperatori di cui sono state celebrate le imprese si dispose ad innalzare i componenti della cerchia familiare quanto vi provvide mio fratello, Napoleone.
Ma egli, invero, si sentiva il fondatore di una nuova schiat-

ta regnante e quindi dovette crearsi intorno una corte di nobiltà atta a sostituire il coacervo borbonico decimato dalla rivoluzione.

E chi meglio di fratelli e sorelle avrebbe potuto servire all'onere?

Prima di parlarne, tuttavia, desidero replicare alla velenosa invettiva che hai pronunciato nei miei confronti, Giuseppina: "ninfomane".

Ordunque, hai ricordato che noi ci incontrammo per la prima volta in villa Pusterla Crivelli di Mombello, nei pressi di Milano, durante una vacanza estiva trascorsa fra sontuosi ricevimenti, fulgor di uniformi, fruscianti abiti femminili. Era presente allora anche il clan Bonaparte al completo, però hai tacciato me sola dell'ingiurioso epiteto, e senza ritegno alcuno di fronte a voi, distinte amiche.

Ti sei lasciata andare ad un vile impulso di invidia, Giuseppina! Ma posso comprendere giacché avevo diciassette anni e tu…il doppio.

Giovani ufficiali, variopinti nelle divise di gala, mi giravano attorno a frotte e io mi difendevo dall'assalto, ma solo con le buone maniere.

Mio fratello, comandante supremo, eppure assai più spartano rispetto ai subalterni nell'acconciarsi, non mi porgeva alcun aiuto, per quanto si trattenesse a fatica dal disperderli a calci.

Tu invece, l'ape regina, eri troppo rispettata e temuta nello sdegnoso contegno perché qualcuno osasse permettersi

licenze indebite.
Ma dimmi la verità, Giuseppina: non avresti desiderato in realtà fare il cambio con me?...Ora mi sembri irritata dalla domanda, forse non intendi rispondere?
Ebbene, io invece vorrei essere sincera: sul futile trono della favorita ci sguazzavo, giuliva sì, ma non ninfomane. Ero già una disincantata adolescente e mi sentivo padrona della situazione.
D'altronde sappi che per tutta la vita concessi sempre a caro prezzo, simbolico, anche il più piccolo favore, giacché i tanti ammiratori non avrebbero mai negato alcunché alla mia civettuola stravaganza.
Ma lasciamo andare l'antica acredine e passiamo piuttosto alle glorie di famiglia già ricordate da te, mamma Letizia. Giuseppe, Luciano, Elisa, Luigi, io, Carolina, Girolamo (escludendo Napoleone e Maria Anna, primi due nati, e morti da bambini, nonchè un'altra Maria Anna, nata dopo Napoleone imperatore).
Giuseppe, primogenito maggiore di un anno rispetto a Napoleone, fu sin da giovane un personaggio dal carattere amabile e pacato, quanto Napoleone si dimostrò, al contrario, orgoglioso ed aggressivo.
Forse per siffatte contrastanti attitudini papà Carlo ritenne opportuno invertire la consuetudine vigente nelle famiglie nobili ed avviò l'uno alla carriera ecclesiastica e l'altro a quella militare. Il che si rivelò la scelta più avveduta per Napoleone ma non per Giuseppe il quale non manifestò

alcuna vocazione e lasciò il seminario senza rimpianti.

Quando poi l'intera famiglia Bonaparte, morto papà, se ne partì dalla natìa Corsica, per la discordia sorta con i maggiorenti dell'isola, e si stabilì a Marsiglia, Giuseppe garantì il sostentamento di noi tutti, ma non per virtù propria, bensì grazie al matrimonio con Julie Clary.

La cospicua dote di quella sciocca fanciulla, appartenente a famiglia di mercanti assai facoltosa, ci garantì dall'indigenza, e sarebbe pure raddoppiata, giacché la sorella minore, Desirèe, circuì Napoleone.

La pacchia però non si protrasse tanto a lungo poiché i tradimenti di Giuseppe fecero estinguere assai presto l'afflusso di risorse, mentre subentrò in Napoleone la noia di un'unione puramente platonica.

Tirammo avanti in qualche modo, comunque, sinché vennero i giorni propizi del consolato e dell'impero. Napoleone, malgrado l'indubbia sua grandezza, nutriva un profondo rispetto per il fratello maggiore e per un anacronistico diritto alla primogenitura. Offrì a lui pertanto il governo d'Italia, provincia dell'impero, ma Giuseppe, buono e caro, era ambizioso e rifiutò, offeso, la dignità perché avrebbe implicato la rinuncia alla successione imperiale, ritenuta propria e dovuta.

In seguito tuttavia cedette alla dirompente personalità di Napoleone. Accettò quindi il regno di Napoli che, schiaratosi in terza coalizione antifrancese, l'imperatore aveva annesso alla Francia dopo la vittoria di Austerlitz, mentre il sovrano borbone, destituito, si era rifugiato in Sicilia sotto la protezione degli inglesi.

Per tre anni Giuseppe rimase assiso al trono e provocò una delusione cocente in Napoleone. L'imperatore infatti esigeva da lui un metodo che mal si adattava all'indole: pretendeva uno stile da conquistatore, dispotico e dittatoriale, ma il mite Giuseppe preferiva conquistarsi il favore di popolo e sentirsi benvoluto.

Siffatto contrasto lasciava presagire la destituzione per disistima, ma l'affetto fraterno prevalse e Giuseppe fu addirittura "promosso" da re di Napoli a re di Spagna, ove Napoleone aveva fatto fuori la dinastia regnante, sempre borbonica, più con l'inganno che con le armi.

Sì, altro che promozione, in realtà! Se il generoso popolo partenopeo aveva accolto con favore la liberalità del re Giuseppe, gli spagnoli al contrario si misero di traverso anche alle sue migliori intenzioni e la guerra che ne seguì lo ridusse a un patetico fantoccio nelle mani dei marescialli agli ordini dell'imperatore.

Dovette infine scappare come un ladro, mentre l'impero napoleonico crollava sotto la minaccia di invasione del sacro suolo francese.

Egli ebbe ancora dal fratello l'incarico di luogotenente dell'impero, e della difesa di Parigi ma, incapace qual'era, consentì ai marescialli di perpetrare il tradimento e Napoleone fu esiliato all'isola d'Elba.

Dopo la battaglia di Waterloo, infine, Giuseppe suggerì a

Napoleone una fuga insieme, negli Stati Uniti, spacciandosi per lui onde eludere la sorveglianza navale inglese.

Un nobile intento, giacché la notevole somiglianza rendeva possibile il progetto, ma le cose andarono diversamente, come è noto.

Giuseppe partì solo e si trattenne alcuni anni, da pacifico pensionato, sinché tornò in Europa e morì a Firenze all'età di settantasei anni.

Luciano, terzogenito nato sei anni dopo Napoleone, fu un soggetto di tutt'altro temperamento rispetto al mite Giuseppe: si fece da sé nella carriera politica ed anzi Napoleone stesso sarebbe fallito nella sua se Luciano non fosse intervenuto in termini determinanti nel fatidico 18 brumaio al castello di Saint Cloud.

Fervente rivoluzionario, egli aderì ai club giacobini di Robespierre e, alla sua caduta, fu eletto deputato entro il Consiglio dei Cinquecento, di cui divenne poi Presidente. In quella veste agì con indomabile coraggio proprio nel momento in cui, durante la seduta decisiva del 18 brumaio a Saint Cloud, dispose lo scioglimento della facinorosa assemblea mentre Napoleone, come aspirante dittatore, stava per soccombere agli avversari.

L'ascesa al potere di Napoleone fu agevolata, ma Luciano era certo in buona fede quando gli pose il pugnale al collo e urlò ai soldati che lo avrebbe scannato egli stesso se avesse mai attentato alla libertà.

Anche la garanzia di Luciano, oltre agli isterici ordini di

Murat e di Lecrerc, mariti di Carolina e mio, convinsero i granatieri ed i dragoni all'assalto dei deputati dissenzienti, e così Napoleone divenne primo console e premiò Luciano nominandolo ministro degli interni.

Ma Napoleone non adempì alla tacita promessa di rendersi paladino della libertà e quindi Luciano entrò in conflitto con lui, sia sul piano politico sia personale.

Infatti, vedovo di una borghese, Christine Boyer, sposò la vedova di un grande banchiere, Alexandrine de Bleschamp, contro il volere del fratello, che nutriva per lui altri progetti nel novero delle corti reali.

Fu pertanto costretto all'esilio a Roma ove bazzicò la corte pontificia ottenendone il titolo di principe di Canino.

Si riconciliò con Napoleone soltanto al suo ritorno dall'Elba e, dopo Waterloo, proscritto dai Borboni restaurati, ritornò a Roma ove morì all'età di sessantacinque anni.

Rinviando in coda un racconto sulla componente femminile del clan, mi soffermo ora su Luigi, quintogenito, minore di nove anni rispetto a Napoleone: egli si affermò in ambito militare, durante la campagna d'Egitto. Costretto poi dal piano imperiale, sposò Ortensia, tua figlia di primo letto, Giuseppina. Matrimonio a cui prestati un entusiastico assenso poiché Napoleone donò a loro il trono d'Olanda, rafforzando il legame con te per vincolo d'affinità e rendendoti madre di regina.

Luigi fu un personaggio fragile, nevrotico, se non squilibrato.

Come re, si impegnò a mantenere autonoma la monarchia, ma invero questo era anche un dissimulato intento di Napoleone, concepito per apparire all'Europa un generoso fautore di democrazia.

Come marito, fu una frana, geloso e paranoico. Comunque nacquero due figli, Carlo e Luigi, mentre Ortensia prevalse, con il sostegno di Napoleone, a che essi vivessero a Parigi, educati da eredi imperiali.

Carlo morì a sette anni, Luigi ereditò il regno d'Olanda, Carlo Luigi, il terzo, divenne Napoleone III, per riguardo al figlio dell'imperatore e di Maria Luisa d'Austria, destinato ad essere Napoleone II.

Sul fronte politico, alla vigilia della campagna di Russia, Napoleone dismise la tolleranza verso l'autonomia olandese e richiese truppe da arruolare nella *Grande Armèe*. Luigi però rifiutò di concederle, in un soprassalto d'orgoglio, e quindi fu costretto ad abdicare.

Trovò rifugio in Austria e non si riconciliò più con il fratello. Morì, per caso a Livorno, all'età di sessantotto anni.

Girolamo, il più piccolo, quindici anni minore rispetto a Napoleone, fu un valoroso ufficiale di marina e combattè a più riprese contro gli inglesi nei Caraibi sino a conseguire il grado di ammiraglio, decorato con la Grand'Aquila della Legione d'Onore.

Egli peraltro parve ripercorrere le tappe di Luciano sulla ribellione al fratello imperatore e nel suo peregrinare in America sposò Elisabetta Patterson, figlia di un mercante di Baltimora, in aperto contrasto alle consuete diverse mire matrimoniali di Napoleone.

In seguito però cedette le armi: accettò l'annullamento delle nozze e, obbediente al piano imperiale, sposò Caterina di Württemberg, figlia del re Federico. Divenne quindi re di Westfalia, residente a Kassel, ove, più che preoccuparsi del regno, si dedicò ai lussi e divertimenti, da giovane scapestrato e dedito al libertinaggio qual'era di natura. Nell'amministrazione si rivelò un disastro, né d'altra parte mantenne le brillanti *performances* militari realizzate in gioventù.

Seguì infatti il fratello in campagna di Russia, e partecipò anche alla battaglia di Waterloo, ma in entrambe le occasioni provocò più danni che vantaggi impegnando altri generali a tirarlo fuori dalle situazioni critiche create per inettitudine.

Dopo la fine di Napoleone, Girolamo si rifugiò nel Württemberg, da ospite coatto del suocero, poi alla morte di lui risiedette tra Francia e Italia, sinché rientrò a Parigi ove, alla corte del nipote Napoleone III, fu Presidente del Senato e morì all'età di settantasei anni.

Elisa, nata tra Luciano e Luigi, nonché io e Carolina, nate tra Luigi e Girolamo, rappresentammo la componente femminile.

Di Elisa è doveroso rammentare che tenne testa a Napoleone e sposò un nobile corso per esclusiva volontà: Felice Baciocchi, personaggio insignificante, invero, soggetto al carattere della moglie.

Ella rimase comunque in armonia con l'imperatore il quale, essendo consapevole degli innati pregi di governante, le conferì il principato di Lucca e Piombino nonché il ducato di Massa Carrara, che fuse poi in unico dominio, arbitrario, detto Granducato di Toscana.

Elisa condusse una vita del tutto autonoma, rispetto alla famiglia, ed in rare eccezionali occasioni si presentò a Parigi alla corte imperiale. Morì all'età di quarantatrè anni, un anno prima di Napoleone.

Noi, Carolina e io, le presunte *enfants terribles*, ci comportammo da autentiche *pecorone* sulle scelte matrimoniali attuate per noi, però è anche vero che ricambiammo ampiamente nostro fratello e per il suo bene, secondo noi, fummo le tue più malefiche nemiche, Giuseppina. Mi vergogno, infatti, a rievocare la nostra intensa attività di ruffiane nel procurare a Napoleone distrazioni ed occasioni per scalzare te dal piedistallo su cui ti aveva collocata. Senza successo però giacché per certo nostro fratello non era il tipo da lasciarsi pilotare.

Io ero la mente organizzatrice di quelle losche manovre, ma Carolina ad un certo punto mi superò in perfidia: per tacitare le insistenti voci sull'incapacità di nostro fratello a procreare, che attribuivano a lui e non a te la sterilità del vostro matrimonio, reclutò una piacente dama di corte e la tenne reclusa, costretta a frequentare solo l'imperatore. Un bimbo nacque poi, rendendo efficace il *test*, ma in seguito il tutto cadde nel ridicolo poiché risultò pubblicamente che il focoso Murat, marito di Carolina, aveva violato clandestinamente la *privacy*.

Mi rifiuto comunque di accreditare altre chiacchiere per cui anche tu, Giuseppina, avresti ceduto al suo indubbio fascino mentre per ordine del capo ti accompagnava al ritorno dalla campagna d'Italia.

Carolina dunque sposò Joachim Murat, luogotenente dell'imperatore Napoleone sin dalla prima ora e, come moglie di lui, regnò a Napoli, al cui trono Joachim ascese dopo Giuseppe, promosso re di Spagna.

Ne divenne anche reggente ufficiale, quando il marito si assentò per partecipare alla campagna di Russia, ed al ritorno di lui lo persuase al tradimento in favore degli austriaci.

Così ebbe a dire mio fratello in merito: "no, non può essere! Murat, a cui ho dato mia sorella ed un trono!".

Ma era vero purtroppo che egli fidò di mantenere il trono, sotto la protezione del nemico vincente, e così fu in prima istanza, però in seguito l'Austria gli voltò le spalle e restaurò a Napoli i Borboni.

Carolina allora lo abbandonò e si trasferì dapprima a Venezia, poi a Trieste ed a Firenze, ove morì a cinquantasette anni.

Ed ecco infine a voi, distinte amiche, Paolina: Venere imperiale e prediletta sorella. Sull'uomo, Napoleone, ritengo di essere titolata a parlare con uguale conoscenza rispetto a te, Giuseppina.

Orbene, se Carolina obbedì a Napoleone sposando Joachim Murat, io mi piegai due volte e sposai prima Victoire Emmanuel Leclerc, e poi il principe Camillo Borghese, rampollo della nobiltà papalina.

Conobbi il primo a Mombello, generale ed amico di mio fratello, che però morì ad Haiti di febbre gialla, ove era stato inviato a domare la locale rivolta dei mulatti.

Conobbi il secondo a Parigi, debole e malata di ritorno dai Caraibi, e lo seguii a Roma, con la benedizione di mio fratello, più per titolo e ricchezza che non per stima personale.

Di me comunque non desidero narrare oltre se non che vissi a Roma, ma viaggiai in tutta Europa. A Roma morii a quarantacinque anni.

Mi preme invece dire la mia su Napoleone per il quale nutrii sempre un profondo affetto, pienamente ricambiata, e ricordare che, insieme a te, mamma Letizia, io fui la sola tra i fratelli e sorelle che trascorse con lui l'esilio all'Elba e tentò anche di raggiungerlo a Sant'Elena.

Il rapporto tra noi, tuttavia, non era per nulla mieloso o sdolcinato, si fondava piuttosto sul reciproco scherno bonario che l'imperatore non avrebbe mai tollerato da parte di nessun altro.

La sua ben nota prosopopea, pari peraltro alla magnificenza militare e politica, cedeva come neve al sole alla mia spontaneità ed in merito narro un aneddoto significativo.

Proprio alla vigilia della partenza per l'Elba avvenne un ricevimento di saluto al castello di Fontainebleau.

In quella serata Napoleone indossava calzoni e gilet bianchi sotto la giacca nera a coda ed io, tanto per adeguarmi alla forzata allegria, gli dissi, a voce stentorea nell'intervallo dalla musica che, tappo e obeso com'era, rassomigliava ad un pinguino più del solito.

Il brusio mutò d'improvviso in imbarazzato assoluto silenzio ma lui, per tutta risposta, sorridente mi baciò la mano e mi invitò alle danze, sempre detestate, mentre tutti gli invitati si misero ad applaudire.

Ecco, distinte amiche, non il collerico temutissimo imperatore, bensì questo amabile cucciolo, era l'autentico Napoleone, e non dubito che per questo aspetto tu concordi con me, Giuseppina.

Venere – Cara Paolina, fosti *pecorona* ma consenziente per quel che riguardò i tuoi mariti, e d'altronde totalmente autonoma sulla caterva di amanti più o meno ufficiali, in Europa e in America.

Sono propensa a ritenere comunque che l'epiteto di Giuseppina non sia stato affatto aderente al vero poiché tu cercavi vittoria nell'alcova però non per piacere in sé stesso, bensì a conferma del tuo potere di seduzione, al pari di Napoleone sul campo di battaglia.

Ma si è fatta sera, distinte amiche, un burrascoso vento d'autunno si è levato su questa Malmaison. Giuseppina ha predisposto per voi una gradita sorpresa: raggiungete gli uomini in sala da pranzo.

Un corale sospiro di gioia e fermento eccitato scioglie d'improvviso tutti i malumori reconditi accumulati a tratti nel sottile conflitto fra donne celebri e così diverse nella manifestazione d'amore.
Venere è raggiante più che mai: stupenda e maestosa dea raccoglie grata il ringraziamento devoto delle intervenute e davvero scompare in una profumata nuvola rosa.

Il giudizio

Sulle rovine dell'ardita acropoli di Cheronea, sotto una tenda regale allestita per l'eccezionale occasione, nel torrido mezzogiorno di una canicolare giornata estiva, padre Giove contempla assorto la fosca pianura su cui si svolse la battaglia che vide Alessandro diciottenne pronto al battesimo del fuoco: la prima e la più antica tra tante altre condotte alla vittoria dai generali imperatori riuniti a corona del re dell'Olimpo e pendenti dalle sue labbra.
Il volto solenne del dio, incorniciato dalla candida criniera e da una fluente barba ondulata, ruota lento come la torre di un carro armato e scruta con sguardo intenso i quattro generali imperatori che senza timore si atteggiano rispettosi e consapevoli di essere qui sottoposti a giudizio, ma privi del diritto alla parola.

Giove – 2 agosto del 338 a.C. – Laggiù, sulla riva del fiume Cefisio, l'ala sinistra dello schieramento macedone era composta dagli etèri, i valorosi cavalieri ai tuoi ordini, Alessandro, e fronteggiava l'opposta ala ellenica in cui militava l'invincibile battaglione sacro di Tebe.
Re Filippo invece, al comando dell'ala destra, si opponeva qui sotto di noi agli ateniesi, mentre i vostri alleati dalla Tessaglia occupavano il centro, di fronte ai corinzi, beoti, megaresi, ed altri ancora.
Naturalmente la tattica globale era stata predisposta dal re

il quale si era riservato un cauto arretramento difensivo, lasciando a te il ruolo del primo assalto, Alessandro.

L'azione sul campo si svolse esattamente come il re aveva previsto: l'illusoria avanzata ateniese generò l'entusiasmo eccessivo che causò l'insanabile rottura dell'unione con il centro, inizialmente compatta, ma quello che travalicò le aspettative fu il tuo successo straordinario, tale per cui papà fu in grado di lanciare un efficace contrattacco.

L'accerchiamento del nemico da entrambi i lati ne seguì inesorabile e la vittoria finale, ancorché onerosa in termini di perdite umane, si unì, giustamente, alla nutrita sequela delle glorie personali del re.

Nessuno però disconobbe l'apporto determinante della tua presenza. Quelle che sino ad allora erano state soltanto promesse degli àuguri si trasfusero in realtà.

Ma una battaglia in più di quelle già narrate non è poi importante per valutare la vostra grandezza storica in guerra e politica.

Se infatti Marte e Minerva hanno delineato in esordio la disputa sulla prevalenza del talento guerresco, o dell'abilità politica, ora desidero riprendere il tema in preciso riferimento a voi, generali e imperatori, anche per aspetti deteriori che la Storia ha edulcorato in leggenda.

A te Alessandro, non solo per essere stato il più antico, spetta certo il primato da condottiero d'eserciti e conquistatore di popoli, tant'è che costituisti per Cesare e Napoleone il prototipo sul quale confrontarsi in ambizione e carisma.

In politica, tuttavia, ti mancò il tempo di portare a termine il progetto del dominio consolidato mentre Cesare e Napoleone ebbero modo di realizzare una solida struttura imperiale, tale per cui, sul loro stampo, vennero forgiati i sostantivi di cesarismo e bonapartismo, vale a dire totalitarismo e potere assoluto.

A te George Washington, invece, sia pure essendo dovuta la fama di stratega militare, si addice un altro tipo di approccio poiché la Storia non ti concede l'innalzamento al mito di dio della guerra.

Eppure chi altri potrebbe mai vantare la gigantesca scultura in pietra sul monte Rushmore e al tempo stesso la vista del volto su oggetti di uso quotidiano, quali la banconota da un dollaro o i francobolli?

Più la politica che non la guerra ti portò al vertice negli Stati Uniti.

Comunque sia, generali imperatori, ancorché in diverse proporzioni, voi foste eccellenti in entrambe le discipline e direi unici nella Storia come tali, eccettuati alcuni altri esempi conterranei (greco, romano, europeo, americano): Temistocle, Scipione, De Gaulle, Eisenhover.

Valuterò dunque, nel consueto ordine cronologico, le prerogative di ognuno, generali e imperatori, soppesandole nel bene e nel male, con il parametro adeguato all'importanza delle imprese.

Alessandro: Della spedizione in Oriente, contro l'impero persiano, sentisti parlare da papà Filippo come di una colossale impresa che in cuore tuo trasformasti nel miraggio di vita quando la mano assassina colse il re all'improvviso e pose fine alla sua aspirazione suprema.

Sembra quasi che egli avesse immaginato una cessione del testimone nell'atto in cui aveva affermato che la Macedonia era troppo piccola per te ed altrove avresti dovuto ricercare degni avversari.

Non ti fu concesso dunque sottrarti al ruolo di condottiero che il fato sancì e furono proprio quei presagi ineluttabili che poi trasformarono la campagna militare in una vicenda puramente politica.

In realtà infatti attraversasti il confine dell'Ellesponto senza neppure immaginare dove ti saresti fermato alla fine. Scagliasti una lancia dal vascello sulla terra d'Asia e tanto bastò nell'intenzione a persuadere il popolo ellenico che era giunta l'ora della vendetta contro i persiani per le sofferenze inflitte ad Atene centocinquanta anni prima.

Questo ti premeva davvero, Alessandro: il riconoscimento spontaneo di ubbidienza da parte di un popolo unito a cui ambivi appartenere in buona armonia, ma che aveva da sempre disprezzato, come inferiore, o temuto, come nemico, il barbaro macedone.

Ti alimentava invero una motivazione a sfondo nevrotico, di rivalsa. Comunque sia, le tattiche e la strategia premiarono il tuo desiderio di conquista nelle contrade occidentali dell'impero achemenide.

Non intendo quindi negare l'invidiabile talento bellico che in più fasi ti conferì il possesso delle terre intorno al Mediterraneo.

Devi ammettere, però, che nei frangenti iniziali la fortuna rivestì una valenza base, come la disgraziata e malaccorta condotta avversaria.

Osasti imprudente già nella prima battaglia sul Granico, guidando in persona la carica di cavalleria attraverso il fiume, e ostentasti fiero le insegne reali che ti resero riconoscibile al nemico.

Attirasti così l'assalto di due nobili persiani, uno dei quali, roteando l'ascia, ti sfasciò l'elmo e l'altro si accinse al colpo mortale.

La spedizione sarebbe finita lì se non fosse intervenuto Clito il Nero, comandante in seconda, che irruppe fulmineo e tranciò il braccio già levato all'uomo ormai sicuro di uccidere il re.

Che sarebbe stato, peraltro, delle tue grandi aspirazioni se Memnone, comandante supremo delle forze di terra avversarie, e nominato pure ammiraglio della flotta, non fosse morto all'improvviso per malattia?

Egli certo ti avrebbe tallonato, alle spalle, neutralizzando gli effimeri successi conseguiti in Asia Minore, e poi per mare si sarebbe buttato in Macedonia, trascinando dietro sé i ribelli greci e costringendoti al precipitoso ritorno. Altro che impero!

Dario, il Re dei re, si risolse soltanto allora a scendere in campo, con imponenti forze debordanti rispetto alle tue. Però era troppo sicuro e, per stanarti, rinunciò alle più evidenti condizioni di favore, sinché ad Isso pagò il macroscopico errore e dovette fuggire.

Pure meditando la rivincita, egli ti lasciò tutta la gloria e l'iniziativa, che impiegasti nell'inseguimento sino a Gaugamela, ma anche lì non riuscisti a catturarlo e ci vollero i suoi nobili traditori per farlo fuori.

Missione compiuta, Alessandro? macché! Nient'affatto.

Non avresti certo potuto deludere, a quel punto, le aspettative insorte nell'universo greco e, senza colpo ferire, arraffasti le antiche capitali, insieme con la corona del re dell'Asia, nel mentre ti si prospettavano gli immensi sviluppi dell'idea appena abbozzata in esordio.

La tua ambizione crebbe a dismisura e gli eventi parvero confermare le motivazioni sino a che a Samarcanda, alla vigilia dell'ingresso in India, commettesti quell'orrendo crimine per cui, nell'impeto dell'ira e dell'ebbrezza alcoolica, colpisti a morte Clito il Nero, reo d'avere espresso il pensiero di tutti i generali sui nefasti mutamenti della tua personalità. E fu il primo segnale del delirio dilagato in perversione inarrestabile, ma ignorasti i sintomi e, invasato più che mai, varcasti i confini dell'impero di Dario ingigantendo sino al limite estremo il generico sogno concepito in principio.

Dapprima il successo non venne meno nei territori dell'India ma poi le piogge torrenziali e lo scoramento dei soldati, indotto dagli anni di marce, battaglie e logorante guerriglia, si imposero sulla tua ferrea volontà costringendoti ad abbandonare l'impresa.

L'umiliazione dell'ammutinamento della truppa, pilotato peraltro da tutti i generali, esercitò l'ultimo tocco di lucida follia che si era pian piano impadronita di te riplasmandoti in un'altra persona.

Avresti voluto ammazzarli, tutti quanti in massa, ma dovesti porti un limite ed accontentarti di sopprimere soltanto il povero Ceno, uno tra i comandanti minori, l'ambasciatore del volere di ritirata espresso in seno all'assemblea e, naturalmente, agisti con l'inganno del veleno e non in modo manifesto.

Concludo, Alessandro, e rendo onore al merito delle tue imprese, ma rifletti su quanto il mito esiga un buon tratto di revisionismo.

Cesare: Politica e guerra si intrecciarono entro periodi distinti della vita, ove la campagna in Gallia coronò, con un prestigioso comando militare, il tuo *cursus honorum*, peraltro non dissimile dalla normale procedura vigente in Roma per l'accesso alle pubbliche dignità.

Il governo della provincia cisalpina, in pace ed armonia con i popoli del luogo, avrebbe dovuto caratterizzare la tua permanenza poiché la Repubblica non era affatto propensa ad acquisirne di nuove.

Otteneva sì tributi e aiuti militari ma anche oneri di amministrazione molto gravosi per i quali non era attrezzata quanto a burocrazia.

Tu invece sconvolgesti quello spirito ed interpretasti l'incarico che ti era stato assegnato, eccezionale altresì quanto a durata, come guerra vera e propria di espansione nelle contrade transalpine.

Naturalmente ti servirono plausibili pretesti per motivare le azioni di aggressione armata, di volta in volta affrontate nel fasullo dispiacere, ma, regolarmente, ne trovasti a iosa facendo riferimento all'onore di Roma, tale per cui non sarebbe stato ammissibile negare ausilio a un alleato in ambascia o tollerare indebite provocazioni al credito di un generoso portatore di civiltà, quale ti ponevi come proconsole.

Tutti argomenti inconfutabili certo, che resero Cesare quel magnifico condottiero costretto a combattere solo a causa di malvagità altrui.

E così, passo passo, acquisisti alla Repubblica le Gallie, dal Reno ai Pirenei, mettesti pur piede in Britannia, ed in Germania, provocando infine un milione di morti, in dieci anni, ed altrettanti schiavi.

Imperialismo della peggiore specie! ma la politica allora già volgeva secondo te a vertici ben più alti del comune *cursus honorum*.

Di ritorno dalla vittoriosa campagna in Gallia, infatti, gli avversari ti costruirono attorno l'immagine del bandito, del nemico pubblico, già pronto a farsi re, alimentando a Roma il panico per una nuova ondata di violenza scriteriata uguale o anche peggiore di quella sperimentata nella recente contesa fra Mario e Silla.

Perfezionasti, allora, la tua ipocrita strategia di clemenza, riservata al nemico ed atta a smentire la becera propaganda contraria.

Ne organizzasti una prova generale a Corfinio, città peligna, quando in marcia incontro a Pompeo, dopo il guado del Rubicone, parve che lì sarebbe insorto il primo scontro della guerra civile.

Pompeo invece l'abbandonò al suo destino e tu, cintala d'assedio, ne avesti in breve ragione, eppure decidesti di lasciare andare libero il comandante, Domizio Enobarbo, uno dei tuoi tanti nemici giurati.

A quanti altri poi accordasti lo stesso trattamento? A Bruto e Cassio, schierati con Pompeo in guerra civile; a Cicerone, poco avveduto per inconsueta valutazione nelle sue scelte di parte; ai soldati romani che combatterono contro di te in Iberia sotto le insegne pompeiane.

E non avresti desiderato includere nella categoria Pompeo stesso, se i loschi figuri egiziani non lo avessero ammazzato in vile tradimento, erroneamente ritenendo di farti un piacere, o Catone uticense, se non si fosse suicidato per sfuggire all'umiliante perdono?

E come dimenticare ciò che Marte ha rammentato sulla sorte di quei pirati da te fatti sgozzare affinché non dovessero soffrire a lungo nel supplizio della crocifissione, o le centinaia di mani tranciate ai ribelli in Uxellodoro, ultimi disperati resistenti nelle Gallie, come doveroso monito atto ad evitare futuri spargimenti di sangue.

Tutto questo non fu per certo sentore di umana misericordia e, meno che mai, preludio di carità cristiana. No, Cesare, fu politica pura.

Pur non avendo dismesso nuovi progetti di espansione in Oriente, tu avevi architettato da tempo un ritorno definitivo a Roma dopo la fine degli ultimi avversari all'esercizio del potere assoluto.

Ti aspettavi che Senato e Popolo sarebbero stati immensamente grati a te per l'avere rinunciato a vendette e sanguinose repressioni di cui permaneva ancora un terrificante ricordo.

Ti illudevi d'aver dato ammirevole l'esempio di saggia moderazione che avrebbe caratterizzato il governo in lusinghiera aspettativa.

Non comprendevi invece quanto l'apparire persino troppo buono, ma tutt'altro che sincero in realtà, si sarebbe ritorto contro te armando la mano di coloro che, esacerbati, frustrati dalla tua falsa magnificenza, passarono alla Storia come biechi assassini e traditori.

Comunque sia, Cesare, io sono propenso a pensare che in buona fede ingannasti pure te stesso e che autentica fu la drammatica meraviglia di fronte al pugnale levato di Bruto.

Napoleone: La battaglia di Austerlitz, celebrata in unanimità storica come un capolavoro di genio guerresco, introdusse te, generale e già imperatore, nella cerchia dei giganti tra gli strateghi militari, dopo un periodo di alcuni anni dedicato esclusivamente alla politica.

In verità, in quel passaggio, ti eri già cimentato nell'uno e altro ruolo con successo, ma, ad Austerlitz, riprendesti la maggiore propensione per la guerra e non l'abbandonasti più, sino alla disfatta di Waterloo, ovvero il nemico non smise più di ordire coalizioni contro di te.

Delle travolgenti campagne belliche straripano i libri di Storia, ma io desidero soffermarmi ora su un evento minore, di poco anteriore alla vittoria contro gli imperatori Francesco d'Asburgo ed Alessandro dei Romanov, per rammentare l'indifferenza sul valore della vita umana di cui ti macchiasti davanti al popolo francese.

Nell'estate precedente, in vigenza della pace di Amiens stipulata con l'Inghilterra, ti accingevi all'invasione dell'isola britannica in grande impiego di risorse e trascorrevi tutto il tuo tempo a Boulogne, la base di partenza della spedizione, per sopravvedere ai preparativi.

Programmasti tra l'altro un'esercitazione in mare aperto e disponesti l'imbarco delle truppe su chiatte che avresti poi passato in rivista.

Quale meraviglia destò in te il constatare, nel giorno stabilito, che gli ordini non erano stati eseguiti e convocasti pertanto al tuo cospetto il comandante della flotta, ammiraglio Eustache Bruix.

Mai si era verificata prima un'insubordinazione così plateale e tu ne chiedesti ragione all'ammiraglio il quale, senza esitazione, disse che il tempo stava peggiorando, al punto da fargli considerare mera follia l'operazione voluta: una catastrofe annunciata.

"Vostra Maestà lo comprende da sé".

"Signore, ho dato l'ordine. L'esito riguarda me solo, obbedite!"

"No, Sire, non obbedirò!"

Ti alzasti stravolto dalla collera e minacciasti di colpire l'ammiraglio con il frustino, ma lui non arretrò, anzi mise mano alla sciabola, però non finì come a Samarcanda, tra Clito e Alessandro.

Solo lo esonerasti dal comando e lo spedisti per punizione in Olanda. Poi nominasti l'ammiraglio Magon, pronto ad eseguire l'ordine.

Il bilancio della giornata fu disastroso: duecento soldati annegati e tu stesso rischiasti di affondare.

Se almeno ne avessi tratto una lezione per il futuro…macché!

Non pronunciasti una parola di rimorso invece, e quel tragico evento fu soltanto l'anticipo di un'altra infame omissione compiuta alla fine della campagna di Russia: seicentomila caduti, e scrivesti in chiusura al bollettino emesso da Parigi, subito dopo il precipitoso ritorno: "La mia salute, nonostante le grandi fatiche, non è mai stata migliore".

Ai morti? Neppure un grazie. Dimenticati, mai esistiti!
Questi, tuttavia, non furono affatto episodi isolati, dovuti al puntiglio di un sovrano contraddetto da un subalterno, od alla risibile tattica di minimizzare una colossale sconfitta.

Da erede della rivoluzione, infatti, non fosti certo tu l'inventore della coscrizione obbligatoria, poiché la nuova Repubblica vi fece ricorso già nelle prime fasi di guerra oltre ai confini, allorchè comprese che la fiaba del soldato cittadino, di romana memoria, non si sarebbe mai tradotta spontaneamente in ideale spirito volontario.

È notorio comunque che, per mettere insieme la *Grand Armèe*, tu ne accentuasti l'utilizzo in smodata misura, sia in Francia come nei vari territori occupati, e con severe sanzioni da applicare ai renitenti.

Il tuo ascendente di comandante, a ogni modo, supplì alla mancanza di slancio patriottico, ma, per altro verso, tu non credevi affatto nella necessità dell'addestramento preventivo e impiegavi direttamente sul campo di battaglia anche la truppa da poco arruolata.

Secondo il detto per cui il lavoro si impara lavorando, lasciavi che la recluta accedesse al più presto nei ranghi combattenti, contando sulla forza dell'esempio da parte dei valorosi veterani posti sotto la guida di giovani ufficiali non di nobile appartenenza, eppure stimolati dalla promessa di crescita sociale per meriti militari.

Indubbiamente siffatto amalgama micidiale, inquadrato

nella robusta catena di comando formata da marescialli e coordinata dal tuo genio, rese leggendaria la forza d'urto della *Grand Armèe* su tutti i campi di battaglia d'Europa, ma …a quale prezzo di vite umane?
Avrai un bel raccontare delle cavalcate notturne nell'accampamento alla vigilia degli scontri fatali, e di conversazioni democraticamente intrattenute con i più umili soldati, ma invero poco ti importava della loro sopravvivenza alla prova.
Per te essi erano soltanto indispensabile carne da cannone, strumenti della tua gloria imperiale, generazioni di giovani buttate al macello, persino adolescenti nella disperata ultima fase difensiva.
La Francia ti deve la magnificenza di un'epoca mai più uguagliata in prestigio, ma tu rubasti il fiore della sua gioventù.

Washington: A parte qualche modesto risultato in battaglia, tu non godesti della soddisfazione di altisonanti vittorie durante la guerra di indipendenza. Fosti sì un esperto organizzatore delle risorse, ma non un carismatico condottiero al pari di Alessandro, Cesare, Napoleone, e ti saresti relegato a vita privata, senza altre ambizioni, se la nazione non ti avesse reclamato in politica.
Come d'altronde la statura storica dei predecessori sovrasta la tua, al contrario dell'apparenza fisica, mi è arduo rintracciare per te almeno un aspetto deteriore su cui fon-

dare la critica, laddove per gli altri non non ho certo incontrato difficoltà.

Il popolo statunitense, unanime, identifica e venera te come il primo, tra i Padri Fondatori, sia nell'arcaica fase di costruzione dello Stato, sia nell'attuale e sofferta crisi dell'Impero degli Stati Uniti.

Non posso pertanto fare altro che unirmi al coro degli elogi sulla tua figura, glorificata sin qui abbastanza per l'integrità morale dell'uomo e per la saggezza del Generale e del Presidente.

Ma se proprio non è dato ravvisare nella condotta di vita un rilevante punto debole, scelgo, per rispettare il minimo della *par condicio*, un tema fantastico e intrigante che riguarda la città di Washington.

Corrisponde al vero, George, che la perizia di topografo, maturata da giovane, ti permise di vedere in discreta cognizione di causa il piano urbanistico della futura capitale, formulato da Pierre Charles Enfant, architetto francese e tuo confratello massone?

Certo che sì! Ed è proprio per questo motivo che mi vedo costretto a coinvolgerti in quel guazzabuglio di cerchi magici e simboli esoterici in cui l'origine della città sprofonda, come in una fetida palude, tale da fare insorgere il sentore di una genesi demoniaca degli Stati Uniti. Probabilmente si tratta di una famigerata leggenda, ma la misteriosa setta massonica, di cui tu fosti un esponente importante, permea di sé a fosche tinte il fulgido principio della democrazia ed evoca l'ostilità precocetta di nemici e detrattori tra i più disparati.

Osserviamo ora in dettaglio il progetto nell'effettiva realizzazione.

Il rigoroso ordine costante per linee e angoli retti, tipico di quell'area concepita in unico pensiero onnicomprensivo (Mall), presenta alcune eccezioni di percorso diagonale che in particolare involgono due vie di intenso traffico (Pennsylvania Avenue e Maryland Avenue) il cui incrocio si attesta sulla collina del Campidoglio.

Da lì, rispettivamente, esse divergono a nordovest e sudovest, quindi raggiungono ognuna un essenziale sito, rappresentativo dell'America (Casa Bianca e Jefferson Memorial), per convergere ancora sul terzo luogo collocato al vertice opposto: Lincoln Memorial.

Tale tracciato forma nell'insieme lo schema geometrico di un rombo che, in interpretazione diffusa, richiama il muso del capro satanico.

Esattamente al centro della figura poi, dividendo la superfice in due triangoli non uguali, svetta un obelisco marmoreo, a te consacrato, la cui cuspide piramidale, emblema della liturgia massonica, domina il Mall e si riproduce in profondità nello specchio d'acqua antistante.

Sulla sezione superiore del muso, poi, i tre cerchi disposti ad arco (le rotatorie Dupont, Scott e Logan) ricevono sei strade confluenti, così rappresentando il triplo sei, acronimo luciferino per eccellenza.

E si potrebbe ancora procedere, sulla stessa direttrice, illustrando una pletora di studi elaborati dalla tradizione ostile agli Stati Uniti, anche in delirante creatività, per affermare attraverso occulti segni l'intento malefico di inaugurare, partendo dalla città di Washington, un nuovo ordine mondiale legato alla venuta dell'anticristo.

Ordunque, George, se tutto quel che ho descritto non è frutto di mera casualità abilmente distorta, ma riconduce alle effettive intenzioni, tu dovresti sentirti corresponsabile per avere approvato e sopravveduto tali piani devastatori. La congettura tuttavia sembra porsi in stridente contraddizione con il tuo pragmatismo combattente.

Il mito dell'ascendenza divina, fabbricato su Cesare e Alessandro, ed in qualche modo ripristinato anche su Napoleone, è di certo estraneo al personaggio, guida militare e politica di una realtà poco propensa alla sfrenata fantasia, ma non scordiamo che almeno una misteriosa fiaba aleggia pure intorno a te, e vale la pena narrarla.

A Valley Forge, il terribile accampamento invernale ove le speranze degli insorti americani parvero svanire nel freddo micidiale, inedia e malattia, ti saresti appartato in meditazione dentro il bosco più fitto e lì avresti incontrato una creatura aliena, vestita di bianco abbagliante ed ansiosa di incoraggiarti con la premonizione di vittoria e di futuro luminoso per la tua gente nei secoli a venire.

Tutte ipotesi surreali? Sì, io ritengo.

Poniamo termine, comunque, alle ricostruzioni più o

meno credibili che ho cercato di addebitarti, per traslato argomento, poiché davvero mi accingo ora a concludere, generali imperatori, sulle straordinarie imprese che vi accomunano nella Storia.

Epilogo

Giove – Forza d'animo, tenacia, capacità di resistere alle avversità e risollevarsi dalla sconfitta per dare ancora battaglia, imparando dagli errori e muovendo risolutamente verso la meta.

Queste furono le qualità comuni che permisero a voi di combattere, e prevalere costantemente sul nemico superiore in numero, ma sempre lento, e fondamentalmente stupido.

Valga per tutti la considerazione. Pure per te Napoleone, se risponde al vero quel che disse Victor Hugo, dopo Waterloo, e cioè che, senza il diluvio alla vigilia, la Storia avrebbe imboccato ben altra piega per almeno cento anni a venire.

Nessun avversario in uniforme si rivelò mai alla vostra altezza.

In politica, però, non sempre agiste con la necessaria accortezza nei confronti di altri astuti, insidiosissimi nemici, tali proprio perché non indossavano alcuna uniforme.

Sommario

Prologo	5
Atto primo Le imprese	7
Scena 1 – il principio	9
Scena 2 – la fase intermedia	46
Scena 3 – la fine	147
Atto secondo L'impero	255
Scena 1 – L'idea e la dinamica	257
Scena 2 – L'applicazione dai protagonisti	324
Atto terzo Le donne	428
Scena 1 – le madri	432
Scena 2 – le compagne di vita	458
Il giudizio	517
Epilogo	535

© Francesco Di Pietro — Gennaio 2016
© Mnamon — Gennaio 2016
ISBN 9788869490941

www.ingramcontent.com/pod-product-compliance
Lightning Source LLC
Chambersburg PA
CBHW031311160426
43196CB00007B/488